本书为国家社会科学基金一般项目“元代文士活动编年史”（19BZW082）阶段性成果

河南大学文学院学术著作出版资金资助出版

河南省高校科技创新人才支持计划（人文社科类）（2019-CX-011）成果

文献新视域

杨亮 著

中国社会科学出版社

图书在版编目（CIP）数据

文献新视域／杨亮著．—北京：中国社会科学出版社，2022.8

ISBN 978－7－5227－0596－5

Ⅰ．①文…　Ⅱ．①杨…　Ⅲ．①中国文学—文学研究　Ⅳ．①I206

中国版本图书馆 CIP 数据核字(2022)第 131302 号

出 版 人　赵剑英
责任编辑　顾世宝
责任校对　冯英爽
责任印制　戴　宽

出　　版　中国社会科学出版社
社　　址　北京鼓楼西大街甲 158 号
邮　　编　100720
网　　址　http://www.csspw.cn
发 行 部　010－84083685
门 市 部　010－84029450
经　　销　新华书店及其他书店

印　　刷　北京君升印刷有限公司
装　　订　廊坊市广阳区广增装订厂
版　　次　2022 年 8 月第 1 版
印　　次　2022 年 8 月第 1 次印刷

开　　本　710×1000　1/16
印　　张　23.75
插　　页　2
字　　数　379 千字
定　　价　118.00 元

目　　录

第一章

文学典籍的建构与传播

第一节　文学经典的建构

一　媒介建构经典

在经典作品的建构和传播中，媒介发挥了什么作用？比如钱理群主编的《中国现代文学编年史——以文学广告为中心》，就是以广告为中心的。当以媒介为角度切入研究，我们的文学研究到底会呈现出何种面貌？

我们在讲文学经典的时候，有一个问题要特别清楚。“经典”这个词在西方最早的时候是被当作规则和法则的。布鲁姆有一本书叫《西方正典》，他就说：“经典的原义是指我们的教育机构所遴选的书。”[①] 那么回想一下，我们各个专业是不是都有一些必要的经典书呢？一些我们选出的用于教育的著名作品，起到了为文学研究提供参照系的作用。

现在所讲的文学经典，比如《史记》《汉书》《红楼梦》，它们为什么能够成为文学经典？它们在很大程度上要满足两个原则：第一，满足传播知识的需求；第二，满足伦理道德教化的需求。也就是说，我们研究的所有经典，都要满足知识和道德两个方面的需求。每个时代，都是按照知识和道德的标准进行经典的评价和选择，只有这样才能够维持经典。

然而，历史上有很多作品诞生的时候是不被看作经典的，像《红楼梦》，最早就被当作禁书。那么，这些书为什么能够成为经典？这启发我们追问：在经典的形成过程中，什么起到了推动作用？是媒介。媒介有

---

① ［美］哈罗德·布鲁姆：《西方正典》，译林出版社 2005 年版，第 11 页。

着极大的推动力量。例如一个人在电视节目中讲《论语》而引起了广泛关注，尽管有许多错误，但这起到了推广的作用。市场看似与文学相距很远，但市场的媒介力量其实能够对文学产生巨大影响。比如，我们熟悉的一些歌曲从唐诗宋词改编而来，唐诗宋词本身是“静态”的，但一经媒介的推广，大家便又对唐诗宋词投以“目光”。像苏轼的词“明月几时有，把酒问青天”，被广泛地传唱以后，就被更多的人接受了。像黄安唱的“抽刀断水水更流”，他把李白的诗借鉴过来以后，反过来促进了李白作品在当下的复活。影视作品不断地改编经典，这些作品的传播也会促进经典的传播。

经典最早是靠口耳相传的，主要的物质手段、媒介手段是印刷。现在的传播媒体有广播、电视、网络包括微博、微信等各种媒体，一部作品被大家广泛熟知，必须借助于媒介。不同的版本脉络，即是一个媒介的传播过程。单一的版本罗列是没有意义的。因为单一的版本罗列是“死”知识的罗列，“死”知识的罗列无法带来思想的愉悦，是一种自说自话的研究。经典是历时性的，在历史中完成的。如果没有媒介的广泛传播，经典就根本不能发生巨大的影响。莫言的作品如果不是被大量地翻译，其影响不会这么大。所以说传播媒介能够影响经典的确立。媒介实际上在其中扮演了权力的参与者，或者说是制造者的角色。

叶德辉《书林清话》里记载了大量的书籍的刊刻，比如官刻本、私宅本、坊行本，正是靠这种大量的翻刻，才使经典能够不断地传播。宋代大量的刻书媒介的传播，为宋代诗歌、诗话的发达提供了保障，这是一种物质性的保障。如果没有宋代印刷术的发展，诗歌传播不会那么迅速与广泛，而唐诗的传播是靠宋人的大量刊刻，元代刊刻了大量的宋人和唐人的集子。如果没有这样一代代的刊刻的话，经典作品是不可能产生的。中国古代最正宗的文学体裁是诗和文。《书林清话》记载唐代就有书坊的出现，当时刊刻的作品大部分都是诗人的集子。这些诗人的集子是满足不了一般群众的阅读需要的。古代的媒介传播是单向的，不像现是多元的传播。唐代是坊巷制度，城市夜里是要关坊门的，到了宋代才改变了这种制度。那时候刻书的书铺逐渐增多，而他们卖的书，经统计发现有一个很重要的变化：这些书铺开始大量刊印笔记小说、异闻杂录。南宋末年陈起的书铺里面有《湘山野录》《灯下闲谈》《续世说》等，都是笔记小说。再如南宋临安尹太庙家铺中刻有《述异记》《续幽怪录》等，都属于小说。小说的数量随着媒介技术的传播会迅速地增多。到了明清两代，刊刻笔记小说的数量就更多了，当时北京、南京、徽州、（福建）建阳各种书坊大量建立，开始出现了迎合市民读者需要的浪潮。

文学经典可以提高人的整体素养，而不仅仅是文学趣味。能否称得上文学经典，不能仅仅靠读者的数量来决定。即使社会大众不了解，但并不妨碍其作为经典存在。而有些很流行的作品，如清末民初的流行小说，仍然进入不了文学经典的行列。文学经典的形成过程就是一个经典化的过程，一旦文学经典被认同和接受，它的地位是不能够被任意推翻的，如《论语》《史记》。

作品成为经典，其自身原因是什么呢？我认为，首先是原创性，原创性就是经典的生命。其次是具有常识。经典是具有常识的，常识就在于伦理表达的需要。中国的作品的最早的功用就是教化，至今如此，只不过有的作品的教育意义隐藏得很深。审美意义是附带的，文学价值常常因教育意义之大而大，比如《诗经》。为什么中国惯以道德标准评价？从《毛诗序》开始，我们的儒家诗教说都是这样的。儒家所有的原创性的经典，包括朱熹、王阳明、孙奇逢、顾炎武、黄宗羲、王夫之等，他们所做的一切探索实际上都是解决伦理跟现实调适的问题，他们讲的一大堆问题实际上都是人如何安身立命，如何既能够符合伦理道德秩序又能够满足个人的意志，所有的这一切都来自伦理内容。

在经典的形成过程中，制度与媒介是两股巨大力量。

在中国古代的和平时期，能带来大规模人口流动的是什么呢？是科举！而科举制要求熟读儒家著作，这种体制性的要求无疑促进了儒家经典地位的巩固。吴敬梓的《儒林外史》里面有个马二先生，他游西湖看的不是景色，看的是科考选文。我们现在叫辅导参考资料，当时就是八股文的试策书、字书、杂书、类书。我们现在往往把科举考试理解得太简单了，其实古代的科举考试比我们想象的要复杂得多。因为单凭“四书五经”是考不上的，必须要读史书，必须要学会写策论性的论文。看过商衍鎏的《清代科举考试述录》就会知道科举考试有多么难。“四书五经”只是国家考试的考纲、出题范围，具体的命题是可以千变万化的，要是不懂基本的史籍，不懂得“唐宋八大家”的集子，就像咱们现在写论文一样，很难把论文写好。

当时书坊里还有一些满足市民消遣需求的小说、戏曲。《红楼梦》里有个很典型的例子，当时贾宝玉让他身边的小厮（茗烟）去买《赵飞燕外传》这一类的书，还和林黛玉偷偷地读《西厢记》。《西厢记》当时在正经家庭是被当作禁书的。为什么呢？一大原因在于，在他们心中科举才是正途，青春年少之时需要集中精力读科举用书。贾宝玉考上以后，他父母未必还禁止他读。我们可以推测，贾政就会去读。因为他家里有戏班子，像《牡丹亭》那是必须要演的，贾府里经常有听戏的情节，所以他肯定会看这些小说。我们可以通过这些信息推测当时的书铺的情况。明清时，书铺开始卖《三国演义》《水浒传》《列国志》《西厢记》《琵琶记》《唐三藏西游释厄传》之类的书。而且《西厢记》的版本不止一种，正是靠版本记录了这部作品是怎样变化的，而这些变化促进了文学经典的不断形成。“四书五经”是靠官方的统治力量来要求的，是国家的政策需要，是国家权力的体现，因为考生的需求而不断被印刷，而像话本、小说、笔记，完全是因为营利目的，这种营利目的促进了文学经典的传播与生成。所以，媒介（书坊）这种手段的出现打破了官方的垄断，使出版的内容突破了我国古典的以诗文为正宗的樊篱。如果没有书坊的出现，就不可能有“四大名著”的出现。但有一个有意思的现象：当时和《三国演义》同时出现的有很多小说，比如说《东周列国志》《说唐》《西汉演义》，但为什么只有《三国演义》成为经典？就在于它符合经典生成的伦理和艺术双重标准。所以，一部作品能不能广泛流传还要取决于本身的伦理性和艺术性。

有一个问题，媒体的出现、印刷术技术的提高使大量民间文人，比如落第的士子，被挤到书铺这种传播流程里面去了。这些文人进入民间的文学创作里，提高了民间的这些作品的艺术含量。像《三国演义》作为话本最早在宋代就出现了，但宋代出现的话本故事还比较粗疏。如果对照一下《永乐大典》里面记载的《西游记》最早的本子和现存的《西游记》的本子，就会知道吴承恩做了多么辛苦的工作，如果不是他这样改编的话，《西游记》是很难成为经典的。所以，虽然这不是作家的原创性的东西，但是作家本身对于作品整体艺术水准的提高起了很大的作用。

二　选本对文学经典的塑造

中国古代作品是按照“经史子集”四部来分的。其中集部的总集类在《四库全书总目提要》里面开篇说总集有这样的功用：“网罗放佚，使零章残什，并有所归；一则删汰繁芜，使莠稗咸除，菁华毕出。”① 总集的编纂是要“菁华毕出”的，很多选本的序言都不如《四库全书总目提要》说得好。很多学生读得最熟的集子是朱东润的《中国历代文学作品选》，对这本书里面收了的作家熟悉，不收的就比较陌生。

选本是构成古代诗文传播的重要途径，那么为什么会出现选本？以前传说孔子删《诗》，《楚辞》在汉代经过刘向、王逸等人编纂。但是那个时候并没有独立的文学意识，大量的文学作品是以“集”的形式出现的。《诗经》从未被看作单纯的文学作品。在《汉书·艺文志》里《诗经》被放在《六艺略》之首。我们现在是讲审美作品，经的神圣性没有了，但是古人可不认为它是文学作品。《楚辞》也是在总集正式成立之前就出现了的，但是它一直被看作集部中最特殊的一个门类。《文选》出现以后，中国才真正有了一部名副其实的文学选本。我写过一篇文章叫《论元代〈文选〉学的衰落》，《文选》学一直很兴盛，为什么到元代衰落了？我得出的结论是和科举制的兴废有密切关系。《隋书·经籍志》说：“总集者，以建安之后，辞赋转繁，众家之集，日以滋广。”② 南北朝时就出现了一种迫切的需要：如何提供一个读文学的方便之途？我们现在来看《文选》觉得没什么，但是在当时，《文选》太重要了。因为当时没有这样一部书，选录标准是“选文以定篇”，所以编选的人都是文学批评家，这个文学批评家不管好还是坏，他都是文学批评家。因为每个人在选的时候肯定有一个暗含的文学批评标准。所以从选本角度来看，单纯的选本研究就是一个很重要的文学批评史的研究。萧统编《文选》时的目的是“事出于沉思，义归乎翰藻”③，他是非常重视文采、辞藻的，还坚持了儒家的雅正观念。所以虽然他分了三十七类，实际上就是赋、

① （清）永瑢等：《四库全书总目》卷一八六，中华书局 1965 年版，第 1685 页。

② （唐）魏徵等：《隋书》，中华书局 1973 年版，第 1055 页。

③ （南朝梁）萧统编：《文选》，上海古籍出版社 1986 年版，第 3 页。

诗、骚和杂文四大类。《文选》的杂文大多是历代名篇，它第一次从文学的审美角度、以选文的方式提供文学的经典和解读的范式。后人称《文选》的诗叫“选诗”，《文选》所选的文体叫“选体”，研究《文选》的学问成为一门专门的学问，叫“文选学”。直到宋代，《文选》仍然是科举考试必备的一本书。

中国文学批评的路径决定了两种研究：一种是作者论的研究，另一种是从文体的角度研究。一方面我们讲“读其文，不知其人可乎”的以作者为中心的评判，另一方面讲“体有万殊”而“能之者偏”的以文体的体性风格来辨析，这构成了中国的两种批评模式。为什么后来文体辨析是个当务之急？因为随着生活经验的慢慢增加，一种文体不能满足表达需要。曹丕在《典论·论文》中第一次提到了文章的“四科八目”：“奏议宜雅，书论宜理，铭诔尚实，诗赋欲丽。”① 到陆机的《文赋》说：“诗缘情而绮靡，赋体物而浏亮。”② 这就赋予了文体不同的特性。实际上这都是从文体的角度来选的。

在唐五代的诗歌集的编选中，《河岳英灵集》是最早的一本盛唐人的唐诗选本，《中兴间气集》是选中唐诗歌的，《国秀集》之类的编选是为了求精，或者为了纪念去世的人。所以“唐人选唐诗”现象就开始繁盛地出现了。这种编选很有意思，随意性很强，较多是根据个人审美趣味。这反映了唐代是思想自由并包的时代，私人编选也是这样的。所以查《唐人选唐诗十种》的时候几乎很难找到规律。很多人统计作者的作品升降，但是统计出来的意义是什么？很难说，因为本身它就带有很强的随意性。有的人就喜欢晚唐诗，他就把晚唐作品编选出来。我们推测唐诗经典形成过程的时候，实际上还要从选本这个角度来看。以“知人论世”而言，储光羲的诗是“格调高逸”的，但殷璠的《河岳英灵集》说储光羲是“文不如其人”的。这起码从文献资料方面来说给我们提供了很多文献的来源。南宋时期，理学家真德秀有本很重要的选集叫《文章正宗》。《文章正宗》反映了理学兴盛之下选录《左传》《国语》到唐末文章的结果，他将入选文章分为四个部分：辞命、议论、叙事、诗赋，其

① （清）严可均编：《全上古三代秦汉三国六朝文》，中华书局1958年版，第2195页。
② （清）严可均编：《全上古三代秦汉三国六朝文》，中华书局1958年版，第4026页。

目的就是表现“穷理致用”。所以“理”在理学家那里就成了选文时最主要的标准。而他一旦以义理为核心来选录，就会影响其对诗歌的评价。理学家选诗的时候很有意思——忽视了诗歌的审美性特点。这就是理学家选诗和文学家选诗截然不同的一个方面。所以，如果不是靠真德秀这种编选，我们是推测不出来理学家文学批评的背后内容的。但有一个例外，《文章正宗》里面选陶渊明的诗特别多，真德秀是这样评价的：“渊明之学，正自经术中来”，说它来源于经学。我们现在读陶渊明的诗歌时不会说它来自经学。

再比如，宋末元初方回编选《瀛奎律髓》，专门选江西诗派的诗，结果他这样一编选，一个派别出现了，一个批评门类出现了，一个新的诗学标准出现了。在文学史里如果不是《瀛奎律髓》，我们讲的宋代文学史要少一半的光辉，所以可见一部选本是多么重要。再如，茅坤编了《唐宋八大家文钞》才确立了古文八大家的地位。如果不是选本批评，唐宋八大家的地位是确立不出来的。以上都说明利用媒介的编选，经典才会出现。

编选者是按照自己的意图，以自己的文学观念为选录标准。选录标准不是由文字直接表达的，是把别人的作品选进去来表达的，所以虽然有的时候在凡例、提要中没有写，但实际上选本是可以告诉我们他的选录标准的，当然在前言后记中也会有总结。另外，很多选本会进行评点与理论的阐释，理论阐释的过程就是编选者向读者抒发自己的理解的过程。选本研究是构成中国古代文学研究里面很重要的一个研究模式，特别到清代以后，选本大量出现。清代的唐诗选本数不胜数，明诗选本很少，但元诗选本不少。各种选本批评模式也决定了我国保留了什么样的批评思维方式，这些是文献专业应该思考的一个问题，也算是一个研究方向。

我们在读选本的时候，能够体会出编选者的好恶，这是我们考察文学经典生成时就能予以注意的重要因素。比如元代苏天爵编过一本《元文类》，《元文类》是一个元代人排列元代作家的座次表。姚燧、元明善这些名重一时的作家作品入选量远远大于赵孟頫这样的作家。但是，随着后世的发展，姚燧、元明善这样的作家几乎不被提到，赵孟頫却经常被提到。所以，如果不是选本的话，就保留不了基本的文献以使我们知道，在元朝人那里，他们的文学史是如何写成的。如果元朝人自己写文学史的话，那么姚燧、元明善的地位要高于南方文士的地位。但随着后世的历史演进，赵孟頫这样的作家的文学作品不断地被提及，避免了被文学史遗忘。唐人编选的唐诗集和宋人编选的唐诗集中最明显的差别就是杜甫，从杜甫作品数量的升降中是很容易看出杜甫在后世的地位和影响的变化的。

还有一个例子是钟嵘《诗品》和萧统《文选》里面对陶渊明的评价。陶渊明的地位真正确立是在宋代，经过苏轼的不断赞扬，到明清的时候有很多人开始写和陶诗，陶诗始成为中国审美的典范之一。他在《诗品》和《文选》里都不是一流作家，但经过后世媒体的经典化，经过编纂者的编选，这个经典化逐渐地被完成，不断地被凸显，方构成了我们审美的范式。

通过这些例子也可以发现，作家的文学地位、文学影响主要是靠历代评论其作品的人，靠诗话、词话、文话和编选家的理论性的阐释。评论家的批评和鉴赏决定了作家的价值和地位。

一个选本的文献价值是靠历史的恒定性来检验的，但是就单纯一个选本来说，更多体现的则是选本的批评价值。换句话说，这是一个话语权的问题。话语权是很重要的，它意味着编选是不是和主流一致，是谁来说这个话、执行这个标准。

在做研究的时候要思考背后的问题。我们不仅要在纵向上思考，而且要学会一个横断面的切入研究。因为历时性的研究往往会浪费无尽的精力，有时候便需要横断面上的切入。要形成横断面研究需要很高的学术驾驭能力，像《万历十五年》就是选历史的横断面进行剖开，把人物都纳入这一年在朝野之间发生的事中。也就是说把横断的时间定了，场域定了，做研究的时候就调动了作家的所有因素。我们都受文学史的纵向模式影响很大，可能在写作的时候避免不了。横断面研究要选择一个最突出、最具代表性的点做研究，比如说做复古思潮就需要横断面的研究。做思潮的时候必须要还原当时哪些人提了，哪些人有交游，哪些人的作品被选入了集子。所以有时选本研究要做选本的数据统计和座次还原，做这些的意义在哪里？要跟现在的作家进行比照，一比照问题就出来了。我们所讲的作家作品的生成模式到底是什么样子的？实际上暗含了传播学的视野，随着时间的流逝作家作品在不断变化。做研究的时候不妨让视野广泛一些，不仅就你最擅长的那一点反复思考，这样你的研究可能就很有意思。

整理王恽集应该算是历史上第一次补齐王恽的集子，补齐的过程实际上就是还原了王恽的地位。我发现王恽是一个消失的作家，他的意义被遮蔽了，这种研究就很有意义。我现在一直做孙奇逢，因为我要证明孙奇逢是地位和意义跟王夫之、顾炎武、黄宗羲一样重要的大思想家，是与他们一样重要的理学大师，而这种大师是我们忽视了的。为什么我们现在一直在还原民国的学术大师？十几年二十年前说马一浮没有多少人认识，但现在很多新中国成立后的学术界的名人我们很久都没有听说过了。此消彼长，这才过了几十年，历史就转了个弯，甚至发生了颠覆性的认识转变。所以我们做学术研究要有这种眼光，要树立大的格局的和大的胸怀，要知道自己所做的研究意义有多重要。每个人做研究的时候都要有这种感悟，一旦形成历史的感悟，把自己的人生经验结合起来，往往就是一篇作品。以今立古看似简单，但其实我们现在发生的事在古代都能找到影子，没有一件是新鲜的。为什么儒家的文化要不断地调适？比如外敌入侵，像蒙古人过来了，汉族文人一直坚守儒家文化多么坚决，却亡国丧家，还不得不在新政府里面任职。到清代也遇到这样的问题，文人就开始反思所学的东西有什么用。最后思考的结局是顾炎武走向了史学，把儒学和史学结合了；孙奇逢进行了朱陆调和，回归了传统儒学；黄宗羲走向了儒学的“异端”，反思君主制的不合理性，他的思想可能超越了二百年；王夫之走向了佛学，使儒学变得精密化。你会发现我们的那些纷争烦恼在古人那里都不是问题，要有这样的胸怀和视野。

三 经典的重构与文学史的重写

文学史不断地被重写，举一个现代文学史上的例子，文学研究会、创造社、新月派、七月派、左联都有自己的刊物。这些不同的流派选他们的作品，都是按照他们的品位选择，一些不被他们欣赏的作品没有机会入选，慢慢地就被淘汰。钱锺书就是个典型，钱锺书要不是被海外发现，根本就不可能被重新发现。像张爱玲就更不可能了，张爱玲的所有作品都是在汪伪政府统治区发表的，她的丈夫胡兰成是汪伪政府的宣传部次长，但是张爱玲被海外的媒介、阐释者不断地发现、不断地推进，促进了我们国内研究者的重视，结果我们就泯去了张爱玲的复杂色彩，反而把她塑造成女性悲剧命运的典型。实际上在早年张爱玲是被封杀的。和张爱玲同时代的丁玲，是迄今为止唯一一个拿过斯大林文学奖的中国女作家。但是恐怕按现在文学史地位来讲，张爱玲作品的价值、艺术性与影响要大于丁玲。当时的好几个女作家比如苏青、凌叔华等慢慢就被文学史所遗忘了，而张爱玲“复活”了。她生前未必能看得到自己的“复活”过程。《小说月报》我们都听说过，那么《小说月报》推出了哪些作家？鲁迅、周作人，培养了叶绍钧、王统照、朱自清、徐志摩、丁玲、巴金、老舍，不同流派的作家都是在商务印书馆的《小说月报》上先露面，一旦被登到《小说月报》上就一举成名。如果不是《小说月报》，这些作家就很难发生这么大的影响力。

经典体现在不同的历史时期多数人的审美价值观念和我们的道德意志观念中。我们对他们重新解释、重新阅读，那些不符合我们道德规范、价值观念的作品，就会被我们清除出去，后来的作品不断补充，便构成了文学史的、文学经典的重构。这就是为什么我们要不断进行增删。

四　自媒体时代的经典

古代的媒介、沟通渠道很单一，即靠书坊的印刷。现在的社会的媒介很多元，所以民国时候作家成名是非常仰仗于期刊的，期刊的作用非常重要。期刊孕育了经典，孕育了作家，另外培养了读者的兴趣。如果不是《小说月报》，怎么能够产生鲁迅、周作人、冰心、巴金、朱自清、老舍、沈从文这样的作家呢？到了网络时代，就是另外一个角度了。网络时代的基础是大众写作、大众传播、大众评价，所以现代媒介高度发达，经典的生成、传播颠覆了我们传统的认识。我们生活在一个快速变化的时代，网络颠覆了我们过去所有的学科知识经验。

伴随着现代的多种技术手段，在多媒体视域的融合下，所有作品的不确定性增加了。期刊如果不登，我可以发帖子，在博客、微博上写，每个人都是自媒体，既是作者，也是编者，也是传播者。那么问题就出来了，速度太快了，反而使经典作品难以产生。所以传统媒介下的古典的学术研究跟现在大众传媒下的学术研究是两种传播，对我们的经典作品的影响是不一样的。大众传媒能不能够传播经典作品？它传播经典作品是通过改编和讲授。像影响很大的媒体上的某类讲坛，这样的就是类似于古代的说书人，它不是很严谨的学术活动，因为它面对的群体是刚毕业或在读的大学生，有高中以上文化程度、有一定历史知识的人，在这种说话过程中普及了历史知识，普及了历史读物，实际上就类似古代的勾栏瓦舍讲史者。这种进行传播的过程实际上是使文学经典进一步被确知有了可能。另外一种情况就是改编，作品不停地被改编。比如说《红楼梦》，《红楼梦》要不是靠改编就不可能有这么广泛的影响。在静态媒介下不断有人评论，像有很多脂砚斋的评本，到后来不断有人续书保证它的完整性，方使后世阐释的可能性大大增加。现在我们就是不断地将其改编成影视剧、戏曲，如从 1987 年版《红楼梦》到 2010 年版《红楼梦》，无疑都使《红楼梦》的经典地位进一步确立，这就是大众媒介下传播的经典。《西游记》也被重新拍过，《水浒传》也被重新拍过。这样就使它们进入经典获得了某种通行证与可能性。

作品的经典化靠选本也是一种，像陶渊明，在当时谁知道他这个诗人呢？死后很长时间默默无闻。一直到宋代才暴得大名。杜甫在当时也是这样的。杜甫在身前名气和李白没法比，他是到了中晚唐韩愈的时候才开始被推崇的，推崇他的人很有水平，韩愈的推崇使得杜甫的地位开始飙升。本来在韩愈之前的唐诗选本里面杜甫是不占重要地位的，这就说明杜甫的作品提供的审美范式当时人未必能理解，未必能欣赏。

第二节　文学典籍的传播

一　学术研究的三个层面

目前的学术研究有如下几个层面：

第一个层面，文献的研究。

文献层面的研究是前沿性、基础性的研究。文献研究是所有学科研究的基础。文献的发展使得学术思想得到飞跃性的发展。比如 20 世纪中国文献的发展，改变了学科的布局。学科文献的清理也会改变整个文学格局，比如唐诗文献的整理、全宋文、全宋诗的整理，20 世纪全元文、全元诗、全元词的整理。再如，成熟的别集的整理也是推动文献研究的基础。然而学科的研究不能止步于文献研究，文献研究只是研究的第一个层面。

第二个层面，思想的研究。

思想的产生并非凭空，需要立足于文献研究，所以单纯的思想研究也是没有意义的。因而思想从哪里来，我们需要学会追问。追问的目的就在于寻找你所研究的学科的属性、价值与意义。即追问思想立足于哪一点，追问你所研究的问题、你所学的知识是否具有合理性，若有，其合理性又在哪里。必须学会追问，追问是学习、做研究的第一步。不会追问为什么，就说明缺乏一定的学术研究能力。例如，大家都学过文学史，那么为何文学史的书写要划分为时代背景、作家生平、思想内容、艺术特色、后世影响等几部分？再具体一点，如讲到唐代作家时，我们首先会讲初唐四杰，再者会讲到盛唐有代表性的诗人如李白、杜甫等。我们便可以追问一下，难道这个时代就这几个作家吗？由此追问下去我们就可以发现一个问题：文学史在研究的过程中到底遮蔽了什么、遗忘了什么，为什么会这样？比如我们讲元代文学的时候，元代诗文往往会一掠而过，元曲是重点讲述对象，元曲中的《窦娥冤》经常会被提到，很多学者常常以《窦娥冤》中描写的社会黑暗来反映元代社会的黑暗现实，这时我们就需要追问，这种做法有没有合理性。如果我们仅用一部描写现在社会黑暗的文学作品来反映当下社会的黑暗，而不从历史文献出发，这显然不合实情，不具合理性。同理，我们现在做古典研究时，也应该考虑所研究的内容是否具合理性。还有一个典型的例子，1919 年五四运动是一个跨时代的大事件，影响很大，或者说对我们现在的意义很大，然而余英时在回顾自己过去那个时候的生活时，坦言自己在农村，根本就不知道什么五四运动；再如，鲁迅的小说，我们认为它是现代意义上的严格的白话小说，意义重大，但是当时很多人是看不懂鲁迅的小说的。如果我们这样追问下去的话，就会发现文学史是过滤了的文学史，是按照叙述者的叙述模式与思考进行的。这时候就应该有疑问，为什么现在的文学史会出现这种格局，换言之，你如果写论文选定一个作家做研究，那么，你就应该思考你为什么选这个作家做研究，你研究这个作家的哪些方面，想通过对他的研究解决什么样的问题等。上述是我认为每一个人都需要解决和思考的问题。解决了思想层面的问题，接下来还要考虑思想背面的哲学因素，即用什么方法来追问。

实际上，我一直认为古典文学的研究，不仅是文献的研究，已经出现了危机，也可以说是中国文学的研究出现了危机。为什么？过去文秘、新闻传播、编辑等专业都属于中文专业，但是新闻传播与编辑随着学科的发展被分出去了，我们整个文学专业找不到归属感，到底学文学有什么用，我们的研究落实不到这一点上。新闻传播与编辑专业是形而下的，侧重技术层面，然而我们文学专业的学生往往意识不到应该上升到理性的形而上的层面，好多老师也认识不到。从这个角度讲，文学专业实际上和哲学一样。但是，现在却面临着研究方面形而下的不充分，形而上的又达不到。我们做研究，一定要考虑到思想层面，不然将加剧整个文学学科的危机。

第三个层面，方法的研究。

追问很简单，但在追问为什么时，需要进行严格的学术论证，这时就需要进行阐释。一切学术研究都要进行阐释，因而阐释研究也是进行学术研究的基础。若学不会阐释性研究，即 Interpretation，等于说不具备研究的基本素养。不过随着年龄的增长，你的阐释性研究和对问题的思考也会越来越成熟。从这个角度来讲，过去我曾单独讲方法，现在想一想单独讲方法是没有意义的。因为若学科素养达不到，单独讲方法构不成你的学科基础，它还必须立足于文献基础。单独做文献也不行，做文献还需要考虑思想问题，解决思想问题需要追问为什么，追问得出的原因是什么，并需要通过一定的方法来解决。这样就构成了一个学科的理论体系。所以我们要考虑现存的文献究竟是不是合理的，文献的传播即文献形成现在面目的原因是什么。比如过去我上学时流行类似于方法论和接受史的书，关于接受史的研究，实际上我们讲文学史、讲文献都是关于接受史的研究，而当我们用“接受”这个词时，是用西方的接受美学的观点，但我们要思考，要追问一个问题：我们套用西方的这种接受美学的观点来研究中国的古典文献有没有合理性。比如陶渊明接受史、辛弃疾接受史等研究过去在文献学与古典文献的研究领域比较热门，但现在研究热度就逐渐冷却，为什么？研究接受史究竟是要解决什么问题？中国内地学者和港台学者都有这样的问题。换言之，古典文献的研究不是“发明”的研究，而是“发现”的研究。什么是“发现”的研究呢？

比如，长期被人们忽视的作家，若经过你对文学史严密的清理和作品的解读后，他的价值被重新发现，类似这种研究就是有价值的。这就是所谓“发现”的研究，并不是由你创造的发明的研究。这种“发现”研究可以填补文学史的空白，改变文学史的既有格局，从这个角度讲它是有意义的。但是我们还要继续追问它的意义在哪里。比如，现在再对李白、杜甫进行研究，研究者能不能改变李白、杜甫的既有价值和定位，能否发现李白、杜甫的价值根本没有我们想象的那么高？再如考证某个作家的生平，他不是公元五九八年生，而是公元五九七年生，严格来讲，除非考订出他出生的那一年关系到整个历史格局的动态，否则意义何在呢？故而学术研究，没有思想层面、方法层面的考虑和利用，意义就会大打折扣。研究者要善于发现其所研究内容的价值，并不停地追问，这是我们今天学术研究的安身立命之处。

我们现在受的是严格的学术分科训练，这时就出现了一个问题，严格的分科学术训练研究是前人学术视野的研究，且学科分类是必需的，我们需要知道学科的属性，但是我们真正在做研究的时候往往是多学科交叉进行的。现在高校老师的学术水平一般是通过论文、专著、项目、获奖情况、课时等来衡量的，而我们会发现，现今高校在国家或省市相关部门获批的学术型项目里没有一个是单一的学科属性的。如果你报的项目题目是“论李白诗歌的艺术特色”，这样的项目是不可能获批的。为什么？因为你不可能改变李白研究的现状。所以我们选题，如果你没有多元的学科交叉的支撑或者不能从文献的背后、思想的背后来挖掘价值，以我的观点来看，你所做的学术研究是没有意义的。从这个层面讲，我们在进行学术研究时，需要考虑你对所研究学科的深度与广度的把握。对所研究学科的深度与广度把握得越充分，研究的可能意义就越大。中国历史悠久，我们中国人对文献的研究习惯按纵向的历史的脉络去研究。然而外国人在做研究时可能会放到一个大时段里去研究，他们不是纵向的研究，而是截取历史的横截面去研究。比如我们所熟悉的《万历十五年》的研究，再如马克斯·韦伯《儒教与道教》，他将儒教与道教横向进行研究，若换我们中国人研究儒家则往往会按时间顺序从先秦、两汉等时代逐个切入纵向进行。这时我们就会发现中、西学者在做研究时的思维模式不一样，而西方的这种思维模式是我们需要借鉴的。

二 文献的源与流

若要做研究，需要多维度、多向度地看书，这是做研究的基础，不然连课也听不懂，遑论做研究。看书也有几个层面，第一个层面是知识扩充与储备的问题；第二个层面是你的知识储量能不能支持你进行学科研究的问题；第三个层面是看书技能的问题，即你所看的书能不能使你的技能得到拓展的问题。

看书需要有方法。如果想在研究的领域有一个深入的拓展，就需要对该学科或领域的基本典籍烂熟于心。只有烂熟于心才能谈到所谓的思想阐释。且做研究没有什么技巧可言，如果不看书而直接从思想角度去阐释是不可能的，即所有的研究必须先有文献的读解能力，如果没有这种能力，便不存在思想问题，也不存在方法论问题。

单独的技能层面是一个方法论问题，需要你具备文献清理的能力。对我们来讲，不管研究历史上的哪一段文献，都有一个原始性的问题需要解决，即厘清所读之书与学术研究源与流的问题。要搞清所读之书的源头与支流在哪里，比如，只要是中文类的学科一定离不开基本的典籍，像《论语》《孟子》《庄子》，若讲到佛教则离不开《金刚经》等。这是基本的源与流的问题，中西皆如此，不管你是做哲学研究还是后现代研究都离不开柏拉图、康德。基础典籍是做研究绕不开的，我到这个年纪，仍需要补充先秦典籍的知识。但是，换句话说，先秦典籍的研究以我现在的学养很难做出大的成绩。因为先秦典籍在清人时候能做的研究几乎都做出来了。如果你们要是关注过中华书局整理出版的古代典籍，就会发现这些典籍大都是先秦的。比如扬之水先生早年备尝人生辛苦，她经过不断地读书、积累、书写尝试，做出了《诗经》的名物考证等一系列研究。扬之水先生做的这种研究是拓展性的研究，虽然清人在几百年前已经这样做过，比如清人吴其浚的《植物名实图考》，但她的研究仍然很高的学术价值。20 世纪一个很重要的发现就是大量的出土文物，印证了《诗经》中的许多器物，这就体现出其研究的价值了，因为她让我们知道了我们的祖先是怎么样生活的，了解到那时真正的贵族生活方式是怎么样的，钟鸣鼎食之家的生活被还原出来了，以这种方式复活了古籍的形态。所以我们再读《诗经》等典籍的时候就不再仅仅是一种文字的东西了，扬之水先生的研究将文字与图形结合，从另一个角度拓宽了我们的视野。

研究的源和流必须考虑清楚。如果考虑不清楚，那么你所有的研究就无法继续拓展，它会制约你拓展的深度与布局。现当代研究为什么会出现往文献靠近的现象？就是因为现在既有的各种研究，比如以各种方法论来研究作家的生平、艺术特色等，你再怎么研究，作品文献也是有限的，无法拓展。所以，古典文献研究有一个优势，即有大量的文献需要我们去做。一流学者，可以很好地解决思想层面的问题，如果你做不了一流学者，做二流学者的话可以从文献的角度出发，这也是不错的研究。当然，如果你若想成大师，那么就得做文献、思想、方法三者结合的研究，那么你便能树立一种标杆性的研究，这是很了不起的。问题是，有的人读书的质与量都没达到，他们做研究直接便从方法论开始，比如现在流行的结构主义、后结构主义等，可能很热门，但对这些理论如何真正地利用吸收，似乎还有很长的路要走。

我读《左传》时最大的困难是里面涉及的地名和人名。如果不明白先秦的典籍，是没办法明白文献的源和流的。孔子在《论语·八佾》中说："夏礼，吾能言之，杞不足征也；殷礼，吾能言之，宋不足征也。文献不足故也。足，则吾能征之矣。"如果留下的历史文献充足，那么孔子也能讲出夏朝与殷商的文化、礼仪。古籍在刊刻流传的过程中不是有错误，而是混乱了。刘向为什么要整理书并且分卷？过去在竹帛上写的时候，必须每卷都卷起来，并在前面写个小序。司马迁在《太史公自序》中说："十二本纪、十表、八书、三十世家、七十列传"，并说了顺序，这段话好多人都不理解，其实他就是要我们看《史记》的时候按照这个顺序，因为那个时候纸张还没有出现。司马迁是汉武帝时候的人，但是《史记》中却掺入了后世的一些事，这就是在后世流传的过程中掺进去的。孙德谦在《古书读法略例》中举了很多例子。借鉴福柯《知识考古学》的话来说，孙德谦和俞樾都做了一个很重要的工作——书籍考古学，因为那时不可能有大量的地下出土文献，书籍考古的目的是进行书籍复原工作，即孙德谦书中说的"辨家数、辨宗旨、辨章法"等。所以，并非是章学诚率先发明了"辨章学术，考镜源流"，这是古人本来就有的传统。

读书要专精，做学术论文的时候则要站在一定高度上去看，这就是从古人处看古人。第一步就是要站在古人的立场与思考、推敲古人，要把古人还原到那个时代去讲，去思考他这样考虑问题的原因。这样最大的价值就是初步读懂了古人。第二步就是要站在今天的角度，考虑古人有哪些缺陷和不足，然后将其放到那个时代去考虑，考虑时代背景。第三步就是思考对我们现在的启示与发展的走向。古人的思想价值资源可能当时没产生重要的影响，但是经过我们的发掘与阐释价值就出来了，成为我们民族文化传统的精华。

三　问题意识的重要性

有人会问，现在讲的文献传播的研究，前人已经研究过了，我们要怎么样继续进行研究？其实提问者理解错了，每个时代都需要对经典进行解读，以对经典的解读来还原当下的思想状况。这也是中国古人寻求复古思想的原因。国人往往有厚古薄今的观念，这是中国人的传统，换言之，我们不妨将之理解为中国人的一个文化原型或者心理原型。比如元代复古思潮就是这个特点。元代很多人认为以前比较好，宋人亦如此，孔子也认为夏、商、周三代是最好的时代。这是构成中国人思维的一种原型，也是古书中会反复出现复古主题的原因。

中国的古人的作品立足点并不是形而上的思想性。很多人并没有真正地读过清人的著作，就认为中国古人的作品价值不高而妄加非议。中国人的很多作品，即唐宋元明清的很多作品，都是形而下而非形而上的，这是很多中国人的思维习惯，因而我们会追问并不符合西方思维的地方。比如西方会讲善是什么、恶是什么，并进行严格的论证，而我们中国没有这样的系统的著作。我们也不会去严格追问什么是善、什么是美，而是直接写出结论性的东西。比如章学诚说“六经皆史”，但是他并没有进行学理性的论证。从这个角度也可以看出中华民族传统的思维习惯。中国古代的作品很多都缺乏思想性。再比如朱熹说“人心即天理”，强调天理和人心的统一，我在读到朱熹的这个观点时就有疑问，为什么人心就是天理？受过现代学术教育的人，看到这样的表述，不禁追问其中的原因。

真正了解西方的哲学著作后，中国学科的问题就显而易见了。过去我读书很信服，总持一种接受的态度，而且自幼接受的教育也告诉我应该这么做，不用去追问。但是等我真正地去追问，问题便出来了。所以我们今天做研究千万不要认为研究内容本身都是没有逻辑问题的。而要考虑研究的问题是很大的，同时要考虑到每个作家都是有缺陷的，然后再充分找明理由证明它是有价值的。这样的学术研究就是拓展了。可以说，所有的学术研究都是一个历史演进的过程，而且这个过程是围绕一定的逻辑层序充分展开的。不能构成严格的学科基础的研究是没有意义的。

为什么我刚才说中国古代的作品缺乏追问？比如，元代文集中大量的是酬唱、赠答，或者相互吹捧、发牢骚等内容，千篇一律。那针对这样的研究有意义吗？我曾经思考过，若把我曾经做过的元人的这种赠答掺到唐人或清人作品里有没有区别？没有区别。换言之，在做全唐诗研究时，为什么全唐诗会掺着后人的作品，而大家却发现不了？为什么中国会有大量这种伪作存在，且一直存在至今？这可能关乎中国的民族心理。比如对中国诗歌里哀怨主题产生原因的命题研究，我认为就是伪命题。从诗歌属性看，哀怨是正常的，那么这个命题本身就没有意义。换言之，关于哀怨主题的研究，重点应该放在不同时代哀怨的异同上。比如：宋人的哀怨与元人有什么不同；明人的哀怨与元人有什么不同。这样研究的意义便凸显出来了。同样的赠答诗，比如聚会宴饮，宋朝人的饮食是什么，为什么这样饮食，他宴会时为什么写这样的诗，什么时候写等都不一样，研究者需要关注到这一点。其中涉及的写作目的与方式等，在诗歌中所承载的思想和生活形态都值得细说。若只是你写首诗给我，我写首诗给你，便没有意义。再比如，研究爱情小说里的悲剧性本身没有意义，但若你将其悲剧性赋予时代意味，便有价值，这就属于拓展了。

四　典籍的符号化与原型化

现在我们谈谈典籍。如果立足于典籍的发生、发展这个过程来看，你会发现典籍在中国文化里具有符号性。过去西方一个很重要的发明便是从符号学的角度进行各个方面的研究，现在这种研究依然很热。能指是单一的，所指是多元的。能指与所指①是一对多的关系，构成了其意义的繁复性。从现在的角度讲，所有的一切都可以构成符号。比如我曾写过一篇关于赵孟頫的论文，一开始我从传统文献学考证的角度出发，效果并不理想，后来则改从符号学的角度写。为什么我要这么讲？因为我在写这篇论文时问过自己为什么我要写赵孟頫，为什么赵孟頫创造的审美符号大家现在都能接受，我想到的原因是一个作家要被关注，就像现代明星需要炒作自己一样。能上电视就意味着首先得构成一种意义象征的群体，他们的背后是有大量的粉丝的，即其本身具有典型性、代表性。典型性与代表性是由权威性造成的，这种权威性则来自它所代表的流行文化。

我以前跟学生讲过，所有的新闻都是被制造出来的，而不是它自己发生的。新闻学上讲，狗咬人不是新闻，人咬狗才是新闻。所以，我们应该知道，新闻都是被制造出来的。同理，若我们用符号语言，就能找到许多明星吸毒事件背后的文化因素了。从这个角度来还原的话，便可体现文化符号的再生性，即文化符号有一个增殖的过程。衣服能穿便可以了，汽车有四个轮能跑便可，你为什么要选择某种品牌呢？你选的品牌质量肯定得好，这自不用讲，但是品牌背后的权力文化符号，我们应该加以关注。换言之，大陆影星吸毒的话，其引起的效应可能不会那么大，它的传播途径是通过微信、微博然后到官媒。微信、微博发现后，马上其他相关媒体跟进。电视是一个冷媒介（Cold Media），它不能与我们进行对话交流，但它是一个权力符号，因为当我们都围着电视的时候，权力中心向我们传递消息的途径是单一的。它不是多元对话交流，这种符号本身在给我们叙述的过程就是一种权力的征服过程，你必须接受背后暗含的意义，它隐含在一个很隐秘的角落里来宣传它的思想。

同理，通过梳理赵孟頫的研究，可以知道当时能写的作家或画家有很多，为什么赵孟頫得到关注呢？原因之一便是皇族出身。尽管他是南

---

① 索绪尔的结构语言学的一对范畴，“意指作用”“能指”“所指”是三个紧密相连的概念。“意指作用”表示下述两者的关系：一方面是表示具体事物或抽象概念的语言符号；另一方面是语言符号所表示的具体事物或抽象概念。他把“意指作用”中用以表示具体事物或抽象概念的语言符号称为“能指”，而把语言符号所表示的具体事物或抽象概念称为“所指”，也就是“意指作用”所要表达的意义。

宋的皇族，但皇族出身本身就是一种高贵的象征。比如常有人问我，为什么我字写得比张三、李四都好，就是卖不出高价？这个问题我无法回答，没有意义。因为，从消费角度讲，我们花钱消费的东西往往是有附加价值的，我们消费的不一定是你的写字技能，而是你的作品应该走向市场，符合现代商业操作价值。赵孟頫，皇族出身，本身字写得就好，人也长得帅气，其与妻子管道昇的爱情故事也被广泛传扬，二人当时就是新闻关注的热点。即赵孟頫是个有故事的人。一个人的故事越多，作品的卖点就越多，在后世裂变增殖的可能性就越大，会有不同的人重塑他的价值。分析古代作品时，若不懂得其写作的语境，把作品放到现代的时代环境中便会理解了。

从符号学的角度讲，我们就明白了很多名人的产生过程。比如，我们在讨论李白、杜甫的时候，你考虑过为什么他们有大量的作品是相互吹捧的吗？诗人借助于诗歌的这种媒介来表达自己的理想与愿望。如果没有诗歌这种媒介，他们就没办法实现自己的表达。现代不流行诗歌，但现代的艺术作品、电视媒介、网络媒介等完全可以取代诗歌和文学作品来表达我们的情感。所以说诗歌的衰亡是必然的，那么我们就要考虑做古典文献的研究有没有意义。答案是肯定的，有意义！因为中国的社会不是割裂的，是与古代相通的。历史有纵横向的时空，你若想赋予现代作品研究以强大的再生能力，必须从古典来。我们河南大学有学生拍了《李白之死》的作品，他借对李白形象的塑造表达了现代对李白的表现和理解，这就很有意义。我认为这个学生可能无形中运用了这种媒介来表达自己的感情诉求。所以，我们在做学术研究时要考虑自己的研究在当下的回应。如果你的研究在当下找不到回应，就应该考虑它的价值在哪里。

典籍具有中国文化的原型符号的性质，也即中国典籍具有充满神性和权力化的语言。从这个意义上讲，我们看中国典籍的时候，特别是古典典籍的时候，就要注意它的礼乐性质。这就是中国古籍为什么有那么强的教化性的原因。中国人爱说教，包括老师讲课也爱说教。西方人的教化与中国不同，其中有一个严格论证的过程，所以我们读西方人的作品要掌握其特点，不然读不懂。这是中西方文化的一种差异。你要试着怀疑老师上课时的结论到底有没有经过论证，要怀疑老师的知识结构，不管听哪位老师的课都得如此。师生之间，老师占有强势地位，所以你更要怀疑老师的知识结构，怀疑其是否具有合理性，能不能说服你。若不能说服你，比如只是道德性的教化，这就有问题。怀疑老师知识结构的目的在于你要让你的思维不停地扬弃、自我反省，这样才能提高。

一路读书，为什么有些人能在学业上坚持到最后，使之成为人生的志业，而有些同学却不能？如果大家读佛教的书就会发现智慧和聪明这两个词不同，聪明是天生的，智慧是后天学来的。因此，即使一个特别不聪明的人也可以通过后天的努力来获得智慧。中国的智慧就是通过严格的典籍的训练来使思维开阔。所以你要不停地扬弃自己、反省自己，如此你的思维才会得到拓展。回过头来，典籍是一种权力性的符号，从这个意义上讲，礼乐仪式就是典籍，典籍就等同于礼乐仪式。所以中国人喜欢教化，中国的所有经典，无论儒家、道家还是佛家都爱教化，所有小说也离不开这种惩戒主题，这是中国人的固有思维习惯。中国的很多小说都包含惩戒主题，像《红楼梦》《西游记》《三言二拍》，比比皆是。即使是娱乐性质的小说也是建立在惩戒的主题之上。中国人不喜欢形而上的东西，简单而言，惩戒的目的就是止恶扬善。形而上的命题是佛教传来后丰富了人们的思维后才产生的。如果没有佛教传来后进行中国化的过程，便不会有理学的产生，不会有这种繁复的理学思维模式的产生。原始儒家考虑问题比较简单，比如“天道远，人道近”，具体“天道”怎么“远”，人道怎么“近”，并没有告诉我们。再如董仲舒讲五行，但并没有讲为什么。然而这些疑问被理学家解答了，理学家在解答时借鉴的是佛家的理论。从这个角度讲，中国人的思维原型很有趣，总体而言追求较多的还是形而下的内容。比如中国人一方面强调对眼前的功名利禄不能看得太重，另一方面读书的目的就是当官。因而古人不比我们强多少，我们现在读书就是为了找份好工作。因为在中国这样的国家，生存是很困难的，虽然国家幅员辽阔，但人员众多，平均每个人占有的资源很有限。

五　作为话语符号的典籍

中国文化表面上是亚文化，比如我们接受“四书五经”的教育，背后则是一种江湖文化。中国历来信奉的这两种文化在头脑中交织，随时可以变形。比如我们所受的正规的教育就是从亚文化层面一步步读书考试而来，当读书考试的道路行不通时，我们便走江湖文化。所谓“风水轮流转”，说不定下一次就轮到我发迹了，所以中国文化中一直流行着对权势的尊崇。这是中国文化思维构成的一种，几乎在每个读书人身上都能体现出来。其实《周易》文化背后也有这种江湖文化，而这种江湖文化正是来源于汉代的游侠文化。很多人的头脑里都有这种想法：一方面通过读书考试，这也是为什么中国有大量的在小说、作品或真实生活中的读书考试的例子；另一方面读书考试不通，造反变革也是一条路子。读中国典籍的时候还得注意，它往往在说什么的时候，其实不一定就是说这个的，因此我们需要考虑它所遮蔽的东西，以及它为什么要这么说，是否用的是主流话语，其所表达的是否是作者真实的想法，等等。

你若想证明典籍是一种权力文化符号，就不能仅仅把典籍看作思想文化的载体与传承工具，还需要考虑典籍范畴本身。“典”在许慎《说文解字》里指具有神圣性的书籍，“五帝之书也”，它是产生我们文化的一个母体，是受到尊崇的。“籍”是最早刻到竹简上的字，是对文字的一种表达手法。故而我们在使用典籍一词的时候，就暗含了书写从五帝时期传来的或具有神圣性的、权威性的中国文献的意思。中国古代的书籍，特别是年代久远的书籍都是有图的，比如《七略》中专门有一种是收集图集的，包括很多典籍都是有图的，但在后世的流传中，图逐渐失传了。中国早期书籍很多是图文并存的，且往往与神权和王权相关联，也与巫术及人们的祭祀活动相关。所以，“河出图，洛出书”就是一种神圣性的东西，谁拥有了，谁就具有了代表上天进行统治的合法权。这也是为什么中国历朝历代都非常重视典籍的原因：谁拥有重要典籍的解释权，谁就具有神圣性。

如果我们对典籍的范畴进行纵向的历史考察，先秦时往往是记载先王的言论和上古的重要仪式的图书才被称为典籍，尤其是强调仪式规范和社会准则的图书构成了国家重要的文献。这个时候典籍具有双重特性：一方面包含了我们必须遵循的带有强制性的文化制度、仪式以及故事，这些故事反复地告诫，就变成我们的基因文化符号；另一方面我们得不断地阐释，所以典籍能指的意义就不断地加强。先秦之后的典籍有一个重要的特点：因民间私学的兴起，即教育的下移，导致典籍成为各种图书，同时也使得典籍的原型符号意义消失，典籍的神圣性逐渐消失，这样典籍的理性权威也丧失了。表面上看，我们现代读书人充实了典籍的队伍，实际上也意味着典籍神圣性的内容在消失。典籍神圣性的消失，使得典籍不再具有与我们祖先对话的话语符号。后来，典籍里神圣性的东西被概括为封建迷信。这就导致我们不知道典籍里有没有合理性的成分，只要有不符合我们现在的思维习惯的内容，我们就会下意识地去批判。如果我们从载体的角度来考虑，而不是把典籍作为工具来看，那么典籍的意义还是非常重要的。

这就是我们对典籍的理解，也就是说典籍本身具有一种话语符号体系，阅读者在读这些典籍的时候应该具有自主选择权和自由的诠释权。如果这些权利丢失的话，便会造成对典籍阅读的创造性的阐释的缺失。

六　典籍的构成要素

我们接着讲典籍的构成要素。典籍是以静态形式出现的，表面上典籍没有生命气息，不能自我言语，因此，我们很容易忽略它作为一个文化原型符号所具有的权力话语。它不仅是我们的交际工具、沟通工具，它自身还是一种文化原型符号。我们要追问一个问题：它的构成因素是什么？

典籍的第一个构成因素是作者。作者创作了典籍，在此，作者把内心精神的东西通过一种物质符号——比如文字——阐释出来。典籍一出现就具有“过去时”的特点：作品一旦产生，作者就“退居幕后”“退场”。作者就变成一种“他者”。其实，作者本身的构成情况绝对不是那么简单的。为什么？因为“作者”这个范畴不是十分明确。有时候作者是具体的某一个人，他写了这个作品，这时候作者是谁是没有争议的；但有时候这个作者可能是一个时代——经过层层累积，产生了作品。比如《周易》《尚书》《诗经》《山海经》，哪个可以知道作者？余嘉锡在《四库提要辨证·辨识一》中说，先秦诸子之书，都是由其门人、弟子、子孙所写的，并非自己手写。因为古人的书有时是口耳相传的，后世才注意注补。[①] 我们引进西方的观念来讲，这个时候就是“他者”著书。

---

① 余嘉锡：《四库提要辨证·辨识一》，中华书局1980年版，第607—609页。

典籍的第二个构成因素是本体。这个本体指的是文献的范畴。“文献”是很宽泛的概念，我们经常把这个词误用。随着现代的发展，“文献”这个词越来越成为平民化的知识载体，不再具有贵族化的神圣性。所以，人们多用“文本”（text）来指称文献或者典籍。后来有的人把text称为“本文”，就把本文看成了能指，也就是说，看成了语言的符号，即能指，是经过筛选的精华。把文本只认为所指就是存在性的本质东西。这就是本体层面的理解。从文献产生本文这个角度来讲，只要文献反复出现了表现文化的深层次东西，只要能诉诸我们视觉、听觉的感官，那么我们这种本文的材料本身就带有一种封闭性。虽然这个系统是封闭的，但是我们的讨论必须是开放的。

典籍的第三个构成因素是解释者。解释者不是读者，读者无法代表权力性的东西。解释者之所以成为古典文献的构成要素，是由古典文献的特殊性决定的。在中国文化里，儒释道三家的典籍往往具有非同寻常的作用，它们往往是统治思想的一部分，特别是儒家典籍；同时，也是我们中国人安身立命的基础。中国对典籍的解释，无论是官方的，还是私人的，表达方式不一样，认定形式也不同。特别是被官方垄断的解释，比如《十三经注疏》，在经过刻意的掩饰后，被描述成极为合理的解释方式。从理论上讲，这种解释方式意味着解释者是文本和读者之间的媒介或中介。没有解释者这个中介，许多读者很难理解经典的含义。但是解释者为什么这样解释？——特别是被官方承认的，像《十三经注疏》，像朱熹对“四书五经”的解释。这是因为，统治者通过对解释权的垄断控制了读书人。在解释活动中，广大拥有自由权的读书人在不经意间失去了他们的创造性力量。这些人的阅读活动实际上变成可以被控制的活动——一种被动的接受。所以，在中国传统文化中，解释者解读文本从来不是为了普及教育，更不是为了方便交流。农业社会是不需要广泛的交流的，集会结社在中国古代是严令禁止的。其实，目的只有一个，那就是教化。

典籍的第四个构成因素是读者。读者为什么被放在了第四位？现代人选择面很宽，古代人的阅读活动——比如以“四书五经”为阅读对象——是相对固定的，是被动的，是可以被控制的。读者没有选择权，从理论上讲，读者有读与不读的、想读与不想读的自由，但是供他选择的范围是有限的，是被事先规定好的。所以一旦经过选择，读者就失去了自由，就只能在文本的规定中进行想象和驰骋。比如八股文，只能在各种规定中有限发挥。所以读者的想象的方式不知不觉地会受到文本的影响。从这个意义上讲，阅读者脱离文本进行想象，在中国的传统文化中几乎是不可能的。从这个意义再深入，传统意义上的阅读是固定程式的文化传承，具有可控制性和被动性。所以，阅读者的接受活动只是被动的，等着别人让他背诵。后代子孙对文化表现出的是继承对权力的服从义务，却没有对权力的质疑和不满。传统的经典阅读，是一对一的单独阅读方式，阅读者的文本始终是固定的，阅读者没有参与的机会。

第二章

学术研究的思想与视野

第一节　中国古代学术的特点

一　文人之学

从文献学、学术史的角度来说，“文人之学”以个人集子的产生为其出现的标志。比如目录学中收录的最重要的一部总集类的集子是《楚辞》，还有后世发展过程中出现的大量作家的集子，像后世整理的汉魏六朝的集子、我们能见到的唐代白居易的集子等。

文人之学的表现形式以诗文为主。它的兴趣是在创作上，比如诗歌的创作、文的创作。这种创作是文人之学的表现形式。汉语言文学专业研究的古代文学，很大一部分是处在文人之学的层面上，研究的是个人的集子、文学流派等，在古代目录学中被归为集部。集部之学在后世成为文人之学，比如没有作者的《古诗十九首》，它被当作文人诗的成熟典范。这样的作品主要是表现情感，陆机的《文赋》就认为这种“创作”是以情感的表现为主，曹丕的《典论·论文》也明确指出“文”的各种特征，是对文人之学的一种归纳。

萧统的《文选》是文人之学的一个很重要的作品。《文选·序》评价文人之学，说得很明白：

> 式观元始，眇觌玄风，冬穴夏巢之时，茹毛饮血之世，世质民淳，斯文未作。逮乎伏羲氏之王天下也，始画八卦，造书契，以代结绳之政，由是文籍生焉。

第一阶段，用纵向的发生论的观点看，是我们的先民还处在没有文字的时候；第二阶段，有了文字便开始有“文”“文集”。这是文学的起源。

> 《易》曰：“观乎天文，以察时变，观乎人文，以化成天下。”文之时义远矣哉！若夫椎轮为大辂之始，大辂宁有椎轮之质？增冰为积水所成，积水曾微增冰之凛。何哉？盖踵其事而增华，变其本而加厉。物既有之，文亦宜然。随时变改，难可详悉。

这告诉我们为什么会出现“文”“文集”，作者以车辆和寒冰作比喻，说明一切自然人文事物，都是按照“踵事增华”“变本加厉”的规律发展变化的，“文”自然也是如此。

> 尝试论之曰：《诗序》云：“诗有六义焉：一曰风，二曰赋，三曰比，四曰兴，五曰雅，六曰颂。”至于今之作者，异乎古昔。
>
> 古诗之体，今则全取赋名。荀宋表之于前，贾马继之于末。自兹以降，源流寔繁。述邑居则有“凭虚”“亡是”之作，戒畋游则有《长杨》《羽猎》之制。若其纪一事，咏一物，风云草木之兴，鱼虫禽兽之流，推而广之，不可胜载矣。

这是告诉我们文学可以干什么，也就是它有什么功用。下面重点说了一个人——屈原：

> 又楚人屈原，含忠履洁，君匪从流，臣进逆耳，深思远虑，遂放湘南。耿介之意既伤，壹郁之怀靡诉。临渊有怀沙之志，吟泽有憔悴之容。骚人之文，自兹而作。

这是对作者创作文学作品原因的探讨，同时也暗示了文学抒情特征的成因。“事出于沉思，义归乎翰藻”，创作构思、讲究文采，就是文学的特征。

研究对象确立以后，我们要清楚研究的内容和路径。宋元明清之后，文人之学的研究对象就发展得更明确了：诗歌的定型化表现是唐代律诗的成熟；到了宋代，词成熟；元代的曲，主要是杂剧；明清的小说等，形成了文体的代际之别，这就是所谓的“一代有一代之文学”的观念。它们都属于文人之学的研究范围。

二　学者之学

学者之学是伴随着经学和史学的发展与成熟而出现的。

中国是一个史学大国，史学资源特别丰富，这意味着我们学术研究有一个路径。司马迁《报任少卿书》里说自己写作史书是要“究天人之际，通古今之变，成一家之言”。要想成一家之言，第一是究天人之际，即探求天道与人事的关系；第二是通古今之变，即贯通古往今来发展变化的脉络。这告诉我们做历史研究的根本目的。《五帝本纪》里说：“非好学深思，心知其意，固难为浅见寡闻道也。”写作品的时候，要“心知其意”，心里知道这个意思，但知道这个意思，很难为浅见寡陋的人道明。如果不从这几篇来看，就很难了解史学为什么在中国有这样的发展。

在此之前，中国古代的历史一直是由古代的史官累世而成。《礼记》中有“世其官”之说，比如司马迁家族世守其官，他的父亲司马谈是太史令，司马迁继承了他的职务。而且要注意，史就是“巫”，带有很强的祭祀性功能。也就是说，当时的人是看不到这种史事的。司马迁的《史记》标志着个人记史现象的出现，标志着个人开始对历史进行评判，个人的历史评判也就意味着皇权很难再以自己的意志形态干预、干涉历史的发展、运行规律。《春秋》的一个最重要作用是“孔子成《春秋》而乱臣贼子惧”。因为统治者行为失度，就会由史官记录下来。统治者虽然获得了一时的权力，但后世会对其合法性提出怀疑。这就是为什么官方对修史如此重视。

不过，存不存在真正的客观的史学呢？我们一直在标榜历史是客观事实的，但不同的人的记述一定存在差异，而且这种差异非常大。这种差异可以证明，历史的客观事实是不存在的，我们现在所见到的各种材料，都是后人加工过的，一定带有主观的评判意识。从这个角度来讲，史学是学者之学成立的一个重要标志。

学者之学形成的另一个动因是经学。中国古代为什么对经学那么重视呢？因为它关系着古代正统的“意识形态”。

现在讲《诗经》，很多人会把它当文学作品来解读。可实际上，《诗经》从产生起就不仅仅是文学作品。总有人从文学角度批评《毛诗传笺》，认为它说《关雎》指“后妃之德”是不对的。但古人这样解释是有道理的。《诗经》是雅言，古人将之放置到“经”的体系之中，就意味着它不是把《关雎》当成爱情之作，也不是把它当成简单地描述生活现实的作品，更不是劳动人民之作。劳动人民创作的作品是进不到“经”的行列的，它显然是经过文人整理的作品，《小雅》《大雅》就更不用说了，劳动人民是写不出来这样典雅的作品的。《诗经》很显然是一种辞令，它带有一种更重要的政治层面或者文化层面的意义：通过对《诗经》的掌握，一方面表现贵族的身份，另一方面作为诸侯国之间交流的一种语言媒介符号。所以《论语》中说《诗经》的作用没有提及文学修养，而是可以兴、观、群、怨，事君事父，多识鸟兽草木之名。这很显然是一种知识体系的建构，自然、历史、地理、社会、文学知识都有，很难将西方的学科分类套用到中国的学术上。所以，以今天的视角把《诗经》当作文学作品去看待，实际上是降低了《诗经》的地位，也就是说，《诗经》的神圣地位被消解掉了。文学性不是《诗经》的重心。如果以历史学的视角来研究《诗经》，则会变成用历史材料来证明它，或者用《诗经》资料来证明实物的考古文物材料，这就是不同学科视野对材料运用的不同。清朝有很多研究《诗经》的著作，但没有哪一个是单纯地把它当作文学作品来研究的，这一点在清人方玉润的《诗经原始》中就可以看出来，他的立足点也不仅仅是文学。我们要清楚中国学术的流变，如果看不清这些作品的价值和意义，是没办法对这个作品进行准确的定位的。

《诗经》这样的作品是如此，《尚书》更是如此。《尚书》难懂，是因为它记载了华夏先民的政治运行规则，是政治之书、政令之书。《尚书·洪范》中对五行的阐释已经给人们规定了思考方式，所以如果我们把它当作文学作品来看待，就降低了它的功用。同样，像《易经》这样的作品也很难说有文学性存在，因为它一开始就不是以文学作品的面貌出现的。

综上所述，学者之学一部分是史学。中国史学有两大特点：第一，它是累积性的；第二，它一定会带有主观性的因素。虽然历史有它的客观性，但不可能存在所谓的客观性史学。“史”在《说文解字》中被释为“记事者也”，而由人来记载就一定会带有主观性。

另一部分是经学，经学为什么重要呢？它是维系一种社会模式的隐形的纽带。对权力富贵的追求是中国人很深的情结，经学能帮人实现功名，而以经学为核心的科举制的出现又催生了一种“科举文学”。什么是科举文学呢？比如小说、诗歌里面的文人才子一定要中状元，故事总会有大团圆的结局等。这种类型化的叙述方式反映了中国古人的思维观念，这种思维观念决定了我们的审美特点。中国的文化语境下是没有个人的，非常缺乏个体的意识。即使是古代的诗歌，在表达情感的形式上也是类型化的、单一化的，如杜甫诗歌中的忠君思想，从屈原《楚辞》开始就是这样一个传统。可以看出中国审美的特点是单一的，这样的一种类型化的文学形式特点，构成了中国人审美的主要方式。

反方面来看，封建王朝、传统社会的解体，一个很重要的原因，不是土地关系的解体，不是社会制度的解体，而是经学的解体。经学的解体标志着传统思维的范式不再具有当下的约束性。《红楼梦》就是一个典型，开篇作者就以《好了歌》的形式告诉我们，人的情感生成方式不仅仅是对功名利禄的追求，还有更多其他的形式，而在实现这个“其他形式”的过程中，人的传统伦理观念逐渐瓦解。虽然中国的传统意识很强，但在《红楼梦》中对形象性的思考和质疑达到了顶峰。所以《红楼梦》的意义就在于它的反抗，它从文学的角度否定了人对功名的追求，因为在以经学为核心的科举制的笼罩之下，追求功名是大多数人的选择。1905 年科举制度的取消标志着经学的瓦解，而经学的瓦解标志着两千多年来的核心意识形态的崩塌，从此我们中国人的思维认知方式发生了重大变化。可能在 1840 年以前中国的变化是缓慢的，而到 1905 年传统社会就彻底衰落了。

但是这种学术对中国人的思考方式的影响是不会立刻改变的，也就是说，一个人从出生开始就有一个明确的伦理秩序是规定好了的。这在经学和史学的传统中也都有明确的规定，后世人要做的就是把它背下来，“代圣人立言”，其目的是要“复古”，回到三代之治。在社会制度上的体现就是农耕社会制度的建立，而这个制度决定了中国社会的特点，它是内向型的、传统型的。所以先秦的学术到清代一路下来没什么变化，但

1840—1905 年，一种新的因素慢慢进入以后，它就变了。像中国 1949 年以前的作家和 1949 年之后的作家之间存在着明显的断裂：1949 年以前的作家，多多少少会带有一定的传统因素，如周作人受明代归有光的影响，归有光又受司马迁的影响；而当代的作家已经看不到这种传统文化的影响，如李佩甫《羊的门》中呼天成这样玩弄权力的人物出现在中原大地，反映着中原文化的核心因素是崇拜权力，这个文化的语境没有消失，但是我们已经看不到深厚的学术影响。再如《白鹿原》中朱先生之死实际上标志着一个深厚的经学学术传统的消失，朱先生即使学究天人，也扭转不了大的趋势。他死时白鹿消失了，而白鹿正是传统文化核心的象征。这预示着一个时代的结束，深厚的经学传统的消失，实际上代表了学术思想、学术范式的消解。这种消解的影响，使经学已经不可能再成为统治的核心的意识形态。当然，它在植根于我们社会文化心理的深处，仍然是左右着我们民族文化的隐性的因素。

所以说文人之学是个人性的，而学者之学是理性的。中国没有西方那种逻辑学，但同样强调一种逻辑的批判性思维。中国科考人没有受过逻辑学的训练，照样可以写出非常符合逻辑的文章，《论语》《孟子》等均对中国古人产生了深刻的影响。所以学者之学的特点在于思考方面的成熟。中国没有专门的思想史、学术史，但可以在《四库全书总目提要》中找到，它涵盖了这些内容。张之洞在《輶轩语》中也说："泛滥无归，终身无得。得门而入，事半功倍……将《四库全书总目提要》一过，即略知学术门径矣。"

真正使学者之学登上中国学术顶峰的是清人。很多人研究说清代的训诂之学的兴起，有统治者提倡，这固然是社会因素，但实际上这和明代二百多年来学风的空疏有密切的关系。虽然从文学角度来看，明代王阳明的心学、李贽的"童心说"等有着解放的意义。但是从学术角度来说，明代的学术水平是远低于清代的。这个很显然和明代的学术风气有着密切的关系：明代很多学者的关注点不在学术内容上，而仍然是修身或者治学方法。比如吕坤的《呻吟语》、洪应明的《菜根谭》、刘宗周的《人谱》、孙奇逢的《日谱》等。甚至万历之后的学术风气以享乐、放逸的形式出现。明末清初顾炎武、黄宗羲这样的学者，几乎都把明朝灭亡的原因归结为学风的不正，所以以《日知录》的出现为标志，清代的学术之风开始走向朴学。这种朴学之风既是清代外在环境的影响，也是他们自己的选择。梁启超的《中国近三百年学术史》《清代学术概论》对清代的学风转变就有很明确的归纳。

为什么清代出现了这么多灿若星辰的大学者？王念孙、王引之父子作《读书杂志》时，是想恢复、探索先秦以来典籍的原始面貌，但不像现在有大量的检索工具。而在理学方面也有很多著作，如江藩的《国朝汉学师承记》、陈澧的《东塾读书记》等。客观地说，他们为我们树立了一个难以超越的标杆。

从中可以看出清朝学者研究的特点：精、深、专。“精”在于他们都走向了一家、一经之学。所以虽然清朝的学者认为他们的学问继承了汉朝以来的传统，但是事实上他们不仅仅继承，而且完善了汉学的学术体系。倘若没有清朝人的学术传统，就不会有民国的刘师培、章太炎、陈垣这样的大学者。再一个是“深”，如清代学术一个重要的成就就是阮元的《十三经注疏》，它确立了校勘的体例，王念孙、王引之的《读淮南子》也有详细的校勘方法，当然后来陈垣的《校勘学释例》也总结了“校法四例”。还有一个是“专”——专门之学。清代的很多学者都是以某一部经为专门研究和路径。即使像纪昀这样的学者，也是以《四库全书总目提要》为主要的学术路径，《阅微草堂笔记》也能体现出他主要的学术路径。再如清末民初一个百科全书式的大学者俞樾，他的《春在堂随笔》也是如此。这种学者之学的专门化使各种学问出现，例如说文学①、考据学。清人的学术的流风余韵，一直影响到民国，出现很多像王国维这样百科全书式的学者。他在金石学、西北边疆地理方面都有很深造诣，有《殷墟辞中所见先公先王考》《蒙韃备录笺证》等文章。从中可以看出他对材料的意识，他提出二重证据法，后又有学者在此基础上又提出三重证据法、四重证据法。在时代的浪潮面前，很多学者意识到学术的转变。经学的解体标志着新的思想范式的出现，二重、三重证据法的出现都和它有很深的关系。

---

① 以《说文解字》为研究对象的学问。清代代表作有严可均的《说文校议》、俞樾的《儿笘录》等，更有“说文四大家”：段玉裁（《说文解字注》）、桂馥（《说文解字义证》）、朱骏声（《说文通训定声》）、王筠（《说文句读》）。

学者之学也成了日后高校学科建设的一部分，专门研究某个学术思想、学术方法、学术资料，就汇集成了不同的专业。

三　通人之学

通人之学处在一个较高的学术位置上，司马迁的“究天人之际，通古今之变”即属于通人之学的范畴。那么从文人之学、学者之学到通人之学的路径的演变有哪些呢？又有哪些学者能进入通人之学呢？

中国古代的学者里位于通人之学的，孔子是第一人，孔子之后便是朱熹。为什么朱熹这么重要呢？朱熹并不是极有天分的学者，他做一切学问都是用的笨功夫。但朱熹所做的学问有几个特点。第一，在经学上有很大的成就。他的《仪礼经传通解》《诗集传》至今影响仍然很大。第二，在史学上有很高的造诣，著有《资治通鉴纲目》一书。第三，虽然朱熹的学问来自经学和史学，但他并不忽视文学方面的研究。朱熹有一部《韩文考异》，是研究韩愈的集子绕不过去的一部著作，他对韩愈集子的发覆和研究，代表了当时的最高水平。他对《楚辞》也有很深入的研究，今人对《楚辞》进行解读时仍绕不过朱熹的《楚辞集注》。在古代典籍中，朱熹下功夫最大者乃是四书。《四书章句集注》是朱子生前其学生抄录出来的，已经做了讲课稿，但并没有刊印。他在去世之前一直没有出版四书研究的定稿，我们现在所看到的《四书章句集注》是朱熹死后其学生弟子刊印出来的，四书章句之学标志着思想史范式的确立。朱熹的学问是从形而下到形而上的确立，他并不认同陆九渊直接“形而上”的做法。朱熹曾和陆九渊兄弟在鹅湖进行论争，留诗两首。陆九龄所留一首诗中有“大抵有基方筑室”一句，意思是要想学问做得好，一定要从基础做起。朱熹在授徒过程中形成了自己的理学思维范式，其中很多的学术观点集中在其学生整理的《朱子语类》之中。《朱子语类》在语言学的研究上也很重要，宋代的语言、语汇、说话时的语言风格等在《朱子语类》中都有所体现。但最重要的是，朱熹的思想观念都存在于《朱子语类》之中。所以我们若看朱熹一辈子的学问，则是真正的通人之学。之所以说朱熹是通人之学的一个典型，就在于他的学问是从广博的文献资料整理出发，从而形成他的学术路径。

元朝有一个可以称为通人之学的学者，就是吴澄。虽然元代的经学整体水平不及前朝，但出现了吴澄这样能够代表当时最高学术水平的学者，这是元代学术的重要创获。要以通人之学的标准来讲，明代这样的学者不多，清代以专家之学为主要形式，通人之学很少出现，章学诚可以算一个。他在《文史通义·外篇一·立言有本》中说："史学本于《春秋》；专家著述本于《官礼》；辞章泛应本于《风诗》，天下之文，尽于是矣。"① 认为中国史学之源是《春秋》，而史学之流则是《春秋》家法的反映。

到了民国时期，梁启超是通人之学的一个典范。虽然梁启超的学问未必深，但梁启超有一个特点就是一辈子都追求新变，新在哪呢？在于他的概括性很强、理论性强，所以他的学问仍有当下的意义，这就是一个学者的生命力。他有《中国历史研究法》《中国近三百年学术史》这样的著作能够不停地为人们所用，就决定了学者能够拥有生命力。相比梁启超，王国维更接近专家之学。大多数人没有读过他的《观堂集林》这样的专业著作。但王国维为什么能被人记住？因为王国维有一本《人间词话》，《人间词话》是具有普及性的一部书，很多人都会去看，这就保证了王国维身为一个学者的生命力。朱光潜有《诗论》，冯友兰有《中国哲学简史》，还有《贞元六书》，这样的学者就会一直都有活跃的生命力。

区分这三者，有助于我们找到自己学术的路径。人生有涯而知无涯，人这一辈子的书读不完，能精读其中的一部分也是人生的一大幸事。

第二节　中国古代知识谱系的确立

中国古代的知识谱系是什么？弄清楚这个问题之前，我们首先需要明白什么是知识。在传授或学习"知识"这个概念的时候，传授者与学习者并不会追问知识是如何构成的。柏拉图在《泰阿泰德篇》中提出"知识"需满足的三个条件，即被验证过的（justified）、正确的（true）、被人们相信的（believed）。中国古代是以目录为中心来看待有关"知识"的这些问题的。中国古人认识世界的方式是什么？如果说中国的学问做得特别好，那为什么还要用西方的学术系统来分析中国的学问呢？我们

① （清）章学诚：《文史通义》，中华书局1956年版，第202页。

始终提不出中国自己的能被世界认可的范式，所使用的都是1840年以后至今所确立的知识系统。我们可能对这种知识系统习焉不察，也就是说我们并不清楚这种系统对我们潜在的影响，但是它在做学术源流梳理时却特别重要。皮锡瑞的《经学历史》第一次对经学进行了现代视野下的学术分类，即分为经学开辟时代、经学流传时代、经学昌明时代、经学极盛时代、经学中衰时代、经学分立统一时代等，这暗含了面对外来学术视野范式冲击时清朝学者确立中国学术的态度。

《经学历史》在第一章的经学开辟时代提出："凡学不考其源流，莫能通古今之变；不别其得失，无以获从入之途。"由之前记录的笔记等回想到当时的求学经历，并使之在头脑中逐渐清晰的过程就是学术史的一种追溯。从笔记中可了解一人何时读书、读了何书、对所读之书的态度看法等，从而梳理出年谱。这就为学术研究分了层次，而分层次的过程就是学术史的梳理过程。"古来国运有盛衰，经学亦有盛衰；国统有分合，经学亦有分合。历史具在，可明征也。经学开辟时代，断自孔子删定《六经》为始。孔子以前，不得有经。"孔子删定《六经》，这在知识系统上确立了经学开辟时代。孔子确立的这种学问也成为中国古代的学术传统，即"述而不作"。"述而不作"强调的重心是"述"，"作"则是另起一套理论体系。"读孔子所作之经，当知孔子作《六经》之旨。"司马迁在《太史公自序》里叙述六家之旨："周道衰废，孔子为鲁司寇，诸侯害子，大夫雍之。孔子知言之不用，道之不行也，是非二百四十二年之中，以为天下仪表，贬天子，退诸侯，讨大夫，以达王事而已矣。"而在叙述孔子的知识谱系时引司马谈《论六家要旨》："夫儒者以六艺[①]为法，六艺经传以千万数。累世不能通其学，当年不能究其礼，故曰：'博而寡要，劳而少功。'"司马迁（前145—前90）距离孔子（前551—前479）时代有四百多年，却已窥其发展之弊。班固《汉书·艺文志》中言"名家者流，盖出于礼官。古者名位不同，礼亦异数。孔子曰：'必也正

---

① 六艺即六经：《诗》《书》《礼》《乐》《易》《春秋》。董仲舒《春秋繁露·玉杯篇》："君子知在位者之不能以恶服人也，是故简六艺以赡养之。《诗》《书》序其志，《礼》《乐》纯其美，《易》《春秋》明其知，六学皆大，而各有所长。"（汉）董仲舒著，（清）苏舆撰，钟哲点校：《春秋繁露义证·卷第一·玉杯第二》，中华书局1992年版，第35页。

名乎！名不正则言不顺，言不顺则事不成。’”

文学史的叙述模式是什么？从某种角度来讲，我们所讲的文学史与文学无关。史到底是什么？它具有什么要素？柯林伍德在《历史的观念》中说“一切历史都是思想史”。克罗齐则在其专著《历史学的理论和实际》中提出“一切历史都是当代史”。我们以史知兴替明得失，从历史中得到启示。我们研究的历史都是过去的。然而对过去历史的记录，并非完全真实可信，记录也存在一定程度的遗漏。文学史必定经过了筛选过程，这个过程不是由作品的原作者完成的，而是由文学史作者的态度和认知来完成的。陈卫星《传播的观念》中提到了传播的偏向过程。即使被认为是纯客观的东西，比如李白创作了许多浪漫主义诗歌这个事实，我们对此可能也会产生疑问：他写诗浪漫是因为他有胡人血统吗？此时我们在脑中已经预设了“李白浪漫主义诗歌风格的形成与胡人血统有关”这一命题。也就是说，我们在看任何东西时，头脑中一定先形成了一个预设的框架，即预设的某种意图（偏见）。而这往往是你自己习焉不察的一种结果。

尽管《四库全书总目提要》的编纂者一直标榜学术上的持平之论，但清朝人是鄙薄宋朝、明朝的学问的。清朝人的谱学观念强调“无征不信”。江藩在《国朝汉学师承记》卷一序中批评道：“宋初承唐之弊，而邪说诡言，乱经非圣，殆有甚焉。如欧阳修之诗，孙明复之《春秋》，王安石之《新义》是已。至于濂、洛、官、闽之学，不究礼乐之源，独标性命之旨，义疏诸书，束置高阁，视如糟粕，弃等弁髦，盖率履则有余，考镜则不足也。元明之际，以制义取士，古学几绝，而有明三百年，四方秀艾困于帖括，以讲章为经学，以类书为博闻，长夜悠悠，视天梦梦，可悲也夫！在当时岂无明达之人志时之士哉，然皆滞于所习，以求富贵，此所以儒罕通人，学多鄙俗也。”清人的态度于此可见一斑。

一 中国古代知识系统的特点——伦理性

中国古代知识系统和知识视野的成立基于其伦理性。司马谈在《论六家要旨》中说：“夫儒者以六艺为法。六艺经传以千万数，累世不能通其学，当年不能究其理，故曰：‘博而寡要，劳而少功。’”关于儒家知识的传承，在司马谈当时看来，为六经做注的学者们很多，但是“累世不能通其言，当年不能究其礼”，最终的收获很少而且不能演绎出知识的规律。接着又说：“若夫列君臣父子之礼，序夫妇长幼之别，虽百家弗能易也。”“列君臣父子之礼，序夫妇长幼之别”，这就是中国古代传统知识伦理性特点的体现。《论语》里面所讲到有关孔子的知识系统，也多为伦理性知识。再如《史记索隐》：“万物宰制，君臣、朝仪、尊卑、贵贱有序，咸谓之礼。五经六籍咸谓之书。故《曲礼》云‘道德仁义非礼不成，教训正俗非礼不备，分争辩讼非礼不决’云云。”从这些描述中我们也可以看到中国古代知识系统的伦理性倾向。后世的各种注解也都在强调尊卑、有序等伦理性知识观念。

如果我们按照经学历史进行溯源就会发现，伦理性知识的确立为后代提供了一种认知范式，这种认知范式也构成了我们古代知识系统的一部分。《史记·孔子世家》里有：“古者诗三千篇，及至孔子，去其重。”不仅是《诗》，孔子对六经都进行了规范。现在我们对《诗经》中《关雎》篇的理解，包括教材的表述，都认为是对爱情自由的歌颂，但是中国古人对《关雎》的解释却是围绕“后妃之德”这一主题。难道古人的解释是错的吗？上文谈到中国古代知识系统的一个重要特点就是伦理性，即以“礼”为核心。因此中国古人在“礼”的知识系统束缚下就不会把《关雎》看成爱情诗。比如《史记正义》引《诗小序》云：“《关雎》，后妃之德也，风之始也，所以风天下而正夫妇也。”但是今天我们按照去除了“礼”的知识系统的视野来解读《关雎》时，自然将它理解为爱情诗。从这个角度，我们可以看出中国古代文人理解世界的视野。《史记正义》又引毛苌解释“后妃之德”的话：“夫妇有别则父子亲，父子亲则君臣敬，君臣敬则朝廷正，朝廷正则王化成也。”我们从这些论述中可知，司马迁及后世文人一直采用的是孔子以来所塑造的知识谱系，这构成了他们认识世界的一种方式。

二　中国古代知识系统的特点——实用性

孔子所确立的传统知识系统的另一大特点就是实用性，这也暗含了中国古代的一种学术传统——经世致用。《史记·孔子世家》：“三百五篇孔子皆弦歌之。”我们可以推测《诗经》全部是合乐的，古人在教授学生的时候是要吟唱出来的。《论语·先进·侍坐》中曾皙谈道：“莫春者，春服既成，冠者五六人，童子六七人，浴乎沂，风乎舞雩，咏而归。”“咏”即为咏诗，体现了中国古代的诗教传统。传统的诗教与我们现在所强调的《诗经》中的爱情自由是相矛盾的。因此我们在看古代作品的时候，要循着古人的思路来认识作品，否则就不能完全理解作品内容。《史记·孔子世家》“弦歌之”之后又说“以求合《韶》《武》《雅》《颂》之音。礼乐自此可得而述，以备王道，成六艺”。《汉书·艺文志》：“儒家者流，盖出于司徒之官，助人君顺阴阳明教化者也。”儒家知识的一个主要作用是帮助君主以备王道，由于传统的读书人有很深的做官情结，这种情结以读书为途径且代代传承，这符合儒家思想的预设。而要达到“助人君顺阴阳明教化”则需要“游文于六经之中，留意于仁义之际，祖述尧舜，宪章文武，宗师仲尼，以重其言”。因此可以看出，儒家知识系统的确立也是一种实用主义思想的确立。

《汉书·艺文志》：“昔仲尼没而微言绝，七十子丧而大义乖。故《春秋》分为五，《诗》分为四，《易》有数家之传。战国从衡，真伪分争，诸子之言纷然淆乱……每一书已，向辄条其篇目，撮其指意，录而奏之。”刘向将错乱的竹简重新编订，并且对书籍进行分类。对书籍的分类其实就是一种知识谱系的构建，将知识进行更系统地梳理，分类的确定意味着知识的定型。“歆于是总群书而奏其《七略》”，有《辑略》《六艺略》《诸子略》《诗赋略》《兵书略》《术数略》《方技略》。刘向父子并不是因为《术数略》《方技略》数量多才将其单独分类，而是因为收录的都为中国古代比较有实用性的书籍。即使是《诗赋略》，古人与今人的看法也不尽相同。中国古代并不把《诗经》单纯当成文艺作品来看。古代文人见面会举诗，甚至把诗当成外交辞令，如果不会诗可能会被当作鄙俗之人。古代贵族也有诗乐传统。

我们在谈到中国古代传统知识时往往会首先说到它的教化作用，但是从学科分类视野上看，中国古代知识的教化作用反倒是其次的。中国古代的知识，表面上是学习“礼”，实质则是用“礼”以“备王道、成六艺”。人们通过对孔子建立起来的知识谱系的学习，可以获得当时最先进的知识和技能，于是就有了从业的基础和资格。从这个角度来讲，孔子所教授的是最先进的、系统化的知识。《汉书·艺文志》：“古之王者世有史官，君举必书，所以慎言行，昭法式也。左史记言，右史记事，事为《春秋》，言为《尚书》，帝王靡不同之。”《春秋》《尚书》等书也为后代提供了一定的借鉴意义。

《汉书·艺文志》为我们提供了汉代以前中国知识系统的分类。《汉书·艺文志》：“《论语》者，孔子应答弟子时人及弟子相与言而接闻于夫子之语也。当时弟子各有所记。夫子既卒，门人相与辑而论纂，故谓之《论语》。”告诉了我们《论语》的编纂过程。后代对《论语》有不同的传承，如《齐论》《鲁论》。由此我们可以推测在《汉书·艺文志》成书的时代《论语》还没有最终定型。除了传世之本以外，还有孔壁所出的《古论语》，这就牵扯到更复杂的问题。《汉书·艺文志》：“六艺之文：《乐》以和神，仁之表也；《诗》以正言，义之用也；《礼》以明体，明者著见，故无训也；《书》以广听，知之术也；《春秋》以断事，信之符也。五者，盖五常之道，相须而备，而《易》为之原。故曰‘《易》不可见，则乾坤或几乎息矣’，言与天地为终始也。”中国古代典籍表现出非常强的经世致用倾向。后世在进行学术研究的时候，往往忽略了这种实用性。我们可以从思想层面上研究中国古代的典籍，但是从知识论的角度我们更能挖掘出典籍阅读的意义。《汉书·艺文志》：“古之学者耕且养，三年而通一艺，存其大体。”读这些书是“玩经文而已”，“玩”的目的是体会孔子的原意。“是故用日少而畜德多，三十而五经立也。后世经传既已乖离，博学者又不思多闻阙疑之义，而务碎义逃难，便辞巧说，破坏形体；说五字之文，至于二三万言。后进弥以驰逐，故幼童而守一艺，白首而后能言；安其所习，毁所不见，终以自蔽。此学者之大患也。”这一学术方法与思想为清代的学者江藩所承续，他的《国朝汉学师承记》中对后代的批评可以在《汉书·艺文志》中找到最早的表达。

第三节 学术研究的态度与路径

一 质疑精神与问题意识

做学问，贵在有疑。以元代理学家刘因为例，后世称刘因为“不招之臣”“隐晦之士”，但观之《与政府书》《渡江赋》，似与成见有所出入。刘因推荐自己弟子去应诏，从中可以清楚地表明刘因的政治态度，而且我们可以看到处于大时代变局之中儒士的“夷夏之辨”。因此，做学问要有质疑的精神，不要迷信既有的结论，有疑才能获得真知。譬如，一般人在看赵孟頫的字时，潜意识之中会将这幅字看成真迹，然后寻找其相同点，而当相同点增加到一定程度时，赝品就会被认为是真品。在看字画时，首先应将它看成赝品，然后再从中寻找能够证明其为真的证据，当证据不能够说服你时，它就是假的。

质疑精神要与现实问题联系起来。比如章学诚提出的“六经皆史”，后世奉为圭臬，但我们要问一问：为什么说“六经皆史”？中国古代这种体验式地得出结论的方式适应当前这个时代吗？做学问是要解决实际问题的，我们在质疑的时候一定要将着眼点放在当下现实之中。现在很多论文做出来没有生命力，就是因为作者没有问题意识，讲那么多不知道要解决什么问题。做学问要有自己的立足点，只有循着这个点一步一步向深处挖掘才会做得深；但做学问也要着眼于当下的学术环境，着眼于现实问题，问一问自己这样的选题有何价值。譬如选择刘因作为研究对象就很有价值，因为刘因是北方著名的理学大家，其著述流传情况相对简单，同时现代人对刘因的发掘还不够深入，而这就带来了发挥的空间。我曾经看过一篇硕士学位论文，作者主要按照教科书的套路总结李德裕讽刺诗的艺术特色。李德裕不是不能做，只是我们不能只做这种僵化的、教科书式的艺术特色论，这类文章是一种“死”文章。如果换一种思维，比如从李德裕对后世讽刺诗发展的影响来写，或许比单纯讨论艺术特色更有意义。就刘因来讲，一要求同，二要求异。“求同”就是将刘因放在北方学术大环境之下，比较刘因与许衡、郝经、元好问等北方文人的相同之处，以探求北方学术之源；“求异”则要将刘因的学问路径与南方学者如袁桷、戴表元等进行比较——在相同与相异、纵向与横向的比较探究中，刘因的研究才可以更加深入。

为什么问题常被遮蔽？宏观而论，除了缺少问题意识之外，至少有这么几个原因：第一，囿于学科范围，缺少跨学科视野。只学文献的人容易陷入材料之中，但看不见思想与问题。倘若广泛涉猎，获取哲学、社会学、符号学、传播学等知识，就等于获取了多种视角与方法。视角与方法的多元化有利于激活文献，既可发现文献之问题，亦有利于强化文献之阐释。第二，困于教材套路，缺少灵活的思维。长时间以教材为标准，而对研究性的作品接触不够，更少接触元典，这样必然带来思维的僵化。这就造成了一种思维定式，下笔就按时代背景、作者生平、思想特征、艺术特色、文学意义的教科书套路分析，毫无意义。观之黄仁宇《万历十五年》、史景迁《王氏之死》，都是选择小口切入，问题意识极强，可作为学习范例。

那么，如何发现问题呢？可从以下几点入手：

第一，广搜材料。很多时候，发现不了问题是因为所搜集的材料不够多。在做研究时，第一步要做的就是搜集有关研究对象的所有文献。做论文者，当“竭泽而渔”，将所研究对象所有相关的论文（无论古今中外）、作品的各个版本均竭力搜集，才可成就论文的宏阔视野。

第二，熟悉历史。在研究中，学文学的学生往往做不过学历史的，原因便在于其分析能力不够，针对同样的材料学历史的和学文学的可能会得出截然不同的结论。学文学的学生对典章制度、历史地理不熟悉，很多研究做出来是孤立的，不够宏阔，所以稍逊一筹。

第三，“体贴”历史。“体贴”，就是多思古人所思，“同情之理解”。不会“体贴”，就容易产生古代语境与现代语境的错位。

第四，探究思想。研究古人贵在求真，但又不可能完全还原历史。因此，我们要勘探其中的思想，找到传统文化中的思想问题。做学问要有三个层次：文献层次、思想层次、方法层次。我们要通过探究思想来确认历史。

第五，追根溯源。学术研究趋势，就是要抓住时代的变迁，要学会追根溯源，譬如要归纳知识分子做出选择的原因，追问同时代文人为什么会有如此不同的境遇。再如《元诗选》《元文类》的选择标准是什么？等等。

第六，大量阅读。人文社科的学习主要是靠大量阅读，没有量的积累，想要触类旁通根本是不可能的。研究元代文学的人，应该按照《元人传记资料索引汇编》上的书目一部部读。若研究孙奇逢，则应当按照《明人传记资料索引汇编》和清初文集一部一部翻，起码将他们的个人文集全部过一遍，才能对所做的研究有一个较为全面的把握。

第七，跨学科思维。我自己读书喜欢读历史、哲学尤其是西方哲学、人类学、社会学方面的书籍，这些书看多了就能开拓研究的新视野。老一辈如严耕望这样的学者学科分野意识非常强，历史就是历史，文学就是文学。鲍德里亚、哈贝马斯、福柯等西方的学者，很难被归到某一个确定的领域内，他们都是跨学科交叉的。

第八，注重逻辑。《论语》里面并不含逻辑推衍，怎么能证明孔子的话就是正确的呢？西方后现代哲学有着重大的意义，但要在研读康德之后才能下手，不然的话，找不到支点。从福柯的著作中能够找到柏拉图的影子，福柯追求的是理想、公平、正义，而这都在柏拉图那里有所依据。中国同样，只不过都是从四书五经里面推衍出来的，而四书五经本身是不含有明显逻辑的。《论语》的逻辑是因《孟子》推衍出来的，《易》则是靠经的解释。逻辑推衍能力是写文章的初步。

第九，回应当下。我们现在面对的问题都不是新问题，古人都经历过。在元初，科举制停废，儒家被边缘化，且元人更重视“吏”和“利”。蒙元初期可以说是一个礼崩乐坏的时代，蒙古人的残暴是有目共睹的，面对这样的世道，元好问、刘秉忠、卢挚、许衡、郝经、刘因等都有不同的选择。我们要做的就是探究其中的原因。从中可以看出，作为中国的读书人在面对大的时代变局时所表现的不同态度。这种研究具有当下意义。

这些是发现问题的方法，更是做学问的基本要求。

我们不能单纯地以文学的视角来看待问题，因为文学视角只是单一视角，而且用文学视角去解决学术问题有着很大的局限性。陶渊明是后世出名的文学大家，为什么明清之后他就没有这种强大的影响力了呢？这个问题便值得思考。我们说的很多研究，其实都不是问题研究，最后可能是一个简单的现象研究。问题研究，顾名思义，是一定要围绕一个问题去研究的。那什么是问题呢？问题是对某些社会现象、文学现象进行总结时产生的疑问，是教材没有回答过的疑问。我们要对此产生追问的勇气和信心，对提出的问题进行回答，总结出背后的文化现象，再由此上升到对问题的把握。当发现教材回答错误或难以解决问题时，要学会追问，反思为何所思考的问题在现有材料中无答案可寻。我在写研究王恽的文章时，曾写到王恽的“有用之学”和“有为之学”，当我们因此追问“清代的经世致用思潮是否从元代萌芽”时，这种追问就是问题研究的初步。从清代的学术思潮、经世致用往上追溯，其实就是从元代开始的。我们要接着追寻：“为什么要提倡经世致用思潮？”那便要从元代的文人生存境遇中寻找答案。这就是一个大的联系，能够使文章有逻辑性与有连贯性的脉络。

以校雠为例，为什么要校雠？这个问题很有搞清楚的必要。校雠是为了恢复古籍的原始面目，只有先恢复了古籍的基本面貌，才可能知道古人的思想来源与变化。不仅是因为文本有错误才校雠，有些错误是有意为之的，如有些句子在流传的时候非常复杂烦琐，后人就对它进行删改，再如有些诗本身在流传中就是重出的，重出的是没有意义的。所以，校雠的根本目的是求真，而非求对。实际上，清人的校雠学和如今的思想解放有一定的关系。正是在对经书等先秦典籍的质疑过程中，清人才考据了像《尚书》这些典籍的存在与否。古人认为经书就是正确的，但是，清人经过校雠发现它在流传的过程中都是错的，质疑经书直接导致了我们怀疑道统是否真实存在。如果没有这种校雠，是没有办法形成今天的思想解放运动的。“无征不信”这个传统正是校雠学的发端。考虑问题要考虑得透，这才叫读书。

二　学术研究的稳健之道

我们做研究一定要找到时空坐标系。“时”是纵向的，一定要根据现有材料找到最早的源头。研究任何一个人或者一个学派都要如此，比如：孙奇逢很显然源出于王阳明，往上面走，王阳明的源头是谁？陆九渊。那陆九渊的思想从哪来的？和孟子思想密切相关。学会追问，就是对“时”的阐释。“空”则是同时代的人之间的异同。比如：孙奇逢与顾炎武比较，与王夫之比较。如果在这些问题上深究，肯定可以做出许多好文章。其实，罗振玉的书画批评和序跋是一个很好的例子，能够比较集中地体现其思想上的矛盾。罗振玉标榜南宗，对王维评价甚高，但是他在集子里面经常批评钱谦益和当时投降的王铎这些大家。但王维也是投降，他在唐代人眼里评价很低，因为王维被俘后曾任职于安禄山政权。那么再看罗振玉就另有一个矛盾之处：罗振玉对这些书法家评价这么低，怎么对王维的评价如此高？这就要找原因：罗振玉将忠君和爱国隔离开了。所以在做研究时，时空交错是很重要的一种方法。《四库全书总目》上有种方法叫“追源溯流”，但“追源溯流”只是一个纵向而非横向的比较。横向便是与同一空间背景的人物进行同异解构，这便是做文章的点。

真正进入学术研究，有一个复杂的变化过程。我们读书作文都会经历这样一个阶段：看书的时候心里想得清楚，大概知道是怎么回事，但是真正下笔就发现把握不住、无从下笔。还有一点就是，写出来的和心中所构思出来的差异很大。把握不住有两个原因：第一个是年龄原因，文史学科年纪轻轻能做出很大成就并不容易。因为所有的人文社科研究的是人，而人的研究又最为复杂。我们容易将人脸谱化。再深入研究就是人性。儒家讲性善论、性恶论等，这是教材告诉你的固定结论，但具体论证的时候是需要你自己体验和对学术的感受力，这就是人文社科的一个特殊之处。我们一直在被告知，要围绕“问题”进行研究，但实际上围绕“问题”并不是一件容易的事。对于问题我们首先必须要有一种感受性的认知。如果没有感受性的认知，就没法正确认识“问题”，甚至连“问题”是真是假都不知道。如果面临的“问题”是一个真的问题，那么只有当深入解决时才会发现“问题”。第二个是材料原因，这是现在学生写论文的一个首要缺陷。材料找不到，便无法论证自己的观点。很多人太过依赖电子资源，不读原书，感受性的认知很难真正形成。读书这件事很有意思，电子资源固然不可缺，但是还是要读原书，从中受到启发。从事研究，虽然有了理性的认知，但是缺乏相应的材料依据，还不能形成真正的研究。实际上这就是中国古人所说的“学然后知不足”，只有亲身面对材料问题的时候，方才知道什么叫“不足”。

西方理论在当今的大量运用带来了一个很严肃的值得思考的问题。深入研究就会发现，西方理论和中国的话语基础和土壤毕竟还是有很大的差异。我们所做的大量西方理论研究很有必要，但不能生搬硬套。很多文章所引和凭借的方法基础并非依据真正的原文性的研究，而是翻译性质的研究。我们研究的到底是作者的思想呢，还是翻译家本身的思想？只有追溯才会发现源头。只有从柏拉图、从经典开始，才知道深意在何处。中国理论也是如此，当我们发现一个问题的时候，就必须上溯儒家的元典，如果不以此为开端，便不知道这个问题从何而来，因为所有的研究都必须从儒家的经典中来找寻依据和回应。所以《四书》一定要熟读，不论在哪方面，《四书》如果读不熟，与古人的思想就会有隔膜。对我们来说，顾炎武、王夫之、黄宗羲、孙奇逢的文集，都要反复精读。中国的思想多是依附于圣人的阐释，而这些便是经典的思想原著。当研究达到某个程度上的瓶颈时，就一定要去阅读元典。

举个例子，我们在听有关清代的武亿[1]的讲座时，很多人都听不下去。注意，不是武亿没有研究价值，而是你们自身的知识储备和视野不够。因为武亿先生做的是很专深的研究，他研究清代朴学，而做乾嘉朴学研究本身就是要从材料中发现问题。那么他的问题意识在哪儿呢？他是从材料中揭示问题的。如果没有一定的知识背景，你便根本无法把握他的精髓。从学术上讲，研究的时候要有热情不假，但更重要的是要围绕“问题”展开，当以“问题”为中心的时候就能够解决很多问题了。

做学问若不是言前人之所未言，便是要在前人基础上加深或拓广。而无论如何，都需要重视基础。譬如，做文献者，必须以严格的比勘工作为基本功。若没有严格的校勘训练，则学问容易后继无力，至工作以后难有成就。学术若想进境则需一步一步不断打磨，人人都要有一个成长过程，一蹴而就的非但不是天才，反而说明中间有问题。

在研究过程中，需以稳健之道贯穿。譬如写论文时，题目刚开始定得大一些，做的时候则需细化、深化，重要的是要找到适合的思路。《理学宗传》是孙奇逢截取以往理学家的著作用以教导学生的“教材”，取材相当普遍，从体例与深度上无法与黄宗羲《宋元学案》《明儒学案》相比，但《理学宗传》的精华在于孙奇逢怎样评价这些理学家以及他所加的注释和考语。在研究《理学宗传》时，需要把其中所截取的著作与其出处的原文相对照来看，才能达到研究效果。

按照正常的读书过程，博士、博士后期间应当是学术的积累期，在此之后可以慢慢融会，但未必能完全贯通，此时驾驭材料的能力就会有所提高。二十多岁的年龄，见再多材料，也很难将所见材料串起来。做学术的一般路子是先以研究一个人为主，再上升到某个群体研究；等上升到一个时代、一个时代的横断面时，才标志着进入了更高一级的新层次。但在这一过程中，必须脚踏实地，稳健前行。

---

① 武亿（1745—1799），字虚谷，一字小石，号半石山人，河南河南府偃师县人。清代乾嘉时期著名的经学家、考据学家、金石学家。著有《授堂文钞》《偃师金石记》《安阳县金石录》等。事具朱珪《知足斋文集》卷五《前博山县知县诏起引见武君墓志铭》、法式善《存素堂文集》卷四《武虚谷传》。

在此，可举学术道路的几种误途。

第一：选题失误。选题有两种，一种是研究已经很充分的题目，另一种是无人踏足的新领域。前者一般人不敢选，选了也只能做做归纳，而单单归纳分类并不能算是研究。后者如研究一名学术史和文学史上的很普通的文人，做得好也是一种贡献，但若没有学术把握能力，把好题目做得很差也是自己的时间和精力上的损失。我们要能从人人可见的文献里看到别人看不到的东西，回到作者的时代去想他为什么要这样写、这样做。

第二：心中不静。孙奇逢经历的时代，其之前的人并没有遇到；几百年前郝经、元好问所遇到的时代我们也没有遇到过；孙奇逢几百年后的民国文人所遇到的时代又是新的情况。他们的生活状态很复杂。孙奇逢一生生活都很困顿；冯友兰写《三松堂自序》时说他在云南只有豆油灯，写东西用草纸；金岳霖写《原道》也是如此。但是在易代之际，这些士大夫却在学术、思想、艺术上做出了很多前人未有的成就，可见外在的物质条件并不是学术的决定性因素。以前有人说这是易代之时政治松懈造成的，但我认为绝不是这样。如今电子资源如此发达，买书如此容易，可以说学术便利是空前的，但心静不下来，终究还是做不出来学问。要是不能一部一部地读书，一点点地写，一点点地思考，水平永远都上不去，这是一个值得反省的问题。时代变革，外在的动荡促使文人的内心受到激荡，展开更为深刻的思考，文字有没有穿透力，有没有充沛的感情，就受这个影响。

第三：未尽人事。孙奇逢的物质生活一直很困苦，终其一生都在困顿中，王夫之也是如此。但不是说物质生活不好才一定能做出好学问来。这种困顿往往造成两种结果：第一种因为生活困顿，目光很窄，受到环境的局限无法深广，学术做得流于逼仄、琐碎；第二种则能超越流俗，像孙奇逢、王夫之，再早一点的戴表元，还有元好问、王应麟都是如此。顾颉刚的生活也很艰苦，他妻子去世得早，女儿又不幸耳聋，但最后他的学问做得也是顶天立地。所以，外界因素对做学问有影响，但个人因素才是根本。

三 学术与人生

人是理性的主体，人生是一个不断寻求自己存在的意义、不断追寻自己价值的实践过程。无论是有名的思想家、学者还是平凡的人，实际上都是在完成自己自觉的过程中去寻求人生的意义。这个过程会产生一种差异，这种差异就是人通过外在的物质世界找寻自己意义的差异。古人面对这种问题，提出了“人贵于治道”的理论。“道”是一种很朦胧、很模糊的概念，王阳明有一首诗：“处处中秋此月明，不知何处亦群英？须怜绝学经千载，莫负男儿过一生！影响尚疑朱仲晦，支离羞作郑康成。铿然舍瑟春风里，点也虽狂得我情。”我们从此诗便可以看出古人强调的“人贵于治道”的精神。

一方面，做学问是对自己人生的路径寻求的一个过程，用哲学上的术语来讲，是人生自我价值实现、通向自己理想目的的一个过程。一个人如果缺乏“志”，不能立“志”的话，那么在现实的物质社会中是没有办法立足的。古人讲唯有立志、立于道，才能构建自我安顿的地方。我们从哲学的语境上来讲，对人生的思考应该立足于两层意义上。第一，应该与世俗保持一定的距离，即人既是世俗的一种动物，但又与世俗保持一定的距离。第二，人对于“道”的寻求，对于“志”的寻求，是人对于自己目的的一种转向、对人生理想寻求的一个过程。

我们经常见到一个词“超越”，超越自身、超越现实。实际上，一个人的超越离不开他生活的日常世界。因为人来到世间之后，就注定了只能生存在这个物质世界中，不可能脱离物质世界而存在。古代的僧人脱离尘世，对我们大多数人来讲，这种路径不是可现实操作的，因为我们每个人离开了现实生活这种根基之后是无法生存的。绝对的“超越”是不现实的。中国古代经典《中庸》里面有“极高明而道中庸”，中国古人其实给我们规定了这种预设空间。什么是“极高明而道中庸”？朱熹在《四书章句集注》中对“庸”是怎么解释的？“庸”就是平常。他说：“中者，不偏不倚、无过不及之名。庸，平常也。”“庸”的意思实际上就是说离不开伦常日用。所以，人生价值的实现离不开世俗的功用。

另一方面，要有一种对高明的道统的寻求意识。我们对自己的学术境界、各种路径的追求，实际上都是在最平凡的日常生活的基础之上实现自己的价值。冯友兰在《新原人》一书中写道：“人对于宇宙人生底觉解底程度，可有不同。因此，宇宙人生，对于人底意义，亦有不同。宇宙对于人所有底某种不同底意义，即构成人所有底某种境。”[①] 冯友兰的话体现了自我人生觉解的一个过程。《中庸》中的“极高明”实际上就是一种对理性的追求。从哲学角度讲，人一旦思考理性，那么理性就赋予人必须具有的一个价值：自我反思的能力。这种自我反思的能力就是对自己存在的价值和意义的寻求。

有一首诗的背景是这样的：一个僧人在窗下看经书，一只蜜蜂在窗户纸边无论如何也飞不出去，但其实门离窗很近。我们讲离不开伦常日用，其中就有从伦常日用中归纳人生的道理。这个僧人看到这种场景，就作了一首诗：“空门不肯出，投窗也大痴。百年钻故纸，何日出头时。”然后僧人就问他的老师，他的老师回了一首诗：“为爱寻光纸上钻，不能透处几多难。忽然撞着来时路，始觉从前被眼瞒。”

这是我自己的人生体会：做学术也好，人在社会中生活中也好，都要有琢磨的悟性，不能仅仅满足于单纯的预设，这种悟性的差异与自身的理想状态和学问追求有很深的关系。杨万里有一首诗叫《桃源铺》：“万山不许一溪奔，拦得溪声日夜喧。到得前头山脚尽，堂堂溪水出前村。”做学问的境界就是这样，做人的境界也是这样。人这一辈子会遇见很多不顺，就是“万山不许一溪奔”，当你功夫积累到一定的深度，就是光明正大、堂堂正正，就是“堂堂溪水出前村”，因为这时候学问的气象有了，自然有一番不一样的境界。

再说得远一点，朱熹、陆九渊、陆九龄他们三个人，当时通过吕祖谦的提议进行鹅湖之会的时候，陆九渊、陆九龄与朱熹有一个对话。古人往往以诗的形式表达志向，这颇类似于禅宗的风格。吕祖谦说咱今天有一个学术辩论，陆九龄就先站出来说了一首诗：“孩提知爱长知钦，古圣相传只此心。大抵有基方筑室，未闻无址忽成岑。留情传注翻榛塞，着意精微转陆沉。珍重友朋勤切琢，须知至乐在于今。”所谓“陆沉”就是“知古不知今，谓之陆沉；知今不知古，谓之盲瞽”[②]。陆九龄所言“着意精微转陆沉”，这句话实际上是他批评朱熹的，当看书的时候满目

---

① 冯友兰：《三松堂全集》第四卷，河南人民出版社2012年版，第496页。

② （唐）马总编纂，王天海、王韧校释：《意林校释·卷三·论衡二十七卷》，中华书局2014年版，第355页。

都是材料时，就是“陆沉”。陆九龄在评价朱熹学术的时候说得还是很委婉的。中国的学者中，从古到今，类似于孟子、陆九渊、王阳明这类的学者非常少，中国这种特殊的学术传统便意味着很难产生像西方尼采、维特根斯坦那样的学者。古代中国没有适合的土壤，所以这类学者在中国古代是十分重要、十分珍贵的。这样的学者一旦产生，对一个国家、一个民族的几百年，甚至上千年，都有深远的影响。

朱熹看到这一评价的时候，心中不快，讨论无法进行下去，最终不欢而散，又经过几年才见面。陆九渊是这样说的：“墟墓兴衰宗庙钦，斯人千古不磨心。涓流积至沧溟水，拳石崇成泰华岑。易简工夫经久大，支离事业竟浮沉。欲知自下升高处，真伪先须辨古今。”他说朱熹做了很多注释性的东西，但是“支离事业竟浮沉。欲知自下升高处，真伪先须辨古今”，学问是假是真还需要辨别。朱熹的反应可能没有陆九渊快，因为他作诗回应得慢。不像禅宗，问你一个问题，就必须当下回答出来，表现出你的见解。结果当时朱熹说不出来，到了后来朱熹才写了一首诗：“德义风流夙所钦，别离三载更关心。偶扶藜杖出寒谷，又枉篮舆度远岑。旧学商量加邃密，新知培养转深沉。却愁说到无言处，不信人间有古今。”这是几年后他的回应。

第四节　学术视野的偏差

一　知识结构决定对问题的认识

学术视野的偏差是一种系统性偏差。在进行学术研究的时候，往往会产生这种偏差，它使我们偏离研究目标。当我们引用从其他学科或者不同领域所得到的经验时，很可能会产生不合逻辑的判断。哈罗德·伊尼斯在《传播的偏向》中讲到，对于媒介所在的文化，它的重要性有这样或那样的偏向。比如研究古代文学的人会认为古文很重要，研究现当代文学的人觉得现当代文学重要，这些都是学术偏差，必须打破这种偏差认识，才可能接触到所研究的东西的本质。在中国的语境下，选择进行纯粹的学问研究，是非常困难的，人的成长受制于很多条件，如环境因素、家庭因素等。同时，在人的成长过程中，其兴趣也会发生转移。再以柏拉图的洞穴比喻为例：有一批人犹如囚徒，世代居住在一个洞穴之中，洞穴有条长长的通道通向外面，人们的脖子和脚被锁住不能环顾，只能面向墙壁。他们身后有一堆火在燃烧，火和囚徒之间有一些人拿着器物走动，火光将起舞变动不定的影像投射在囚徒前面的洞壁上，囚徒不能回头，不知道影像的原因，以为影子是“实在”，用不同的名字称呼它并习惯了这种生活。囚徒认为那些投影就是真实世界，并把它当作真理。直到有一个囚徒挣脱枷锁回头看到了火，才明白影像并非实物，走出洞穴时，眼睛受阳光刺激致使他什么也看不见，只是一片虚无。当他把自己所看到的一切告诉自己的同伴时，却没有一个人相信他。这些人因为缺乏知识而产生严重的偏向。

二 从诗词大会看古今国学的差异

国学热热了很多年，伴随而来的《中国诗词大会》《中华好诗词》等节目在快速兴起。这种节目以背诵诗歌的形式来彰显国学，表面上确实有利于推动国学。但是仅仅是背诵诗词，对国学的发展能起到实质性的作用吗？很显然不能。该节目只体现背诵能力，而没有写作能力。通过长久的写作积累才能成为诗人，单靠背诵是不行的。即使背诵了《唐诗三百首》，也不会作诗，就更不用谈推动国学的发展了。胡适先生讲国学时说：“要以科学方法研究国故。”这里说的国故是指以先秦经典及诸子百家学说为根基，涵盖了两汉经学、魏晋玄学、隋唐佛学、宋明理学、明清实学和同时期的先秦诗赋、汉赋、六朝骈文、唐宋诗词、元曲与明清小说及历代史学等一套完整的文化、学术体系。所以想学习中国古典文学的学者，不应该仅从诗词入手，而应该从经典开始。

三 古今文人群体的差异

以现代的学术视野去看中国古代的文人，用现代的标准去衡量古代的学者，往往会出现偏差。在中国古代，没有职业路径的划分，所有的学术，都是在行政权力之下进行的。中国古代研究者有多重身份，他既是学者，又是诗人，更是官员。这导致了中国古代的学术群体的非专业性。中国古代没有真正意义上的类似于现代学术分工的学者，直到民国才形成真正意义上的学术群体，产生了现代意义上的大学。现代大学的兴起，促进了现代意义上的第一批学术群体的诞生，产生了中国现代意义上的第一部文学史——林传甲的《中国文学史》。这一类学者的诞生有一个很大的优势，他们从小接受中国古代经典的教育，在科举制被废除之后，又有出国留学的经历，学习西方的方法论，受到了现代意义上的科学的熏陶，中西合璧，使他们对研究中国古代的学术具备了得天独厚的条件。陈寅恪先生的学术也是这样的，他是从中国传统经典研究起步，再出国学习西方现代的学术研究方法，以更科学的视野来观照中国古典学术。像胡适、冯友兰这一代学者，大多也是这样。冯友兰先生的《中国哲学史》到现在仍然是国内外学者研究中国哲学的必备书。用西方的方法论来研究中国古代文学，在这种路径下，产生了中国现代意义上的文学史、目录学史，如姚名达的《中国目录学史》，也产生了成体系的文献学著作，如郑鹤声、郑鹤春的《文献学概要》。这些书都是在这种大背景下产生的，当这些著作产生时，职业性的学者群体就出现了，只有这种群体出现以后，才能对学术进行专门的研究。这也标志着这些做学问的人的身份已经开始发生转变，不能再被定义为“士人”，而是真正的学者。再者，现代的人看古代的学者，会感慨古代学者记忆力之强，学问之富。从这个角度来看，我们会觉得当代学者比古人落后，这也是一种学术偏向。现如今学术研究对象发生了变化，学术研究的环境、土壤也发生了变化，由此，很难说今人比古人落后或进步。

书隙过影之一：读书要读进去，亦须读出来

1. 读书要读进去，亦须读出来。散步之时，反思下自己的学术研究，可能会得到不一样的结果。“三省吾身”的传统被抛弃很久了，道家讲打坐，佛教讲参禅，儒家讲静坐，这些都是发现沉潜在自己内心深处的知识，只有反思才可以将它们调动起来。所谓“悟性方显”即是此理。

2. 读书要有大局之认识，睁眼说瞎话就是没有大局认识。此种认识不见得学历高认识就深刻，所谓贩夫走卒比教授认识深刻完全有可能，主要在于生活阅历深，有所体验也。

3. 读书须将本专业、本领域的大家文集，研究性的代表著作读熟、参透，亦是从经典中来之意。学先秦不读《周易》《论语》《孟子》《左传》，学唐宋不读韩愈、柳宗元，苏轼、黄庭坚，学元人不读虞集、袁桷、王恽，学明清不读宋濂、钱谦益、沈德潜、全祖望，这皆是不会读之故。而不读元典，只能从二手资料来，自然无进益之处。

4. 要做一流学问，必须读一流经典，才有可能做天下第一流人物。虽不能至，也要心向往之。

5. 读大家、名家文集，虽花费时间，似慢实快，受益无穷。

6. 读书如采矿，亦是披沙拣金之过程。

7. 读书须养得定心，无定心则愈老愈坏，昔读《呻吟语》中言，四十前养得定，可见古人对定心的重视，吾对此理亦不明。今在社会中穿梭，阅人渐多，则见甚多老而无行、老而无品之人，而自身又不察察，蹉跎岁月，毫无识见，皆是无定心之故，故读书实与年龄无必然之关系。

8. 读书久，又多加思虑，自会豁然贯通，故读书亦要有别人未体会到之处，昔吾读《沧浪诗话》，尚未发现羚羊挂角之解释，经周裕锴先生解释，遂感自己读书时多有未考虑之处。我与金惠敏先生同读《老子》，我未对其有深明，而金先生却对里面的体系问题多有发覆，吾未及也。后来思之，为何自己发现不了问题，是触类旁通不够。为何不够，则在学科积累上不足，周先生佛学修养极深，佛典很熟，故能化而用之。金先生本身研究西方哲学，其阐释学之功夫，亦属上乘，故吾辈不及，今读书亦觉太晚矣。故读书亦要有别样思维。能否从常见书中发现不一样之思维，此种是学问能否进境之标准。人云亦云容易，但是能从人云亦云中看出一个别样思维来，在中国甚难。西方福柯、巴特、布尔迪厄等人皆是学术豪杰，我辈甚少见到。

9. 治学亦应以今立古，此中大有深意，各位尚要仔细琢磨。当年费尽千辛万苦，方学得这几个字。

10. 读书、治学、写文有一个磨的过程，是性格的磨，又是思维的磨，开始定是苦不堪言，而后渐觉味道出来，此就是境界，如倒食甘蔗，一节甜似一节。徐复观舍弃少将之身份专事读书，他在多部著作中回忆熊十力对他的启发之功："我决心扣学问之门的勇气，是启发自熊十力先生。对中国文化，从二十年的厌弃心理中转变过来，因而多有一点认识，也是得自熊先生的启示。第一次我穿军服到北碚金刚碑勉仁书院，看他时，请教应该读什么书。他老先生教我读王船山的《读通鉴论》；我说那早年已经读过了；他以不高兴的神气说：'你并没有读懂，应当再读。'过了些时候再去见他，说《读通鉴论》已经读完了。他问：'有点什么心得？’于是我接二连三地说出我的许多不同意的地方。他老先生未听完便怒声斥骂说：‘你这个东西，怎么会读得进书！任何书的内容，都是有好的地方，也有坏的地方。你为什么不先看出他的好的地方，却专门去挑坏的；这样读书，就是读了百部千部，你会受到书的什么益处？读书是要先看出他的好处，再批评他的坏处，这才像吃东西一样，经过消化而摄取了营养。譬如《读通鉴论》，某一段该是多么有意义；又如某一段，理解是如何深刻；你记得吗？你懂得吗？你这样读书，真太没有出息！’这一骂，骂得我这个陆军少将目瞪口呆。脑筋里乱转着；原来这位先生骂人骂得这样凶！原来他读书读得这样熟！原来读书是要先读出每一部的意义！这对于我是起死回生的一骂。”熊十力这一骂倒是骂出一个真正的大家。

11. 丁肇中说，一个成功的实验需要的是眼光、勇气和毅力。世间万事如欲做成，离不开这三者，读书治学须养其坚毅之气。

12. 读书要有品，有格，此中之味，尚须体会。

13. 读书做事尚应有怀疑求真态度。

14. 读古籍应有基本功与想象力，而想象力吾辈要求不多，此亦一失。

15. 读书亦应与世情结合，而不迂腐。

16. 读书亦应购书，今电子技术发达，网络资源众多，下载电子书如囊中取物，然仍应购书，电子书与纸质书读时感觉大为不同，如吾睡前仍爱观书数种，否则不易入睡，电子书则无此便捷。今购书可选取最紧要者，吾购书则工具书，大家名家之全集，精校精注本，本学科代表作、奠基作，这些书皆不可离开，如《中国丛书综录》，甚至比《四库全书总目提要》都重要。

胡适告诫朋友：“我又常对朋友说：‘读书不但要眼到、口到、心到。最重要的是手到。手到的功夫很多，第一紧要的是动手翻字典。’”编《劝善歌》：“少花几个钱，多卖两亩田，千万买部好字典！它跟你到天边；只要你常常请教它，包管你可以少丢几次脸！”胡适是说搞翻译的人要常翻字典之类的工具书。其实其他人买书也要先买工具书。即使现在电子书多，检索方便，但是翻检书和电子书查阅感觉绝对不同，有经验的人一定会认同我的说法。像《四库全书总目提要》《中国丛书综录》之类都应该人手一套，这些书学者在翻检的不经意间就会得到学习的路径，取得意外的发现，比如《诗渊》，我就是在翻检的过程中知道辑佚的法则的。我的感觉是有学术价值的工具书虽然价值不菲，但是不会贬值，倒是那些跟风之作，论斤来卖，别说收藏了，热一阵就不见踪影了。不过如果从收藏角度来讲，就另当别论了，比如过去老期刊，特别是创刊号价值昂贵，这主要是文物价值。

17. 学问有真有假，自当辨识。

18. 治学以评职称、得项目为务，学生考研全以找工作为务，殊不知，目的差池，结果减半，常叹读书不值，此皆目的失效也。

19. 儒、释、道三家精蕴甚深、甚广，随年岁渐长，就知如泥丸入海，茫然不可见，今人读书未见其义，而妄下雌黄者甚多，皆是未有真实行之故，而以为自己读懂，实是相差甚远也。

20. 读书亦须养其活泼性情，只读一种亦有偏枯之势，故亦应漫步中随读随思，读闲书养其性情。吾大学时喜读小说、历史故事之类，虽费时间，但自己治学之路径，莫不与此有关，而性情不致偏枯。

21. 学文献之路虽辛苦，但后来收获甚大。今人分科过细、过窄，殊不知文献正是此中基础。正如读书治文字者必读《说文》，治文学者必读文献之类。

22. 学问到底要有自得之处，否则便是袭取。孙奇逢之治学多为自得，故为大儒，真儒，淳儒。学问常常是天分不够的学生做出来的，何则？盖天分不够，必心无旁骛，精于一件事，坚持十年、二十年必能做出引人注目的学术成果。

23. 世间流行之学问，风行一二年，至多五六年，便销声匿迹，亦如流行之衣服，此皆非真读书治学之士。学者研究，有两病要不得：第一，最容易趋时，趋时就是迎合世俗。第二，妄下结论，最容易根据所读一部书，全然否定古人。这种习气近代以来愈演愈烈，新名词越来越多，但全不读书，辜负了历史。

24. 读精典、经典自会炼出火眼金睛，见识甚高，假学问便无遁形之处。

25. 读书治学尚应交几个同道，特别水平远在自己之上者，多聊多切磋，则收获甚大，故有“听君一席话，胜读十年书”之话。吾当年与金惠敏老师常聊，不知不觉自己西方哲学知识甚有长进。

26. 读书变换气质，若读之前读之后仍是些许样子，则读书未有效也。

27. 学问博通，文章未见好。文章写得好者，学问不一定博通，故写文章尚须自己写。

28. 写文章一开始肚子里有千言万语，但下笔未能写一字，可先从写短小学术札记入手，慢慢写大、写长，则文章自会写好。

29. 学写文章，不妨从模仿开始。

30. 读书多，久则自成习惯，习惯养成则又成兴趣，如此则离不开书卷，如吾睡前不观书则不能入睡般，积累日久，则思想自会形成。

31. 人至三十，性格已经成型，极难改变。而做学问，二十左右最为关键，人之性格、趣味、气质都靠此时养成，故读书要有广泛基础，如此则有深厚之学养。

32. 有网络后，资料室、图书馆学生去得少，实际上，资料室、图书馆的最新书籍、期刊要经常翻翻，这样可以了解最新的学术动态和趋势。

33. 读书、做学问都有门径，世间读书人千千万万，而得其门径者甚少，何则？盖乏人指授，“经师易得，人师难求”，故须谦虚谨慎向老师问学，以求进益耳。点拨者一句看似平淡的话，即可惊醒梦中人，昔吾读书，金惠敏老师点拨缺乏问题意识，要围绕一个问题说清楚，即此一句使我得益甚多。蒋寅先生来讲课，吾得他集中一个领域做问题之训，故读书问学不可或缺。

34. 学问真大之人，必谦谦君子，望之平常，接近处使人觉难得其涯际，盖学问大者，道行深，读书变化气质，即是明证，如太极功夫好者必谦，真搭手便觉自己毫无用力之处，故《易》最后一卦即是此意。未读书时，敢下结论。读书深时结论不会轻易拈出，必多方论证、多方思考，尚不知结论确否。

35. 接引学生，应指出向上一路，开人智慧即是好老师，吾从佟培基先生问学，先生指出今后努力方向，使人有为。

36. 有些书应快读，又须读出滋味。

37. 读书做论文，应当传达有效信息。选题做研究要有明确的问题意识，所选问题看是否是伪问题，题目要鲜明，单刀直入，有明确的立场表达。

38. 选题可小题细做，深做。大题做不好会浮光掠影。目前学术界仍喜大题，不过大题可看出作者构思能力，框架组合能力。赵俪生先生常讲：“大题目越做越小，小题目越做越大。”

39. 选题写作，如能从个别到一般，总结出规律性的东西，即是好论文。论文不同部分的论述，要有一定的上下关联性，即内在的逻辑性，当年力之师审我学位论文说有内在的穿透力，我不懂，今天理解为有内在的逻辑性。文科生往往怕逻辑，往往归纳能力不够。

40. 写论文应当重视标点、格式问题。规范是态度问题，写的深浅是能力问题。

41. 写论文的重心，除引前人的文献、作综述外，尚要落在如何论证这个层次上，此点即是阐释性这一策略，很多学生说不出创新性，即是自己的感受，体会落不到实处，与材料没有结合。

42. 论文要写细，写深，写出自己的体会。

43. 与人交往须诚实诚恳，毋自欺、欺人。古今圣贤的处世之道，尽是一个“诚”字。读千卷书，仍以此应对世事，尽无忧也。

44. 世人为名利声色束缚，而不知其危害，为其束缚，治此病者只有淡字一方。

45. 人生贵适志，不为物累，则不白读书。

46. 能处人所不能处之事，能忍人所不能忍之辱，能堪人所不能堪之忧，则必是真读书人，真豪杰。此话随写随记，故未成体系，然亦是从教之体会，慢慢补充，对人对己有用，则不白读书。

47. 理论构建能力从读书中来，从思考中来。

48. 要有个人判断，才能形成知识谱系、道德谱系。除了专业书之外，亦要读些无用之书。有时间阅读就阅读，亦是生活的一部分。

49. 有很多所谓的大学者，写文章材料很多，引用繁富，但就是没有自己的话，这种做学问的路数，要不得，有史识最为关键。钱穆这方面做得好。

50. 外在表现越是谦和的人，其为人越讲原则。

51. 趋炎附势之人做不得学问。言多做少是一大病。

52. 现代社会很多人才被淹没在程式，高校亦不能免，只有好一点的高校，尚有些许个性残存，整体观之，极为不妙。

53. 藏书有聚有散，“多藏必厚亡”，曾国藩讲字书书籍收藏太精者有水火之虞，实不必如此，世间各物有各物之命运，人生聚合亦是如此。古人收藏流传至今者，以欣赏态度观之最好。

54. 做学问到最后就是做境界，做器识。

55. 中国人不喜欢平凡，总喜欢成功故事，可是我发现世上成功人少，为生活疲于奔命的平凡人多，故做事应以平凡心态做不平凡事业，方是最上乘境界。

56. 平凡而不平庸是最上乘。

57. 人生多歧路，路最难选。路要选对，选不对则出头至难。昔吾教高中时，有一生过目不忘，从教多年，过目不忘就这一人，看书一遍就能全背。吾对之甚为关照，高考之时，其母逼令其学理工科，报志愿亦是如此，我认为其应考文科，学历史、文学、哲学都是上乘选择，并言：“文科于其天性适合。”其母认为文科不能赚钱。此生后上省内一高校电子物理专业，几乎不能毕业，没拿到学位，后在广东一家小企业做工，生活艰难。其母之选择真是误子一生。中国人太讲功利，殊不知功利心一起，多少璞玉被埋于沙石黄土之中而永无出头之日。

58. 学术研究分为证真和证伪两个方面。同样，研究是类似于侦探探案的一个过程，而非去做艺术特色的研究。

59. 吾读书，常思考曾国藩为何能完备成就至功？“自古成名者，多由笨干，是以有字癫、思迂、诗痴。浮光掠影，终不济事。”至言，至言！故我常讲聪明人做不得学问，大境界、大学问都是笨人做出来的，看似笨而有大智慧在。

60. 学术研究的一个最基本原则是：坚持学术自由，为学术而学术。

61. 凡治中国学问者，最后都是从孔孟那里寻求资源，连五四之后反对儒家最彻底的傅斯年、殷海光、胡适等人都是如此，这些人真读书，故知儒家思想的重要性。

62. 中国学术极易出伪君子，盖学与道相离，学与术相悖，此极为可怕。

63. 世界和人都要走正道，洞察并遵循它的人，才能成功，这一过程就是势。

64. 阿赫玛托娃诗亦有动人之处，“生命于我多少像逆旅，生命——只不过是习惯”。

65. 现在的学生读书想跳出文学史的叙述模式极难，我也常思考为何这样难，就在于人生最好阶段学生没有从作品出发，而是从文学史结论出发。最可怪者，面试时让学生说《古诗十九首》特点，该生说得头头是道，而让背作品时，一句背不出，实是奇怪。本末倒置在目前的学生中最为普遍，故学生读书还应从作品出发，否则无丝毫涵养可言，俗不可耐，最惹人生厌。好好一个人，生生被“读书”弄坏，岂非造化弄人，“读书”误我？

66. 历史必有其重复性。

67. 很多人读书都一直在学校，没有与外面的世界有真正接触，故读人文书籍总有隔膜之处，我们讲知人论世，这个世，尚有世情一面，不懂世情评不得人物，故读苏轼，不能只知其旷达，须知里面有多少艰辛。宋元之际，仕元者不在少数，可后世评价者，只关注忠义一面，真实生活遗漏不少，故读书尚须了解世情。此世情便是人生智慧，对读书解决问题尤为重要。

68. 读书尚要有通达一面。

69. 学文献、学历史、学文学如能有点哲学思辨，则文章大为不同，有色彩之处，尚须浓墨。

70. 人每天都会做很多无用功，常感叹效率不高，实际这正是磨人治心之处，道不离日用，此亦世间必由之路也。

71. 读古人诗话，谈诗艺者不多，谈世情、人物穷通、闲话者不少，此正可见作诗是古人交往之一部分，不单纯是抒情写心。

72. 君子有三格：气格、量格、品格。三格俱备是上品，得其一，亦不俗耳。

73. 《论语》最后一章讲：“不知命，无以为君子也。”知命最难，《易经》曰：“乐天知命，故不忧。”世间事，如欲成而备尝艰辛。有些事，即使努力亦不见得有好结果，如此还能坚持，且态度达观，即是知命之理时，故《易经·乾卦》：“君子终日乾乾。”乾乾即是勤勉之意，如欲改变，只有勤勉，别无他途。大儒朱子常说“艰苦”二字，即将不起，弟子问，仍以“艰苦”二字答之，可见有所得之难。

74. 近人吾深佩梁漱溟、晏阳初、陶行知诸君子。梁放弃北大教授之职，深入乡村；晏的识字运动，恩泽世人；陶以留洋博士，搞文化普及，此皆是真儒者。问今人有几人能做到？从教育看，今诸多商人将教育作产业化，教育成了赚钱的工具，故哀叹人心不古者，尚未从根本做起。

75. 吾教授学生，常以经书中《论语》为必读之书。《十三经》甚多，全部背诵不可能亦不现实，但可时常翻阅。吾随手置《十三经》小册子，随身携带，翻阅极为方便，而大受其益。大学问从六经来，真人伦从五常起。

76. 聊天最长学问。闲聊放松，思维活跃，触人灵感，新观点、新思想不经意间从聊天产生。严耕望与钱穆聊天，得钱真传，师生指授，学问往往从是而来。老师之学问，学生之聪慧，即可从中看出。

77. 人有悟性，玩玩亦能成专家，王世襄最为典型。

78. 历史之间，求真最难。昔梅兰芳成功，其背后齐如山功莫大焉，而梅氏后因政治原因不提尚可理解，至电影《梅兰芳》仍是多加歪曲，殊不可解，若非齐氏书出版，真被淹没矣。

79. 有敬畏之心，做事才会有底线。有知识有能力但无敬畏之心的人危害最大，也最可怕。

80. 雷颐先生评论：历史研究向有两种传统，一是“我注六经”，二是“六经注我”；用现代学术语言来说，一种强调对研究对象的客观性实证分析，另一种强调研究者观念的主体性投射。前者踏实细密，言皆有本，但易失之于琐屑，缺乏概括综合甚至“不成体统”。后者高屋建瓴，自成体系，但易失之于空泛，根据不足甚至形成“无据之理”。看过多种治学方法，以雷先生所言最为透彻。

81. 何炳棣先生言：当代大多数思想史家所关心的，往往仅是对古人哲学观念的现代诠释，甚或“出脱”及“美化”，置两千年政治制度、经济、社会、深层意识的“阻力”于不顾。实乃方家之言，何氏得蒋廷黻治学的真传，历史研究必须兼通社会科学。故何氏以现代社会科学方法研究历史最为成功。

82. 大学教授以道传人，故应有高贵之气质、学科之权威，故应坚持其地位之高贵，以此才有人格之尊严。可惜，逐利之氛围下，教授不见得名实相副，社会亦不见认可，故在领导社会风气之变革方面，起不到应有责任。

83. 南京22岁母亲乐燕为了毒品离家，活生生饿死自己的孩子，是她自己的悲剧，又是国家社会的悲剧。教育均权，社会协助与关怀，培育如何做好父母至关重要，可惜各家自扫门前雪，习得教育没有养成，其父母责任又多重大，父母不承担养育责任，社会又不加监管，此种悲剧不胜枚举，每个人都空谈，于事无补。开放的免费的教育与各种培训就应该大力推行，过去我们有晏阳初，为何现在没有？固然教育在进步，但单纯的纵向相比是不够的，应在与国外教育的相比中清楚地认识到自己的不足并加以改革。1619年德意志魏玛公国颁布《义务教育规定》，中国最早的义务教育法颁布于1986年，落后世界367年。19世纪20年代，德国大体普及九年义务教育（包括偏远乡镇），19世纪50—70年代，德国基本普及免费义务教育，德国统一前入学率即达97%以上，中国实现时间：2007年前后，入学率达到98%（2001年为91%），基本普及义务教育（不包括偏远地区，西部地区2007年为85%）。实现免费也落后世界180—200年。1810年，德国柏林洪堡大学建立，中国最早的现代大学为创办于19世纪60年代的上海圣约瀚大学。中国官办最早的大学是创办于1895年的北洋大学堂，落后世界80年左右。1810年，德国柏林洪堡大学建立，德国即刻实行了学术独立，即政府必须保证大学的物资，但不能干预大学的教学和科研。1990年，德国普及12年义务教育（免费），美国基本普及大学教育（收费，可贷款），2009年中国教育部称，12年义务教育的做法不符合我国目前国力。

84. 在如今的现实环境下，人们太过于关注成功者，太急功近利，急于求成，而对普通人与特殊人士缺乏关爱。如今的社会，缺乏宗教情感。故有宗教情感，小可安慰自己，大可教化社会。过去衙门里刻有戒石碑："尔俸尔禄，民膏民脂，下民易虐，上天难欺。"此即是用宗教情感来约束人，再好的法律也有漏洞可钻，但是心机再巧，怎能逃脱上天的眼睛？这是中国古人思想的核心。

85. 儒门有心法，佛教也有不传的心法，并不是不传，而是知识和视野还有悟境达不到，即使老师传授也未必能领会。

86. 贺卫方说，比较法学研究深入到一定的层次，就会诉诸语言、宗教、心理、地理等其他因素，于是离教义学意义上的法学就会渐行渐远。

文学研究何尝不是，单凭学科内的文学研究很难获得学术研究的持续动力与生命力，故读书应广，亦应深。

87. 普希金《每当我在喧闹的大街闲逛……》：我自语着：年华终会消逝，不久我们都将不在世上，在永恒的天穹下我们会各自东西——说不定这告别钟声已经敲响。

88. 很多学生为个人出路发愁，最为常见的是怨天尤人，我过去也是如此，父亲责备我，遇事爱埋怨，这是最大毛病。试问诸君，抱怨能否解决问题？应对方法是，要有自我反思的精神，看到自身的不足，反躬内心，有了毛病，易于纠正，也能找到解决问题的办法，如此，则终有成就。

89. 傅斯年在《史料与史学》的发刊词中说："本所同人之治史学，不以空论为学问，亦不以'史观'为急图，乃纯就史料以捍史实也。史料有之，则可因钩稽此知识；史料所无，则不敢臆测，亦不敢比附成式。"又言："上穷碧落下黄泉，动手动脚找东西。"是从屈维廉（G. M. Trevelyan）的话移过来，"收集法国革命的事实，你必须上达天堂，下达地狱来获取它们"。傅斯年甚确。其学术成果虽少，但其行政能力亦是目前学界最为缺乏的，其任内李济、董作宾、梁思永及以后成大师的严耕望等得其照拂甚深，好领导比好学者更受期待。

90. 清末儒宗俞樾受曾国藩赏识，许为"真读书人"。后俞樾将此四字赠予日人田瀚。读书不分地域、时代，其精神一致。

91. 尝见不少人读书甚勤，谈论亦滔滔不绝，惜不著一字，谦称不著述，不是不著，是不能也。盖读书乏系统，乏科学训练，作谈资可也，但做研究万万不能，此即我常对诸生言莫做空头读书人。

92. 广东新会陈垣出身于大商人之家，无家学亦无师承，其治学就是从张之洞《书目答问》入手，他二十三岁时读到此书。后成史学大家时仍谈到其治学经验："我读书是自己摸索出来的，没有得到老师的指导。有两点经验，对研究和教学或者有些帮助：一、从目录学入手，可以知道各书的大概情况，在自修的时候，可以翻阅一下过去的目录书，如《书目答问》《四库总目》等。目录学就是历史书籍的介绍，它使我们知道究竟有什么文化遗产。"故虽无师承，聪慧有悟性者亦能卓然成家。

93. 教书与之读书之间应是薪火相传，传授学生"火"，就是学术研究的精神、气格、气象，方法就是研究思路，而此就是亘古不灭的学术精神，师门授受，就是指此。

94. 大学教授就应当个人化亦应专业化，否则绝对培养不出好学生。

95. 教师过分倚重教科书，就会培养出很多僵化刻板的套中学生，说其培养学生，不如言扼杀学生，故常得奖学金与保送学生，吾对其常怀警惕之心，功利心太强，研究动力与思路都易不足，流于教科书思路，亦憾事。

96. 张之洞言："古来世运之明晦，人才之盛衰，其表在政，其里在学。"又言："学术造人才，人才维国势，此皆往代之明效。"清末曾国藩、张之洞、李鸿章、左宗棠等人不唯事功建得，就是学术亦是世间一流人物。

97. 治学修身首要之著作是《论语》《孟子》。吾常要求诸位常诵常翻，万不可轻视，此中好处，年轻时看不出来，然年岁渐长之时便知此一书之重要，盖筑基之时牢固，则学问深广自有可待，常见诸生，读书读到一定程度时，便深不得，此皆是缺乏经学基础，程子说："穷得《语》《孟》自有要约处，以此观他经甚省力。"张之洞言："窃惟诸经之义，其有迂曲难通，纷歧莫定者，当以《论语》《孟子》折衷之。"

98. 徐复观推崇《读通鉴论》，他评价说："历史是一堆故事。要在一堆故事中，看出它的因果关系，及形成这种因果关系的原因，却不是一件容易事情；于是在中国文化中发展出史评这门学问。史评的得失，关系于评论者的人格、学识，及他的时代经验的多少与深浅。"知言、知言！能说出这种话的人才能做出大学问。故徐行年五十，脱离仕途，而走入学术之途，亦非奇事。其治学是将人生经验用学术语言表达出来，故其学术有生命力。任何时候学习都不能算晚。

99. 人世变幻，亦须找到自己立身之处。杜甫诗："闻道长安似弈棋，百年世事不胜悲。"《好了歌》："乱哄哄，你方唱罢我登场，反认他乡是故乡。"陈寅恪诗："遥望长安花雾隔，百年谁覆烂柯棋。"百年之后，能留下历史痕迹的又有几人？

100. 中国人文化基因里就有党同伐异的传统，所谓排外，帮派意识是一个自古而来的存在。特别是经济落后地区更为明显，年轻人刚参加工作，会发现现实生存的情况古书里全无，会茫然无所适从，会随波逐流，或同流合污。实则大可不必，而应接人纳事处处观察，耐心揣摩，奋发有为，又不失赤子之心，则真君子也。如此则能真读懂经典，亦是人生不虚过。

101. 躁人不足言学、言事。

102. 中国常有媚外之传统，总以为外面是好的，故大加美化，但治学还是要从根本上来，否则皆是皮相之论。

103. 要想有大胸襟、大抱负，则须从“平”“淡”二字入手，此中含义，大有可琢磨之处，所谓文约意丰，妙处无穷。

104. 以从容之心治学、处世，则有受用之处，胸次浩大，必从中养成。阅历多之人，必无傲心，故其人必不信自己聪明，而有浑厚之气。

105. 过去常言中国人爱读史，此语不确。以我接触而论，中国人最为健忘，缺乏严谨的态度，就如司空图《二十四诗品》一样，辞藻华丽，但内涵最难琢磨，故观今中国人缺乏历史思考与历史意识，意味着最爱健忘，故乏反省精神是也。

106. 学术研究不应有禁区，否则哪能有创新精神。黄万里、梁漱溟这样真正传承儒家命脉的学者，以自己的担当贡献出人生岁月，20 世纪学术史如果少了这些人，还有什么可写的？“不知腐鼠成滋味，猜意鹓雏竟未休。”

107. 人文学科的学问靠慢慢积累、慢慢打磨，想在短时间内就出杰出成果、达理悟道是不可能的。愈上进，愈有为，就会发现自己的学问有欠缺，特别是授课。我自己从 2007 年给本科生上《佛教与文学艺术》的课，开过两次，后来自己不敢上了，为何？虽然讲课天花乱坠，但都是别人的，袭得的，自己没有内化，愈深入愈发现不足之处，故要心勤、手勤，如果懒于做笔记，就是在书旁做个眉批也好。我上课这么多年，每次都没有相同之处，没有照本宣科，为何？深入研究自会不一样，否则就是教书匠也。

108. 网络电脑技术发达，可以为我们所用，但不能让电脑代替自己做学问，知识搜集并不能代替学问积累。

109. 名校名门出身固然有优势，如此，天下岂非回复到六朝之士庶的情形？故做学问决非看出身，出身底层亦做得大学问，真豪杰，丈夫气就从此中来，以我经验，爱炫门第、学术经历的人，必无真学问，以此自炫，刚入道的年轻人，最易被唬住耳。

110. 很多人生前名与身后名不相符合。身后整理全集，一看全无学术价值，如强说价值则只有时代价值。而杨树达老先生身后的文集则与金玉同辉，此公全集才有学术价值。故写书还应认真、严谨，否则会让后世耻笑。

111. 个人有治学精神当然可嘉，但亦有时代机缘在，此类佛教所讲共业。如在“文化大革命”时期，裘锡圭偷偷读书，将《说文解字》包上毛选封皮，亦是冒风险之故。但大多数人面对时代命运，会放弃读书，故在时代面前沉沦终生，故此时仍要有内在的理学修养与佛道基础，遇事自然会有定心，人有个安身立命之处决不是空话。

112. 文人讲“诚”字最难，就如佛教中讲士大夫佛法最难一样，有知识即容易诈伪，我读近来出版的“亲历记”“回忆录”之类，非常失望，都是将自己美化，似乎当时政治现实和自己无关一样，士兵用枪作恶，文人用笔作恶，老百姓用盲作恶，历史真理极难发覆。

113. 各位切莫轻视读书，能有安静环境读书是人生一大幸事也，吾在外，多见中国家庭没有一本书，就是课本亦卖为废纸矣。从我读书者，在读书前亦是本科生，但多未翻过《书目答问》《四库全书总目提要》，就是把教科书翻烂也做不出学问，故我常说现在是教科书大学生。我在地方一高中教语文时，没见过几位老师爱看书的，除了课本、电视、麻将，就是名车高楼，再多也不见得素质提高也。

114. 某先生善书，但最厌人每以书家期许，盖以降低品格矣。尝言：世间书家有三类：第一类是充满江湖气，第二类是读书后有书卷气，第三类是金石气。每以三种标准论之。

115. 李苦禅先生亦曾评论书家：一是书家字，二王、颜、柳、欧、褚等家与摹写他们和摹写古金石文字者即如是；二是作家字，以文学修养化入字中，写来不俗，自有一番情趣，如欧阳修等文人之字即如是；三是画家字，潜画意于碑帖功夫中，字为画所用，画为字所融，字如其画，画如其字，自有一番独特风貌，诸文人画家的字即如是。

116. 克罗齐为何讲真正的历史都是现代史？常规的解释是从往事中吸取经验教训，来指导当下或者日后的行为，我们现代人生活需要的，必然从历史寻找依据来解释，研究当下，这也就是历史在我们头脑中复活。为什么现在流行电视剧是清宫戏、民国故事？当引起我们的关注。

117. 齐白石有印文“要知天道酬勤”，“一息尚存书要读”，又常对其弟子胡櫜言：“要每日作画，不教一日闲过。”还曾对弟子胡櫜言：“艺术之道，要能谦。谦受益，不欲眼高手低，议论阔大，本事卑俗。有识如此数则，自然成器！”此老五十岁后方以木匠学画，却能成大师，观其言语，则知成大家，必非虚言，吾爱其画中情趣真味之处，此中得来，必非常人受得。

118. 王维有《酌酒与裴迪》：“酌酒与君君自宽，人情翻覆似波澜。白首相知犹按剑，花枝欲动春风寒。世事浮云何足问？不如高卧且加餐。”人情一句所写最为深刻，没有大阅历又怎写得，世间人心最难测，吾所见多翻覆险恶之人，王维所见亦多，人世之交往，有甚多将对方当工具之人，故王维此诗所感亦深也。人在世间皆为衣食子女，故亦应有宽容之心态，但读书须懂得世间艰险之处，否则又怎能懂诗？

119. 凡治古典学问，金石亦应究心，赵明诚《金石录序》：“盖窃尝以谓《诗》《书》以后，君臣行事之迹悉载于史，虽是非褒贬出于秉笔者私意，或失其实，然至其善恶大节有不可诬，而又传之既久，理当依据，若夫岁月、地理、官爵、世次，以金石考之，其抵牾十常三四。盖史牒出于后人之手，不能无失，而刻词当时所立，可信不疑。”今人从正史文集中考证材料，常忽视金石，殊不知，古人治学，金石亦是一项。

120. 李清照《金石录后序》亦是千古奇文，不用赘引，吾最喜“何得之艰而失之易也”一句，世间万物莫不如此，此句最合人世之经验耳。大凡阅世深之人，最不喜用炫语，而以平淡出之。

121. 王维《春日与裴迪过新昌访吕逸人不遇》其尾联，吾最喜：“闭户著书多岁月，种松皆老作龙鳞。”此联经岁月之磨炼，而又不失暮气，王维诗亦有奇崛处。

122. “课少父母嫌懒惰，功多弟子结冤仇。”做一个好教师甚难，做一个负责的老师甚难，特别现今时代，是一个物欲、人欲横流之时代，应付的老师好做，但真有责任心的老师甚难，此中人才殊为难得。有责任心，被学生误解，不必伤心、挂怀，以宽大心胸，以淡然世事之心处之，日久必效力，特别面对如今世风，没有气概，怎能转得？

123. 家乡离苏门甚近，百泉旁有夏峰先生祠，清人程梓庭有一联：

“胜地集名儒，轶姚、许、赵、窦以抗宗传，群仰夏峰作乔岳；熙朝开理学，继濂、洛、关、闽而昌后裔，从教睢水得渊源。”此联谓吾乡元朝大儒有姚枢、许衡、赵复、窦默，而至孙奇逢到顶峰，康熙朝，儒学大兴，至孙奇逢弟子汤斌得其光大，吾地名宦大儒，代有辈出，恨不能生逢其时，得其真传，惜学术渊源至鼎盛之后而大变，学风由朴实泛为淫巧，而此地亦多浮滑之人，亦世运也。

124. 读《圣经·约伯记》：“祸患，原不是从土中出来；患难，也不是从地里发生。人生在世必遇患难，如同火星飞腾。”每个人的一生都会历经患难，若没有坦然心态，实难顺利走过一生，无论多么优秀，面对疾病、灾祸，亦必以平常心待之，须时时有面对困境之努力，方是伟岸之处。

125. 《呻吟语》：“平生不作圆软态，此是丈夫。能软而不失刚方之气，此是大丈夫。”真是知世之言。

126. 林散之批评：“有的当了几十年教授，以多取胜，写文摘、拼、作画、搬动别人山水花木石头，自己没有一点心得，更谈不上创见，教一辈子书，天天讲课，任何也没有讲，也讲不出道理，自鸣得意，‘著作’等身，自误误人。”不做事是好好先生，真一做事，精力都用到这些无谓的消耗中去，做学问的时间很少。要将这种环境改变，非有大勇气者不能为之，而尸气多之人，更不会如此。

127. 诸生学习，千万要避免有学无术之病。何谓？诸位学习《文学史》极为熟悉，如背李白、杜甫诗歌艺术特色之类，皆能答出一二，但李白作品却未读过，能说你不努力？亦是好学，但学法不对路耳。此种弊病便是中国高等教育之通病，皆是培养得没有丝毫用处，看似学生努力，学生努力看的是什么，皆是教材，如此何谈中国的创新精神？皆是游根之谈，此种境界最为害人心性，读书几年，一无是处，庸才遍地，又何谈教育救国？故诸生应从经典入手，方能救此弊。从基本经典入手，虽然看似进步很慢，但却根基牢稳，入后进步飞速。

128. 后世制度愈繁，法律条件愈密，管理愈刻，则创新精神愈衰，学术气象衰颓，此亦演变之理也。

129. 梁启超《中国近三百年学术史》云：“凡豪杰之士，往往反抗时代潮流，终身挫折而不悔，若一味揣摩风气，随人毁誉，还有什么学问的独立。”顾炎武说：“若其所欲明学术，正人心，拨乱世以兴太平之事，则有不尽于是刻者，须绝笔之后，藏之名山，以待抚世宰物者之求，其无以是刻之陋而弃之则幸甚！”真的学者必然是孤寂的，当走向市场，作为一个文化符号被消费时，就知道自己距离学术道路越来越远了，治学者，不可不察。

130. 顾炎武先生弟子潘耒序其师为学：“生长世族，少负绝异之资，潜心古学，九经诸史略能背诵，尤留心当世之故，实录奏报，手自抄节；经世要务，一一讲求。”其抱负远大，家世又高，天赋又好，而其读书皆明了现世之需要，故后人读书难及亭林之精神。今世治古典者，读书不关心世务，又学无根源，而好大言欺世，看亭林之经历不知作何感想。潘耒又言：“足迹半天下，所至交其贤豪长者，考其山川风俗，疾苦利病，如指诸掌。精力绝人，无他嗜好，自少至老，未曾一日废书，出必载书数簏自随。”顾炎武先生一生刻苦，读书不离手，而又有实证精神，有几人做得，故此点最值得钦佩，无字书、有字书互证，明了世态变化，又能寻古追源，其《日知录》之价值就如其言：“尝谓今人纂辑之书，正如今人之铸钱：古人采铜于山；今人则买旧钱，名之曰废铜，以充铸而已。”亭林先生读书治学真是“老而益进”之典型。

131. 读《河南文史资料》第十一辑所载阎东超《忆董作宾二三事》一文，不禁感慨系之，董的传记，我读过，但美化太过，不能引动心怀。我最为佩服者，此老原在南阳县长春街中段东边鲁景文具店旁边摆刻字摊刻字，其有字刻时大方、和蔼；无字刻时，聚精会神读书，从十四五岁起就靠刻字养家糊口。后得民国初众议院议员张中孚赏识，带至北京，又认识北大教授徐旭生，后经徐推荐参加了安阳小屯殷墟发掘。什么脏活、累活都干，后来干到整理、拓印、摹绘等技术工作，最终成为中央研究院历史语言研究所的甲骨文大家。其成名之后亦是甘居下位，不为炫耀之语，看似浅拙，最后就是浅拙之见成为定论。三十岁后他听郭沫若之议，学外文，所以三十岁前苦读，三十岁后仍苦读终生。如此则怎能不成大家、名家。坚毅执着之气才是成功之关键。

132. 创新、自出新意极难。然新必须追求：“‘人惟求旧，物惟求新。’新也者，天下事物之美称也。而文章一道，较之他物，尤加倍焉。戛戛乎陈言务去，求新之谓也。”此李渔在《脱窠白》一篇中之体悟也。

133.《傅雷家书》中常表现出父亲对儿子的关爱，傅雷是儿子的好朋友，汪曾祺所言的“多年父子成兄弟”即是如此。1963 年 3 月 8 日傅雷的信中说：“人的雅俗和胸襟气量倒是要非常注意的。据我的经验：雅俗与胸襟往往常先天性的，后天改造很少能把低的往高的水平上提；故交往期间应该注意对方是否有胜于自己的地方，将来可帮助我进步，而不至于反过来使我后退。”

134. 读书亦须解人情，李渔《闲情偶寄》之《治服第三》言：“古云：‘三世长者知被服，五世长者知饮食。’俗云：‘三代为宦，着衣吃饭。’”服饰、饮食亦能看出气质，吾读《大学》“富润屋，德润身”条，理解过浅、过窄，李渔言：“富人所处之屋，不必尽为画栋雕梁，即居茅舍数椽，而过其门，入其室者，常见荜门圭窦之间，自有一种旺气，所谓‘润’也。公卿将相之后，子孙式微，所居门第未尝稍改，而经其地者，觉有冷气侵入，此家门枯槁之过，润之无其人也。从未读《大学》者，未得其鲜，释以雕镂粉藻之文。”李渔之解，即是人生体验之意。

135. 吾游历、交游皆不广，吾乡卫辉一地过去虽号称文物之邦，然多年之间尚未见有读书人一个，藏书以吾高中乡老师郭永勋先生最多，然其藏书颇芜杂，细大不捐，盖藏书是其天性。吾在汴州教学，所见藏书最丰富者，为东门岳善因先生，其东门与吾就职之地不远，东门门口就是闹市，先生读书、藏书心无旁骛，其读书之博，为人之雅，实谦谦君子矣。盖藏书、读书，“文化大革命”实一大转折，“文化大革命”前如说尚有旧式文人一二存在，文脉尚未断绝，“文化大革命”后几不闻书香矣，“文化大革命”前吾乡尚有藏书之家，“文化大革命”中焚毁殆尽，“文化大革命”后读书种子断绝，学生虽多，然不知读书为何物，麻将声、游戏声，不绝如缕。周密《齐东野语》感慨：“世间万物未有聚而不散者，而书为甚。”胡应麟《少室山房笔丛》卷一《经籍会通一》：“凡书籍，时代近者，势易流传而人多弃掷；时代远者，迹多湮没而世率珍藏。”

136. 胡应麟《少室山房笔丛》卷三八《华阳博议上》言治学之道：“学问之道千岐万轨，约其大旨四部尽之，曰经、曰史、曰子、曰集四者。其纲也，曰道、曰事、曰物、曰文四者；其撰也，道多丽经，事多丽史，物多丽子，文多丽集。经难于精，史难于覆，子难于治，集难于该，四者之中各为门户，古今鸿钜罕得二、三。”胡氏所言，确为自得自语，四部之内，能精一二种，已殊为不易，再加入佛、道更是别学，亦只有望洋兴叹。

137. 启功《记齐白石先生轶事》中言及齐刻苦学习绘画一事，说一件是由油竹纸描的《芥子园画谱》，一件是用油竹纸描的《二金蝶堂印谱》。启功感叹：“即那一种多次重翻的印本，先生描写的也一丝不苟，连那些枯笔破锋，都不‘走样’。”过去坊间的书，因多次刷印，都漫漶不清，齐能下此功夫，我查齐白石著的《白石老人自述》中言：“光绪八年（壬午，一八八二），我二十岁，仍是肩上背了个木箱，箱里装着雕花匠应用的全套工具，跟着师傅，出去做活，在一个主顾家中，无意间见到一部乾隆年间翻刻的《芥子园画谱》……书是别人的，不能久借不还，买新的，湘潭没处买，长沙也许有，价码可不知道，怕有也买不起。只有先借到手，用早年勾影雷公像的方法，先勾影下来，再细细琢磨……晚上收工回家的时候，用松油柴火为灯，一幅一幅地勾影。足足画了半年，把一部《芥子园画谱》，除了残缺的一本以外，都勾影完了，钉成了十六本。”《芥子园画谱》就成了齐白石的老师和学习的对象。他自述，《芥子园画谱》翻来覆去地临摹了好几遍，画稿积存了不少。启功见到的是齐随身带的，齐如果不是这样下苦功，能有画坛宗师的地位吗？论出身、论地位、论经历都在最下层，而正是这种苦功与韧劲才成就了齐白石。我辈读书常轻视身边的有经验的老师，未尝下苦功，故成就不大，亦有由来。吾小时，常见邻居李云生临摹画画，当时不知其所用之稿是《芥子园画谱》，只觉生动，因年幼，未曾学习，今斯人不存，未免怅怀。

138. 读清人刘沅《槐轩全书》之《寻常语》一篇，其不作炫语，古籍中往往是家训最显本来面目，“富人要怜念穷人也。凡有衣食，银钱丰足之人，或是祖上积下，或是自己创业，一定是前世做了多少好事，今生方才享福……自己凡事节俭，若有余钱，便周济贫苦。从兄弟家门、亲戚起，以次而推，不要吝惜。古人自言：你怜悯贫苦之人，天地神灵怜念于你。断无因周济贫困，子孙至于饥寒者”。刘沅深得《周易》、佛老之旨也。吾乡与吾熟识者，有节衣缩食而暴富者，任何人向其借钱，则说经营困难，而无一闲钱。至其子结婚，为其子只买车便花了200多万，一辆宝马，引路人侧目。另一人，是其本家，其子刚大学毕业，便为其子花100万买了一辆车，言儿子上班辛苦。父母爱子本不为错，如此爱法殊不可解。此皆是父母不读书之过耳。父母亦是太过自私，亲邻之间有困难者当资助之，而非炫博者。昔曾国藩在《致澄弟温弟沅弟季弟》信中言：“吾细思天下官宦之家，多只一代享用便尽。其子孙始而骄佚，继而流荡，终而沟壑，能庆延一二代者鲜矣。商贾之家，勤俭者能延三四代；耕读之家，谨朴者能延五六代；孝友之家，则可绵延十代八代……诸弟读书不可不多，用功不可不勤，切不可时时为科第仕宦起见。若不能看透此层道理，则虽巍科显宦，终算不得祖父之贤肖，我家之功臣。”今人只愿子弟当官，又有几人看得此层道理。

139. 民国以来诸家，黎元洪、徐世昌后裔皆未闻之，独袁氏尚流风不坠，读袁克文《寒云日记》后附陶拙庵《皇二子袁寒云的一生》中言袁世凯教其子之言：“人贵自立，不可恃先人之泽，而无所建树。建树之道，始于学问。观夫贵豪子弟，多不识一个字，而骄奢淫佚，终至破家亡身，求一棺而不可得者，咸有所恃而自堕也。”中州之士，袁最有识见，昔骆秉善在河南大学出版社订正《袁世凯全集》，吾听其言掌故甚多也。袁能作此语与《颜氏家训》卷三《勉学第八》所言一致，不知袁是否读过此书，颜之推言：“梁朝全盛之时，贵游子弟，多无学术，至于谚曰：‘上车不落则著作，体中何如则秘书。’无不熏衣剃面，傅粉施朱，驾长檐车，跟高齿屐，坐棋子方褥，凭斑丝隐囊，列器玩于左右，从容出入，望若神仙。明经求第，则雇人答策；三九公宴，则假于赋诗。当尔之时，亦快士也。及离乱之后，朝市迁革，铨衡选举，非复曩者之亲，当路秉权，不见昔时之党。求诸身而无所得，施之世而无所用。被褐丧珠，朱皮而露质，兀若枯木，泊若穷流，鹿独戎马之间，转死沟壑之际。当尔之时，诚驽材也。有学艺者，触地而安。自荒乱以来，诸见俘虏。虽百世小人，知读《论语》《孝经》者，尚为人师，虽千载冠冕，不晓书记者，莫不耕田养马。以此观之，安可不自勉耶？若能常保数百卷书，千载终不为小人也。”颜之推是亲闻亲见，中国无百代之家，即如孔子后裔，支流漫衍，亦要有一技在身。汪辉祖《双节堂庸训》：“人唯游情，必致饥寒。其余一名一艺，皆可立业成家。但须行之以实，持之以恒。”此实是知世之言也。现今社会流转之速，实千百年来未见之格局，故亦只有有技在身，不致转入下层也。

140. 世间之事，处境太顺，则长进不大也，古人云：成人不自在，自在不成人是也。

141. 家藏字画，书籍太精太美者，往往易遭水火之劫，从古至今莫不如此，盖心血所至，天亦妒之而已。

142. 现今购书有网络，甚为方便，吾早年购书皆是游历各地所购者，办事之余常去书店，一日不去浑身不舒服。想购之书，无力购得，必节衣缩食，而其间日思夜想，至买来方休，此则购书成癖也。孙犁晚年所作多读书之书话，余甚喜，叶灵凤读书随笔也是过去我特别喜爱的书。其对读书的认识到位，而且颇有情致。如《书痴》上说："画面是一间藏书室，四壁都是直达天花板的书架，在一架高高梯登顶上，站着一位白发老人，也许就是这间藏书室的主人，他肋下夹着一本书，两腿之间夹着一本书，左手持着一本书在读，右手正从架上又抽出一本。天花板上有天窗，一缕阳光正斜斜地射在他的书上，射在他的身上。"叶的描写深深打动了我，漂泊在外，有一间书室是人生最大希望，能安静看书，这种清幽之趣，实是人间美事。

143. 曾国藩教子经验，可为我辈参看。其同治十年十月二十三日由金陵督署发信《附告二子》："吾见家中后辈皆虚弱，读书不甚长进，曾以养生大事勖儿辈：一曰饭后千步；一曰将睡洗脚；一曰胸无恼怒；一曰静坐有常时；一曰习射有常时（射足以习威仪强筋力，子弟宜多习）；一曰黎明吃白饭一碗，一沾点菜。此皆闻诸老人，累试毫无流弊者。又曾以为学四事勖儿辈：一曰看生书求速，不多阅则太陋；一曰温旧书宜求熟，不背诵则易忘；一曰习字宜有恒，不善写则如人之身无衣，山之无木；一曰作宜苦思，不善作则如人之哑不能言，马之跛不能行。四者缺一不可，善阅历一生，而深知深悔之者。养生与力学，二者兼营并进，则志强而身亦不弱，或是家中振兴之象。"曾集教子经验之大成，其心得体悟皆从实证入手，吾曾读其句"凡将相无种，圣贤豪杰亦无种，只要人肯立志，都可以做得到的"。此句话对我影响甚大。

144. 随便翻翻，亦是读书法之一种。很多经典初读不甚明白，翻多即大有长进，可扩大视野，可养人性情，增人趣味，故翻翻之功不容小觑。

145. 著书甚为不易，莫轻视之，昔吾在卫辉一中教学，看书尚且不会，何谈著书。清人计六奇《明季南略跋》："甚矣，书之不易成也；昔读书看必有三资四助。三资者，才、学、识……落笔惊人，才也；博览群书，学也；论断千古，识也。四助为何？一曰势，倚借圣贤；二曰力，所需随致；三曰友，参订折衷；四曰时，神旺心闲。"此见识则知著书不易，古人一生精力，常汇成一部，即如西方著名哲学家约翰·罗尔斯（John Rawls）所写《正义论》花费二十年心血，故成书不易。吾昔作《袁桷集校注》，居陋室之中，当时识见未开，条件不具备，故书虽成，然自己甚不满意，故著书是欺得今人，但欺不得后人也。

146. 科举制之价值尚须认真研究。其最大一点就是保证下层社会有识之士向上流动，全国教材都是《四书》《五经》，无论城市与农村，而且具有恒定性，教材研读透彻，即可应试。今天社会教材变来变去，从未有恒定之标准，乡村之教育更为落后，而城市家里条件好者，可报各种辅导班，考上机会更大。以我所见，今日高校里之农村学生越来越少，很少照顾到农村的弱势学生，今日分化之严重，还妄言过去科举制之危害，未知认识到今日教育之害否？教育要让人感到公平，能向上流动，否则怎有教育之价值。故今日思之，孔子之价值真可重新认识，其伟大之处常人又怎能体会？

147. 自己有所长，固值得自喜，但切勿自负、自傲耳。

148. 清代学术，大有值得重视之处，如读《清儒学案》则知其学术发展与流变耳。刘成禺《世载堂杂忆》言："有清一代，经史、词章、训诂、考订各种有用之学，各家蔚起，冠绝前朝，皆从事学问，而不事举业。凡得科名者未必有学问，而有学问者亦可得科名，或学优而仕，或仕优而学，学问不为举业所限制。论其原因：一、继承家学，如二钱、三惠、王氏父子之例。二、各有师承，读《汉学师承记》《宋学渊源记》等书自知。自明季黄梨州、顾炎武、李二曲、王船山四大儒出，学术风尚，焕然大变。其后如徐健庵、王贻上、朱竹君、翁覃溪、阮芸台、曾涤生，皆能提进学者，建树学宗。虽咸丰以至光绪中叶，人崇墨卷，士不读书，而研究实学之风，仍遍于全国，科举不能限制学术，此明证也。"刘成禺评价甚为公允。清人治学以实事求是、言必有据为宗，从文字、训诂、考据入手，其法至今仍值得重视。清人治学除经学外，其余亦大家迭出，光彩粲然。万斯同撰《明史稿》、赵翼《廿二史札记》、王鸣盛《十七史商榷》、钱大昕《廿二史考异》、马骕《绎史》、崔述《考信录》皆是清人史学代表。其他如严可均、毕沅、汪中、孙星衍、顾广圻等皆在校勘、整理上成就卓著。训诂上，王念孙《读书杂志》《广雅疏证》、王引之《经义述闻》《经传释词》、俞樾《古书疑义举例》皆是不刊之论。没有清人的努力，就没有现在的学术。

第 三 章

问题意识与意识形态

第一节　问题意识与文本分析

一　写文章要有问题意识

当做完了所有前期的准备工作之后，我们应先搞明白一个很重要的但是常常被忽视的问题——这个文章应该达到什么样的目标，或者说，我准备解决的问题是什么？解决这一问题的思路是什么？然后依据这一思路确定各部分之间的逻辑联系。这其实是一种逻辑思维的展开。好文章就是这样展开的，读这些论文往往会发现作者思想的穿透力，这种穿透力体现的是作者思想的闪光之处。反向思维能力是做学问的一个非常重要的基础。将材料搜集好之后，接下来的问题是能否读懂材料。一旦具备反向思维能力，就可以明确知道如何对材料进行剪裁和取舍。中国古人写文章、说话，往往有很多地方不说。大部分人也只会关注他说了什么，往往会忽视他没说的东西。如果想要关注作者没说的，这就需要一种很重要的学术思维能力——反向思维能力。只有具备反向思维能力才能发现问题。比如，鲁迅在古籍整理方面下了特别大的功夫。他在《呐喊》自序中叙述他的学术经历和人生经历，他抄了很多古碑，他喜欢六朝文学，整理了《嵇康集》，而且他还进行了《中国小说史略》的写作。一般人讲儒家文化只提儒家文化对中国人的正面影响，至少在鲁迅的那个时期大部分人没有想过儒家文化对中国人的负面影响。而鲁迅在写文章时，他就是从反向思维入手，他把家庭关系转化为对封建伦理关系的一种对抗。从对抗关系中归纳出一种形象化的隐喻式的表达叫“吃人”与“被吃”的关系。我们现在倒过来看，这个结论不一定合理，但是具有很强的反向思维能力。而这就是问题意识。那么如何具体地解决这些问题，便是写文章的重点和难点，然后则是解决问题的创新点。反复地思考具体怎么解决文章的重点难点以及创新点，从这个角度来严格要求自己，有了问题意识自然会对文章的结构有所把握，有所规划。一般来讲，人相信自己看到的是真的。所以培根就作了一种很重要的譬喻叫“洞穴假象”。这个洞穴假象就暗喻了我们的生存处境和思维处境。培根说人在山洞里面看到的熊熊的火光燃烧，其实那是洞里面的影子，你看到影子你就觉得是真的，实际上都不是真的。那么这个假象就反映了我们往往会囿于自己的学科和知识背景，自己的学科和知识背景决定了你的视野。学文献的说自己文献最好，学现当代说自己现当代最好。其实从学术角度来讲，学科与学科之间并不存在优劣、高下之分。一个学科能够存在，一定给有它的学科逻辑和学科基础。倘若失去了学科逻辑和学科基础，那么你的学术研究就不存在了。但是我们要听懂这个话，这个洞穴假象就是告诉我们不要把自己所具有的知识当作一种完全合法性的存在。具备这种思维能力是写作的一个重要基础。

二　文本思想与意识形态

刘因和许衡都是元代初期理学史上的重要人物，而现在的人忽略了刘因和许衡的成就。宋代的学术思想是由元人来完成的，如果缺失了元人的完成就不会有今天明清学术的面貌，所以元朝是一个严重被低估的时代。如今对元朝的研究仅仅立足于汉族的文化思想，并没有放在全世界，用全局的眼光来研究。从地理上讲，元朝的扩张不是汉人完成的，汉人在元朝也是被征服的族群，而元朝借儒家的意识形态和话语符号，解决了蒙古人统治的合法性问题。这是由元朝的士大夫们完成的，比如刘因、许衡等人。刘因、许衡当时所在的是金朝的统治区域，金朝是由女真人建立的，其本身也不是汉族建立的，刘、许是北方的汉人。如果按照族群识别心态，就不能解决当时这些文士的选择问题，因为刘因和许衡所处已是金朝统治一百多年的时代了。

陈垣的《元西域人华化考》影响为什么这么大？他以汉人的角度来突出西域人的汉化，西域人穿汉人的服装，用汉族的语言文字，最后泯灭到汉族中了。陈垣写这本书的时代正好是日本侵华时期，这样说就对我们民族的自信心、荣誉感产生了很大的作用。我个人认为不存在所谓的不掺杂政治利益和诉求的纯学术研究，因为每个人做学问研究，都有个人的立场和学术准则，或者基于个人的学术诉求，而其要表达的立场是隐含的。陈垣并没有直接说自己的民族立场，而是用学术语言来论证其中的合法性问题。元朝的很多汉族人给自己的孩子取蒙古族的名字，比如王恽后代很多用蒙古族的名字。实际上汉人蒙古化问题非常重要。所以做的研究不管是直接的理论诉求，还是暗合当前实际需要的理论诉求，其实都展现在研究者的话语言说方式之中。许多人跟我讲要做纯粹的学术研究，我个人认为“纯粹”应该加引号，可能你主观纯粹，但是客观造成的后果与某种时代趋势有一种契合，所以会有古代很冷的一本书突然变成当下的一个热点，就是因为在现代的语境空间中找到了新的学术生长点。

三 文本分析的话语语境

刘因是元初北方非常著名的大儒，他只活了四十多岁，在没有完成自己的哲学构建时突然死去，没有完成学术专著，没有完成理学思维体系化的构建，从这个角度上讲刘因是十分遗憾的。刘因的学术研究要比许衡深得多，密得多，对天理的思考，对人的定位，对宇宙的思考等，都更接近宋代醇儒的思考方式。元代北方文人进行的这种思考并不逊色于南方的儒学家。南方的儒学家这时已经从义理之学转向了考据之学，代表人物有王应麟，其《玉海》的编纂，包括《困学纪闻》这样的书，其实都是典型的知识论角度的言说方式。《困学纪闻》成书于元初，一些研究说王应麟的书中没有表达自己的政治倾向，实则不然，王应麟在此书中非常隐晦地表达了自己的政治倾向，这就需要细读。当时对南方文人影响最大的一个事件是宋朝的皇陵被发掘，实际上皇陵被盗掘是在元世祖忽必烈的默许之下进行的。我们现在没有这个概念，但在古代，臣子看待君主就像父亲一样，君主的坟墓被盗类似于你自己祖先的坟墓被盗。而且把宋朝皇帝的骨殖都弄到一个地方，并且在上面建了一个大白塔，就在杭州，从元朝的各种文本叙述可以看到元人经常从此处经过，这个事件对整个元朝南方人影响很大。这就意味着南人是臣服者，南人的君主也是这样。汪元量的诗和当时的笔记，比如《客杭笔记》，其中就叙述了这样的事，对这样的心理进行了细腻的描述。王应麟当时在南方的知识群体里面是处于领袖地位的，可是他的书里面几乎很少牵涉当时的政治事件，但是这些事都被记载下来。当时在盗墓的时候王应麟没有正面提及此事，却提到了汉朝的曹操以及历史上盗墓者的种种。所以在历史话语的言说方式上，南方文士的描述与北方文士是不一样的。

《退斋记》是刘因非常重要的文章，从中可以看出当时士人之间的微妙关系。刘因和许衡在元朝初期都是公认的儒学领袖，但是在读二人集子的时候，你会发现刘因从来不提许衡，许衡也不提刘因，这就很奇怪，两人都是北方文士，却没有互相提到，就很能说明问题。另外，王恽与赵孟頫同朝为官几十年，可以讲是经常见面，最起码很熟悉彼此。但是王恽给很多不知名的人写过诗文，偏偏就没有给赵孟頫写过，从头到尾就没提过赵孟頫。河南辉县的《玉虚观碑记》是道士让王恽写的碑文，赵孟頫写的书法，按理说王恽应该把这件事给记下来，但是他绝口不提。不提说明什么？至少在当时人们心目中赵孟頫的真实地位和处境并不是后世所想象的王公贵族，他是投降了的王公贵族，就像溥仪一样。我们进入历史研究的时候就要考虑这个问题。古人的话语和现代人的话语是一样的，如《退斋记》："虽然，惟其窃是以济其术而自利，则有以害夫吾之义也。"目的是什么？"吾之义"是什么？是不是儒家之义？他说了那么多，其实重点在于最后一句话。中国语言的话语言说方式几百年都没有改变。"呜呼！挟是术以往，则莫不以一身之利害而节量天下之休戚，其终必至于误国而害民，然而特立于万物之表而不受其责焉。而彼方以孔孟之时义、程朱之名理自居不疑，而人亦莫知夺之也。"你误国害人，还说自己高尚。"孔孟之时义"，"程朱之名理"，名理和时义是对举的，"时义"实际上是指歪曲了孔孟的意思。我们现在讲追寻原始儒家，其实现在理解的孔孟并非原来的模样，而是后世给写成这个样子的。《论语》中，孔子是一个非常好的老师。孟子的思想具有很强的反君主思想。这些都是后世论述成这个样子的，而不是真实的孔孟，这就是"时义"。这个问题很重要，是学术的一个关键点。"以孔孟之时义、程朱之名理自居不疑。"说的不是道家人物，而是假借儒家的这一套原则，行的是老子的权谋之术。刘因这个人说话是很刻薄的，从中可以看出来。"而人亦莫知夺之也。"装得很像，以为别人不知道。最后一段"夫有所不为者，蔽焉而不知举，变焉而不知通，固滞焉而不知所以化，而其终亦至于误国而害民”。我个人觉得他不止说许衡一个人的，包括刘秉忠、元好问这样的人也在指责的范围内。元好问曾上书，让封忽必烈为“儒教大宗师”。你想在刘因这样的人眼里，元好问这是什么行为？忽必烈连汉语都不会说，他怎么能当儒教大宗师呢？“然要之则知不足而已矣，而人亦得而责之，而彼亦无所逃其责焉，非如为老氏者之以术欺世而以术自免也。”从文末的创作时间“至元丙子”可以知道，这是对当时这一批人的讽刺，而不单单指许衡。当时的儒学家不仅是许衡，还有一大批人物，刘因所指也有可能是别的人，坐实许衡一个人不太一定。有这样一个问题，元朝之前是金朝，刘因祖上仕金，金朝统治者是女真族，用历史长时段的眼光看，忽必烈如此重视刘因，刘因儒学水平又很高，他生活这么困难，弟子又不多，出仕蒙古族统治的元朝有什么不可以的呢？而从现在这些材料知道，刘因一生就没有出仕。

刘因对宋朝是很同情的。我们在评价一个人物时，要有当时人的体察。刘因的不仕，是与他受原始儒家的影响有关。看他的文章，会发现刘因自视甚高，不跟一般的人为伍。若把历史材料罗列出来，与他给元朝官员的书札结合起来，会发现刘因曾反复强调自己的身体不适。从现存文献来看，“身体”原因并非托词，是有一定的因素的。同样的经历还有赵孟頫，赵出仕的原因，几次都是生活条件所迫，赵孟頫因为钱而接受别人的看望。实际上，刘因早期的出仕也跟他的生活有关，但是上任之后发现个人的性格等方面是不适合的。元朝统治者重视的并不是刘因所讲的孔孟之道，反而更重视技术官僚，比如窦默靠针灸、刘秉忠靠术数等。可是刘因不做这个方面。可以看出刘因更多的是讽刺刘秉忠这样的人。而南方的文士从一开始就没有进入统治的核心阶层，所以就不在当时统治的语境范围内，所得到的都是荣誉性的职位。这种情况在整个元代都没有变，可以从这个角度来理解当时的话语言说。为什么正统史书的修纂在元代一直拖延几十年，这里面暗含了一个什么问题？我们要找到后人所有评价宋辽金史的材料，比如《元文类》里面的《正统八例总序》《辨辽宋金正统》。现在看宋辽金谁是正统不是一个问题，可是要知道，这在元代是一个大事。

第二节　作为方法的意识形态

一　意识形态与文学研究

用意识形态的诗教来考察正统论，是极为重要的一个视角。我们认识人类世界的时候，凭借的是文化和语言。当我们通过语言来认识周边的客体世界的时候，从形式上说，我们要掌握一定的语法和逻辑结构。但实际上一旦形成这种文化意识，背后就会伴随着意识形态，这种意识形态是以语言为载体的。不存在没有意识形态的文化，也不存在没有意识形态的语言文字。康德认为，人是一种自然存在物。但是作为自然存在物的人在接受教育的时候，不得不接受各种教化。教化也是以语言文字为媒介，背后就会有各种文化，从这个角度来讲，我们接受教化的过程，也是接受意识形态的过程。这就是黑格尔经常强调的一点：一个人在社会中受到的教化越多，那么他在社会中就越有现实价值，越有现实力量。从黑格尔、马克思到卢卡奇，一直在讲"人是意识形态的容器"。我们经常用"我想""我认为""我发现"等，这时候的"我"不再是一个本真意义上的"我"，而变成了一种意识形态的代名词。这样，我们的独立见解，就不再是单纯意义上的独立见解了。回过头来看，宋辽金正统论的认识实际上背后是一个儒家意识形态的合法性问题。当我们以这种理论和视角切入的时候，关于合法性的争论就非常重要了。修史事件，从表面上看是史书的修纂，可实际上事情远没有我们想象得那么简单。元朝的正统观，到底是继承宋朝还是继承金朝？我们一直站在汉民族的立场上，比如提到宋朝文化，就会说，宋文化是以士大夫为中心的文化。但是以今天的视野来看，宋代不过是中国历史大时段的一个区域性的政权，远没有形成一个大一统的王朝。《金史》当中讲，如果不能海内混一，就没有合法性。但是北宋延续到南宋，其边疆范围一直在缩小，有宋一代始终面领着边患的问题。与其差不多同时崛起的有契丹，后来叫辽，西边有西夏，后来辽被金朝替代。《辽史》里面有一个争论：耶律阿保机建立辽朝以后，和太子耶律倍有一个对话，说用什么来统治国家？别的大臣说了很多，耶律倍说都不对，而是要"行孔子法"来统治中国。民族政权采用的统治方式，用李治安先生的话说就是"二元分离"。这远没有想象中的简单。在统治结构上，辽朝开始实行“南北官制度”，治理汉地用汉族的官员制度，治理北方的官员用契丹本族的方式，到了金朝和西夏都是如此。他们不约而同地采用这种制度的问题在于什么呢？统治范围更为广大，面临的一个问题就是意识形态的问题。虽然辽、金、西夏很多统治者反对汉化，要保留本民族的文化立场，可是他们又实行以儒家为中心的意识形态来统治，从不汉化最终走向汉化，这同时伴随着其国力衰退的过程。金代是在金章宗时期完成的，辽代是辽景宗时期，都是在其立国一百多年以后不得不完成的过程。到元代同样如此。在元代修宋辽金史的时候，一直在争论。说到元代的北方的汉民族，不仅仅是指汉民族，还包括契丹、女真等部族。可见，如果以文学史的眼光来解读，你会发现文学是很苍白无力的，根本没法解决这些问题。以文学性的眼光来讲元代包括宋代的诗歌问题，是根本不能解决诗歌与社会意识形态内部的整合问题的，所以也就不存在单纯的艺术性诗歌。

二　经学话语与修前朝史

对我们中华民族形成最深远影响的是宋元变革，在宋元之后，我们才真正形成统一的王朝，而且这种局面到现在也没有变。对宋辽金史持续不断的争论，暗含了一个合法性问题。合法性问题是大家都要在儒家为核心的统治之内，孔子的思想一直是中国意识形态里的主流。秦代没有完成其意识形态的整合，一直到汉武帝的时候才确定儒家的话语形态作为主流的意识形态叙述方式。比如祭祀制度，虽然表面上是祭祀，但是背后暗含了君主的合法性。君主的合法性来自天的承认受理。在汉代形成的训诂学，唐代也一直继承。在经学的形式叙述中，对经书是不能质疑的，需要维护经书的神圣性，经书的神圣性背后是以孔子的圣人化为标尺的。很多研究说孔子最初是人的立场，后来慢慢变成了神。经书的训诂侧重字词章句的解释，解释的核心是不能对经书质疑。所以到唐代，《五经正义》这样的书的出现，背后都是为了维护君主的神圣性。从下层来讲，便是伴随科举制的流动来确立儒家的合法化或者制度化的问题。但是到了宋代就不得不变迁，所以有了宋代科举制的改革。朱熹《四书章句集注》为什么这么重要，就在于他完成了意识形态的转换问题，完成了儒学的理论化。如果我们做版本研究，就必须明白背后的思想变迁。如果不考虑知识来源的合法性问题，皓首穷经也解决不了学术研究中存在的问题。当然，我们承认研究背后有一定的研究趣味在内。如果想要在学术上占有一席之地，要么是材料新，要么是思想新，无非是从这几个角度来入手。刘勰晚年出家，是一个僧人，他的背后是以佛家的教理为意识形态的。佛经是没有论的，如果要说明白你为什么主张这种教理，就出现了大量的论，由“经”向“论”转变，论的过程就完成了佛经思维缜密化的过程。这个时候的佛教尚未完成本土化的过程，《文心雕龙》开始的三篇文章《原道》《征圣》《宗经》，以儒家的话语形态来叙述的时候，本身就暗含了话语形态的转化问题。虽然是出家人，但是刘勰在叙述的时候仍然是以儒家的话语来叙述，第一次完成了文学叙述话语缜密化的过程。更早一点的《诗大序》则没有完成这种论证。这也是儒家致命的弱点，士人在学习的过程中发现它没有完成背后的逻辑化、论证化过程，这样就不能满足士大夫阶层的知识需求。所以可以看出唐代表面上遵行儒家的思想，但实际上是儒释道三家并行。佛教在此时尤为盛行，出现了中国佛教的标志——禅宗，还出现了唯识宗。这些都是以儒家的意识形态统治的薄弱为前提的。朱熹为什么影响这么大？是因为在朱熹的注经解经的过程中完成了由章句之学向义理之学的转变，标志中国人思维方式的重大变化。章句、训诂是一个形而下的学术形态，为了表现思想深处的核心形态，朱熹便提出了“理”，但是朱熹的这种思想不是被宋代的统治者全盘接受的，实际上是被元代的统治者全盘接受的，准确一点说，是被元代北方的统治者全盘接受的。在这背后是元朝的政权为支撑的。这时候你就要区分出来，你研究的是儒学，还是儒家，还是儒家的意识形态。后世在研究儒家文化的时候往往不能区分儒家的传播形态问题，这样就解决不了研究的“内在理路”，就失去了研究的中心点。正如有元一代宋辽金三史并行，皆为正统，而把西夏史附到《辽史》和《金史》里，后来又附到《宋史》中，以致没有完整的西夏史，因为西夏始终没有占据中原，西夏的一百多年一直是作为一个地方的割据政权存在的。

三　元朝修史的合法性

元朝为何灭亡如此迅速？因为元朝在其统治期间一直没有完成其统

治意识形态的合法化问题。修宋辽金三史始终不断地争论，比如袁桷、王恽的争论，背后的因素就是谁应该主导的问题，是以南方文士来主导，还是以北方文士来主导。为什么到了元顺帝的时候史书修成了？因为当时以北方汉人为主体的文士衰落了。在这之前北方的文人，文学上继承元好问，理学上来源于“二程”，后期标榜朱学，这个时候的南方文士是没有话语权的。但是到了晚期发生了重要转变，以欧阳玄父子为代表的南方文士崛起，修史的人员构成发生了变化，参与人还有揭傒斯，虽然北方有张起岩这样的文士，但是在修史的过程中不占主要位置，这就是这部史书能修成的原因，也是修得快的原因。欧阳玄在修史的时候掺杂了大量自己的“私货”，他要完成自身学术传承的定位，所以将《道学传》单独列出来。这也是元人修《宋史》的一个独创。《道学传》开启了后来的“学案体”。从中可以看出文人都是要标榜自己的学术传承，包括朱熹也是如此。朱熹在叙述自己的思想的时候，标榜“二程”，而不敢说这是自己的独创。这也是为什么朱熹的思想能在北方广泛流传的原因。为什么陆九渊的学术没有被广泛认同，就是他太标榜自己的独创了。注意，儒家学术传统里有一个命题，所有学术思想的来源，即使是你的独创，你也必须“代圣立言”。也只有这样，才能完成自身的学术谱系的合法化。所以欧阳玄在修《宋史》时，专门标榜道学传。在中国之前修史的时候有儒学传（文苑），是没有道学传的。有人说道学不就是儒学吗？为什么单独分出来呢？这样分的目的就是确定自身的合法性。这也是为什么修史的最终话语权被南方的文士所掌握。

我们评价宋代，常说宋代忠义人士之多，因为很多人接受的是正史的叙述，其实宋代投降的人也很多，如果仔细看的话，投降的人要比忠义之士还要多。所以不存在单纯的史学研究。波普尔说历史决定论，历史不能预设。科学可以预设，但是历史不能。因为具体的数据是没办法统计的。历史研究，包括文学研究，研究的都不是古人，而是今人。研究来研究去，只不过是借古人的思想、语言来展示自己的理解，而研究者所标榜的客观是不存在的。人文科学不像自然科学所呈现的统计分析那么明确，因为我们所能见到的历史材料只能是这么多，也只能根据这些材料进行推测。

我们所做的研究是一种基于想象的历史再叙，包含对材料进行阐释，尽管都是以客观的名义去研究，比如追求客观事实、客观想象，但实际上我们对材料的阐释就是一种历史想象。比如对元好问材料的阐释，就是历史的想象。各位应该有一个大的笔触去解释我们的材料。第一，研究目的和问题决定了研究的史料。我们研究古人就是研究我们同时代的人，所以研究不存在古代和近代的隔阂。第二，政治规训文学史的书写。政治以一种潜在性的方式存在，对时代思考越深入，就越会发现这是意识形态的问题，对意识形态的潜在性分析就是阐释性书写。在古代社会中，人们为什么要接受教化？教化以语言为导向，语言导向的背后就是意识形态起主导作用。如果历史有过去的话，我认为过去就是现在的虚构。历史是意义的形成过程，我们现在进行的研究就是意义形成的研究。比如一篇讲述诗歌特点、民俗诗歌的文章，它就只是简单的诗歌罗列，背后并没有诗学理论指导。合格的研究则应学会思考为什么要这样写。第三，政治规训着历史书写。比如《二十四史》看似按皇帝的顺序进行书写，实则背后暗含政治斗争等。其实理论研究就是一种想象性研究。中国是史料大国，记载的大多是政治斗争、皇权更迭的史料，也就是官方的、皇帝的史料。可见史学与求真是背离的，不存在一直向前发展。

第四章

文学、文本与话语

第一节　主体、文本与话语形态

一　文体形式制约下的“话语”形态

“文本”自身是一种客观的呈现，不具有主观情感的表达功能。但是，在属性上，“话语”却与“文本”相左。“话语”是主体感情抒发的产物，话语所承载的思想是受人为控制的，是属于主观操纵下的思想呈现。任何看似主观的个体，其背后都受各种因素的限制。当然，“话语”这种呈现方式也不例外。“话语”中主观意识的表达也受其背后文体的制约。由古至今，针对文体分类之说的作品层出不穷。例如曹丕《典论·论文》、挚虞《文章流变论》、吴讷《文章辨体》和徐师曾《文体明辨》等。姚鼐《古文辞类纂·序目》有表达此书的内容分类：

> 于是以所闻习者，编次论说，为《古文辞类纂》。其类十三，曰：论辨类，序跋类，奏议类，书说类，赠序类，诏令类，传状类，碑志类，杂记类，箴铭类，颂赞类，辞赋类，哀祭类。一类内而为用不同者，别之为上下编云。①

可以得见，清代文体之分已较明确，姚鼐划分明确，将文体分为十三类。姚鼐此书可以给予后世学者很直观的分类，其书的编排目录为后世研究提供了较大的参考价值。

---

① （清）姚鼐：《古文辞类纂》，清道光元年合河康氏家塾刻本。

进而，姚鼐针对文章创作进行总结，提出文之精粗之分的观点，认为:“凡文之体类十三，而所以为文者八：曰神、理、气、味、格、律、声、色。神、理、气、味者，文之精也；格、律、声、色者，文之粗也。”① 以文之精粗之分可见，姚鼐是以“神、理、气、味”四个方面来衡量文学作品，姚鼐认为神、理、气、味是文学作品中的重要组成部分，为文中的精华，当成为创作时首要考虑的因素。当然，除了上述四个因素外，作品中存在的格、律、声、色的部分，也不可避免，但其认为这是创作的粗糙表现。可以得知，不论何种文体，神、理、气、味都是文体中所应具有的重要组成部分，学者也应当从这四个方面入手进行创作。姚鼐又进一步指出学文应师法的对象：

> 学者之于古人，必始而遇其粗，中而遇其精，终则御其精者而遗其粗者。文士之效法古人，莫善于退之，尽变古人之形貌，虽有摹拟，不可得而寻其迹也。其他虽工于学古，而迹不能忘，扬子云、柳子厚，于斯盖尤甚焉，以其形貌之过于似古人也。而遽摈之，谓不足与于文章之事，则过矣。②

姚鼐认为师法韩愈可谓是较佳的选择，因选择韩愈进行模仿，较于扬雄、柳宗元之类，可尽得古人文章之写作精华，而不至于仅仅停留在文章的形式上。姚鼐对师法对象上做出指定，并分析其中原因，也可得见姚鼐自身的注重文章写实功用的创作倾向。

在对我国的诗歌总集《诗经》的研读中，学者很少是从史学角度入手的，因其具有很强的文学性质，故都将之作为一种文学作品来欣赏。对于汉代的《史记》，鲁迅先生在《司马相如与司马迁》中言道：“恨为弄臣，寄心楮墨，感身世之戮辱，传畸人于千秋，虽背《春秋》之义，固不失为史家之绝唱，无韵之《离骚》矣。”这一评价话语就体现出了《史记》本身无文体之分的情况。究其原因，司马迁的《史记》中的本纪、表、书、世家、列传开创了史学的新体例“纪传体”，但其内容记载

---

① （清）姚鼐：《古文辞类纂》，清道光元年合河康氏家塾刻本。

② （清）姚鼐：《古文辞类纂》，清道光元年合河康氏家塾刻本。

方面便是从内心主观出发，在篇末附上自己的看法，而对有些人物的内心活动、言语记录等存在主观臆想的情况。从文学赏析角度来说，其人物形象的深入刻画以及语言的简洁精练等都是值得学习与借鉴的。但从史学方面考虑，《史记》中史料的真伪是有待学者进行辨析的。当今时代，文学和史学各有独自的体例，然而追溯历史，由司马迁《史记》中所呈现的文学与史学划分不明这一现象可知，在作家的主体创作中会出现个体的私人化叙述情况，这也就意味着主体创作时于思想上未必从宏观层面进行考虑生发，总之，可将其归为私人化叙述的呈现。伴随朝代更迭，各式文体也逐渐增多，继而相对应文体的理论著作数量上也会增长。但是，其中必然有出现的先后顺序。也即先有史学，才会有史论的产生。同样，先有文学作品的产生，才会有文学理论的出现。针对各个时代所产生的作品，必然会有各具风格的诗文理论的著作。

二 主体与著作：创作主体的选择倾向

古代到民国的官方文件多以骈体文形式呈现，并且对于骈体文的研究，自南朝便已有批评著作的产生。刘勰《文心雕龙·丽辞》有言："唐虞之世，辞未极文，而皋陶赞云：'罪疑惟轻，功疑惟重'。益陈谟云：'满招损，谦受益。'岂营丽辞，率然对尔。"① 可以看出，这便是对南朝骈体文注重言语华丽、崇尚辞藻所做出的批评，进而刘勰又指出骈体文的内容之间的承接应该如同"序《乾》四德，则句句相衔；龙虎类感，则字字相俪；乾坤易简，则宛转相承；日月往来，则隔行悬合。虽字句或殊，而偶意一也"②。其指出骈体文应该具有的正常形态，但是，随着时代的发展，骈体文已并非原貌，继而"至于诗人偶章，大夫联辞，奇偶适变，不劳经营。自杨、马、张、蔡，崇尚丽辞，如宋画吴冶。刻形镂法，丽句与深采并流，偶意共逸韵俱发。至魏晋群才，析句弥密，联字合趣，剖毫析理。然契机者入巧，浮假者无功"③。由此段话可知，骈体文创作应贵在以言对为精巧，内容衔接连贯，事理承接允当，刘勰旨

① 周振甫：《文心雕龙今译》，中华书局 1986 年版，第 312 页。

② 周振甫：《文心雕龙今译》，中华书局 1986 年版，第 312 页。

③ 周振甫：《文心雕龙今译》，中华书局 1986 年版，第 312 页。

在纠正当时骈体文辞藻华丽、内容空洞的流弊，力图恢复骈体文的正常生态。

历史的进程走进唐代，此时诗歌创作可谓进入巅峰时期。诗歌作品层出不穷，针对诗歌提出的理论著作也进入繁盛时期。晚唐司空图《二十四诗品》中将诗歌艺术风格分为二十四种，其中对于雄浑风格的判定为：

> 大用外腓，真体内充。反虚入浑，积健为雄。具备万物，横绝太空。荒荒油云，寥寥长风。超以象外，得其环中。持之非强，来之无穷。①

接着，对于诗歌高古风格的断定为：

> 畸人乘真，手把芙蓉。泛彼浩劫，窅然空踪。月出东斗，好风相从。太华夜碧，人闻清钟。虚伫神素，脱然畦封。黄唐在独，落落玄宗。②

继而，对于诗歌典雅风格的判断为：

> 玉壶买春，赏雨茅屋。坐中佳士，左右修竹。白云初晴，幽鸟相逐。眠琴绿阴，上有飞瀑。落花无言，人淡如菊。书之岁华，其曰可读。③

司空图所言的雄浑风格乃是一种整体性感知，诗歌中缺少任何一句话，都不会展现出此效果。将诗歌作为一个整体，其组成部分缺一不可。整体不能进行任意分割，这也就是雄浑诗风所独具的特色。接着，高古诗风的形成必定受其背后的创作背景影响，需要通过诗歌词语的恰当组合，

① （清）何文焕：《历代诗话》，中华书局1981年版，第39页。
② （清）何文焕：《历代诗话》，中华书局1981年版，第39页。
③ （清）何文焕：《历代诗话》，中华书局1981年版，第39页。

才能表现一种高大的诗歌情感。继而，诗歌所具有的典雅美，必然通过汉语的音节来表达。正是中国文字的音节有意排列组合，才得以展出典雅的诗歌风格。

不仅唐代，宋代诗歌理论著作中也是如此，严羽《沧浪诗话》中所表述的学者学习诗歌的初步做法：

> 夫学诗者，以识为主，入门须正，立志须高，以汉魏晋盛唐为师，不作开元天宝以下人物。若自退屈，即有下劣诗魔入其肺腑之间，由立志之不高也。行有未至，可加工力。路头一差，愈惊愈远，由入门直不正也。故曰学其上仅得其中，学其中斯为下矣。①

可以看出，学诗需从师法前人开始，应从学习汉代、魏晋、唐朝诗歌入手，继而在师法唐代之中，又要以开元天宝时期为划分界限，指出开元天宝以后的诗歌风格不值得学者进行模仿。且将学者学诗水平又进行层次性的划分。若是入门高，则其日后便会达到中等水平；若是入门低，则其日后便只会达到下等水平。从此也可得见严羽自身对诗歌水准高低的评判。之后，其又指出“诗之品有九：曰高，曰古，曰深，曰远，曰长，曰雄浑，曰飘逸，曰悲壮，曰凄婉”②。可见严羽对诗歌风格做出的理性的分析。再从严羽提出的学诗的具体实践中得知，“先须熟读楚辞，朝夕讽咏，以为之本，及读古诗十九首、乐府四篇、李陵苏武汉魏五言，皆须熟读，即以李杜二集枕藉观之，如今人之治经，然后博取盛唐名家，酝酿胸中，久之自然悟入”③。《红楼梦》第四十八回，其中的香菱学诗亦云：

> 香菱笑道：“我只爱陆放翁的诗‘重帘不卷留香久，古砚微凹聚墨多’，说的真有趣！”黛玉道：“断不可学这样的诗。你们因不知诗，所以见了这浅近的就爱，一入了这个格局，再学不出来的。你

① （清）何文焕：《历代诗话》，中华书局1981年版，第687页。
② （清）何文焕：《历代诗话》，中华书局1981年版，第687页。
③ （清）何文焕：《历代诗话》，中华书局1981年版，第687页。

只听我说，你若真心要学，我这里有《王摩诘全集》，你且把他的五言律读一百首，细心揣摩透熟了，然后再读一二百首老杜的七言律，次再李青莲的七言绝句读一二百首。肚子里先有了这三个人作了底子，然后再把陶渊明、应玚，谢、阮、庾、鲍等人的一看。”①

林黛玉交代香菱便应先学习模仿王维、杜甫、李白等诗人，其讲究作诗的格局，这就是一种主体选择诗歌的倾向。

三 政治性“话语”背后的迎合

人们在使用话语的同时，背后就暗含了话语表达的倾向性。由此追问，话语又受制于文体因素的影响，那么文体背后又受何种因素影响？从李白、杜甫、欧阳修等人所创可见，其作出来的公文、诏书等在当时受用，且后世的师法对象也是从他们的文入手，究其原因，文章受用这一主导因素最为关键。文章受用也多跟政治联系较为紧密。从贾谊《过秦论》便可得知，其文针对国家大事、国家政策出发，实用性较强。此外，个人书信也是受政治因素影响，如李斯《谏逐客书》、司马迁《报任安书》。另如《元典章》、苏天爵《元文类》，便是将改元建国时的王鹗《中统建元诏》、徒单公履《建国号诏》收到最前面。再有便如刘勰《文心雕龙》这一私人话语性质的文学理论著作。由此追问，何人能够写出这些文章？即政治上具有很大影响、能够左右国家方向的人士。再者便是其人与皇帝有着较为密切的关系。

四 “文以载道”的意涵及其超越性

对“文以载道”的认识，往往强调文学的工具论，到近代文学的发端都是从对“文以载道”的批评而来的。像王国维批评“无纯文学之资格”，周作人指出孔子作为中国文章的正宗，儒家的解体、经学的消解实际上引起了我们对“文以载道”的大量批评。郭绍虞的文章《研究文和道的关系》分为以韩愈、柳宗元为代表的观道派，以二程、朱熹为代表的载道派，以三苏为代表的明道派。他告诉了我们这种文道关系的丰富

① （清）曹雪芹：《红楼梦》，中华书局2001年版，第399页。

性和复杂性。这反映了儒家文化的衰落、经学的瓦解，我们把“道”理解成了“政治”，因为我们把“道”和“政治”相混淆，自然而然就反对“道”了，所以认为“载道”的文就是和政治相关的，实际上是误解“载道”的规律了。

对“文以载道”的历程，第一我们应该认识它的历史变迁。做研究时要弄清楚它的变迁过程，在进行材料搜集时，会有很多人的不同看法。第二应该研究它的变。变化的过程中有哪些不变的因素，这就是共识性的东西。如孔子作为最早的原始儒家提出的“思无邪”就体现了载道的认识，刘勰就提出了儒与道的结合，宋代欧阳修、三苏、二程就让“文以载道”观体系化了。

（一）道的超越性

“文以载道”之所以让我们认为是为政治服务的，原因是我们在文化统一性的背景下来讨论所谓功利性的文学观念，工具论和载道观混淆了我们对政治和文学两种建构方式的认知。我们一说到“道”就认为是传统政治的主张，是封建政治的根本，这显然是受到了西方语境的影响。欧阳修《廖氏文集序》：“六经非一世之书，其将与天地无终极而存也”①，这就告诉我们道与政治的内涵根本就是两码事。在曾巩看来，只有“道”是一成不变的，“法”可以随时变换，但万变不离其宗。如果直接按照“文以载道”的观点就必然走向以限制思考的意识形态的内容来解读作品的狭径，实际上古人的“文以载道”观要求文学史用自己的方式来阐发、呈现自古以来的道的真义。道是永恒的、不变的、自足的，所以道与文学的关系不是约束的，是由文学作品对道的阐发、揭示，因此从刘勰开始阐述的文道问题就是“道沿圣以垂文，圣因文以明道”②，很显然，这个道并没有涉及政治问题。韩愈反对佛教，要求强调儒家的地位，说：“博爱之谓仁，行而宜之之谓义；由是而之焉之谓道。”（《原道》）把仁、义、道、德放到一种并行的关系，强调了仁。古人的认识不见得比现代人的浅。柳宗元《送薛存义之任序》：“凡吏于土者，若知其

---

① （宋）欧阳修：《欧阳修集编年笺注》，巴蜀书社 2007 年版，第 185 页。

② （南朝梁）刘勰：《文心雕龙》，中华书局 1985 年版，第 3 页。

职乎？盖民之役，非以役民而已也。”[①] 古人所说的道有很强的超越性。王安石喜爱杜诗，因为它倾向于对腐败和战乱社会现实的揭露，而李白诗歌中大部分则是描写酒和女人。道离不开人伦日用，所以《论语·尧曰》篇曰：“四海困穷，天禄永终。”治理者如果让百姓陷入贫困，是没有资格治理国家的。如果不能带给民众幸福生活，得到的财富和地位就不具有合法性。孟子回答武王伐纣时提出“独夫民贼”，这个说法可以推翻暴政的合理性，孟子还提出“民为贵，社稷次之，君为轻”。社稷代表国家，道是靠人来执行的。

（二）道的内涵

古人认为道是需要学习的，通过对文本的学习、研读才能明白道的特性。韩愈《进学解》中曰：“口不绝吟于六艺之文，手不停披于百家之编，纪事者必提其要，纂言者必钩其玄，贪多务得，细大不捐，焚膏油以继晷，恒兀兀以穷年。”“沉浸酞郁，含英咀华，作为文章，其书满家。上规姚姒，浑浑无涯；周诰殷盘，佶屈聱牙；《春秋》谨严，《左氏》浮夸；《易》奇而法，《诗》正而葩；下逮《庄》《骚》，太史所录，子云、相如，同工异曲。”韩愈学习的对象非常高超，原因在于通过学习才能明白道的永恒性和存在性。柳宗元《答韦中立论师道书》中曰：“始吾幼且少，为文章，以辞为工。及长，乃知文者以明道，是固不苟为炳炳琅琅，务采色夸声音而以为能也。”[②] 写文章的时候要有信心，只有在做文章的过程中才能体会“本之《书》以求其质；本之《诗》以求其恒；本之《礼》以求其宜；本之《春秋》以求其断，本之《易》以求其动，此吾所以取道之原也”[③]。只有在学古文的过程中才能明白“参之《谷梁氏》以厉其气，参之《孟》《荀》以畅其支，参之《庄》《老》以肆其端，参之《国语》以博其趣，参之《离骚》以致其幽，参之太史公以著其洁”[④]。古代对道的学习是要通过对文的研读才能完成的，刘勰提出“文从道出”，认为天文和地文都是从道来的，所以纪昀对《原道》作了这样

---

① （唐）柳宗元：《柳宗元集》卷二三，中华书局 1979 年版，第 616 页。

② （唐）柳宗元：《柳宗元集》卷二三，中华书局 1979 年版，第 873 页。

③ （唐）柳宗元：《柳宗元集》卷二三，中华书局 1979 年版，第 873 页。

④ （唐）柳宗元：《柳宗元集》卷二三，中华书局 1979 年版，第 873 页。

的评语："文以载道，明其当然；文原于道，明其当然。"① 为什么程颐说"作文以害道"？如果前后分析，会发现他不是说写文会妨害道，而是如果只重视文的形式内容而忽视道的超越性，没有强调天文、地文和人文的统一性，就不会有刘勰的"文与天地同其大"。

（三）道的特殊性

中国古代的文学作品不会承认单独的脱离文本的文学，它强调道的教化性。教化论就是儒家的核心问题，孟子曰："人皆有不忍人之心。先王有不忍人之心，斯有不忍人之政矣。以不忍人之心，行不忍人之政，治天下可运之掌上。"荀子"人之生固小人"的论断，前提都承认人通过教化可以达到仁、义、礼、智，所以儒家的文化强调教化是基础，比政治更重要。《礼记》就强调了教化的作用，《孟子·尽心上》："仁言不如仁声之入人深也，善政不如善教之得民也。"② 宋代古文运动把教化提到了很高的地位，宋代五子之一的柳开批评晚唐、五代以来的颓靡文风，不取今文而取古文，原因就是说古文"可垂教于民"。欧阳修反对迂腐的时政，但他不反对教化，而是非常重视。为什么文可以达到教化作用？"然则其所以教者，何也？"朱熹回答："心之所感有邪正，故言之所形有是非。唯圣人在上，则其所感者无不正，而其言皆足以为教；其或感之之杂，而所发不能无可择者，则上之人必思所以自反，而因有以劝惩之，是所以为教也。"③ 他承认教化的实现，是通过阅读诗歌来感动人心，人们要读好的诗歌和文章，这样才能与圣人的心相通。从这个角度来讲，承认文和道的关系可能更有价值。

第二节 文学文本的价值构建

一 文学文本的审美价值体系

从传统的"文以载道"观念来讲，文学是以传播社会道德、伦理观

① 张文勋：《文心雕龙研究史》，云南大学出版社 2001 年版，第 96 页。

② （宋）张栻：《南轩先生孟子说》卷七《尽心上》，杨世文点校，中华书局 2015 年，第 594 页。

③ （清）吴楚材、（清）吴调侯选编：《古文观止》，中华书局 2015 年版，第 180 页。

念等为己任的，现在，我们主张抛弃附加于文学作品的意义，使其脱离宗教、政治等的束缚，恢复文学的自身独立价值。“文本”一旦脱离“道”所附加的意义，就出现了文学作品的自我合法化。由此可以反思，过去统辖文学作品的宗教、道德等方面的标准，并不能够促使艺术美的产生。对文本进行审美是建立在成熟的文本解读基础之上的。当下的审美观念的形成，比如对文学作品中美的发现，均是启蒙运动时期的产物。用审美眼光来看文学作品，就会发现其中所表达的创作主体的感情经验。看问题需用理性思维，文本当中人的感情经验，便是文本美的体验。进而，文本美的经验就成为艺术的经验。这也就是强调文学自身价值的所在。马克斯·韦伯的《新教伦理与资本主义精神》第一章《宗教派别与社会分层》：

> 应该提到的还有莱茵河地区和卡尔夫。在这一纯属导言性质的讨论中，无须堆砌更多的例子。这为数不多的例子就已经说明了一个问题：艰苦劳动精神，积极进取精神（或不管将其称为什么精神）的觉醒之往往被归功于新教，必须不要象流行的看法那样将其理解为对生活乐趣的享受，或也不应在任何意义上与启蒙运动联系起来。路德、加尔文、诺克斯、弗埃特的老牌新教与今天所谓的进步几乎毫不相干。今日即使是最极端的宗教狂也不会想要抑制现代生活的一切方面，却正是老牌新教公然仇视的。如果旧日的新教精神和现代的资本主义文化之间有什么内在联系的话，我们无论如何也不应在所谓多少带点唯物主义色彩或至少反禁欲色彩的声色享乐中寻找，而应在其纯粹的宗教品性中寻找。孟德斯鸠说英国人“在世上所有民族中取得了三项最长足的进展，即虔诚、贸易和自由”。①

可以看出，马克斯·韦伯认为老牌新教落后的手工生产方式以及抑制个体生活的方方面面，在社会的向前发展中没有起到促进作用。然而人们所具有的艰苦劳动、积极进取的精神，均与新教徒相关，他们的工业生

---

① ［德］马克斯·韦伯：《新教伦理与资本主义精神》，生活·读书·新知三联书店 1987 年版，第 30 页。

产方式为社会经济发展带来强有力的生机，且不阻碍现代生活中人们所呈现出来的一切事物，有助于社会的进步。由此，马克斯·韦伯提出宗教与社会分层的观点。社会因为脱离了宗教方方面面的束缚，进而劳动者积极进取的劳动精神的产生，加快了社会经济的快速发展。由此反思，文学摆脱来自外在的种种束缚，是否可以发挥出自身的功用价值？正如康德在纯粹理性批判、实践理性批判、判断力批判三种哲学批判中提出的，其中的判断力批判旨在建构现代的审美基本原则，对于文学作品来说，其提出的四大特点：无功利性、普遍性、无目的合目的性、必然性，[①] 让我们重新认识到了文学中的文本的价值。唯美主义的倡导者王尔德认为：唯美主义者主张，不是艺术反映生活，而是生活模仿艺术；一切坏的艺术都是返归生活和自然造成的。唯美主义者强调，"生活模仿艺术，生活事实上是镜子，而艺术却是现实"，"生活是艺术的最好的学生、艺术的唯一的学生"。[②] "艺术除了表现它自身之外，不表现任何东西。它和思想一样，有独立的生命，而且纯粹按自己的路线发展。"[③] 唯美主义的核心观念即是为艺术而艺术。我们借用于文本分析中，就会产生为文本而文本的思想。唯美主义追求的是艺术的纯粹性，正如我们所表达的纯诗歌、纯音乐、纯戏剧等，均表现出了艺术家为艺术而追求的理想境界。19 世纪德国古典哲学家黑格尔划分了三种艺术类型：象征型、古典型和浪漫型。其中包含了建筑、雕塑、音乐等不同的门类，我们将其移位于文本中，就可以得知文学文本研究的核心。我们若读张晶的著作，就会了解到其采用了拓展文本研究的空间和范围的创作方式，对文本的传统研究方式做出了创新。

假使令我们对事物进行美的欣赏，并采用逻辑话语做出周密的论证，在学术研究上的确是有一定的难度。佩特认为："一切艺术都是在持续不

---

① ［英］文德尔班：《哲学史教程》下卷，罗达仁译，商务印书馆 1996 年版，第 732—733 页。

② ［英］王尔德：《谎言的衰朽》，杨恒达译，载赵澧、徐京安主编《唯美主义》，中国人民大学出版社 1988 年版，第 127—128 页。

③ ［英］王尔德：《谎言的衰朽》，杨恒达译，载赵澧、徐京安主编《唯美主义》，中国人民大学出版社 1988 年版，第 142 页。

断的一种追求音乐状态。”① 一首诗歌所具有的美的性质就是纯粹的美也即就是音乐化的。深入品读诗歌中的文本美与音乐美，并从中找到二者的关联。音乐的纯粹性与诗歌的纯粹性是相同的。在中国古代作品中，苏轼确定了王维“诗中有画，画中有诗”的原则，这就是对不同门类进行了勾连，这种勾连的过程就是对艺术纯粹性的划分。俄国的形式主义所具有的特点，即是与作品有关的历史、社会、政治等都不涉及，只注重文学作品中的形式问题。它认为：艺术中的一切都仅仅是艺术程序，在艺术中除了艺术程序的综合外，实际上根本不存在别的东西。② 文学性具体推证为三个命题：文学有别于其他文化形式的特点在于其语言特性；文学语言有别于其他语言在于其语言的诗意用法；语言的诗意用法是文学理论批评的唯一对象。③ 回归到文学视域来讲，我们一直认为文学来自现实生活，我们最擅长的是对杜甫诗歌“沉郁顿挫”思想的分析，我们习惯于将诗人杜甫的作品与当时的现实社会相关联。当然在分析同样的人物时，也是采用同类的分析方法。由此，可以看出我们所擅长运用的“文化政治论”模式。福柯、阿尔都塞、拉康，他们都做出了对话语论的研究，以符号论为表现形式，大致看是对语言的规则做分析，实际上是为了揭示其中包含的权力与知识的共生共荣关系。霍尔曾经概括福柯的思想说：“一切均在话语中。”比如说，元代作品中的话语表达方式是不同的。赵孟頫、虞集的文集中有大量对国家的认同的作品，这种现象非常普遍，但如果结合诗歌来看，会发现它具有不同话语表达的形式，其主体诗歌中往往表现因为社会原因得不到满足的意愿以及生活的困顿。一些遗民具有不同的话语展开形式。戴表元的作品呈现出另一种特性，“文”表现了宋朝的软弱性，“诗歌”记录了自己的生活点滴。由此，人物的复杂性便是通过作品表达出来的。赵孟頫、袁桷、虞集等文士在话语与权力的共生共荣中，是通过话语的叙述与认同表现自己与元政权合作的愿望，但在诗歌里面却往往表现自己的实际愿望，表现自己个人的

---

① 转引自周宪《审美论回归之路》，《文艺研究》2016 年第 1 期。

② 参见［俄］日尔蒙斯基《论“形式化方法”问题》，载方珊编《俄国形式主义文论选》，生活·读书·新知三联书店 1989 年版，第 360、362 页。

③ 周宪：《审美论回归之路》，《文艺研究》2016 年第 1 期。

诉求。假如我们拿着理论进行生搬硬套，就会认为主体所表现的是一种盛世情怀，那么，得出的结论就很让人产生疑惑。我们常言“文以载道”，并把“道”归于对儒家封建强权的认同，但原文中“文以载道”并非此意。很显然，学者受当代政治文化的影响，认为“文”与政权具有共生共荣的关系，偏离了对“道”的理解，也就背离了“道”的原意。究其原因是研究者思想资源的匮乏，造成了我们与古人思想的疏离与隔膜。

二 “话语的规律性”与文本的逻辑

福柯的《知识考古学》通过对词语的来源进行序列性的考证，来陈述话语之间的关系。正如其在《知识考古学》的第二章《话语的规律性》中写道：

> 因此，我首先着手描述各种陈述之间的关系。对于那些可能对我提出来的和我习惯随意使用的那单位，我采取了谨慎作法，不承认他们之中任何一个是有价值的，我决心不忽略任何一种不连续性、决裂、界限或者是极限的形式。我决心要在话语的范围中描述陈述以及他们的可能关系。①

福柯对话语规律性的分析探讨，我们在学术研究中将其进行借用，可以对社会、历史、文化等做出分析：“话语的形成”对应的是“历史、社会、文化的形成”，“话语陈述方式的形成”就是历史、社会、文化表达方式的形成，“概念的形成”即为何这样表达而形成的一种历史的社会的、文化的规范体系。可以发现，对研究对象加以梳理，将“话语的关系体系”借用于学术研究中，这将使研究思路更加清晰，进而与研究对象相关联的因素，也会被分析得更加透彻明了。

三 文学文本自身机制的建构

米德的《心灵自我与社会》中说到人对自然、社会、自我的认识都

① ［法］米歇尔·福柯：《知识考古学》，谢强、马月译，生活·读书·新知三联书店，2010年版，第32页。

是通过话语的形式来展开的。我们需要对话语的体系进行研究。比如，古人为何以某种方式表达本身的思想情绪。究其原因，这都是一种看不见的话语关系体系在其中起着重要的作用。因此，我们应该找出其中的支配性话语、主导性话语，来使我们找到问题的解决方法。福柯在以话语为中心进行考察的理论分析中，给予了我们答案：权力与知识的共生共谋的复杂关系。由此，我们将其套用于分析文学作品。话语中的"谁说"并不是首要研究的对象，我们应思考"何以产生这样得表达方式"。实际上，福柯的理论与马克思的意识形态理论是有一定关系的，所以葛兰西曾经概括说"统治阶级是通过教育、新闻、娱乐等社会控制力量把马克思所说的修辞转化为大众所认可的一种表达方式，就构成了文化上的领导权"①。伊格尔顿结合了福柯的理论，概括了马克思意识形态理论，明确指出："意识形态通常被感受为自然化的、普遍化的过程。通过设置一套复杂话语手段，意识形态把事实上是党派的、有争议的和特定历史阶段的价值，呈现为任何时代和地点都确乎如此的东西，因而这些价值也就是自然的、不可避免的和不可改变的。"② 我们就可以看出话语背后的意识形态属性。文化政治理论的知识谱系的发展，罗兰·巴特的符号理论，德里达的解构分析方法，拉康的结构主义分析，布尔迪厄的一种趣味判断的社会批判，都是我们认识古典文本的方法。当然这些人的主张都包含了一个命题，就是我们所熟悉的经典之作往往蕴含了统治阶级的统治思想。不过这种统治思想的呈现方式是一种自然的、普遍的、约定俗成的面目，这是很少让人感到怀疑的。比如《区隔：趣味判断的社会批判》对文学研究的帮助就特别重要，作者是把趣味当作一个阶级和社会的区隔概念。凡勃仑的《有闲阶级论》中，文学艺术作品都是通过有闲的阶级才能产生的。它把趣味作为一个区隔概念，这就区分出来全社会所共有的趣味。布尔迪厄研究出来的一个重点就是趣味的分类，用趣味的分类把社会和作品分为不同的类型。因为趣味是通过教育习得得来的，社会存在复杂的分层，不同的人通过不同的教育而习得的东西一

---

① 周宪：《审美论回归之路》，《文艺研究》2016 年第 1 期。

② Terry Eagleton, "Ideology", in Stephen Regan (ed.), *The Eagleton Raader*, Oxford: Blackwell, 1998, p. 236.

定不同。比如，中国古代文人画的产生就是通过画的类型表达进行社会层次和身份的划分，这种划分就是不同的趣味的形成，中国古代画家可以完全不去某些地方就画出某些内容，就是通过教育习得产生的自觉现象。文学中的唐宋八大家确立的文学范式之所以被大家认同，究其原因，中国古代的文学作品不是累积性的，而是模仿累积，即通过模仿性习得、通过对作品的背诵化用了这些句子，形成了所谓的新面貌，这中间趣味起了很重要的作用。比如，喜欢宋诗的风尚趣味，就形成了以才学为诗的风气。清代诗人为什么会喜欢宋代的诗歌，是因为清代的学术理路发生变化，就自然而然不再以唐代诗歌为效法对象。元朝的疆土辽阔，诗歌创作背景和唐代是相似的，这就决定元人诗歌在模仿对象上选择唐诗。所以，趣味习得论可以推导出模仿性习得论，究其原因为社会风尚、社会背景、社会文化等因素，由此，塑造了作品特征。当我们带有明确的方法论意识来追问研究问题时，比如何类人喜欢李商隐的诗歌，何种人会模仿韩愈的文章，就会明白逻辑关系的必然性在人物思想中起着重要作用，不存在偶然性因素的影响。总之，当我们以布尔迪厄的“区隔”理论来探讨问题时，将其强调的“习性”和”习得”观念移位于古典文本的研究中，便会得出人物身份在背后所起的重要作用。

四 “身份认同”与人物研究

“身份认同”（identity）是最近很热的一个词语，在研究元代、金代、清代乃至近代作家的身份时，经常会被提起。本尼迪克特·安德森的《想象的共同体》就探讨了身份认同的内涵：包含性别、国际民族、阶级认同。福柯的话语理论对于身份认同是有重要意义的。文本的话语理论中提到：所有的自我认知都是通过话语来强调的。身份认同在文化和文学研究领域应该归纳为不是一个刻板的过程，一定是一个自我构建的过程。这个构建的过程，霍尔用福柯的理论完成了研究：“我是谁”转变成“我会成为谁”，文学作品的身份分析和把握就是对身份认同问题的追问。如果按照霍尔的理论，研究古典作品，通过分析会发现儒、释、道三种主流性的文化是如何确立其身份认同的。第一，是儒家的文化以统治阶级、主流阶级为代表，通过知识与权力的共荣关系，如何通过科举的形态转换成为社会的共识。第二，是古代文人如何借助新的话语事件来建构自己的身份认同，其目的是通过身份认同获得一定的权益和地位，这样的目的就是让我们更理性地分析某个时代作家的特点，其弊端在于我们不再是对作品审美的艺术分析，而是把文本变成文化和政治的分析。可以说文化和政治的分析压倒了审美性的评判。

身份认同涉及对诗歌分析的问题，要避免用社会环境、现实导出文本的分析以及文化审美和政治论的对应关系的分析，这种分析是一个我们比较擅长使用的常用方法。按照福柯的“一切均在言语中”，就要回归到文本内部。德里达①提出“一切均在文本中”②。这两句话使我们将古代作品的认识为话语性的事件、一种建构性的文化，所有的作品都是被建构出来的。先秦时候的典籍并都不是先秦产生的，而是经过后世的持续改编，这体现了一种复杂的建构的过程，蕴含了思想史、学术史、文学史的纵横交织。德里达的话叫“逆向书写”，即倒着推，这样还是能得出一些政治化的书写。韦勒克的《文学理论》强调的是：文学研究可以融入一般文化的和社会的历史，这个古老的看法如今正在被一种全然不同的忧虑所取代。这种新理论宣称，人是生活在一个与现实无关的语言囚牢之中。③ 他把语言看作一种影响社会生活的力量，而且文本是一种决定性的力量。

德里达说“书写先于言语”，这是一种解构的批评，从文本的研究角度来讲，我们可以思考对杜甫文本的分析和理解不应该把它放在对现实生活的描述上，因为诗歌不应该仅仅承担对现实生活的描述，但杜甫对现实生活的感受性的认识不能够被当作史实的材料，宋代诗人对杜甫的形象和作品的建构赋予了其诗史的性质，后代对杜甫作品的研究中往往就忽视了杜甫诗歌的语言性质了。文学史的书写往往是按照思想和内容形式进行编排的，实际上背离了对文本、材料的分析，所以后解构主义

---

① 雅克·德里达（Jacques Derrida，1930—2004），法国哲学家。是20世纪下半期最重要的法国思想家之一，解构主义哲学的代表人，他的思想在20世纪60年代以后掀起了巨大波澜，成为欧美知识界最有争议性的人物。德里达的理论动摇了整个传统人文科学的基础，也是整个后现代思潮最重要的理论源泉之一。主要代表作有《论文字学》《书写与差异》《散播》《哲学的边缘》等。

② 周宪：《福柯话语理论批判》，《文艺理论研究》2013年第1期。

③ René Wellek, "Destroying Literary Studies", in Daphne Patai and Will H. Corral (eds.), *Theory's Empire: An Anthology of Dissent*, Princeton: Princeton University Press, 2005, p. 43.

产生的重要原因就是罗兰·巴特的《从作品到文本》中区分出来的重要概念：作品是无生命的印刷物，文本是现实的语言活动的产物。如果把它放在文本的角度来认识的话，文本是脱离作者对意义的掌控的，一旦成为文本，作者对文本就无法掌控了，不再有拥有权，那么作品意义的生产和阐释权力就给了广大的读者和研究者。从这个角度来讲，他提出的文本核心论就告诉我们文本的意义具有无限丰富的可能性，这个叫“文本的生产性”。德里达所说“一切都在文本中”、解构的特点，它们的意义在于它们放大语言的意义功能时，也放大了文本的功能。

研究时，经典作品的权威是消减甚至不存在的。要按照纯文本解读文本的意识形态属性。作品的审美属性的把握中，涉及意识形态属性，很多人按照意识形态属性研究文本时，要考虑文本所谓的能不能对抗意识形态，实际上也是用一种意识形态来压制另一种意识形态的。他们强调用审美的方法来对抗意识形态的解读，以赋予文学更多的文本属性。在后来主张文学的审美的人看来，我们把文学的作品看成一个参与性的事件，作者一般写出文本之后，经过读者的解读，都是主体参与的事件，是新的意义产生的空间。所以强调作品不是物，而是一个事件。如果把作品放在事件的角度来讲，就会有全新的语境。如形式主义批评完全可以放在分析李白、杜甫、元代诗人的作品中，因为这种陌生化效果就打破了诗歌常规性，鼓励了我们培养自己特殊的诗歌语言的体味，抵制僵化的阅读。福柯的《何为启蒙》说重回启蒙就是要清理我们被误解、被歪曲的审美遗产，重新领读康德、席勒的文学思想。对我们来讲，我们应该回归经典，重新认识作品的审美。

今天对美的作品的分析是一定包含了很多审美之外的意涵，不存在单纯的形式性的解释。我们做文学研究的，自己并不写古典的诗歌，理论先行是目前研究的趋势，从某种角度来讲，理论的意义大于文本的意义。在研究趋势的时候，要注意恢复对文本细读的审美体验。我们对作品的解读需要审慎地考虑作品和政治之间的关系，特别是诗歌，但是问题在于我们强调的是读者的阅读经验的熏陶，在阅读文本的时候感受审美超越的细读。

书隙过影之二：胸中要有阅历，要有波澜

149. 胸中要有阅历，要有波澜，“阅历万不可少，世故皆从阅历中来。”“大丈夫作事，须放得开撇得下。”

150. 写论文、写书要有目的性，换句话说，写出来要有益于世，要么以资料取胜，要么以观点取胜，不可忽之。袁枚《小仓山房续集》卷二九《散书后记》：“凡书有资著作者，有备参考者。备参考者数万卷而未足，资著作者数千卷而有余。何也？著作者熔书以就己，书多则杂，参考者劳己以徇书，书少则漏。”

151. 《庄子刻意》：“恬淡、寂漠、虚无、无为，此天地之平而道德之质也。”此四点是学问之基亦是养生之方，故庄子言：“圣人休休焉则平易矣，平易恬淡，则忧患不能入，邪气不能袭，故其德全而神不亏。”功夫深、修养好的人才能勉强做到，内里做到甚难。明人著《菜根谭·前集》中对庄子的话颇有体悟：“风恬浪静中，见人生之真境；味淡声希处，识心体之本然。”平淡之后就是心浮气躁，故“性躁心粗者，一事无成；心气和平者，百福自集”。

152. 一个人有天赋固然好，但是有好的个性、性格更为重要。只有这样的人才能改变现状，改变不幸，改变人生，才能将外在的不公变成自己的动力。有天赋无个性的人太多，时间一久，浸染社会一深，便跌入凡夫境界，“一切灾难都有几分善”，“诗穷而后工”即是此意。

153. 注释古籍甚难，亦甚耗精力。其古典尚易，今典尤难。吾注《袁桷集校注》现在看来甚为无知无畏矣。陈寅恪《元代诗笺证稿》中《新乐府七德舞》时感叹：“凡诠释诗句，要在确能举出作者所依据以构思之古书，并须说明其所以依据此书，而不依据他书之故。若仅泛泛标举，则纵能指出最初之出处，或同时之史事，其实无当于第一义谛也。”吾注释典籍，每恨读书少，更不能记忆，不得不依据类书以及各种辞典工具书，此是一大恨事。

154. 后世引朱子为学次第，常以《四书》为本，翻《朱子全书》第20册有《行宫使殿奏札二》言：“盖为学之道，莫先于穷理，穷理之要必在于读书，读书之法莫贵于循序而致精，而致精之本则又在于居敬持志，此不易之理也。”朱熹一生力持此道，故将此心得告诉皇帝：“此数话者，皆愚臣平生为学艰难辛苦已试之效。窃意圣贤复生，所以教人不过如此。不独布衣韦带之士所当从事，盖虽帝王之学殆亦无以易之。”此是夫子自道其独得之秘也。

155. 中国人治学应世，往往易于主观。孙俍译日人本田成《支那经学史论》，改为《中国经学史》，孙言：“中国人研究古学，每易陷于主观，故入主出奴门户之见，为二千年来中国学术不发达的大原因。”传统中国文人有强烈的自我中心与道德标榜，即便是现在，亦常听到中国儒家文化是救世界的唯一法宝的老话题，明末利玛窦来华，将《舆地全图》给士大夫看，明人一看与自己想象的中国在世界中心不合，便攻击利玛窦是“邪说惑众”。此种情形今天虽非常态，但在很多学科中仍能看出来，自负自傲背后的是无知与强烈的自我中心意识。

156.《红楼梦》第二回贾雨村和冷子兴的对话，谈及宝玉，雨村见解高超，实是宝玉知己也。当年读此段跳过也，奇怪作者的安排，今读《朱子全书》则知此段意思渊源有自，实非《红楼梦》作者自创也。自己读书寡陋与否，与自己的见解是否广泛实密切有关。又托名陈抟的《人相篇》亦有其类似之论述。《红楼梦》借贾雨村说明奸恶、邪正不妨看作是中国人的哲学基础：

> 天地生人，除大仁大恶两种，余者皆无大异。若大仁者，则应运而生，大恶者，则应劫而生。运生世治，劫生世危。尧、舜、禹、汤、文、武、周、召、孔、孟、董、韩、周、程、张、朱，皆应运而生者。蚩尤、共工、桀、纣、始皇、王莽、曹操、桓温、安禄山、秦桧等，皆应劫而生者。大仁者，修治天下；大恶者，挠乱天下。清明灵秀，天地之正气，仁者之所秉也；残忍乖僻，天地之邪气，恶者之所秉也。今当运隆祚永之朝，太平无为之世，清明灵秀之气所秉者，上至朝廷，下及草野，比比皆是。所余之秀气，漫无所归，遂为甘露，为和风，洽然溉及四海。彼残忍乖僻之邪气，不能荡溢于光天化日之中，遂凝结充塞于深沟大壑之内，偶因风荡，或被云催，略有摇动感发之意，一丝半缕误而泄出者，偶值灵秀之气适过，正不容邪，邪复妒正，两不相下，亦如风水雷电，地中既遇，既不能消，又不能让，必至搏击掀发后始尽。故其气亦必赋人，发泄一

> 尽始散。使男女偶秉此气而生者，在上则不能成仁人君子，下亦不能为大凶大恶。置之于万万人中，其聪俊灵秀之气，则在万万人之上；其乖僻邪谬不近人情之态，又在万万人之下。若生于公侯富贵之家，则为情痴情种；若生于诗书清贫之族，则为逸士高人，纵再偶生于薄祚寒门，断不能为走卒健仆，甘遭庸人驱制驾驭，必为奇优名倡。如前代之许由、陶潜、阮籍、嵇康、刘伶、王谢二族、顾虎头、陈后主、唐明皇、宋徽宗、刘庭芝、温飞卿、米南宫、石曼卿、柳耆卿、秦少游，近日之倪云林、唐伯虎、祝枝山，再如李龟年、黄幡绰、敬新磨、卓文君、红拂、薛涛、崔莺、朝云之流，此皆易地则同之人也。(《红楼梦》第二回)

后来发现朱熹也这样讲："臣窃谓天道流行，发育万物，而人物之生，莫不得其所以生者以为一身之主。但其所以为此身者，则又不能无所资乎阴阳五行之气。而气之为物，有偏有正，有通有塞，有清有浊，有纯有驳。以生之类而言之，则得其正且通者为人，得其偏且塞者为物。以人之类而言之，则得其清且纯者为圣为贤，得其浊且驳者为愚为不肖，其得夫气之偏且塞而为物者，固无以全其所得以生之全体矣，惟得其正且通而为人，则其所以生之全体无不皆备于我，而其方寸之间虚灵洞彻，万理粲然，有以应乎事物之变而不昧，是所谓明德者也。人之所以为人而异于禽兽者以此，而其所以可为尧舜而参天地、赞化育者，亦不外乎此也。然又以其所得之气有清浊纯驳之不齐也，是以极清且纯者，气与理一，而自无物欲之蔽，自其次者而下，则皆已不无气禀之拘矣。又以拘于气禀之心，接乎事物无穷之变，则其目之欲色、耳之欲声、口之欲味、鼻之欲臭、四肢之欲安逸，所以害乎其德者，又岂可胜言也哉！二者相因，反覆深固，是以此德之明日益昏昧，而此心之灵，其所知者不过情欲利害之私而已。是则虽曰有人之形，而实何以远于禽兽?"看《红楼梦》的所引，应该是对朱子并未有甚深的了解，曹雪芹应该是没有读过朱子的这些书。可见，对中国之学脉有深入了解之后，会发生共鸣，这也是暗合。

157. 中国文学批评实际上受相术影响很大，这与《周易》中的"近取诸身，远取诸物"的取象思维相关，但也与中国相术发达密切相关。

如《文心雕龙·风骨》:“辞之待骨,如体之树骸;情之含风,犹形之包气。”就将风骨与相学比附。《古今图书集成术数·神相全编一》:“大凡观人相貌,先观骨骼,次看五行。”又《论骨肉》:“相人之身,以骨为主,以肉为佐;以骨为形,以肉为客;以骨为君,以肉为臣。然君不能制臣,反为之逆理。”苏轼《东坡题跋》上卷《论书》:“书必有神、气、骨、肉、血,五者阙一,不为成书也。”

158. 力之师曾给我讲过做学问的步骤与方法,当时年轻,学养浅,而今似乎有那么一点懂了。(1)熟悉原点(研究问题的现状);(2)了解研究原点产生的背景;(3)了解原点的研究史,即每个时代的研究成果,一看别人的研究文章就知道是否有创新空间;(4)跳出原点考察原点;(5)搜集材料要涸泽而渔,一网打尽;(6)分析宋、元、明、清以来的学者的观点在现当代学者的引用里是否正确,也就是考察材料是否正确。

力之师常讲,做学问要弄清楚问题的原点。我的理解是弄清楚这个问题是怎么来的,发生了什么变化,这样就会发现问题的症结所在。力之师言,做学问除了要有纵向思维能力,也要有网状考察能力,这就是立体的研究思路。力之师所言以古还古,我的归纳就是明白古人所想,知道古人的思维,不能拿我们现在的眼光去任意评判,如此才有可能更好地理解何谓理解之同情。

159. 没有人能框定、限制住记忆。生命是不断适应和在变化的环境中不断适应的一种过程。记忆就是满足日常生活需要的一种功能,头脑中大量意象材料就成为我们头脑中的构念性(constructions)。英国的匪类德里克·巴特莱特的研究告诉我们单凭记忆去研究历史是不可靠的,故费孝通《再论文字下乡》言:“文化得靠记忆,不能靠本能,所以人在记忆力上不能不力求发展。”

160.《论语·为政》讲:“四十而不惑。”朱熹在《四书章句集注》里解释:“于事物之所当然,皆无所疑,则知之明而无所事守矣。”我仍是不太明白。偶然看美国曼弗雷德·库恩的《康德传》第四章一下子豁然贯通。康德认为四十岁是人具有独立正确判断能力的年龄。孔子讲四十不惑。人至四十思想成熟,具有善恶价值判断,开始明白自己后半生人生旅途的目的。传记作者引康德的话说:“在内心省察和待人处事时真诚以对，并且以此原则为最高的准则，是一个人意识到自己有品格的唯一证明。”四十岁是性格的真正养成期，《中庸》上讲：“唯天下至诚，为能经纶天下之大经，立天下之大本，知天地之化育。”古圣前贤之书有几人懂得，即以短短《中庸》不易懂，不易知也。

四十岁的康德：“一个人的性格何时养成？”

公元 1764 年 4 月 22 日，康德已年届四十。这是个重要的转折点，至少康德自己认为如此。根据他的心理学与人类学理论，40 岁是个关键的年龄。我们在 20 岁时，大致上可以运用理性，但是就“深思熟虑”而言（利用他人来完成自己的目的），则到了 40 岁才会成熟。

（1）更重要的是，康德认为一个人的品格（Charakter）是在 40 岁定型的。一个人在思想上意识到的某种品格，绝不是天生的，而是必须习得的。我们可以假定：品格的奠立像是某种再生，对自己的庄严承诺，这个蜕变的时刻像个新纪元一样，是一生难忘的。经由教育、模仿、开导而得到的坚定而持久的原则，并非渐渐形成的，而是对本能长久的摇摆感到厌烦以后突然引爆的。或许很少人 30 岁以前便尝试过这样的革命，而 40 岁以前便坚定不移的人，更是少之又少。想要一点点地塑造一个更美好的人格，是徒劳无功的尝试；因为当我们在追求一个印象时，另一个也就跟着消失；品格的确立却意味着人生历程里的内在原则绝对的统一性。（2）因此，品格不是天生的，也不是我们偶然碰到的。那是我们自己的创造。我们塑造或是接纳自己的品格，而拥有好的品格，便是道德成就的终极目标。只有当我们有了品格以后，我们才有道德价值。塑造在道德意义下的性格，是我们的责任。康德的道德心理学也就是品格心理学。的确，这样的品格是康德关注的焦点。在 40 岁发生的一切，都有深刻的道德意涵：在内心省察和待人处世时真诚以对，并且以此原则为最高的准则，是一个人意识到自己有品格的唯一证明。换言之，与品格的判断有最直接且深刻的关联的准则，就是真诚。康德在其人类学讲义中对这个主题有许多异本，他在其中主张说，一个人 40 岁以后才有可能形成对事物正确的认识，因为他已经历过人生不同的境遇。40 岁以前，几乎没有人对真正的价值有正确的判断。（3）他还强调，只有在我们的倾向仍然足以驱动我们对事物的兴趣，但不再强烈到成为激情的情况下，品格的完成才有可能。这一切比较有可能在 40 岁时发生。品格须有成熟的知性为前提。有趣的是，康德也认为40岁是记忆开始退化的年龄。因此，我们在年届40之前，必须把思想的素材准备齐全。40岁以后，“我们无法学习新事物，虽然我们依旧可以扩充知识”。(4)我们在40岁以后在知识上面的成就，因此端视于以前搜集的材料，以及在40岁左右形成的品格判断。换句话说，我们的成就是知识与品格共同的结果。

康德的解释和理解多好，虽然不知康德是否看过孔子的话，但可确定的是康德的理解最得孔子真义。汉儒治学有时误人不浅，读书要深思其义，并非泛泛而论也。江藩《经解入门》说：“治经贵通大义，每一经中，皆有大义数十百条；宜研究详明，会通贯串，方为有益。若仅随文训辞，一无心得，仍不得为通也。又考据自是安义，但关系义理者必应博考详辨，弗明弗指，若细碎事件，猝不能定，姑定旧说，不必徒耗目力。”看这类书，不如不看，中国古人这类书亦太多耳。

161. 治学要立其大。

162. 读孟子要读其气象、格局，故象山能得其从心上来，而开宗立派。

163. 中国人治学太急功近利，而背后又有一个私字，故一切病皆从此来。

164. 常听人讲，给大学生上课浪费时间，此言差矣。吾上课与我专业领域并非密切相关。如《大众传播学》之类，每年花费心血甚多，然改变自己思维，不同学科交叉就在此，新的学科生长点就在此产生。

165. 少年之文要有峥嵘、活泼、华丽之处；中年之文要有严密、谨严、峻拔之处；老年之文要有平和、冲淡之处。

166. 学者暗病就是一个私字。此病一起，门户之见必生，党同伐异之风必兴。

167. 章学诚“六经皆史”，把六经当作历史研究，这样开拓了一个新的学术研究路径。章学诚有了近代意义上的学术眼光。我认为一切材料都是思想，把材料当思想来解读，材料皆有用，不存在无用之材料。同时还需要辨别真伪，文学亦有真伪，所以没有单纯的文学研究。所有史料皆为思想——思想史研究。

168. 凡校勘古籍，凡例最为重要，此是治学之门径。今人《唐才子传笺》亦完备：“本书的笺证部分内容，大致包括：一，探索材料出处；

二，纠正史实错误；三，补考原书未备的重要事迹。”显然，按照这一要求，用之于《唐才子传》记述到的三百九十多人（又加《唐才子传》记述材料上的疏误），即无异于对唐五代诗人作全面的生平考证。

笺证的体例，大致为：凡有生卒年可考的，则尽可能加以考证，或作大致的推断；未有充分材料可以考知的，则不勉强为之。籍贯也是如此。作家先世世系，凡有材料可依据的，其高曾以下则约略叙述，高曾以上一般从略；不作详细的世系考证。凡正史有传的，或私家撰述的碑传墓志较为详悉的，则择要摘引，不全录原作，以免冗长。诗文集著录，一般限于两《唐书》的《经籍》《艺文》二志及宋代主要公私书目，不详作作者流传考和版本源流考。与今人意见不同的，只作正面论述，不加辨驳；而引用现有研究成果的，则一概在有关部分注明。年号加括号注公元纪年，籍贯及重要经行地注今地名。引文一般注明出处。为求省文，笺证的叙述文字采用浅近二端文言。

清人之书凡例最为完备，盖其思维严密也，下笔主脑一立，必有所中。

169. 如今之人，怀念民国学者的治学成就，各种评价很多，殊不知学者的自由流动亦是其主要原因之一，教授在各大学之间自由流动，使学风活跃，看民国人物传记、日记皆可发现此点。

170. 饮食男女，吃饭为最重一义。佛经说法不违人情，《楞严经》卷八：“云何助因？阿难，如是世界十二类生，不能自全，依四食住。所谓投食、触食、思食、识食，是故佛说一切众生皆依食住。”读顾颉刚《日记》，所记宴饮最多，毛泽东《湘江评论》创刊号宣言说：“世界什么问题最大？吃饭问题最大。”这都是看到问题的根本。

171. 文学研究应该含两个层面：一是古文献的整理，包括校勘、注释之美，这是文本的第一层研究。二是文学的阐释研究，以求发现规律。二者应该结合，而不是互相轻视。

172. 文学的阐释研究涉及背后的学术理路和方法论的运用，切不可为文学的研究变成方法论的说明，此种最为等而下之。

173. 导师就是识途之老马，让学生识得门径，少走弯路。

174. 文学之研究方法，虽说纷繁复杂，但不出归纳与演绎二端。

175. 历史研究不能仅满足于历史事实陈述，而应揭示出其历史大势所在，此即“通古今之变”也。

176. 文学研究不能仅满足于文学现象的描述，而应找出规律所在，揭示出文学背后的东西才是研究上得一层。

177. 只通古典不通今典则迂，只通今典不通古典则狂，二者皆不可取。

178. 有些学问我们做不来，这和家世背景有关，如文玩之学，倘无家世，目见耳闻不够，必有小家子气。如王世襄的学问就是玩出来的，在玩乐的过程中就成了专家，除了天分、刻苦外，还在于家庭背景，如果他是贫苦人家出身，估计做不成这么广的学问。

179. 梁启超为蒋百里《欧洲文艺复兴史》写序，居然写成《清代学术概论》，蒋书已不见传，而梁书一印再印。

180. 余英时的很多书都是别人求序而写成，如《重寻胡适之历程》《朱熹的历史世界》，其中《朱熹的历史世界》一书完成时他已经七十多岁，从普林斯顿大学退休，仍思想缜密，笔带感情，家国情怀时露笔端。

181. 黄进兴从余英时问学，余英时一讲再讲：“做学问说穿了就是敬业二字。”盖敬业则百事可成也。

182. 牟宗三的回忆录记其早年之经历，其对冯友兰、贺麟、沈有鼎、张君劢皆有恶评，牟宗三说：“他们不承认有德性义理的学问，他们也不知道人格价值是有层级的。他们也知道，但他们所知的，只是某人有多少考据知识，学问有多博，这和某人有钱，某人有权有位，是一样，都是外在的、量的、平面的。所以他们可以看不起圣人，可以诟诋程朱陆王。这种卑陋无知，庸俗浮薄，实在是一种堕落。”其当时留北大而不得，最恨者是胡适，骂其“谬种充塞，瞎却天下人眼目”。认为那些学人是“蝇营狗苟，妾妇之相”。盖当时正处于失业状态，困顿之际，而无一人相助，牟最为看重者是熊十力。实际上熊当时并非学术主流。后牟宗三成了儒学大师，多年后回顾，仍是余恨未消，让人觉得牟为人偏狭。实际上，站在牟宗三的角度来看，儒学亦要讲人情，牟早年饱尝人情冷暖，世态炎凉，这时还让牟讲宽心，皆迂腐不通人情之论耳。牟宗三极有个性，他自言：“吾自念我孑然一身，四无傍依，我脱落一切矜持；我独来独往，我决不为生存委屈自己之性情与好恶；我一无所有，一无所恃，我黯然而自足，但我亦意气奋发，我正视一切睚眦，我冲破一切睚眦；我毫不委屈自己，我毫不饶恕丑恶：以眼还眼，以牙还牙，恶声至，必反之，甚至嬉笑怒骂，鄙视一切。我需要骄傲，骄傲是人格的防线。我无饶恕丑恶之涵养与造诣。我在那阶段与处境，我若无照体独立之傲骨，我直不能生存于天地间。在那处境里，无尽的屈辱、投降，不能换得一日之生存。我孑然一身，我无屈辱之必要。我无任何事上的担负，我亦无屈辱以求伸之必要。”牟宗三如不是这种真性情，怎能做出学问，民国时学人党争之风气，颇似明末文人。

183. 历史研究无真相可言。

184. 吃得苦，方可言学问二字。苦并非仅指物质之苦，而指精神所受磨砺与孤寂也。

185. 做文献整理是熬出来的，查阅、细看、抄录、思考、回味，是一个漫长的过程，绝非一蹴而就，做这一行哪有年轻就做得好的，人生无经验，学问无路径，万万做不出来，此路的捷径就是下苦功夫耳。

186. 单纯的古代文学艺术成就的研究意义不大，不能说不研究，比如论述李白诗歌的艺术特色之类的讨论，意义有多大？这些对古代文学的研究拓展无有贡献。

187. 研究的重点应该综合，比如理学、制度、地理、宗教、哲学与文学的关系，厘清它们之间的内在理路，发掘出其思想意义，可能比单纯的文字艺术成就的研究要有意义得多。

188. 辞藻再华丽也掩盖不了内容的空洞，其内里缺乏思想。思想的意义才是第一位的。

189. 单纯的考据意义不大，即使还原了一个版本问题，出生年月问题，对学术的发展没有影响，这种研究不属于研究的范围，应该是前期工作。

190. 书看的遍数多了，文字的感觉才会出来，文气的感觉就会成为你的下意识，成为生命的一部分。经典读得越多，这种感觉就越明显，悟性也会出来，就会产生执着之心。这需要在早年时打下阅读的基础，过去的人学问为什么好，就在于童子功好，这正是我最为缺乏的地方。

191. 读书有滋味出来，就是一种人生境界，此是功夫第一层也。

192. 治学有为己为人之分。为己之学实难，吾年近不惑才略微晓得为己之学的门径。

193. 人先有禽兽之辨，才能知得义利之辨，之后才谈得上做人。天才的艺术家、哲学家、文学家不必多读书，读书反有害，维特根斯坦何曾读书，他读书就知道罗素全错了。

194. 苏文最难学，为其个性仿不得。欧文最善，其平易处最见精神。吾最不喜韩文，酸气太重，仅《祭十二郎文》可观，但仍感颇为啰唆。

195. 理学的核心是秩序，其目的在建立国家权威与思想秩序，并将这种秩序渗透到社会生活的方方面面。科举制在士阶层中扮演着重要的角色，科举的废除标志着经学的瓦解，也意味着理学的消亡。

196. 曾国藩非常重视史学中的典章制度，比如对《文献通考》中的田赋制度、器物演变等非常有研究，其学术的核心是理学，实质上是阳明之学。理学修身，朴学致用。孙奇逢的理学与戴震、汪中的经学不同。而曾国藩面临国家存亡问题，力图想调和汉学与理学之关系。

197. 儒学讲记诵辞章之学，本身不是成体系的，其思想散见于书信、序跋、谈话等文章的短篇残句之中，而现代的学科体系讲究逻辑和学术体系，故不可能有理学或者儒学的复兴。

198. 写文章重要的是如何组织材料，是用中国传统的方法还是西方的方法，视情况而定。比如用“视域”“视阈”等词，本身就已经表明你所用的方法论了。我写天下观与国家观的文章，其中天下观是一种哲学观，“天下”内含朝贡外交，天朝与所来朝贡之国是臣仆关系。而“国家”是指现代意义上的国家，其核心是民族观，重国家主权。

199. 文人气是学术之大忌，甚至是现实人生之大忌。

200. 文人气不但于事无补，解决不了现实问题，而且对个人修养之提升毫无帮助。

201. 读书治学，贵在通透。

202. 大环境转变，学术受其影响，无敌心处，此亦是格局之转也。

203. 很多论文不值得看，盖乏历史之感慨、寄托之遥深也。胡祇遹《紫山先生大全集》卷二六《语录》：“世人文章、政事、节行、事业所以不高者，不能尚友古人，只以同时人为法。”

204. 朱熹认为读书滋味在于反身之功，其《晦庵先生朱文公集》卷三六《答陈同甫》：“病中不能整理别头文字，闲取旧书讽咏之，亦觉有味，于反身之功亦颇有得力处，他亦不足言。”

205. 中国典籍自秦汉之后，代代重复，思想、文风都重复，自魏源、龚自珍、张之洞之后略不重复，盖大变局出现矣。

206. 小时学史，老师讲历史是在螺旋中上升、前进，然以吾观之，历史是在轮回中轮回，莫轻古人，我们遇到的所谓新问题其实都是古人遇到的老问题。

207. 胡适在傅斯年死后，于 1950 年 12 月 20 日的日记中悲痛地写道："这是中国最大的一个损失：孟真天才最高，能做学问，又能治事，能组织。他读书最能记忆，又最有判断能力，故他在中国古代文学与文化史上的研究成绩都有开山的功用。在治事方面，他第一次在广州中山大学，第二次在中央研究院史语所，第三次代我作北大校长，办理'复员'的工作，第四次做台大校长，两年中有很大的成绩。"胡适评价，仍是从立德、立言、立功三个层次评价。北大有两个好校长被人记住，一是蔡元培，二是傅斯年。校长变成政客是最可悲之事。

208. 莫用聪明掩其丑恶之处。

209. 年龄大学问一定大绝非正确，不学无术之人，此辈不少，假话绝多，便不知真诚为何物，真诚也是假话。

210. 学者治学要有人格。陆九渊说："不过切己自反，改过迁善。"（《象山全集》卷三四《语录上》）又说："义理之在人心，实天之所与而不可泯焉者也。彼其受蔽于物而至于悖理违义，盖亦弗思焉耳。诚能反而思之，则是非取舍盖有隐然而动，判然而明，决然而无疑者矣。"（《象山全集》卷三二《思则得之》）这是"易简功夫"的人格修养。论及人格，韦伯所讲的是全身心的献身工作的人格与中国路径就有所不同。

马克斯·韦伯《学术作为一种志业》专门解释人格：

在学问的领域里，唯有那纯粹向具体工作（Sache）献身的人，才有"人格"。不仅研究学问如此，就我们所知，伟大的艺术家，没有一个不是把全部心力放在工作上；工作就是他的一切。就艺术家的艺术而论，即使"人格"伟大如歌德者，要想把"生活"变成一件艺术品，都会对艺术造成伤害。如果有人怀疑这点，他必须是歌德，才能胆敢让自己拥有这种自由。至少，每个人都会同意，即使在像歌德这种千年一见的人身上，这种自由也必须付出代价。在政治方面，情形亦复如此，不过今天我们暂不讨论这个问题。在学术圈内，当一个人把他应该献身的志业，当作是一项表演事业，并以其经理人身份自居；当他出现在舞台上，竭力以“个人体验”来证明自己的价值；当他自问：我如何证明我不只是“专家”而已，我又如何在形式与内容上发前人未发之言的时候，我们绝对不能把他当作是一个有“人格”的人。今天，这种现象已经相当普遍。它始终给人一种卑劣的印象，并降低当事人的人格。反之，唯有那发自内心对学问的献身，才能把学者提升到他所献身的志业的高贵与尊严。在这一点上，艺术家也是一样的。

今人治学应该二者结合，不致偏枯。

211. 现实巨大而快速的改变要求我们的思考能跟得上，这样来说，思想与现实之间有着密切关系。每位学人就应保持知识的更新。

212. 现代社会的每个人，都是玻璃瓶子里的虫子，看得见外面的世界，但却出不去。

213. 研究清代文人的难度在于必须要看实录、起居注、谕旨、奏折、玉牒、私家撰述、诗文集、朝鲜使人撰述、传教士书简、日记，如果懂得满文档案更好，这些并不容易。

214. 构思文章，心中要有一个时代，还要有一个关系网络，要不停地找这个网络之间的关联，反复读、反复想，最后会因认识的跃升与问题视角的转变而豁然开朗，这才是构思。

215. 中国文化缺乏原罪意识，“匹夫有责”，责任是大家来负，而不是个人担当。这就造成了中国缺乏真正的社会批判的作品，而充斥道德说教的作品。

216. 德里达用“记忆”和“心灵”两个词概括了什么是诗。诗歌的意义是自生的，读者每次阅读都可领悟出新的意义。语言的不确定性使我们很难对诗有一个准确的描述。

217. 办一所好大学除了要有好的经济条件作基础和一流的学者之外，还应有宽容与自由的氛围，而这正是中国大学最为首要的事情。

218. 中国纯粹的读书人历来极少，一般人做学问的目的就是当官，李白、杜甫也莫不如此，从读书人集子中看到的是不能当官之后的埋怨和所谓的恬淡，这也是中国的一大传统。萧公权《问学谏往录》第 45 页说：“我相信，一般拼命做官的人不但不为国家解决问题，甚至为国家制造问题。说得不客气一点，他们都是‘亡国大夫’的胚子。孔子曾说，

‘孝友于兄弟’，‘是亦为政’。他称许颜回，箪食瓢饮，不改其乐。他严斥‘子张学干禄’，准许其他门人‘鸣鼓而攻之’。我对于‘仕’的认识，似乎尚不违背圣人之教。”萧公权一生践行了这一原则，所以他虽留过学，但骨子里仍是得孔孟精髓。中国发展到现代，虽有各种新技术、新思潮的引进，却没形成西方为知识而知识、为学术而学术的传统。

219. 幼年所习之书，不一定懂得其中道理。谭献《复堂日记》：“阅《文心雕龙》，童年习熟，四十后始识其本末，可谓独照之匠，自成一家。章实斋推究六艺之原，未始不由此而悟。”经典的重要性在于，浅者得其浅，深者得其深，能指意义单一，但所指意义最为无穷。年岁渐长，阅世有方，而读书之味益深也。

220. 《读通鉴论》精华全在最后叙论，如其论史之弊，曾言史之功用：“盖尝论之：史之为书，见诸行事之征也。则必推之而可行，战而克，守而固，行法而民以为便，进谏而君听以从，无取于似仁似义之浮谈，只以致悔吝而无成者也。则智有所尚，谋有所详，人情有所必近，时势有所必因，以成与得为期，而败与失为戒，所固然矣。”治文学者亦当参看，治文学者评论常常浅陋，即是不通历史之故。

221. 学术研究的实处就是社会与人的关系。

222. 很多人学外语不好，不是外语的原因，而是汉语没学好，看现在的翻译作品就知道，晦涩难懂，没国学的底子真的做不好翻译。

223. 梁启超《中国近三百年来学术史》言：“千年以来研治史家义法能心知其意者，唐刘子玄、宋郑渔仲与清章实斋三人而已。”刘知几、郑樵、章学诚实际上是做史学理论的，中国史学是做材料的，无此三人，则真不知中国有历史哲学焉。

224. 读好书时会有两种感觉产生：一种是这本书说的就是我心里面想的。另一种则是，我怎么没想到。

225. 现在做的资料整理工作很多，有全编、补编，补编就是辑佚。梁启超说：“若寻常一俚书或一伪书，搜辑虽备，亦无益费精神也。总而论之，清儒所做辑佚事业甚勤苦，其成绩可供后此专家研究资料者亦不少，然毕竟一钞书匠之能事耳。”梁的观点是对清人章学诚的阐发，章学诚在《文史通义·博约》中评价王应麟的学问时说：“王伯厚氏搜罗摘抉，穷幽极微，其于经、传、子、史，名物制数，贯串旁骛，实能讨先儒所未备。其所纂辑诸书，至今学者资衣被焉，岂可以待问之学而忽之哉？……然王氏诸书，谓之纂辑可也；谓之著述则不可也；谓之学者求知之功力可也，谓之成家之学术，则未可也。”章学诚已经有了现代的学术概念，其思想实珍贵，今人连纂辑也没有。

226. 陈寅恪观察力特强，然其诗中极少见乐观之情，学杜之形而未得其髓，其诗悲苦之态太多，故观其晚年之命运亦使人悲伤不已。其对学问体察之深，可对我们有启发：“总揽史乘，凡士大夫阶级之转移升降，往往于道德标准及社会风习之变迁有关。当其新旧递嬗之间际，常呈一纷纭综错之情态，即新道德标准与旧道德标准，新社会风习与旧社会风习并存杂用。各是其是，而互非其非也。斯诚亦事实之无可如何者。虽然，值此道德标准社会风习纷乱变易之时，此转移升降之士大夫阶级之人，有贤不肖拙巧之别，而其贤者拙者，常感受苦痛，终于消灭而后已。其不肖者巧者，则多享受欢乐，往往富贵荣显，身泰名遂。其何故也？由于善利用或不善利用此两种以上不同之标准及习俗，以应付此环境而已。譬如市肆之中，新旧不同之度量衡并存杂用，则其巧诈不肖之徒，以长大重之度量衡购入，而以短小轻之度量衡售出。其贤而拙者之所为适与之相反。于是两者之得失成败，即决定于是矣。”（见《元白诗笺证稿》第四章）

227. 做学问认识到自己不足之后，在看书写作过程中，就会发现自己的路径。王鸣盛说：“大凡人学问精实者必谦退，虚伪者必骄矜。生古人后，但当为古人考误订疑，若凿空翻案，动思掩盖古人，自以为功，其情最为可恶。”（《十七史商榷》卷一〇〇《〈通鉴〉与十七史不可偏废》）亦是学风之向也，以言语讥人，是治学者之大弊。

228. 钱大昕《十驾斋养新录·自序》录张子厚诗：“芭蕉心尽展新枝，新卷新心暗已随。愿学新心养新德，旋随新叶起新知。”诗虽朴，但清人治学精神可显。

229. 有问题才会思考，思考不得，辗转反侧寤寐思服的过程，就是寻求突破的过程。

230. 许倬云总结他的治学方法时说：“我的研究方法，总是在一个固定的时点上切一横断面，在下一个时点上再切一个横断面，然后比较这两个横断面的相异之处，再在其中寻求变动的主因及变化的现象。因此我这工作最重要的是选时点，而选时点则往往取决于个人的主观意识，甚至带有冒险性的意味，有时也可能因为原选的横切面不恰当而导致观察错误。因此，历史研究的主观性使历史学无法成为精密的科学。”（《中国古代文化的特质》，北京大学出版社2013年版，第56—57页）人文学科要求研究者有人生的体验，阅历会帮助你选题，许倬云实际上告诉我们研究的思路与方法，葛兆光、余英时、罗志田都极擅长选研究题目，选出一个好的研究题目往往胜利了一半。没选出好的题目，说明思路不清晰。

231. 我训练我的研究生入门，是从学写摘要开始，我从教这几年，还没见过哪个本科生会写摘要，这么小的一个细节，学生不会，主要是老师不注意的缘故。本科生可塑性强，稍加训练，很多学生就会入门。

232. 很多学人只适合议政，不适合从政，一从政则连学问都丢掉了，甚是可惜。

233. 和别人要学会交往，掌握孔子的“推己及人”就不会惹人讨厌。

234. 许倬云讨论历史时说：“历史是什么？历史是我们对于过去的知识。是我们取舍整理对我们有意义的事件，以我们自己的知识加以贯串，用我们能够理解的逻辑，组织为一个对于过去的解释。因此，历史的解释不能避免记述者自己视角的影响。我们遂不得不承认，历史的‘真’只是由某一角度观察的‘真’，然而这个‘真’，仍是在全体的‘真’之中，反映了全体的一个片面。”（《中国古代文化的特质》第115页《论雅斯贝斯枢轴时代的背景》）历史的真不可能完全实现，但我们可根据现实的材料去归纳、推理、分析，这样自然有一定的事实依据，不同的人依据相同的史料可能得出不同的结论。这样看来，我们在文学领域的诗歌欣赏的所谓求真活动更难实现，自以为结论凿凿，但更多的是阐释者的自以为是的活动。

235. 治学要有根柢，学有渊源，故要有学术史、思想史之背景，《四库全书总目·经部总序》：“国初诸家，其学征实不诬，及其弊也琐。要其归宿，则不过汉学、宋学两家互为胜负。夫汉学具有根柢，讲学者以浅陋轻之，不足服汉儒也。宋学具有精微，读书者以空疏薄之，亦不足服宋儒也。消融门户之见而各取所长，则私心祛而公理出，公理出而经义明矣。”

236. 魏源早年学的是陆王心学，喜读史部，入京师，闻见益广，对本朝掌故极为熟悉，清人著述大体在这个层面。在扬州与朴学家交往，而对汉学有所了解，从此对音韵、训诂开始究心，得出从小学治学的结论，而对乾嘉诸儒的治学弊端深有体会，盖以其为无用之学矣。“自乾隆中叶后，海内士大夫兴汉学，而大江南北尤盛。苏州惠氏、江氏，常州臧氏、孙氏，嘉定钱氏，金坛段氏，高邮王氏，徽州戴氏、程氏，争治诂训音声，瓜剖釽析，视国初昆山、常熟二顾及四明黄南雷、万季野、全榭山诸公，即皆摈为史学非经学，或谓宋学非汉学，锢天下聪明智慧，使尽出于无用之一途。”（《武进李申耆先生传》，《古微堂外集》卷四）魏源于此已懂得现代学术之意义，因而对清人之学术弊端体察更深。清人治学不盲从，而有独立之意识，确实我辈不及。其忧患意识之深，观当今治学之士，有几人能及？

237. 对程朱理学、陆王心学，则目为俗学，认为以此治天下无用，“工骚墨之士，以农桑为俗务，而不知俗学之病人更甚于俗吏；托玄虚之理，以政事为粗才，而不知腐儒之无用，亦同于异端。彼钱谷簿书，不可言学问矣，浮藻饾饤，可为圣学乎？释、老不可治天下国家矣，心性迂谈可治天下乎？”（魏源《古微堂内集》卷二《默觚下·治篇一》）面对内忧外患日深之局面，魏源已有了明确的经世致用的想法，清代初中期的经世致用与魏源的经世致用已大不相同，学术风向之转变可知矣。

238. 豪杰而不圣贤者有之，未有圣贤而不豪杰者也。魏源《古微堂内集》卷三《默觚下治篇一》言及。读《王阳明全集》卷三三《年谱一》十一岁条，王阳明对人生出处之义已有体会，“尝问塾师曰：‘何为第一等事？’塾师曰：‘惟读书登第耳。’先生疑曰：‘登第恐未为第一等事，或读书学圣贤耳。’龙山公闻之笑曰：‘汝欲做圣贤耶！’”阳明塾师仍是俗儒与俗学层次，阳明父王华觉得其子幼小懂得人生理想，实未可轻之矣。故阳明之学，自幼年即为发端，天生之性加后天磨砺才有大成就。

239. 清人著述学术严谨，与明人风气确实不同。其一，讲求“无征不信”，钱大昕《廿二史考异序》：“予弱冠时，好读乙部书，通籍以后，尤专斯业，自《史》讫《金》《元》，作者廿有二家，反覆校勘，虽寒暑疾疢，未尝少辍。偶有所得，写于别纸。丁亥岁，乞假归里，稍编次之。

岁有增益，卷帙滋多。戊戌，设教钟山，讲肄之暇，复加讨论。间与前人暗合者，削而去之；或得于同学启示，亦必标其姓名。郭象、何法盛之事盖深耻之也。”《廿二史考异》是作者终身之著作，写作时间从青年开始，到晚年仍在修订。顾炎武《日知录》最讨厌那些“凭臆之讥”“术梳之诮”的学者。其二，要有创新，故其得之甚为不易，而抄袭剽窃之事是作者深以为耻之事，谓人治学经验与学风各更有体会矣，清人之学风与今人之风明显不同，今言之，颇类天宝宫女说玄宗事也。

240. 清人普遍认为读经易于读史，史最为难读。钱大昕《廿二史考异序》：“夫史之难读久矣。司马温公撰《资治通鉴》成，惟王胜之借一读，他人读未尽十纸，已欠伸思睡矣。况廿二家之书，文字烦多，义例纷纠。舆地则今昔异名，侨置殊所；职官则沿革迭代，冗要逐时。欲其条理贯串，了如指掌，良非易事。”历史牵涉人名、地名，而且事件多，能读出个头绪自是难事，钱大昕举读《资治通鉴》之例，就说明史籍就是古人也难通读一遍，今人言某人读《通鉴》几遍，似乎颇为了不起，但是一聊仍是俗物，盖未曾真读。汪辉祖是清末最著名之刀笔吏，受乾嘉学风影响，著有《元史本证》，其《序》言：“读经易，读史难。读史而谈褒贬易，读史而证同异难。证同异于汉、魏之史易，证同异于后代之史难。昔温公《资治通鉴》成，惟王胜之假读一过，他人阅两三纸辄欠伸思卧，况宋、元之史文字繁多，虽颁在学宫，大率束之高阁。文多则检阅难周，又鲜同志相与商榷者，则钻研无自。即有撰述世复不好，甚或笑其徒费日力。史学之不讲，久矣！”汪辉祖所言与比其早的钱大昕所言一样，史籍浩繁难读，我们遇见的今人不能读《通鉴》，古人也完全遇到过，更何况冷僻的《宋史》《元史》，读的人更寥寥无几，虽然史学要“究天人之际，通古今之变”，但能达到者鲜矣。

241. 在北京参加元代文学高端论坛时，听某学者讲，积累多年的优势学科、优势专业，往往会随某个领导人物的退休或逝去而消亡，且优势学科受校政当局意图的影响很大，此中观点甚对。不过可注意的是，优势学科应注意培养后辈，不能以皆类于我、皆不如我的心态培养学生，如此则自然一代不如一代。

242. 《浙江大学中文系系史教师卷》第 3 页有吴秀明《我心中的浙大中文系》：“我认为中文系的传统‘三古’即古代文学、古代汉语、古典文献，在这方面则表现尤为突出。它们高度重视文献史料，强调建立言必有据、真实可信史实基础上的实证研究，使之哪怕在20世纪五六十年代比较闭锁的时代条件下也能较好地超越政治意识形态的樊篱，拿出了一批经得起时间检验的传世之作。”一流高校并不仅仅胜在物质条件，其学者的气度、胸襟也值得关注。中原号称文化重镇，实则文化、气度、胸襟不足，自然发展不起来。吴秀明言每代学者都有一个宿命式的拐点，我想并不是这么简单，1949年对每个民国学者影响深远，自不待言。1966—1976年这十年对现在仍然在学术上活跃的60岁左右一代的学者影响更大，还会持续下去。对目前40岁左右的学者的影响在哪？哪个事件影响大？我想，很难有一个具体的统一的事件来说明，我记得我在2000年考入广西师大读研究生时，尚不知网络为何物，到后来，我发现网络对于我们每个人的影响至关重要，视野的打开，资料的便捷，影响了我们每个人。

243. 木心这段时间似乎很火，被小资刊物《新周刊》《南方周末》大肆宣扬，一时间谈木心似乎和20世纪80年代末90年代初谈钱锺书一样流行，其实读过木心的人几乎没有。木心最大的幸运是遇上了陈丹青，而且陈又是那么用心，能把老师的课一字不落地记下来，这也是可遇不可求的事。不过看过几句木心的文，发现吹捧他的都是没读过中国古典而又在中国靠传统混饭吃的人。

244.《王恽全集汇校》全书十册，得钟彦飞、宋福利、徐胜利之助，完成很顺利，尤记最后校稿时，已近春节，每天坐于窗台之下，校稿不停，眼亦为之近视度数加深。此书实是纪念祖父及卫辉之典型而作，卫辉一地过去虽号称乡榜，现在看无一个读书人，混混吃白饭之人不少，新时期之后，老成凋谢，仍见很多自以为是文人的人大吹特吹，毫无廉耻之心，不读书而能行骗到今人，真真是现形记矣。偶读谢京师老教授一篇回忆录，言自己惨遭折磨，九死一生，作者据自身经历回忆：“中国近代以来经济落后的根本原因是政治体制弊端太多，其中最大的毛病就是不能实事求是。人的精力不是用于提高科技水平，发展生产力，而是‘整人’，谁说实话谁挨整。几千年来历次政治风雨中，飞黄腾达者基本上是‘两面派’式奴才与庸才，被摧垮的一批又一批都是敢说实话的精英！”（《开封文史资料》，2004年，第82页）虽章学诚说此是纂辑之学，倘无此种功夫，哪里能治学？故此中方能出真功夫也。故从学术传承上来讲，吾尚是真继承清人之学术传统，斯文一脉，不绝如缕则可信矣。吾所在之地最乏学术传统，而今能将王恽整理出来，亦算是王恽异代知音矣。

245. 败家之子往往称为父前世做下违背因果之事，此虽表面是佛教三世因果之说，实际上与《易经》之“积善之家，必有余庆；积不善之家，必有余殃”一脉相承。偶读孙云年《江南感旧录》（江苏古籍出版社2000年版）有《第一败子张意秋》（第88页）：“不几年间将家业一败而光，其死时自挽一联：‘世事日非，耳闻目见皆可恶；灵机已息，草亡木悴复可言。’”亦是性情中人。

张意秋是民国初到30年代无锡著名的败家子，被他在吃、喝、嫖、赌中败去的家产，为数之巨，令人瞠目。当年全城传说，纷纷引以为戒。“笔者看到他的时候，已是潦倒不堪，栖身于东大街万安栈的一个小房间里，靠张氏义庄每年发三百六十元过活。张意秋的祖父张旭亭有家产万贯，早年与学前街嵇道坤为了争夺小尖上泰孚堆栈基地涉讼。嵇长于刀笔，而张旭亭却以金钱铺路，贿通县府，指控嵇是地方恶讼，借端霸产。嵇被判充军，造成冤案。起解之日，张还当面辱之。嵇含冤难伸，答以‘有朝一日回乡，誓报此仇’。张乃贿通解差，于途中将嵇折磨而死。后来张旭亭的儿子张衡泉成婚一年多，其妻怀孕，临产时张旭亭在厅上假寝，忽见一人自外昂然而来，竟是嵇道坤。一惊醒来，却是一梦。而里面报出少奶奶生了一位孙少爷，张闻言呆若木鸡，心中狐疑，他素来迷信，认为这是嵇道坤转世投胎报怨，必定败我全家，但不敢明言。张意秋渐渐长大，童年也入私塾读书。后张旭亭年老病故，临终时叮嘱张衡泉对这个独养儿孙严加管教。少年时的张意秋已渐渐暴露出他的个性：阔绰、马虎、慷慨、糊涂、任性、适意十二个字，其父已无法管教。”孙不知看过《聊斋志异》之记载否？盛伟编《蒲松龄全集》第一册《聊斋志异》（学林出版社1998年版，第365页），有《折楼人》一篇，叙述与张意秋一事相同。“何冏卿，平阴人。初令秦中，一卖油者有薄罪，其言戆，何怒，杖杀之。后仕至铨司，家资富饶。建一楼，上梁日，亲宾称觞为贺。忽见卖油者入，阴自骇疑。俄报妾生子。愀然曰：‘楼工未成，折楼人已至矣！’人谓其戏，而不知其实有所见也。后子既长，最顽，荡其家。佣为人役，每得钱数文，辄买香油食之。异史氏曰：‘常见富贵家，楼第连亘，死后，再过已墟。此必有折楼人降生其家可知也。身居人上，乌可不早自惕哉！’”故古人认为教育虽是一方面，但天性很难改变，因果报应，丝毫不爽。不过大千世界，芸芸众生，事多有不可解之处，故因果之理亦不容忽之。《阅微草堂笔记》记载此类事甚多，不过与蒲松龄不同，纪时时不忘自己是考据家，故其记述多是考证，其严密性蒲不及，但生动性则不足。

246. 行走社会，真未见有知识分子，虽见教授甚多，但教授不一定是知识分子，有担当，能有思想家的胸怀的知识分子，吾未见一个。退而求其次，品格甚好之知识分子，亦属珍贵之出土文物矣。

247. 邓晓芒2013年11月8日在《开放时代》上发表《评刘小枫的学理》，别的批评倒无所谓，有一点很好，说刘的学理确实存在问题，单凭情绪、文人气质做学问，有一种先天的缺陷，不深究学理，凭一种灵感、感悟和既定的倾向来随意下判断，这是做学问的大忌。有感悟可以当作家或艺术家，但做学问家不一定适合，印象式、随感式的批评在学界甚多，不一而足。

248. 在中国做教授，如果没有项目，日子会很难过。如果默默自己坚守，按照自己的兴趣去做，当然可以，但这样的代价就是放弃荣誉等虚名，很多精品都是这样产生的，故切不可一概而论。带着平和心态看这些最好。从时间这个角度说，古典文献我认为是最好的学科，完全具有时间的永恒性，我自己做的很多研究自认为能经受住时代的检验，虽然苦，但回报却大。很多人坐不下来，不愿意下功夫，学问做得一塌糊涂，当官当得更是骂声一片，何苦呢？

249. 求学得到文凭只是人生中的一个过程。真正做学术研究还是在工作中，面对各种干扰，自己有没有心力、定力去做研究，而且选定题目之后，有没有心力坚持下来确实是要有真正的能力。做到这样的境界之后，你会发现自己的水平长进很快，我做《袁桷集校注》时还没这种感觉，到做《王恽全集汇校》之后，已有这种滋味出来了，做学问要找到这种感觉，就会发现再枯燥的材料也是有生命力的。有了研究兴趣，也就有了做学问的快乐，能做研究是多么快乐的一件事。

250. 要能从中国传统文化中找到自己的存在感，自己的家园。教育家要有社会关怀，还要有不受外界干扰的定力，这样才会做到独立思考。新的社会能否取得和谐健康发展，还必须有大艺术家、大思想家、大史学家们的贡献，否则，单凭高科技，人和动物有什么区别，这些很多人则体会不到。

251. 经师易得，人师难求，过去我不理解，现在看来，能遇见好经师就是人生幸事，何况人师，遇到好老师亦是千百世修得的缘分。

252. “带着问题学习毛泽东的著作，这种方法是有的放矢……带着问题学，既能解决实际问题，又能提高理论水平。”（《视察部队时的指示》，1960 年 10 月）做学问，我自己的体会是必须带着问题去研究，看来这句话最有所本的居然是林彪概括出来的。又如：“现在不是学不学的问题，而是真正学到没学到的问题，真正会用不会用的问题。要真正学到，会用，就必须结合实际。结合实际，才学得懂，记得住，用得上；不结合实际，就学不懂，记不住，用不上。”（《把活学活用毛主席著作群众运动推向新阶段》，《解放军报》1966 年 10 月 10 日）

林的这番话，就是教育的方法论问题和目的问题，教育学生的目的不就是让学生学会用吗？而会用自然要结合实际，这些话，确实可以传之久远。其他类似的还有：“一是掌握精神实质；一是掌握方法，就是唯物辩证法。要勤学多练。多练习，就是反复地学，学深学透，多实际运用，不要学一下就过去。”（《答〈解放军报〉社问》，1960 年 9 月）。平心而论，林彪的言论还是很有力度、概括性与理解性的。

253. 现今找工作应聘都要求是名校博士，或是海归博士。这种要求固然不错，但太僵化则必然错失人才。1949 年前的钱穆、陈寅恪皆无学历。1949 年后任教的郭绍虞连高中文凭亦无，童书业亦是如此。笔名扬之水的赵丽雅，文笔书法皆佳妙，但她亦是初中文凭，还开过车，卖过菜。吾师力之先生就是初中毕业考上研究生。佟培基先生则是当过多年士兵，后在河南大学开车多年，但亦以书法和唐诗研究名世，与名校教授并无多让。以我而论，我读书都非名校，但自认学术并不逊色，何故自我轻视！大抵战乱或初创之时，人才缺乏，故用人常不拘一格，在升平之时，用人则因循守旧，论资排辈，人才流转难，此是一大难题也。故龚自珍之叹，自是代代有之，文人亦是看自身遇与不遇也。

254. 吴中杰《海上学人》第 121 页记述：“《陈寅恪的最后 20 年》

一书中记述中山大学在1958年曾创造过一天贴出20万张大字报的纪录，其实，比起复旦大学来，这只能算是小巫见大巫。因为复旦在当时的双反运动中创造了一天贴出40万张大字报的纪录，比中山大学足足多出一倍。复旦党委指令，全校师生每人在当天必须写满100张大字报，于是大字报一裁两，两裁四，一直裁到16开杂志般大小，每张纸写上几句话就贴，直贴得有同学端着糨糊盆就睡着了。而党委书记杨西光却在反右运动和双反运动之后，升任市委教育卫生部部长——后来又升为主管文教的市委候补书记。”吴中杰微言大义，皮里春秋。

255. 古代诗文研究一定要有感悟力。“方天机之俊利，夫何纷而不理。”（陆机《文赋》）“文章之体，标举兴会，引发性灵。”（颜之推《颜氏家训·文章》）“随兴会所之为之。”（方东树《昭昧詹言》卷一三）。严羽《沧浪诗话》：“大抵禅道惟在妙悟，诗道亦在妙悟。且孟襄阳学力下韩退之远甚，而其诗独出退之之上者，一味妙悟而已。惟悟乃为当行，乃为本色。”悟的基础是感悟力。曾季狸《艇斋诗话》：“后山论诗说换骨，东湖论诗说中的，东莱论诗说活法，子苍论诗说饱参，入处虽不同，然其实皆一关捩，要知非悟入不可。”吕本中《童蒙训》：“作文必要悟入处，悟入必自功夫中来，非侥幸可得也。如老苏之于文，鲁直之于诗，盖尽此理也。”

256. 古典戏剧、小说亦要读者之体验，而此种体验亦须有感悟力。人物形象、内心之活力、命运之变化，都由读者将之与自己生活相联系，故经典浅者得其浅，深者得其深。金圣叹《第五才子书施耐庵水浒传·序》：“心之所至手亦至焉者，文章之圣境也；心之所不至手亦至焉者，文章之神境也；心之所不至手亦不至者，文章之化境也。夫文章至于心手皆不至，则是其纸上无字、无句、无局、无思者也。”

257. 陈寅恪《冯友兰中国哲学史上册审查报告》：“吾人今日可依据之材料，仅为当时所遗存最小之一部，欲借此残余断片，以窥测其全部结构，必须具备艺术家欣赏古代绘画、雕刻之眼光及精神，然后古人立说之用意与对象始可真了解。所谓真了解者，必神游冥想，与立说之古人，处于同一境界，而对于其持论所以不得不如是之苦心孤诣，表一种之同情，始能批评其学说之是非得失，而无隔阂肤廓之论。”研究文字亦须有历史还原之能力。

258. “在西方，校勘学也是从《圣经》等古代典籍的研究中派生出来的，其所侧重者，同样是文本的搜集和校订，文本的作者、作年、真伪、改窜和增删等问题的解决。正是在这种以还原文本本来面目和真正含义为旨归的活动中，理解和解释的重要性与复杂性日益凸显，并占据了思想界的显要位置，而‘为确定解释的普遍有效性提供一个历史确定性可以依据的理论基础，以避免浪漫任意的冲动和怀疑的主观性’（伽达默尔《解释学的形成》）无疑是其基本初衷。注释学（exegesis）与文献学（philology）等经典诠释手段因此被纳入一种关于理解的一般性学科之中。这种作为人文科学方法论的经典解释学迄今仍然不乏信从者，其根本旨趣在于消除误解，准确把握蕴涵于文本之中的作者原意。但在另一方面，一种被称为‘解释学循环’的现象首先被德国哲学家施莱尔马赫所揭橥，复经狄尔泰、海德格尔、伽达默尔等哲学家的不断阐发，成为具有普适意义的解释学理论的核心命题之一。它由一系列不断扩展的循环关系，如字词与语句之间、文本与文类之间、文本与作者之间等所构成，揭示出文本局部与整体之间、有限的个体存在与其历史认识之间、理解与经验之间互相依赖且互为因果的关系及其理论困境。不过有趣的是，这个循环并没有被理解成一个封闭的圆圈，而是一种开放的对话关系。因为人文科学的独特之处在于，其研究对象不是无意识的物质客体，而是历史的、具体的、有意识的个人及其全部活动：言语、体征和行为——狄尔泰称之为‘表达式’（expressions）。而理解作为人类存在的本体特征，就是把握包含在各种表达式中的精神内涵的活动。而在理解的对话关系中，不同的意向、兴趣、视点和经验都具有独立的价值和意义，它们彼此互补，历史地展开，构成了神入（empathy）地理解的前提条件，以及理解的无限可能和历史延续。”以上这段话见于沈立岩、陈洪《诸子研究的理念与方法》（《文学评论》2012 年第 1 期）。但无意中揭示了治学之路径耳。

259. 知识分子整人是中国文化之传统之遗存，亦是毒瘤之一，经“文化大革命”而放大。其比市井打架厉害多了，棍棒那是伤到肉，知识分子整人是伤到骨里去了。此种遗风现在二三流高校仍然多见，不过表现形式不同而已。面对此种境遇，一是夹着尾巴做人，忍气吞声；二是自己休养生息，认真地做学问，以有实力的成果回应，在中国，此种氛围之恶劣，至今未消除也。

260. 汤用彤曾留学哈佛，受过严格的西方学术训练，但是其文章最为平易，丝毫不见大用洋词，与现在学人正好是两极。如其《魏晋玄学论稿》云中国士大夫："中国社会以士大夫为骨干。士大夫以用世为主要出路。下焉者欲以势力富贵，骄其乡里。上焉者怀璧待价，存愿救世。然得志者入青云，失意者死穷巷。况且庸庸者显赫，高才者沉沦，遇合之难，志士所悲。汉末以来，奇才云兴，而政途坎坷，名士少有全者。得行其道，未必善终。老于沟壑，反为福果。"（上海古籍出版社 2001 年版，第 91 页）评价颇有见地，功夫深处，用语最为平易。又阅其子汤一介导读，知此时抗战军兴，文士播迁，而其子汤一雄、女儿汤一平相继病逝，此种打击，汤用彤感同身受，殊为不易，故下笔至为沉痛。我认为根本不存在真正客观的人文科学研究，所有的人文科学研究都是以过往之史料来抒写内心之郁闷也，故此才能寄托情怀。

261. 明李濂《汴京遗迹志》吾最喜翻阅。乡邦文献，掌故源流皆应熟知，如果有时间循其记载，查考事实，也是一件乐事。中国古人也有这种治学传统，从《水经注》到《天下郡国利病书》莫不如此。李濂《凡例》言："旧迹湮废已久，徒以空名志之者何？曰：'志之者，永其迹也。'及今弗录，将并其名而亡之矣。后有好古君子，其何以考见邪？此某所以汲汲焉为之也。"又言："故都名臣、宦业、人才、物产、风谣、俗尚，不录者何？曰：'吾志其遗迹而已矣，它何知焉。'虽然，一代兴衰治乱之故，亦略寓于其中矣。"吾所进行之工作，与李濂类似。

262. 熊十力《佛家名相通释》的《撰述大意》所写比我见到的很多大部头佛学著作都好，盖很多著作，太过空泛，主要是作者没有自己之体验。其说："根底无易其固，而裁断必出于己。"此句甚是精湛，熊一生都践行这一原则，其总结治佛学应是分析与综合、踏实与凌空的原则，具有很强的方法论意义，又如其总结读书之法："凡读书，不可求快，而读佛家书，尤须沉潜往复，从容含玩，否则必难悟入。吾常言，学人所以少深造者，即由读书喜为涉猎，不务精探之故。"此言真是过来人语，读儒家经典也是如此，即如《论语》就值得反复玩味，特别是《易经》《道德经》更是值得反复翻检，每读一遍即有一遍之长进。读史部之书不妨快些，因为中国史部书大多是记述故事，至于说部书，多涉猎反倒不美，因古人说部书记述大多雷同。昔我读《金刚经》时即有此感，而今年岁老大，事务日繁，书都是草草翻过，自然无所长进，学问之得，尚赖精读精思。又言：“每读一次，于所未详，必谨缺疑，而无放失。缺疑者，其疑问常在心头，故乃触处求解。若所不知，即便放失，则终其身为盲人矣。”熊十力生到现在仍是怪人，现在人文学科发展迅速，熊十力亦未必了解，学科发展之迅猛，流行之快速，又求宏观，故高头讲章之作甚多，而不务实之语比比皆是，此乃学界通病。

263. 历史被遮蔽的真相太多。

264. 读刘鹤守档案，始觉知识分子中所谓伪精英、人心险恶之人居多。古人言读书扩其心胸不假，但那是读的四书五经、李白、杜甫杰作。现在的知识分子读的是什么？读的是毒素，所以充斥了大量的有毒知识点子，其心之险恶，人品之卑劣比之“文化大革命”时期更甚。《呻吟语》说：“治世用端人正士，衰世用庸夫俗子，乱世用憸夫佞人。憸夫佞人盛，而英雄豪杰之士不伸。”这正是某时某地写照也。

265. 张之洞《书目答问·輶轩语一》：“宋儒以后，理学家书，推明性理，洵发前代未发。理无尽藏，师无定法，涯涘难穷。其高深微眇，下学未能猝解。朱子《近思录》一书，言约而达，理深而切，有益身心，高下咸宜。所宜人置一编。”又言：“讲宋学者，必先将《二程遗书》《朱子语类》《明儒学案》三书读过，字字寓目，方可几望入门耳。”（中华书局2012年版，第261页）以我专治古典学术，这些书尚未曾认真研读，听说此书是在读研究生时。有力研读，是在年近不惑时，还是偶然读到孙奇逢集之后，才下功夫。可见即是清末之常见之理学书变成现在专业研究之书，真是圣学一门成绝响矣。近世以来，人心大坏，皆是习得西学皮毛，中学根抵俱废。五四第一代学者，尚有理学之功底，故以西学方法，尚能治出新著作，自此以后，一代不如一代。最可悲者，讲儒学者不信儒学，伪君子充斥，早成逐利之工具，儒门最讲日用，落实不到日用，有何价值可言？陈平原《中国大学十讲》评论无锡国专的创办者唐文治时言：“作为理学家的唐文治，虽然著述甚多，且曾声名显赫，其实缺乏独立的理论思考，只能说‘躬行君子’；因而，在现代中国思想史上，远不及章太炎、马一浮重要。”（第94页）又说：“没有多少精彩理论表述的唐文治，极为关注学生的人格培养与道德熏陶。”（第95

页）陈平原的评论未免太过皮相，显然并不能真正读懂儒家之精粹，仍是以西方方法论的观点来认识。宋学是讲究修身与人格内在修养之学，并不在乎有多少创见，就创见来讲，我们当今学人有几个是有创见的？这么多年，学术看似热闹，但至少我们没有培养出伽达默尔、福柯、斯特劳斯、布尔迪厄、巴特、伊尼斯、麦克卢汉这样有洞察力的思想者。儒学之精粹讲的是体验和躬行。在古人那里，宋学与学术史是分不开的，可见今人对宋学之隔膜至深矣。张栻曾言当时学者："近世一种学者之弊，渺茫臆度，更无讲学之功。其意见只则类异端'一超径诣'之说，又出异端之下，非惟自误，亦自误人，不可不察也。"（《南轩集》卷二十六）此论对现今仍有警醒之意义。我们现今所遇见之问题，古人亦曾遇见过。

266. 现代学术重要的不再是发现问题，而是如何解决问题和建构问题。建构之过程即可见问题之真假，也就不会被现代问题所遮蔽。

267. 今人能提出普遍被接受的学术观点，亦是学术贡献，其创造力值得重视。吴思"潜规则"、王学泰"游民社会"，这种原创学说，都和自身经历有关。王学泰，虽为社科院研究人员，但因现行反革命罪，判有期徒刑 13 年，实际在北京一监三年，这三年，接触了各色人等，改变了思想。其观察历史的视角都与一般学者不同，王学泰说："折腾了十五年，在人生路途上跑了多余的一圈，此时总算告一段落，一切再从头开始。可惜的是，不仅是我，有许许多多的人，包括我们国家和民族，跑了许多冤枉路。"（王学泰《采菊东篱下》，陕西人民出版社 2009 年版，第 264 页）痛哉斯言！近代历史与学术就是一部折腾的历史。这种折腾观都是在革命和人民的名义之下进行的。很多人为之奋斗终生，活下来的，个别有觉醒意识的去反思，如《思痛录》之类，大多数人将自己的历史隐藏，因为如果反思必然会触及内心最为痛苦的地方，所以宁肯不言。

268. 2014 年 1 月 8 日，邵逸夫去世。享年 107 岁。其不仅巨富，而且喜做慈善，今为内地捐助有 45 亿元，项目达 6000 个之多。其长寿必与做慈善相关，相貌清癯如长鹤，是商人却不俗，这不是奇特之处吗？内地受惠之高校，却无人对邵氏有同情怀念之表现，可见现今中国人之冷漠态度与刻薄情怀。想起百岁老人施蛰存在牛棚里说过："不死就是胜利。”亦是奇人一个。

269. 大儒亦有让人诟病之处。如今火热之钱穆，其心胸亦窄，常与人论争，而又特别自信，亦是一病。其《中国近三百年学术史》，起名叫学术史，所讲却非学术，如中原大儒孙奇逢便是一字未提，可见其亦有眼界俗陋之处。故吾亦有不喜钱穆之处。其 1949 年之后，抛弃妻子，只身到香港，可见其孤韧之处，而其妻儿之可怜，完全顾不得。其一生更是难以相处，虽然学术深邃，但也有难以容人之处。很多人说恨不得与他生在同一时代，受他亲炙，我看则未必，只看其书不见其人即可。即如吾之友人尚静宏，其外祖母为柏杨之妻，柏杨抛妻弃子，几十年再不联系，致使其外祖母无法生存，只能携女再嫁，而内地政治运动不断，可知生存之艰险。“无情未必真豪杰”之言不虚。故我们所见当代人评价当代人物很难客观，不是有溢美成分，就是意气之词，民国以来，学术圈常常能见到这种情形之遗存。

270. 看论文不要被别人的观点所左右，重要的是看别人认识问题的角度和方法。

271. 读书要有历史纵深感，可以解决一些对当前学界有意义的问题，从治学角度来讲，我觉得读书是一个不断深化的过程，这个深化的过程是你围绕一个问题，围绕一个关键的问题，去把握材料的过程。研究生读书和本科生读书是不一样的，很多人不明白，说读书这个词，读书，reading 是一个泛化词，但读书这个词的内涵和界限是很广的，换句话说，在本科阶段，读书主要是泛化的，而研究生阶段，主要是不断的，必须和导师不断讨论，参与老师的研究项目，因为参与到老师的研究项目中，你才会迅速提高。假如说你现在读经学，读《全唐诗》，话虽不错，但是你就是把所有唐诗背会，有意义吗？你能长进吗？没有半点长进，你能把书买得完吗？网络信息那么发达，你买得完吗？读书过程中如果进入不到老师的研究视野里，那就仍然是浮在上面的，你只有进入一个主题性研究，主题性研究就是围绕某一个问题，进行发掘，跟老师讨论，才能迅速提高，这是我从培养学生时的培养思路转变得来的，这个转变是跟学科性质相联系的，所以我认为要进行主题讨论。围绕这种讨论，这两年学生进步很大，包括对学科教学的培养，我也是通过这种方式。第二个我认为主要围绕读书的这个过程，在读书过程中要学会写。“写”怎么理解，我自己认为读人文社科专业，不会像理工科有重大发现，那么你长进在哪呢？主要在对学科的把握上，那么学科判断的能力靠的什么呢？靠实践，时间，所以围绕时间去积累去磨，对文章主题进行准确的把握，还要靠不断地写，不写的话不可能长进。古典学领域有个毛病，在我们身边有很多古典领域的研究者，但他们会说不会写，这个问题很突出，这就是因为他们缺乏磨，逻辑思辨能力不够，这也是研究生与本科生区分之处，这个逻辑思辨能力的演变过程就是你必须去写，去磨，所以说不去训练，没有基本的学术训练，是不能迅速成长的。我还有一点经验是，好文章要通过改，才能出来。一个题目的改动，可能都要好几遍。要注意两点，第一点是要把握当下意义，有明显的当下意义，你比如搞政治学就有明确的当下意义，搞现当代也有明确的当下意义，那么古典学研究也是有当下意义的。比如我这次正在写也在改的，是我以前和尚静宏老师合写的《从古典到现代》，那篇文章我探讨了文学的雅俗之辨，引用了布尔迪厄的文学场的位移，然后我就结合自己的观点、城市空间的兴起与文学场的位移，并用媒介这个词进行讨论。有些文章往往引用材料很充分，但思辨与逻辑推理则差很多。宋诗为什么会兴起，然后新的俗文学的所谓兴起，我们好多人不会将它们联系在一起，雅文学与俗文学会随着时间相互转变，这个动态的位移过程是伴随着城市空间的兴起而产生的，如果没有这个概念，你会很难发现，所以我常批评有些学生做有意义的无用工作。例如：研究王重阳，我关注为什么在那么多人里只有王重阳创立新的道教？而王重阳之前是有道教的，那么王重阳创立的道教怎么让前人承认呢？所以不去创立新的，老的便会死亡，他一定是相互融合的，如果从这点切入去研究，就是很重大的学术发现。再比如儒释道三家的界限在哪里？怎样融合到一起？标准在哪里？所以如果思考这种问题的话，研究才有意义，为什么会出现中国文学史上很特殊的一个现象——割裂的现象？这个很突出。我们文学专业培养的很多学生都是批评者，批评古人这个那个，这种现象就很值得研究，到底是文学史叙述模式出了问题还是培养观点方法出了问题，如果能注意这一点，你会解决好多问题。如陈垣所说的元代色目人的华化是不是成功？华北还是汉化？他在材料的使用界限有没有问题？方法受不受政治影响？我们所标榜的纯粹的学问客观性是否存在？从这点深入进去，牵涉 20 世纪的学术史、政治史、演变史，在他们那个时代背景下，即使标榜客观的学者也不可能客观，你深入进去就发现从一个点能催发好多。研究马祖常的《石田文集》是否经过散佚，而且假如他的家室背景作者自己都可以叙述，这种没有必要隐瞒，不能说他前辈信仰基督教他就信仰，如果这样讲不符合学术常理，那么你要追问为什么会这样，一个聪明的人他不会不知道，所以看学术有意曲解的一个过程，就是伴随20世纪政治史、学术生态史发展的过程。其实如果今天考证王国维的东西，很有意思，一是王国维的集子中许多史料故意引错。我们现在好多人还没有那么敏锐，还意识不到，看王国维一定要追述沈曾植，你要想到清朝从天下到主权国家转变是一个非常痛苦的过程。现代社会的最大特点不是同一而是割裂，这种割裂你是看不到的，表面上大家衣服一样、车一样，可是行事方法、思考方式不一样，所以现代技术的发现催生了一个很重要的鸿沟，这就是媒介化后导致的碎片化、分裂化，而且越来越大，我就强调要追问这种意义，这应是学者应有的观察力。

第五章

文献整理新视野：理论与方法（一）

第一节　古籍整理的相关原则

一　确立版本

首先要确立书的版本。多数人认为确立版本的目的就是校勘，但都不知道校勘是干什么的。比如说唐代以前的版本，是存在多种参校本的，因为唐代的集子大多都是经过宋人、元人的刊刻，唐人本身的集子很少，所以从这个意义上来说并不存在真正意义上的唐代文集。好多人不清楚这个概念，说自己是做唐代的，其实他不明白自己所做的东西跟唐代其实没有任何关系，虽然你是研究唐朝诗人，但你研究的唐朝诗人其实是宋人、元人、明人、清人眼中的唐朝诗人，因为唐朝没有现在我们看到的这种集子。这时候就存在一个版本问题。那么怎么办呢？我们找到最早的版本是为了什么需要呢？其实找祖本的目的就是求真，同时需要参校本。现在的问题是：好多人是为了校勘而校勘，出现了大量的冗余校勘。因为“校勘如扫尘，旋扫旋生”。等有别的人在整理相同文集的时候，就一定会出现不一样的地方。那么在进行古籍整理的过程中就存在一些问题，要明白哪些需出校，哪些不出校。校勘的目的是“定是非”，就是把谁对谁错确立下来，那么这个时候就要掌握校勘的原则。所谓的四校法实际上并不是陈垣的发明，四校法是王念孙、王引之父子已经使用的，只是陈垣把四校法确立了下来。那么为什么要定出来是非呢？目的是要保存原貌。现在的校勘出现很多情况，一个是容易漏校、失校，再一种最容易的是误校。什么叫误校呢？原稿本身，即最早的祖本就是对的，结果因为参校本的错误又给校出来，至少在我参考的古籍里面便大量存在这种现象。这就导致为了校勘而校勘的情况，把校勘就好像当成学问一样，实际上校者根本不知道为了什么而校勘。我们在校勘的时候拿到一个本子，一定不要为了校勘而校勘，一定要看底本是什么情况，即摸清底本，这一点是很重要的。

做明清的集子很少有参校本。好多人都说没有参校本是不是就显现不出自己的学问了？其实不是。古籍整理水平参差不齐，我们说古典文献学专业是所有汉语言文学专业的基础，这是毋庸置疑的。现在国家的重大项目中文献整理占了很大比重，现当代文学专业的如今都在研究版本，这也说明了学术发展的趋势。要是版本弄不清楚，你所做的一切研究最后结论都很值得怀疑。比如杜甫的集子从产生起就没有那么多错误，诗歌本来就几十个字，再分别说某个字作什么，根本没有办法阅读。如果连这个原则都弄不清楚，就不知道校勘的意图。我们在进行古籍整理的时候要按照实际情况，不必非要找参校本。当我们在拿到一个版本以后，正常情况下不是先读整理过的稿子，而是要拿着原文扫一遍，即先通读底本。我在整理古籍的时候一定反复阅读原文，原文熟读之后，再看参校本。熟悉底本之后校勘的速度就会特别快。以我读书浅薄的经验，校勘最容易出问题的地方就是你读不通之处。最后一对原本，就会发现有可能失校或者漏校了。这是校勘的经验。

二　校记、标点原则

我们出校记的时候要以中华书局的点校本为规范。比如《点校本二十四史》：某字作某字，一作什么；或者某字某本作什么，诸如此类。版本一旦确立之后，下一步就是标点。我们现在用的是新式标点，很多不涉及专名线，因为用专名线会涉及一个问题，即不管是谁水平再高，都会漏标错标。断句的时候要注意不要太碎，要遵从整体性的原则。每个人对原文的理解不一样，断句就会出现细碎的情况。还有便是风格，标点时一定要注意到风格。不同的文体风格断句形式是不一样的，这个一定要多看。在分段上，我们遵循的是从文意原则，就是意思到此该结束了那就可以分段。以哪些文章的断句作为参考样例呢？上海古籍出版社和中华书局都出版过一套《文选》，可以作为范例。现在很多学生擅长对诗的断句，但是到文就会出现很多问题。所以要以《文选》为例，以上海古籍出版社的横排版比较方便。其分段和断句原则几乎没有什么错误，可以作为参考样例。这是有关断句的一个原则。我们还要遵循的一个原则或者古籍阅读的习惯就是用不同颜色的字体，标明不同的日期，把它标到不同的本子上。这样做的目的是以备查考，在电子版上改动时会很方便。所以我们是采用刘向的对校法，让每个人用不同的颜色校对。实际上刘向的对校法是什么意思呢？就是拿两个不同的版本对念，然后两个人开始定其是非，目的就是避免错误。我们在校勘的过程中就发现很多误校和漏校的地方。古籍整理的学问就在于它不能是一个人只做一遍，必须要经过多个人反复校勘，这大概就是校书如扫尘的道理，因为再细心的人有时候也会有看不到之处。

第二节　古籍整理的几个步骤

古籍整理是古代文学与文献学成果的最终展示。由于经学背景与文学之间千丝万缕的关系，中国古人认知世界的方式是深受经学熏陶的。古人也做过古籍整理工作，比如清人整理古籍包括先秦古籍都属于古籍整理的范畴。在古籍整理过程中才衍生出来校勘、版本、目录这些学问，因此校勘、版本、目录最终核实出的成果，是检验能否完备地掌握阅读古籍的能力的标准。古籍整理考验的是综合能力，我们现在所看到的典籍都是经过前人整理的。

一　底本的选择

在古籍整理工作的过程中，当我们拿到集子时，首先需要确定版本的源和流。例如：马祖常《石田文集》的版本有：①四库本：此为《钦定四库全书荟要》本，此本为抄本。②元刊本：《石田文集》十五卷附录一卷，此本为影印本，书版上写有“据元至元五年扬州路儒学刻本影印”。③明刊黑口本：本书从“国立中央”图书馆珍藏之善本借用影印。该书在影印古籍前的叙录介绍了版本源流：《马石田文集》十五卷附录一卷，此本付扬州路儒学刊行；凡十五卷附录一卷，台北“中央”研究院史语所藏有一部；明弘治六年（1493）熊翀刊本，无附录，清四库全书据以著录；而明刘昌的《中州名贤文表》康熙年间仅五卷，不全，即台北“中央”图书馆藏明刊黑口本一部。

第一个是从早原则。在校勘学上，底本选择的原则是从早不从晚。确立底本以后，用其他本子参校，不同本子中有差异的字应标出，方便以后写校勘记。在宋元以后的典籍中，如果使用清代的就不存在版本问题，因为清代大都是一个刊本，不存在很复杂的版本系统。而唐代文集大都没有流传下来，一定是经过后人改动的，所以使用唐代的文集就需要有校勘的知识。原版的答案只有一个，如果只罗列各个版本的不同而不加以判断考证，将会在后世传抄过程中产生很多错误。另外，我们在引用清人整理的先秦典籍时，要明白这到底是清人的思想还是先秦人的思想。总的来说，古籍整理的过程一定会提高人的认知水平。版本一定要依据最早原则，即最接近原作者时代的原则，这个原则是古籍整理的初步。若这个最早的集子散佚了，那就要选择精校精刊本。如果精校精刊本也没有，只能从后世的集子中选择，依然遵循最早原则。如果有明人刊定的那我们就不再选清人刊定的了。这种选择可以保证最接近原作者的思想和时代。

第二个是善本原则。如果搜索不全，就要从善，即精校精刊本。《石田文集》的元刊本就比较可靠，元代的扬州路儒学的刊本是元朝人编定的集子，并且没有散佚过。但是唐及唐以前的集子真伪难辨，因此不能拿着材料直接用，而要先考订真伪。如后人整理杜诗时发现，传抄过程中，由于诗风近似，把宋末元初戴表元的一首诗掺入杜甫的诗集里，所以在看集子时一定要引起重视。而宋元的集子一般不存在这种情况，因为没有经过散佚，所以一般不会存在真伪问题。但戏曲中存在真伪难辨的情况，现在元杂剧的研究有一个很重要的问题就是要厘清明人改编元杂剧的历程。戏曲本身不是注重文本的，只是为了演出的需要，因此文本会不断游移改动。

第三个是完备原则。我们应尽量选择完备的集子，而不是虽然时代很早，但散佚不全的集子。后世有些集子整理受人诟病就是因为一开始的底本选择不够完备。底本的选择并不是本子越早越好，要根据个人眼光综合判断。例如：我整理《王恽全集》时用的是元刊明补本，但在核对过程中发现清代昌彼得抄本，此抄本不知从何而来，而且比元刊明补本多出二十卷，此时采取的原则是把昌彼得多的部分补到元刊明补本中，这就是我们确立的完备原则。

书前前言凡例也很重要。我们拿到古籍之后要先定凡例，凡例是一部书的主脑，是对全书结构的说明。例如《石田先生文集》的凡例：《石田先生文集》十五卷附录一卷，元马祖常撰。苏天爵于至元五年（1339）编次。礬于御史台，付扬州路儒学刊行（清叶德辉《书林清话》中提到有些北方人的集子会让扬州路或者浙江路刊，因为当地财力雄厚，可以出资刊行。书籍刊刻是比较复杂的，《袁桷集》是家刻本，但官刻本比家刻本要精美，书法更加高超），是现今最早的流传版本；台北"中央"研究院史语所藏有一部影印本，扬州路儒学刻本影印本，左右双边，线黑口，双黑鱼尾，半页十行，行十六字。书中有建德周氏藏书钤印（此元刊本是经过清人整理的，书后附有清人的校勘记和题跋），首王守诚、苏天爵、陈旅序各一，次目录一卷，又附录一卷，正文卷一至卷四为诗，卷五为诗、骚、赋，卷六至卷一五为制诏表笺、祝文章疏、铭箴策问等，卷一五后附校勘的正误表，从中可以得见扬州路儒学刻本全貌，亦是目前最可靠之版本。选择此本因为它最全最可靠。明弘治中都御史熊翀刊之，无附录。另一版本是台北"中央"研究院馆藏本，无校勘正误表，半页十行，行二十一字，各卷有□（书印模糊），《四库全书》（《四库全书》摛藻堂本，供皇帝所阅原稿）所收《石田文集》版次、所收诗文、篇目与明刊黑口本同，虽作了改动但目前流传最广。

二 参校本的选择

参校本应按时代的先后来选择，不能选和底本相同的本子，例如《石田文集》除了用明刊本作参校本，还选了《中州名贤文表》、四库本，参考了顾嗣立的《元诗选》、明代曹学佺的《石仓历代诗选》、清代陈焯的《宋元诗会》、国家图书馆编的《诗渊》（《诗渊》在流传过程中没有经过散佚和改动，具有较高校勘价值。如孔凡礼整理苏轼和汪元量的集子时从《诗渊》中辑出大量佚诗），文集部分参考了苏天爵的《元文类》、蒋易的《皇元风雅》。另外古人在刊刻书时会出现错误：其一，如戊戌变戊戍，甲乙变甲己，己、已、巳不分，这些都属于常识，不必写入校勘记，直接改正过来即可。其二，避讳。元代刊本不避讳，宋明清的集子避讳较多，这也是我们判断版本依据的重要一点。出校勘记时，哪个字和哪个字不一样就要使用工具书查询，比如使用宋元以来的俗字谱、异体字表、俗体字表等。例如马祖常《赋海月送彭君教授九江》中的"况尔朝夕驰，呼吸成虚盈"。"驰"原稿中为"池"，经过查校，明刊本、四库本、《元诗选》作"驰"，结合诗意，应该为意在水边的"池"，当非"驰"。还有"持兹烛玄造，万类无循情"。"循"在后世流传中改成了"遁"，遁是"跑"的意思，字一改意思就变了，所以四库本、《元诗选》都不对。据此判断，顾嗣立的《元诗选》大量使用的是当时常见的本子，没有使用扬州路儒学刊本。这步工作做完，就可以判断底本优劣了。

三　注释

注释一首诗，是非常见学术功力的。钱谦益的《钱注杜诗》、项楚《寒山诗校注》都是如此，经过他们注解之后，原诗才变得好懂。古人注释诗文的时候，没有现在的数据库检索系统，完全凭记忆，因此古人的注疏所引之文有可能和原文不一样。既然有各种字书、词书、各种典故丛书、《辞海》《辞源》等工具书，为什么还要注释？注释的目的是推究诗的意思，我们虽然讲"诗无达诂"，但里面所表现的内容、人物关系、思想感情，是可以通过注释解决的。在注释一首诗的时候，要特别注意它所涉及的人物，因为古人写诗、唱和、酬赠都是展现人物关系的。在注释时要特别强调人物及他们之间的相互交往，要特别注意使用同时代的文集，因为其中会有一定的交往关系。里面提到的人名需要注释。比如：《石田文集》提到"挽林彦栗秀才"，但文集里没有介绍林彦栗的生平、特点如籍贯之类。如果我们使用四库检索当然方便，但是查阅所有提及他的集子之后会更清晰地发现：林彦栗的生卒年是至元十八年（1281）到延祐六年（1319），虞集《道园学古录》中有《林彦栗墓志铭》，袁桷集中有《林彦栗哀辞》，苏天爵《滋溪文稿》卷二八有《书林彦栗文稿后》。在罗列这些材料之后发现：马祖常是信阳人，林彦栗是浙江人，交往何来？查阅资料后得知马祖常在年轻时曾漫游浙江，林彦栗是当地名人，因此判断这首诗作于延祐六年（1319）以后。这首诗为悼亡之作，《女萝》诗中有"女萝附高松，荣华凌众草"。用女萝、猗兰来比喻林彦栗，他像蔓草一样附在松树上，没办法独立生存，表示他的艰难困苦，而且品性高洁。综上所述，诗是活的、立体的，因此综合资料这一步特别重要。交游是注释的重要内容。一旦判断出作者，就可以判断出时代，或推出时代大概情况。例如：马祖常集子中有《送幼度御史南游》，张幼度曾任职御史台。另外王恽的《秋涧集》里有《送张幼度倅冠州》，张士观就是张幼度。张伯淳有《送张幼度》一诗，陈孚有《燕山除夜简唐静卿待制张胜非张幼度编修》《感怀呈庞夷简修撰张幼度应奉》《送应奉张幼度同知冠州》，另外张之翰《舒啸亭记》、邓文原《头陀师李大方诗集序》、虞集《题故国子司业李公挽诗后》皆有相关资料，可以判断其大致的生活时期、生平和大概的交往情况，因此元代文人的交往是呈网络化的。

注释是解读作品、作者的关键，我们要注意：第一，同时代的集子至关重要，检索系统可以初步解决这个问题，但是有重名、重字号的情况，比较麻烦。《明人传记资料索引》《元人传记资料索引》等工具书可以帮助我们解决这些问题。之所以唐代研究很难出成果，是因为唐代的注释古籍、人物关系几乎都有了。很多唐代的研究者选择转到其他方向，因为不能再单纯研究唐诗，要研究唐诗的传播等创新的内容。国家近几年对全集、文集非常重视，如《全唐诗》《全唐文》，和诗人本身的交游考证类的书，或笔记小说等。我们在读文集的时候，对作者的交游的考证把握特别重要，查考资料的时候要按照经史子集的顺序查考，考集部时要注意他们的交游。第二，所讲到的时代，要考证出作品的写作时期。因为这个考证往往是决定这个作品真伪的判断。所以在判断作者时代的时候要下功夫。第三，要注意所涉及的典故，使用的典故有内典、外典、今典、古典之分，典故有很多衍生意义，要注出典故在作品中的意思，即为什么要在这里使用这个典故。比如李商隐的诗句“独恨无人作郑笺”，李商隐的典故很多很美，但是典故的意思不一样，要识别出典故的语境，联系整首诗来判断其意思。中国语言的特色就是有模糊的语境、模糊的背景，因此注释工作特别复杂。例如第一次出现被作注的宋朝人作品是黄庭坚的作品，黄庭坚的诗典故很多，所以要对他的诗作注释。黄庭坚诗注本有宋任渊的《山谷内集诗注》20 卷，宋史容的《外集诗注》17 卷，宋史季温的《别集诗注》二卷，近人陈三立刻本，其据《内集诗注》的日本翻宋本和《外集诗注》《别集诗注》的朝鲜活字本，俱为仿宋刻印。另有史容《山谷外集诗注》14卷本，与17卷本编次各异，影印有元刊本。注典故的时候也要注意典故的出处。如：“隐君多道意，曾得茂陵书。”茂陵指汉武帝的陵墓，属于扶风郡，此处要引出《汉书·地理志》。注到这一步还不明确，我们查《典故词典》可知汉代司马相如被免官的时候住在茂陵，这时我们可以猜测“茂陵”指汉武帝的陵墓还是指代司马相如的呢？据北周庾信《奉和永丰殿下言志诗》：“茂陵体犹瘠，淮阳疾未祛。”因此茂陵书指代《封禅书》。茂陵书又称《封禅书》《封禅文》。《史记·司马相如列传》：“相如既病免，家居茂陵。天子曰……长卿未死时，有一卷书，日有使者来求书，奏之。无他书。”茂陵书，指司马相如的作品。又如马祖常《蜀葵》：“不见牧羝翁，汉节空葳蕤。”《太平御览》中有一首赋是《蜀葵赋》，首先肯定蜀葵是一种植物，后发现李时珍的《本草纲目》中把蜀葵当作药物。因此判断这是咏物诗。根据诗中所描述的画面进行联想：前面是蜀葵盛开的景象，后面是高雅的品格。诗人是把蜀葵比作苏武的气节，这样通过查阅注释就引出来了。

第三节　古籍整理之校勘

古籍在抄录、刻印、流传的过程中，会出现各种错误，这就需要进行校勘。王鸣盛《十七史商榷序》曰：“欲读书必先精校书，校之未精而遽读，恐读亦多误矣。”① 我们在整理出版古籍时，为了保证质量，原则上都应该先进行校勘。经过后人的总结与实践，总结出来一套行之有效的校勘方法与原则，现论述如下：

一　校勘之原则

（一）校点二十四史之原则

点校本二十四史为传统文献的整理积累了丰富的经验，确立了现代意义上的古籍整理的基本范式和标准，为古籍整理学科的建设打下了坚实的基础。它是由中华书局组织全国百余位文史专家，全国学术界、出版界通力合作，历时二十年完成的新中国最宏大的古籍整理出版工程，

① （清）王鸣盛：《十七史商榷》，黄曙辉点校，上海书店出版社2005年版，第1页。

是代表新中国古籍整理出版事业最高成就的标志性成果。

中华书局在校点二十四史中提出四项校勘原则：一是以固定的本子做底本，其他的本子作参校本，用什么样的符号有严格规定；二是强调在校勘上吸收其他人的成果；三是强调本校法；四是强调他校法。1963年根据这几项原则作了规定，凡是改动字的地方一定要出校勘记，而且校勘记要论述理由。如果不采用固定的说法一定要记出处。如果底本正确，其他书引用错误无须写校勘记，这是通行的原则。

（二）陈垣校勘之原则

一般校勘记，校勘的“勘”带有正的意思，即把错误改过来，校勘记要做出判断。通过校勘记的总结可看出二十四史本后的校勘记实际上是对多种成果的吸收与运用。陈垣《校勘学释例》卷六《校法四例》概括了他校勘《元典章》所用的四种校勘方法：“一为对校法。即以同书之祖本或别本对读，遇不同之处，则注于其旁。二为本校法。本校法者，以本书前后互证，而抉摘其异同，则知其中之谬误。三为他校法。他校法者，以他书校本书。凡其书有采自前人者，可以前人之书校之，有为后人所引用者，可以后人之书校之，其史料有为同时之书所并载者，可以同时之书校之。四为理校法。段玉裁曰：‘校书之难，非照本字不讹不漏之难，定其是非之难。’所谓理校法也，遇无古本可据，或数本互异，而无所适从之时，则须用此法。”对校法、他校法、本校法、理校法，这四种方法总结实际上是一种理论，《元典章》在流传和刊刻的过程中讹误极多，元代的书名、人名极为复杂，书非校不能读。书非校不能读不是对诗文的校对，最早指经书，后来指子书、史书，校勘学的发展是文学文献学在经学、史学、子学基础之上完成的，过去并没有专门的文学校勘学。

（三）集大成者王念孙的校勘原则

陈垣对《元典章》的校勘进行了总结。但对校勘学、对读书形成系统校勘方法的是王念孙。沈括《梦溪笔谈》中曾道：“校书如扫尘，一面扫，一面生。故有一书每三四校，犹有脱谬。”[①] 但具体怎样校，原则是什么，由王念孙系统总结。王念孙所著的《读书杂志》对《逸周书》

① 王洛印译注：《梦溪笔谈译注》，上海三联书店2014年版，第288页。

《战国策》《史记》《汉书》《管子》《晏子春秋》《墨子》《荀子》《淮南子》等子史古籍作了精细的校勘，并形成自己的校勘方法与原则。此外他还有《广雅疏证》《经义述闻》《经传释词》，书中体现出王念孙父子校勘古籍的见解与原则。具体的校勘原则现如今有大量的专著加以论述，此处不作具体阐释。

（四）校勘原则之求真

清代乾嘉学派的兴盛就在于校雠之学取得最高成就。朱一新在《无邪堂答问》云："校雠之学，所以可贵，非专以审定文字异同为校雠也。"[①] 定文字音韵只是初步解决的问题，解决校雠的目的在于求真，求真的目的在于对古籍进行还原，书籍在刊刻、传抄的过程中，错误在所难免，通过求真的方法对古籍进行总结，此是清代乾嘉学派值得关注的一个点。清代学术的核心就在于对先秦诸子典籍的全面整理，整理的发掘形成中国古籍整理的校勘学思想。从古籍整理角度讲，何为真呢？

一是古籍在后世传抄、流传过程中字体会发生改变。先秦典籍用经文、小篆、隶书等，在传抄的过程中产生不同是自然而然的。从自然而然这个角度，古籍整理的过程不仅仅是求真的过程，求真是通过字音、字义求证他们时代人对此的看法。用校勘的真来求证原意的真。

二是对古籍之"真"的寻求，来探寻古人的思想脉络。

三是求真的过程也是清代学理逻辑的一种证明，通过求真加以证明。校勘的过程就是判断是非的过程，涉及古籍的原貌问题，判断是非的过程是学理证明所涉及的问题。求真的过程必然涉及学术判断。清人想要提供精校、精抄的善本，必然需要求真。我们今人求真的过程是在探寻古人的思路、思维、学理的证明，通过逻辑的思维、严格的论证来获知校勘的方法、原则。从这个角度讲，我们不能轻易否定先秦古籍，因先秦典籍作者、流传不详，多头并绪。余嘉锡《四库提要辨证》考证古籍的形态问题，关于作者署名方式、卷数问题就在求真。因此对先秦古籍下笔要慎重。

四是求真的过程就是辨别是非的过程。求真的原则是找到最早的出处，可在实际过程中，查找最初出处较困难，往往用现有成果校勘古籍。

---

① （清）朱一新：《无邪堂答问》，上海古籍出版社 2000 年版，第 33 页。

古代流传有序的集子代表中国文化显与隐的关系。通过对中国文化的阅读，可知道古人想法。顾炎武在《日知录》中采用历史源流考证法，即读到某个书中现象时一定要探寻来源。顾炎武读书的特点是求真，他求真的目的便是探寻明朝为何灭亡。

王阳明晚年总结授学之道，提出了“王门四句教”，即“无善无恶心之体，有善有恶意之动，知善知恶是良知，为善去恶是格物”①。其对善恶论的定位，是立足于心的定位，强调主体认知能力。顾炎武、王夫之、黄宗羲等走向学术史重建，孙奇逢仍然崇尚王阳明的学风，仍然强调内心境界的寻求，强调个人主体感知能力，从而导致此学派易流于空疏。明末清初许多人认识到此问题，顾炎武、王夫之、黄宗羲等人和李颙的学术路径存在分离。李颙强调悔过自新，仍然强调内在的主体感知，但是其余的学者已经转到实学的门径之中，强调通过对经典典籍研读的过程来求真，这种对真的主动选择是立足于对经典典籍的广泛阅读，如从顾炎武《日知录》中可发现他读的范围非常之广，并对历史加以考辨，但很少有诗文集的研读。集部之学是从民国以后开始兴起的，古人认为诗文是清谈之学。古人读典籍强调发现历史的发展脉络，强调兴亡的道理，史学的转向是以对经学的校勘研读为初步的。

因此求真的过程带有辩证是非的过程，带有对真理的还原。古人对真的认识与西方人对真的认识不同，古人认为“真”不需靠个人良知发现，他们的“真”叫事实的呈现，即把典籍还原出本来面貌。知识属性是一个学科的基础。比如古代文学研究中，对杜甫生平的考证这是一种知识，但这种知识的意义和价值在哪里？这就需要我们以知识论为基础进行研究。很多学者特别擅长以文献学的视野来研究书籍的版本。比如许多老先生说到古籍版本时津津乐道，知识渊博。如果这些知识你不能转化，就是一个问题。中国对知识的问题，伴随着形而上学。中国的知识的观念和形而上学、本体论、伦理学是有内在的一致的关系的。中国的知识与西方的知识有一个区别。明末清初学术路径发生转变，王阳明的后学认为阳明之学不能解决实际问题，中国本身的形而下还带有读书治愈的功能，想要解决实际问题便须对古籍加以校勘。校勘之学求真的

① 顾鸿安：《阳明学及其传播》，浙江大学出版社2015年版，第75页。

前提强求读书细、博，明末清初的学术转向奠定了有清三百年来的学术传统，一直延续到民国。清代学术最大特点是乾嘉训诂，乾嘉训诂的核心是校雠之学，广泛利用音韵、训诂。

（五）校勘原则之赋予古籍以生命

“元本”在中国藏书与版刻中具有重要价值，是与“宋本”相媲美的珍品，兼具学术性和艺术性的双重价值。在学者和藏书家之中，言版本往往“宋元”并称，甚至有学者认为元代刻书胜过宋代，清代著名藏书家吴骞名其藏书处曰“千元十驾”，与黄丕烈“百宋一廛”揭榜相敌，可看出其对所藏元本的重视。

元代的书籍刊刻出版主要有三种方式。一是官刻系统，在蒙元灭金之后在燕京设编修所，于平阳设经籍所，袭承金代刻书之业；灭宋之后，又收罗江南图籍书版，在秘书监建立专门机构兴文署进行管理和印刷，以《资治通鉴》为开端，刊刻经、子、史各部书籍，终元一朝，未曾中断。此外，据历代流传的书籍来看，元代还有艺文监的广成局等刻书机构，负责蒙汉书籍的翻译出版，太医院的广惠局（或医学提举司），主要刊刻医书，太史院的印历局刻印历法时宪书籍等。二是地方儒学机构刊刻系统。元代的各路书院、学校达二万余所，官方拨付学田予以供养，刻书事业为其主要文化活动之一，大多由名儒主持校订，因此成为元代书籍出版数量最多、质量最高的机构。地方书院刊刻内容较广泛，经、史、子、集均有涉猎，其中如九路儒学分刻的“十七史”、西湖书院刊刻的《文献通考》等，均为后世所推重，也是我们今天研究这些书籍最重要的版本之一。三是私刻系统，蒙古国时期，原金代刻书中心平阳地区的私人出版活动继续进行，如现今国家图书馆所藏段子成家刻《史记》二家注本即是此时产物；元代统一南北之后，南方私人刻书尤为兴盛，形成了杭州、建阳等刻书中心，据清末民初叶德辉不完全的著录，即有四十家刻印的约九十种书籍，甚至出现了延续到明代的专业刻书家族，如刘氏翠岩精舍、余氏勤有堂、叶氏广勤堂等。元代私刻系统具有鲜明的商业色彩，所刻书籍多为实用性的医学类、科举类或娱乐消遣性的小说戏曲等，内容丰富，在刊刻精美程度上则不及官刻，不过其有更高的文献价值。

元刻本在具体书籍形态上也有着显著的特点：一是版面上，官刻本一般字大行疏，私刻本行紧字密，板框前期多为白口、中后期多为黑口，以便于节省刻印时间。二是装帧上，元代书籍以包背装为主，较宋代流行的蝴蝶装、经折装更便于翻检，也是线装书装帧的直接源头。三是字体上，主要摹以赵孟頫体，秀丽飘逸，赏心悦目，如流传至今的元刻《大戴礼记注》《稼轩长短句》《清容居士集》等，皆是赵体上版的代表者，也有延续宋代刻书欧体、颜体风气者；又私刻系统出版书籍尤其小说类书类，往往多用俗体字，以求速成谋利，如《乐府新编阳春白雪》《古今翰墨大全》《全相平话五种》等，将复杂的笔画进行简化，不少已经被现今简体字采纳；此外，与宋代及明清刻书不同的是，由于元代文化政策相对宽松，在刊印的书籍中并无避讳字体出现。

除刻本外，元代还在宋代基础上，对活字技术进行了改进，元大德年间的王祯发明了木活字，同时，又创造出“转轮排字盘”，又叫“韵盘”，用简单的机械，使寻字变得更加便利，提高了排字效率，减轻了劳动强度，王祯利用此技术进行实践，刊印了《旌德县志》一书，并在其所著的《农书》中附录《造活字印书法》，详细记载了整个工艺过程，木活字在此之后也成为中国古代仅次于雕版印刷的图书出版方式。元代还出现了套印技术，元至元六年中兴路资福寺刊印的《金刚般若波罗蜜经注释》是现存最早的朱墨套印本书籍，经文红色，朱文黑色，图文并精，洵为可宝。

由于元刻本的珍贵性，明清以来藏书家箧中架上以有元本为荣，遂使元本逐渐成为罕觏之物。到了清代，常有书贾为射利不惜伪造冒充元本，藏书家即便得到后世递修、翻刻本，也故意不察，视为元本作架上之宝。随着图书馆时代的兴起，古籍善本进入了规范化管理阶段，同时得益于更便捷的现代出版印刷技术，使元刻本书籍开始集中大规模地在世人面前展示其面貌。近代大出版家张元济、王云五等曾汇集当时藏书名家及各大图书馆所藏珍贵善本，予以影印出版为《四部丛刊》《百衲本二十四史》，其中有大量世所罕见的宋本、元本，通行于学人间，至今仍是重要的文史图籍，其后大型影印丛书如《续修四库全书》《四库存目丛书》等都收入了诸多元本，值得一提的是国家图书馆组织出版的《中华再造善本》丛书，里面专有“金元编”一辑，从中外各典藏单位征集了金元时期刊刻的图书七百三十八部，撰写提要，影印出版，并宣纸线装，使古书重放光彩，真为“再造”，功莫大焉。另外，近代以来，藏书单位和藏书名家出版了诸多书影图录类书籍，如《故宫善本书影初编》《旧京书影》《铁琴铜剑楼宋金元本书影》《“国立中央图书馆”金元本图录》《中国版刻图录》《国家珍贵古籍名录图录》以及各地图书馆所藏善本图录等，也让世人了解到许多珍贵元本的信息。

古籍校勘过程是赋予古籍生命的过程，这个过程是读古籍的契合过程，古籍形态并非一次完成，需要后人在古籍校勘过程中完成其形态。在校勘的过程中定会发现某些思想，但当时古人的思想形态未必达到古人理想的思想形态。如最早古籍中产生的思想形态未必是他所理解的东西，但是通过后人的阐释变得符合当前的需要，就成了很为重要可资借鉴的东西，从这个角度讲古籍是不会消散的，它已经变成我们思想的一部分。

二　校勘之方法

求真是主观意愿的求真，是在求真的过程中恢复经学的原貌，恢复圣人的原意，但实际操作过程中并不可能。因此发展出校勘学的各种方法。如陈垣的对校法、他校法、本校法、理校法这四种校勘学方法，这种对校勘方法理论的总结表明由校到校勘、再由校勘到校勘学的产生。刘向父子校书的过程就是校正讹误，把是非改正过来，但勘强调不同版本的比勘问题，到校勘学出现就理论化、体系化了，这是由清人完成的，所以中国古代一个典型且核心的过程就是校勘学的确立，以校雠学理论著作的出现为标志。

近人陈垣丰富了史学的校勘学，但集大成者是王念孙的《读书杂志》，王念孙父子二人是乾嘉学派的代表人物，其对先秦诸子典籍的文字考订、词义阐释极具价值。他校勘古籍出彩之处在于其校勘的古籍和出土文献的结论是暗合的，妙在其在校勘时出土文献并没有出现。现在校勘先秦诸子典籍大量吸收王念孙的校勘成果。他的成果集中在《广雅疏证》《经义述闻》《读书杂志》《经传释词》四种书。清末叶德辉[①]在《藏

---

① 叶德辉（1864—1927），字奂彬，号直山，别号郋园，清湖南湘潭人，祖籍苏州吴县洞庭东山。叶德辉精于版本目录学，后编纂了《观古堂书目丛刻》，撰写了系统的书史《书林清话》，刻印了《古今夏时表》，校刊了《元朝秘史》。

书十约》校勘篇论道：“书不校勘，不如不读。”古人读书是指校勘。如曾国藩的日记有日课，每天读史书多少页、先秦典籍读多少遍。程千帆在《校雠广义》中论道：“我们将书籍文字的错误归纳为四种类型：即讹——原有文字写错了；脱——原有文字弄丢了；衍——增加了原来没有的文字；倒——原有文字变换了位置。”① 但具体如何操作，其情况错综复杂，如先秦典籍还有错简的错误类型。王念孙在《淮南内篇第廿二》中对“讹、脱、衍、倒”等错误类型做了具体的总结，是其一生的读书方法总结。他自己在《广雅疏证叙》述其校理《广雅》之方法云：“窃以为训诂之旨本于声音，故有声同字异、声近义同，虽或类聚群分，实亦同条共贯。”② 王氏即音以考字，因文以寻义，形音义三者互求，既订正讹字，亦发明前训。校理《广雅》如此，校理他书亦复如是。他在《〈读史记杂志〉叙》中云：“研究《集解》《索隐》《正义》三家训释而参考经史诸子及群书所引，以釐正讹脱。”③ 他在《〈读淮南杂志〉叙》中则云：“兹以藏本为主，参以群书所引，凡订正共九百余条。”④ 由此可见王念孙校书功力之深精，已形成了系统的校勘学知识。

陈垣《校勘学释例》卷六论校书之法有对校、本校、他校、理校。其中“他校”一法，陈氏云：“他校法者，以他书校本书。凡其书有采自前人者，可以前人之书校之，有为后人所引用者，可以后人之书校之，其史料有为同时之书所并载者，可以同时之书校之。”⑤ “以他书校本书”的“他书”指的不是同一部书的不同版本，而是指与本书有先后采录、引用等关系的其他书籍。析言之，他校法既可以利用他书直接引用本书的文字来校勘本书，也可以利用与本书有重文互现，互见段落的他书来校本校勘本书。王念孙校正《淮南子》所参考的书籍种类非常之多，如经部参考有《韩诗外传》《夏小正注》《尔雅翼》《玄应音义》；史部参考有《战国策》《国语注》《水经注》；子部参考有《新序》《墨子》《淮南子》及高《注》《群书治要》《北堂书钞》《初学记》《太平御览》《列

① 程千帆、徐有富：《校雠广义·校勘编》，齐鲁书社 1998 年版，第 43 页。

② （清）王念孙：《广雅疏证》，钟宇讯点校，中华书局 1983 年版，第 1 页。

③ 《王石臞先生遗文》卷三，第 1 页。

④ 《王石臞先生遗文》卷三，第 5 页。

⑤ 陈垣：《校勘学释例》，中华书局 1959 年版，第 147 页。

子》《庄子》，由此更加验证王念孙整理古籍的精深程度。

三　王念孙《淮南内篇第廿二》之校勘方法

从上边论述中可见王念孙校勘古籍价值之高，方法之精深。他的《淮南内篇第廿二》中总结其校勘《淮南子》的六十二条方法，概括了古籍文字的误、错、脱、衍、倒等各类错误类型，归纳了文字致误的许多类型，可以说是其校勘古籍方法的集大成。现对《淮南内篇第廿二》中校勘古籍的方法归类加以陈述，以见王念孙校勘古籍的不可超越之处。另外，此处也参考了倪其心《校勘学大纲》的部分内容。

（一）讹误

一是因字致误。如：有因字不习见而误者；有因字不习见而妄改者；有因古字而误者；有因隶书而误者；有因草书而误者；有因俗书而误者；有两字误为一字者；有不识假借之字而妄改者。

> 《汉书·田延年传》："今县官出三千万自乞之，何哉?"宋祁说："江南本作'自之'，徐锴改'自'作'丏'。"《汉纪》作"出三千万前与之"，是其证。隶书"匃"字作"匄"，形与"自"相似，因讹为"自"。徐锴改"自"作"丏"，即"匄"字也。江南本作"自之"，"自"下本无"乞"字。
>
> 《淮南子·道应训》："于是佽非勃然瞋目，攘臂拔剑。"各本"瞋目"作"瞑目"。王念孙说：隶书"真""冥"相似，而各本"瞋目"作"瞑目"，且误在"勃然"之上矣。
>
> 《战国策·赵策》："太后明谓左右，有复言令长安君为质者，老妇必唾其面。左师触聋愿见太后。太后盛气而辑之。"姚宏校注：一本无"言"字。吴师道校注：史亦作"龙"。案《说苑》（《敬慎》篇）："鲁哀公问孔子，夏桀之臣有左师触龙者，谄谀不正。"人名或有同者。此当从"聋"以别之。
>
> 《淮南子·说林篇》："狂者伤人，莫之怨也。婴儿詈老，莫之疾也。贼心亡也。"高诱注："贼，害。"王念孙引陈氏观楼曰："㠩"字当为"亡也"二字之讹。亡，无也。言狂者与婴儿皆无贼害之心，故人莫之怨也。《意林》引此作"无心也"，盖脱"贼"字。

《新唐书·姚思廉列传第二十七》:“弟斑”。“斑”,汲、殿、局本作“班”;衲本缺笔作“班”,下文亦作“班”。按本书卷七四下《宰相世系表》、卷八《节愍太子重俊传》及《旧书》卷七三《姚思廉传》、卷八九《姚斑传》,衲本均作“斑”或缺末笔。《考异》卷五二云:“班、斑,字形相涉,或宋初避讳,斑字缺末笔,后人误为班耳。”据改。

二是因音致误。如:有因假借字而误者;有因字而失其韵者;有改字而失其韵者。

《淮南子·道应训》:“跖之徒问跖曰:‘盗亦有道乎?’跖曰:‘奚适其有道也?’”一本作“奚适其无道也”。王念孙说:“适”读曰“啻”,言岂特有道而已哉,乃圣勇义仁智五者皆备也。后人不知“适”与“啻”同,而误读为“适齐”、“适楚”之“适”,遂改“有道”为“无道”矣。

《淮南子·精神训》:“静则与阴合德,动则与阳同波。”“波”与下文“化”为韵。后人依《原道训》改为“静则与阴俱闭,动则与阳俱开”,则失其韵。

三是因义致误。如有不审文义致误者;有因误而致误。

《后汉书·申屠刚传》:“后莽篡位,刚遂避地河西,转入巴蜀,往来二十许年。”《校补》云:官本“许”作“余”。杨树达说:“许”字是也。《吴汉传》云:“将众十许万。”《何敞传》云:“推财相让者二百许人。”任昉《奏弹刘整》云:“出适刘氏二十许年。”句例并同。“余”字乃清官本致疑妄改耳。

《淮南子·修务训》:“今以为学者之有过,而非学者。则是以一饱之故,绝谷不食;以一蹪之难,辍足不行;惑也。”王念孙说:以一饱之故绝谷,义不可通。“饱”当为“餲”,字之误也。“餲”与“噎”同。《说文》:“噎,饭窒也。”字又作“饐”。《汉书·贾山传》:“祝餲在前,祝鲠在后。”颜师古曰:“餲,古‘饐’字。”一饐而不食，与一蹪而不行，事正相类。《说苑·说丛》篇："一噎之故，绝谷不食；一蹶之故，却足不行。"语即本于《淮南》。今俗语犹云："因噎废食。"

（二）脱

一是不审文义而妄删者。

《汉书·朱买臣传》："其故人素轻臣者，入视之。"王念孙说：景祐本"入"下有"内"字，是也。今本无"内"字者，后人不晓古义而删之耳。"入内"即上文"入室中"也。古者谓"室"为"内"，故谓"入室"为"入内"。《武纪》云："甘泉宫内中产芝。"《淮南传》云："闭太子，使与妃同内。"《晁错传》："家有一堂二内。"皆是也。《太平御览·职官部》五十七引此正作"入内视之"。"室"谓之"内"，故卧室谓之卧内。

《墨子·杂守》："候无过五十，寇至，随葉去。"毕沅[①]校改"葉"为"棄"。王引之说：毕改非也。此当作"寇至葉"（"葉"与"堞"同。上文"树渠无傅葉五寸"，亦以"葉"为"堞"），随去之"，言候无过五十人，及寇至堞时，即去之也。《号令》篇曰："遣卒候者，无过五十人，客至堞，去之。"是其证。今本"去"下脱"之"字，又升"随"字于"葉"字上，则义不可通。

二是既误而又妄删。

《淮南子·人间训》："或直于辞而不周于事者，或亏于耳以忤于心而合于实者。"刘绩本删"不"字。王念孙说："周"亦"合"也，谓不合于事也。隶书"周"与"害"相似，故藏本"周"误为"害"，而刘绩不达，遂于"害"上删"不"字矣。又下文"此所谓

① 毕沅（1730—1797），字纕蘅，亦字秋帆，因从沈德潜学于灵岩山，自号灵岩山人。江苏镇洋（今江苏太仓）人。毕沅经史小学金石地理之学，无所不通，续司马光书，成《续资治通鉴》，又有《传经表》《经典辨正》《灵岩山人诗文集》等。

于辞而不可用者也”，“不可用”亦当作“不周于事”。凡言“此所谓”者，皆复举上文之词，不当有异。此因“周”误作“用”后人遂改为“不可用”，而不知其与上下文不合也。

三是不识假借字而妄删者。

《淮南子·人间篇》：“此何遽不能为富乎?”“能”读曰“乃”，言何遽不乃为福也。后人不知“能”与“乃”同，遂删去“能”字矣。

（三）衍

一是因注疏而衍。如：有校书者旁记之字误入正文者；有注文误入正文者；有正文误入注者。

《墨子·备城门》：“令吏民皆智知之。”王念孙说，此本作“令吏民皆智之”。“智”，即“知”字也。今本作“智知之”者，后人旁记“知”字，而写者因误合之耳。《墨子》书“知”字多作“智”。

《荀子·仲尼》：“任重而不敢专，财利至善而不及也，必将尽辞让之义，然后受。”杨倞注：“善而不及，而，如也。言己之善寡，如不合当此财利也。”谢本从卢校，“善”上有“言”字。王念孙说，元刻无“言”字，是也。据杨注云：“善而不及，而，如也。”则“善”上无“言”字，明矣。注又云：“言己善寡，如不合当此财利也。”此“言”字乃申明正文之词，非正文所有也。宋本有“言”字，即涉注文而衍。

二是不明文义而衍。如：有不审文义而妄加者；有妄加数字至二十余字者。

《墨子·鲁问》：“子墨子曰：出曹公而于宋，三年而反。”毕沅说，“子墨子曰出”，未详。王念孙说，此本作“子墨子出曹公子于宋”，犹上文言“子墨子游公尚过于越”也。今本衍“曰”字、“而”字，则义不可通。俞樾认为王说是也。然“出”字义不可通。“出”当为“士”字之误。《史记·夏本纪》“称以出”，徐广曰：“一作士。”是其例也。“士”与“仕”通。“子墨子士曹公于宋”，即“仕曹公子于宋”也。《贵义》篇曰：“子墨子仕人于卫。”孙怡让说，王校是也。今据删。曹公子亦墨子弟子。

（四）倒

有不识假借之字而颠倒其文者。

《淮南子·人间篇》：“国危不而安，患结不而解，何谓贵智。”“而”读曰：“能”，言危不能安，患不能解，则无为贵智也。后人不知“而”与“能”同，遂改为“国危而不安，患结而不解。”

（五）错简

错简就是雕版刻印以前的简书帛书，因简、帛次第错乱而造成的错误，其实与后世刊印书籍的错页一样。一般来说，错简限于秦汉以前的简书，致误原因其始大抵是各种具体事故，如编简绳索烂断、折断使简片散乱等。错简既经形成，并固定在刊印书籍文字上，致误原因从知识上考察，除韵文有押韵错讹外，都只有文义通洽与否的疑误，没有其他原因。

《汉书·李广利传》：围其城，攻之四十余日。宛贵人谋曰：“王毋寡匿善马。杀汉使。今杀王而出善马，汉兵宜解。即不，乃力战而死，未晚也。”宛贵人皆以为然，共杀王。其外城坏，虏宛贵人勇将煎靡。宛大恐，走入中城，相与谋曰：“汉所为攻，以王毋寡。”持其头，遣人使贰师。

王念孙认为，此段有一处错简，衍文八字。“攻之四十余日”下。当接“其外城坏”至“以王毋寡”三十二字；“宛贵人谋曰王毋寡”八字为衍文，当据《史记》删。

《礼记·玉藻》："而素带，终辟"，郑注："谓诸侯也。诸侯不朱里，合素为之，如今衣带为之，下天子也……此自'而素带'，乱脱在是耳。宜承'朱里，终辟'。"孔颖达《正义》："云'宜承朱里终辟'者，以下文云'天子素带朱里，终辟'。此文即云'素带终辟'，次云'大夫'，故知宜承'天子素带'之下文相次也。"

（六）失其韵

失其韵则偏重从音韵方面来校勘古籍，从而更加说明王念孙对音韵学的掌握，也验证了上文所说的"王氏即音以考字，因文以寻义，形音义三者互求，既订正讹字，亦发明前训"。王念孙校勘《淮南子》总结的六十二条方法涉及：有因字误而失其韵者；有因脱字而失其韵者；有因字倒而失其韵者；有因句倒而失其韵者；有错简而失其韵者；有改字而失其韵者；有改字以合韵而实非韵者；有改字以合韵而反失其韵者；有加字而失其韵者；有句读误而又加字以失其韵者；有既误且脱而失其韵者；有既脱且倒而失其韵者；有既误且改而失其韵者；有既脱而又加字而失其韵者。

《风赋》："故其风中人，状直憯悽惏慄，清凉增欷。"引之曰："憯悽惏慄"，当为"惏慄憯悽"，写者误倒耳。"惏慄""清凉"，皆谓风之寒也。（李善注曰：惏，寒貌。慄，寒气也。）"憯悽""增欷"，皆感寒之貌也。二句相对为文，且"凄""欷"为韵，古音俱在脂部，若"慄"字则在质部，（质与脂，古韵不同部。"慄"字古通作"栗"，《诗》三百篇"栗"字皆与质部之字为韵，无与脂部之字为韵者，其作"慄"之字，《诗·黄鸟》与"穴"为韵，《楚辞·九辨》与"瑟"为韵，"慄""穴""瑟"皆质部也。）不可与"欷"为韵矣。《高唐赋》"令人惏悷憯悽，胁息增欷"，"悷""慄"声相近，"惏悷憯悽"犹"惏慄憯悽"也。彼赋亦以"悽""欷"为韵。《楚辞·九辨》"憯悽增欷兮，薄寒之中人；怆怳懭悢兮，去故而就新"，"悽"与"欷"为韵，"怆怳"与"懭悢"为韵，又其一证矣。

《淮南子·说山》篇："詹公之钓，得千岁之鲤。""鲤"与"止"、"喜"为韵。"千岁之鲤"上脱"得"字，则文不成义。后人不解其故,而于“千岁之鲤”下加“不能避”三字,则失其韵。

(七)多种方法的综合运用

校勘古籍往往所用到的方法不是单一的,需要将多种方法综合起来加以利用,才能对古籍正确校勘。王念孙并没有忽视此点,他总结的六十二条中也多有综合校勘古籍之方法。如:有既误而又妄改者;有既误而又妄加者;有既误而又妄删者;有既脱而又妄加者;有既脱而又妄删者;有既衍而又妄加者;有既误而又改注文者;有既误而又增注文者;有既误而又移注文者;有既改而又改注文者;有既改而又增注文者;有既改而又复删注文者;有既脱且误而又妄增者;有既误且改而又改注文者;有既误且衍而又妄加注释者。

《周易·升卦》象传:“君子以顺德,积小以高大。”《释文》:“以高大,本或作以成高大。”俞樾说:此本作“积小以成大”,《正义》所谓“积其小善以成大名”也。后误衍“高”字而作“积小以成高大”,则累于辞矣。校者不知“高”字之衍,而误删“成”字。(既衍而又误删之例)

《淮南子·人间训》:“夫走者,人之所以为疾也;步者,人之所以为迟也。今反乃以人之所为迟者,反为疾。”王念孙说,此当作“今乃反以人之所以为迟者为疾”。上文曰:“此众人所以为死也,而乃反以为活。”即其证。今本“乃反”二字误倒,又脱一“以”字,衍一“反”字。(为脱、衍而兼误倒之例)

《淮南子·兵略》篇:“发如猋风,疾如骇电。”“骇”下衍“龙”字,“电”字又误当作“当”,后人遂读“疾如骇龙”为句,而以“当”字属下读,且于“骇龙”下妄加注释矣。(为既误且衍而又妄加注释之例)

《淮南子·人间》篇:“故黄帝亡其元珠,使离朱攫剟索之。”“攫”,搏也;“剟”与“掇”同,拾也。故高注云:“攫剟,善于搏拾物。”藏本正文脱“攫”字,注文作“剟搏善拾于物”,脱误不成文理。刘绩不达,乃于正文“剟”上加“捷”字,斯为谬矣。(为既脱且误而又妄增之例)

王念孙校勘《淮南子》总结的这六十二条方法不仅仅是针对校勘《淮南子》，对其他书籍的校勘也有参考价值，并且这些方法如今仍有可行性，极具校勘学之价值，仍是现在无法超越的校勘方法之总结。[①]

第四节　古籍整理视野下的年谱编撰

一　年谱的初步认知

年谱是按年月编次人物事迹的一种著作，它由传记体发展而来。清人钱大昕在《潜研堂文集》卷二六《归震川先生年谱序》中说："年谱一家，昉于宋，唐人集有年谱者，皆宋人为之。"[②] 清人罗以智在《赵清献公年谱序》中讲道："唐宋名贤诗文集各有年谱，其体仿于宋人。"近代王云五在《历代名人年谱》中说："年谱之作，时始于宋。"清代以及近代的学人以其所见的年谱为判断依据，指出宋人为制作年谱的开山鼻祖。宋代最早的年谱是北宋吕大防的《杜工部年谱》和《韩吏部文公集年谱》。其实，周朝时已经有记录帝王事迹的牒记，还有《论语》"十五志于学"一章实际就是孔子自叙一生的年谱。尽管如此，就目前所见的存世年谱来看，真正大规模、有意识地编撰年谱的时代还是宋代。宋代是年谱发展的时期。比如宋人楼钥编了《范文正公年谱》，胡柯编了《庐陵欧阳文忠公年谱》，詹大河编了《王荆公年谱》，朱熹编了《伊川先生年谱》，王宗稷编了《东坡先生年谱》。按照编写者来分，年谱的种类有四种，分别是自撰年谱、家属所撰年谱、友生所撰年谱和后人补撰年谱。自撰年谱最早是文天祥的《文山纪年录》。湛若水的《甘泉先生年谱言行录》是他自己口述，别人记载的。友生所撰年谱，有朱熹门人李方子做的《朱文公年谱》。

到了清代，年谱有了大的发展，朴学兴盛对年谱的编撰具有促进作用。代表者如黄宗羲《黄梨洲自撰年谱》、钱大昕的《竹汀居士年谱》、王士祯的《渔洋山人自撰年谱》。年谱的编纂体裁叫作谱体。宋代年谱的

---

① 按：倪其心《校勘学大纲》对此做了较为详细的梳理，详见倪其心《校勘学大纲》，北京大学出版社 1987 年版，第 56—71 页。

② （清）钱大昕：《嘉定钱大昕全集》，江苏古籍出版社 1997 年版，第 426 页。

谱体有文谱、表谱、目录式年谱和纲目式年谱。文谱就是用散文的形式，以谱主生活的年岁为纲，以月日为纬，依次叙述谱主的事迹。最有名的是文天祥的《纪年录》。表谱就是以表格的形式，分栏记述谱主事迹。其特点是叙事简明扼要。有名的是孙汝听的《三苏年谱》、施宿的《东坡先生年谱》。目录式年谱，是在诗文集目录篇题下，附注作者历官出处，及写作年月。此体以诗文篇目为纲。有任渊的《山谷诗集注年谱》。纲目式年谱，是在纪年之下，以标题形式列出一年中的大事，提纲挈领，一目了然，如岳珂的《岳鄂王行实编年》。

用梁启超《近三百年学术史》中的一句话来说："要想训练自己做史的本领，最好是找一二古人的年谱来做。"为什么呢？因为做年谱可以训练你找材料、考证材料、时间观念、历史评价的能力，所以年谱制作益处极多。

制作年谱，首先要对作品系年，作品系年是年谱里一个初级工作。然后整编谱主的任职经历，还包括时事。这个时事不是乱叙的，跟谱主特别密切相关的才叙。但现在有些年谱为了扩充字数，什么都往里塞。比如有一年什么活动都没有，为了不空白，结果时事很长，作者活动没有，这是无意义的。我们做年谱不能充字数。做年谱主要关注的是作者的政治活动、文学活动以及重要的日常活动，比如家庭生活、交游结社，等等。不要以为酬唱是没有意义的，结社是一种非常重要的讲学交游活动，明代的结社活动就很普遍。元代有地域独特性，任何一个朝代都没有元代疆域广。读袁桷集会发现，他买了驴车，一开始很新鲜，但之后很痛苦，因为一走几个月，所以在路上就会经常找几个人聚会。我们可以推测文人活动的独特性，他在这年做什么诗文，按照这个体例才是你自己的评述。文人作品中往往有很多对当时政治活动很关键的记述，这种也是很值得我们关注的。

做年谱要有陈寅恪"理解之同情"。你要想，这个作者在哪一年，什么地方什么时间做了什么事情。这样才能更好地理解这个人，理解他的作品。把这些都串起来，才能形成历史感。现在有些作者，就是把时间和事件罗列在那里，这有什么好做的？可以说随便一个受过训练的人都可以做。这不叫研究，只有有自己的评述，知人论世，才叫研究。像这种自己的评述，就是以后的学术生长点，容易形成学术的交叉地带，比如制度与文学、地域与文学、宗教与文学、科举与文学。此外，做年谱的前提是尽量全面详细地搜集材料。读年谱时，要想一想为什么用这些材料而不用那些材料。

制作年谱是古籍整理的一种初步工作。做古籍整理一定要先编年谱，这是规范的做法。所以整理古籍的人，一般做完后会单独出一个年谱。像中华书局便会附录到作者的集子后面，文集的后记里便有个完整的年谱或是简略的年谱。年谱就是便于知人论世，年谱做不好，古籍整理就做不好。为什么？你没办法对作者注释，对作品注释。很多人轻视这项工作，不知道为什么做年谱，但其实你是否受过训练，便是从这里开始的。然后是作品的辑佚，活动的编年，再往下才是这个集子，这整个过程才是研究。从这个角度讲，我们要把历史贯穿了，这就是我们做年谱的原因，这是做研究的一个初步工作。我们不是为了做年谱而做年谱，做年谱的目的是知人论世。陆键东的《陈寅恪的最后二十年》，实际上就是一个年谱的扩大版。

二　交游与年谱材料真伪

梁启超在《清代学术概论》和《近三百年学术史》里谈到，清人主要的学术成就就是古籍整理。清人关于经史子集的古籍整理学问都属于一种对其明确的概括。清人的学术传统就是立足于对传统的全面发掘。如果再往上追溯的话，朱熹的理学学术传统的构建就是立足于对《四书》《诗经》《楚辞》进行的学术发掘，才有了三纲八目和体系化的理学。古籍整理是中国古代最具特色的学术传统，因为古人没有明确的学术分科，要进行古籍整理、阅读和研究，而对作品的标点、分段、注释的过程就是研究。最具中国特色的学术传统就是古籍整理，而且古籍整理研读的过程就是对作家和作品理解和深化的过程，在这个过程中，不熟悉的不可以直接跳过。对作家、作品深入研究的过程就是和作者进行对话的过程，是对其学术资源进行全面清理的过程，这就需要对其所有的作品进行理解和把握。研究要尽可能全面，竭泽而渔（如学文学的人不可只研究顾炎武的文学而错过他的经学和史学），如果做全面系统整理，必须对其作品进行全面清理。因此对作家、作品深入研究的过程就是和作者进行对话的过程。这个研读的过程也是为以后的研究进行铺垫的过程。

（一）作者交游情况梳理及相关问题的考证

对作品进行深入解读把握的时候，并不是马上就解读这个作品，往往第一步工作是对作品进行辑佚，对作者的交游情况进行梳理，考证作家的生平相关问题。这里涉及古籍整理中很重要的一部分——年谱，如袁桷集后附的年谱。年谱是规范的古籍整理的初步，而且古籍整理一定是一个眼高手低的工作，所谓眼高手低，就是看着容易，批评别人容易，但是下手特别难。眼高是能看出错误，手低是自己的知识储备不够。标点涉及很多知识，最初级的是认字问题，里面大量俗体字、异体字要改为正体字。如出土文献整理就涉及字的问题，如果基本的字不认识，就无法下手。没事要多翻字书，如《说文解字》《说文诂林》《康熙字典》等。文科的学术研究是积累性的，靠的是个人独到的、日积月累的、不断地思索、写作的过程，这个过程往往是把古人的思想内化为自己的思想的过程，又随着年龄的变大而扩大视野。凡是带有“古”字的领域一定是靠积累的，一定是一步一步的，先从一个人做起，然后上升到一个时代，最后才能到宏观研究。如现当代专业，分析文本时一定要理解西方的哲学，如果不懂西方文学，就无法分析文本，这个分析文本就不能拿教材按照思想内容、艺术特色、后世影响这样的版式去分析，对文本的深入理解完全是依托于对西方文学的深入把握基础。如果读不懂康德、柏拉图，读不懂西方的现代学术或后现代学术，比如吉登斯的作品，是没办法深入做研究的。所以从这个角度来讲，各个学科都有自己的学术基本点和学术基本把握能力，而古籍整理的把握首先是识字问题。

识字问题解决后，往下就要解决标点问题了。标点一千字的古籍并不比写一篇一千字的论文容易。比如阅读别人的古籍整理，自己也想操刀，标点的时候才发现看不懂，很难坚持下去，没有想象得那么容易，如果容易就不会构成一个学科了，就不会是古典文献学的学科基础了。实际上，凡是涉及古字专业的学术，一定会涉及古籍整理。所谓单独的某个时代的艺术特色，在我这个角度看，就是伪学术，因为第一，没有基本的解读能力，凭什么断定它的艺术特色呢？怎么能分析其艺术特色？你能确定你的理解是古人的理解吗？如果这理解只是为了发表论文就算了，如果你对自己的理解言之凿凿，认为是一种定论，那这个研究肯定不成立。所以说传统的学术研究、古籍整理的初步一定会从年谱做起。

因为年谱解决了几个问题：第一就是知人论世，所谓知人论世，出自《孟子·万章下》："孟子谓万章曰：'一乡之善士，斯友一乡之善士；一国之善士，斯友一国之善士；天下之善士，斯友天下之善士。以友天下之善士为未足，又尚论古之人。颂其诗，读其书，不知其人，可乎？是以论其世也。是尚友也。'"① 知人是知道这个人的生平、交游及其政治态度，论世是旁及这个时代，知人论世就是中国最传统的学术研究的初步，然后构成了中国人对学术研究的传统，是累积性的传统，所以年谱是按照年、月、日的时间顺序对作者的生平进行梳理，这种梳理是纪传式的研究。因此知人论世就是做年谱的第一个特点。从清人钱大昕、罗以智等人的论述中，可以看出来年谱就是宋人确立的。宋人写诗文集后附年谱，就是为了知人论世，涉及对某个作家作品研究的时候，年谱往往就是一个初始。宋代吕大防《杜甫年谱》《韩吏部文公集年谱》，其编纂即为了解读杜甫诗和韩愈文的需要。名家年谱一般不会只有一种，都是累积性的，愈修愈多。陈垣也说："在做一个人的年谱的时候，其他人的年谱也做出来了。"做一个人就做出一个群体，最后做出一个时代，这就是我对知人论世的基本理解。这里就需要查找材料，因为查找材料的过程一定会涉及材料的真伪问题。如我作袁桷集、王恽集时遇到的问题就是他们的政治态度问题，王恽最早依靠王文统②及东平文士群体入仕，最后失去官职也是因为王文统。但是王恽特别想建功立业，所以在那几年中，王恽的年谱是空缺的，他没有说自己因何失去官位，他儿子也没有说到这个原因。我们就需要在找材料的过程中挖掘真相，年谱就是对一个人生平的全面展示，是一点点挖掘的过程，是经过自己考证后弄清楚的事实。挖掘之后，发现这和李璮事件有关。另外一个例子是刘因被后世打造为隐士形象，一般认为他不想入仕。后世说许衡路过刘因的家乡（今河北正定），二人有过交集，《南村辍耕录》："因谓公曰：'公一聘而起，无乃太速乎？'衡曰：'不如此则道不行。'"③ 后世很多人引用

① 万丽华、蓝旭译注：《孟子》，中华书局2006年版，第236页。

② 王文统（？—1262），字以道。益都（今属山东）人。元初政治家。中统元年（1260），被元世祖起用为平章政事，总管内外百司的政务。中统三年（1262）二月，李璮反元，王文统被认定为李璮同谋，与其子王荛一同被处死。

③ （元）陶宗仪：《南村辍耕录》，李梦生校点，上海古籍出版社2012年版，第20页。

来做研究，并且言之凿凿，但是经过考证，两人根本没有见过面。做年谱的人一旦习惯这种工作，就不会轻信任何材料，就会带有明确的考辨意识，对材料会有一种真切的把握力，这只能靠自己不断的训练。比如袁桷的父亲袁洪，和戴表元关系很好，和周密、方回都有一定的交集，并且和赵孟頫有一定的亲戚关系，但是袁桷在编纂自己年谱的时候刻意隐瞒了自己父亲投降于元朝的实情。宋代士大夫特别标榜忠义和气节。因为父亲投降，家里的地位没有遭到损失，因此袁桷才得以入仕，他在叙述自己父亲的历史时，就隐藏了这些历史，并标榜自己如何忠贞。袁桷一辈子特别想修史，比如宋史，但时人都看不起他，说你想修史，你把自己家族的历史都隐瞒得这么严实，你能修成什么样的历史？能修得客观吗？因此年谱的客观性非常重要。

（二）考察材料真伪的原因

在阅读材料的时候需要辑佚并辨清材料真假，辨别材料真假是第一步，第二步就是追问，学术研究最初的表现就是从追问开始。那么该追问什么问题呢？就是为什么材料会出现真伪问题。

第一，作者是否有意隐瞒，不仅是中国，西方也是如此。如果是有意隐瞒的，就很值得研究了。虽然史书讲究秉笔直书，但是到了个人的时候就不会这样了。尽管历史是客观的历史，但从学术研究的角度来讲，历史是作者主观意识的历史，历史是被打扮成这样的。特别是作者对自己家族功业的夸大，个人一定会追述、标榜自己先世的家业。这种拔高问题是中国典籍上经常看到的，韩愈经常为别人写碑志与墓文，抬高对方身份。《红楼梦》中秦可卿死后，贾蓉只是一个太学生，还没入仕，其父贾珍花了很多银子通过宫里的太监给他买了一个五品的龙禁尉。杜甫在写自己家业的时候，是出生于“城南韦杜，去天五尺”的杜氏豪门，可是传到杜甫的时候已经破败不堪，杜甫出生在巩义窑洞里，其时已经是贫民家庭。明清科举考试是要看考生的四代世系的，提供不出来是不能参加考试的。不能参加科举考试的有皂役、妓、衙役、军户等，因此就要隐瞒历史、夸大功业，让社会认同。如袁桷和赵孟頫的关系：袁桷的母亲出身于史弥远家族（宋代最有权势的家族），史弥远及其父亲都是宰相；袁桷父亲娶的第二任夫人是郑清之的后人，袁桷祖母赵氏出身宋代宗室，这样他和赵孟頫就有亲戚关系，他的交游网络巨大。袁桷在说自己祖先功绩时很有发言权。夸大有以下几个方面：其一，作者对材料的真伪问题涉及作伪和有意隐瞒，在年谱中例子很多。其二，其对家族祖先的发掘、梳理也会存在夸大情况，这也是中国的文化传统。其三，如果没什么可夸，便通过交游体现社会地位，比如王恽在夸耀自己父亲王天铎时，称其律试第一名，并谈及当时王天铎引他谒见元好问并拿王恽作品给元好问看，元好问就鼓励说做得好，王恽因此念念不忘，说早年得元好问的亲笔点授。此事便成为他的文化资本，而且这种印记不断夸大，成为王恽早期重要的文化印记符号，这就是年谱中很重要的一方面。袁桷说自己早年背景，他的父亲袁洪入元后，利用自己在元代做官的身份保护了一大批南宋的士大夫，其中有胡三省（《资治通鉴音注》作者，袁桷之师），文学方面袁洪聘任的是好友戴表元（南宋末年文坛代表人物）。另外因得到王应麟的赏识提拔，袁桷很早就在东南文士圈中确立了自己独特的地位。王应麟对宋朝的灭亡有不可推卸的责任，他是礼部尚书，曾知宝祐四年（1256）贡举，是文天祥的座师，宋代灭亡前夜，王应麟却逃跑了。但袁桷在编历史的时候，就不说自己老师逃跑了，而是有意选择了隐瞒。叙述历史时袁桷还说过一个人，并推荐他入仕，这个人便是张炎①。因为德祐元年（1275）张炎祖父张濡守独松关时误杀元朝国信使廉希贤、严忠范、柴紫芝，德祐二年（1276）元灭宋后追究此事，杀张濡并抄家，因此张炎从贵族公子变为平民，在至元二十七年（1290）张炎北上大都，袁桷给予推荐。因此做年谱的时候可以看出他们最真实的交往。另外，张炎所作《词源》标榜清空论，其实只有像这种文化世家才能有这样的思想。如清代明珠之子纳兰性德，所写内容都是我们无法接触的，如明珠喜欢纳兰性德学经，便有朱彝尊等人为之作《通志堂经解》。

第二，通过对年谱的梳理，可以得知其给谁做过序、诗、跋，这种相互之间的酬赠是我们分析二人之间真实交往最重要的材料。假如作品集子散佚，我们往往很难推测其交往；有的就不会散佚，如袁桷的《清

① 张炎（1248—约1320），字叔夏，号玉田，又号乐笑翁，临安（今浙江杭州）人，祖籍成纪（今甘肃天水）。祖父张濡，父亲张枢，皆能词善音律。1276年元兵攻破临安，张炎祖父张濡被元人磔杀，家道中落，落魄而终。

容居士集》和王恽《秋涧先生大全集》①。《秋涧先生大全集》是恽子王公孺编的，事无巨细，类似政府工作报告、私下的日记类也收入进去。马祖常的《石田先生文集》是经扬州路儒学刊刻的，王恽的本子也是如此，借此机会全收进去，无意中给我们留下了可供研究的丰富文献。当时真相是王恽与赵孟頫同在朝二十多年，都号称是士林领袖，但是两人集子中没有任何交往的信息，这就告诉我们元代南北方文士之间存在很深的隔阂。袁桷在大都任职三十余年，所交往的都是南方人没有北方的。因此我们可推测其政治态度与交游平台等问题。再如做苏天爵文集的时候，就应该挖掘他的交游，因为《元文类》中的文大多是他亲自见到这些人，亲自要的文章，他们之间都是认识的。这就可以看出苏天爵的观念。他标榜的是北方文学，收的文章都是北方大儒所作，从中可看出他的学术视野。

第三，历史评价问题。中国是讲究史的国度，中国的学术史从未断过。我们都标榜史要求真求实。为什么说"孔子作《春秋》而乱臣贼子惧"，就是因为书中把历史真实记录下来了。所以太史公自序中称自己"究天人之际，成一家之言"。一家指他自己的看法，但一家之言的前提是认为自己得到了正统天人的通识。这个史实是史学的见解问题，又涉及史学的评价问题，年谱就涉及谱主的史学评价和你对谱主的史学评价问题。一方面我们强调客观、真实的历史，另一方面又是主观的历史，因此谱主对历史的评价以及研究者对谱主的研究都是进入历史的语境中，就必然涉及对历史事实、历史人物的评价。年谱是很能体现研究者在材料的梳理过程中断定问题的能力的，能体现他们的史实认知水平，很多人做年谱的时候往往忽视这一点，如果失去对历史史实的评价和认识，这个年谱的学术价值就体现不出来。比如袁桷是在元泰定元年（1324）辞官归隐的，他自己没有叙述为什么，但此时发生南坡之变。这个时候袁桷觉得很恐怖，就辞官归隐了。泰定帝当皇帝的时候对元英宗时的史

① 《秋涧先生大全集》：100卷，王恽撰。作者字仲谋，号秋涧，卫州汲县（今河南卫辉）人，北方儒士。《元史》卷一六七有传。本书是了解世祖、成宗两朝政治、经济、典制及农民起义等的重要史料。本书常见有《四部丛刊》初编本，系商务印书馆当年据明弘治刊本影印。1985年4月，台湾新文丰出版公司编辑出版《元人文集珍本丛刊》亦收有此书，系据元至治刊本之明修补本影印而成，虽间有残损不清处，仍可供校勘文字之用，颇为珍贵。

实是深藏隐晦的，但袁桷在叙述的时候又不能直接说，只能隐晦地说。因此通过对谱主事件的梳理我们就可以推测出他真实的政治态度，这就是历史的评价问题。我们进行历史评价的时候要知人论世，既然要知人论世，就应该把要研究的谱主放在这个时代中，去还原、归纳、梳理，只有这样才能去评价，而这个评价一定会反映你对材料的解读和把握程度。

古人的年谱往往比较简略，现在见到的如袁仲晦《朱子年谱》、楼钥《范文正公年谱》、胡柯《庐陵欧阳文忠公年谱》、朱熹《伊川先生年谱》、顾栋高《王荆公年谱》等。从年谱的分类来讲，后人给前人编的年谱对后人当时来说也是自传年谱，因为从中最能看出他对某些事的态度。另外有自传年谱，还有家属编的年谱，还有其学生、后人补编的年谱，《王阳明全集》后边附录的有后人编的《王阳明年谱》。会读书的人一定会买后边附有年谱的书，这种书的学术质量更高，如果只有注释的研究是不行的。还有一种特殊的就是日谱，日谱应该是年谱的一种特殊类型，是介于日记和年谱之间的东西，如孙奇逢写的是晚年每天的反省、修身。如果说日记带有私人化性质的话，日谱就不同了。他把自己每天反省修身以及自己的写作都包括进去，所以日谱可以用来校正编撰集子的时间，因为有些集子没有写具体时间。如此就很权威了，因为是他自己编写的，不会错。东亚学也有年谱的撰写：传到日本以后，日本人也编年谱，如沈约、王勃的年谱都是日本人铃木虎雄编的。我们要研究一个人的生平，要查谁做过关于他的研究，可以翻阅《北图年谱丛刊目录》，还有王云五编的《中国名人年谱集成》，他把搜集到的古代和现代的年谱编成一书方便查阅。后世为了提高儒学的价值和传统，如孔子、儒家的门派弟子，其弟子的弟子把他们的世系、学术情况都收录了，这就叫儒学年谱。另有复旦大学章培恒先生《洪昇年谱》，收录了洪昇的生平、事例。做年谱涉及历史评价。编年谱的时候若只是按年罗列不下按语，那只算年表而非年谱，因为不涉及评价，而做年谱一定会涉及大量的评价。自传年谱特别多，如黄宗羲《黄梨洲自传年谱》、钱大昕《竹汀居士年谱》、王士祯《渔洋山人自传年谱》，可以发现这种年谱到清代以后越来越多，越来越详细。以上是对年谱理论的把握。

三　年谱的具体做法

第一步，确定凡例。一般来讲我们是以干支纪年的年月日来算的，以陈垣的《二十史朔闰表》为准。确立凡例以后，要按照年月日来编撰，我们把一年发生的政治、社会事件先放在前面，出处要看《续资治通鉴》和正史中的记载，要交代清楚。比如《袁桷年谱》是以《元史》和《续资治通鉴》为主的。《孙奇逢年谱》是以明末清初的历史事实为基础的，孙奇逢是个重要人物，国家发生的大事肯定与他有关。与谱主本身密切相关的重要时间节点一定要罗列，如元代实行科举制那年，袁桷是考官。延祐二年（1315）首开科举，知贡举有李孟、张养浩，考官有元明善、刘赓。

第二步，涉及谱主的交游，他交往的这些人如果在《元史》或历史事实中有记载，直接用正史中的史料还不行，正史中的史料不是第一手的，比如新旧《唐书》就不是第一手的。但是这些书给我们提供了线索，我们通过这些线索可以查到谱主的行状、碑志、墓志铭等，墓志铭上的生卒年一般不会记错，如袁桷的生卒年在《元史》中的记载是错的，出生时间和去世时间都错了一年。他的墓志铭记载在《滋溪文稿》“元文清公墓志铭”中，是袁桷的儿子让苏天爵写的，他提供的其父的生卒时间肯定是对的。墓志铭是第一手线索，它提供了准确的基础材料。除此之外，我们还要翻谱主的集子。

首先要把他交往的人进行分类。第一种是按照谱主的生平时代进行纵向的划分，这个划分在于可以分为入仕前、入仕后、退隐后三个时期。将他交游的人进行归类，分类后就可以看出他交游的人都是哪些类型的。第二种是按地域分，比如是江浙人还是河南人，以谱主的地域为中心，看他交游的人是不是本地人。比如他在北京入职或在福建入职，那么这些地方的交往要归纳全。通过这种划分可以看出交往的特殊性。第三种是按交往、酬唱的作品分，看哪些人和他酬唱的最多。从理论上讲书信来往最多的是交往密切的，这种一般要么是同僚，同朝入官的，要么是师生，这样他的交往圈子就得以确立，确立之后就可以评述。只有交游做出来后才能知人论世，只有经过从时期、地域、作品三个方面去分析，对谱主的经历逐步熟悉加深后才能进行评价。交游还可以按照身份来划分，古人大部分是要入仕的，故可以按照身份类别识别，如同道（都是入仕、没有入仕的）、师生圈等。中国古代还有一个特殊群体，他们文化水平往往比较高，即方外群体。同僚中有纯粹做官和文士做官（有文集）的，可以从文集中看出他的日常生活是否有助于辑佚，比如有些人有现存的集子，但有些人的集子只有一篇，其余散佚，但是《全唐文》或者《全元文》又没收，此时就可以通过别人的文集归纳。要重视出土墓志，墓志里往往能提供很多信息。比如卫辉出土了很多王鹗写的太一道信徒的墓志，可以拿来辑佚。再如王恽的墓志铭、碑文，其中的《太虚观碑》是赵孟頫书丹、王恽作文，这和王恽集子里收的不一样，说明碑立的时间早，集子收文的时候就改动过了。这样可以看出作品的流传过程，因此年谱就是探案、辑佚、归纳的过程。除了通过正史以及同代人的集子来查交游，还要注意地方志。要考证谱主交往的人的生平，地方志中往往存在相关信息，如去哪里当过官，地方志往往有记录，如果地方志也没有，去小说笔记里找，如果还没有，就找和他同时代的人的集子，因为古人交往是网络化的。如研究袁桷和赵孟頫的交往，赵孟頫资料短缺，可以从方回的集子里找到关于他的材料，这就是由一点旁及其他，这样在对材料搜罗的过程就对谱主的认识逐渐清晰起来了。虽然有电子资源库，但是并不全，还是要多看材料，甚至是僧藏、道藏材料。因为有些序跋没有收，但在僧道录里可能有。还有如各地出土的墓志里也有很多新的材料。此外还涉及学术谱系，即其师承渊源。我们可从中得到一个世系图，如果这个人还是比较著名的文学家或理学家，就一定有世系，如老师是谁，座师是谁，同年是谁。国家考进士后有同年录，如查宋代同年录时就查到了文天祥的老师是王应麟，录了文为状元第一名。马祖常是苏天爵的座师。马祖常廷试是第二名，其弟是第一名，其出身状元家族，是西域贵种色目人。

第三步，作品系年。碑志、墓志、叙录会交代年月，不需要考索，底下有出处。很少有诗写系年，此时需要对诗进行考证并系年，因为这是对谱主生平进行深入理解的过程。要考证出诗的作者时代，哪一年，给谁写的，背景是什么，这样才能写笺证。后附参考文献，要注意格式。参考文献有两种编排方法：按经史子集的顺序编和按经史子集内部重要性来编。例如集部把研究谱主的集子放在最前，然后是交游的集子，地方志列史部，经部就按时代先后，谱主交往的人的集子要罗列，还有后世的人对其研究的书也要列于后。

第五节　古籍整理与藏书

一　古籍整理是一种特殊的学术技能

如果我们把古籍整理看作一个技术手段，很少有人去考虑其产生的因素。比如我们讨论清代学术发展的时候，其中很重要的就是清人的古籍整理事业，或者说清人古籍整理的水平达到了中国古代古籍整理方面的巅峰。梁启超的《近三百年学术史》中专门有单篇说清人的古籍整理。我们后世在论述的时候往往说清代文字狱的政策导致了清朝人的学术内转，而这实际上是不成立的。其实包括我们讲宋代人的古籍整理，又说宋代人的文化事业发达，但文化事业发达可以从事很多方面，为什么偏重于古籍整理呢？比如说古希腊歌剧非常发达，经济繁荣促使了歌剧的产生，这个理由怎么才能解释这个现象呢？显然我们在看这些现象时就要思考：这个学科是怎么产生的？

如果说古籍整理专业是一个技术专业，那通过训练的工人可通过技艺一直不停地练习，以达到一个技能的高峰和专业水准。比如说木工、中国古代的画匠，可以通过训练达到高峰。但你很少听说从事哪一行业的工人通过训练慢慢达到古籍整理的专业水准，很显然古籍整理不是一种技能。如果一定要用“技能”二字来概括古籍整理的性质，那它也是一种特殊的学术技能，它的特殊性决定了它的层次。如果将其单纯看作一种技能，则看低了它的水准和要求。它的特殊在于它需要有相当多的知识积累，这些知识积累来自目录学、版本学、校勘学知识，并且这些知识或缺一点就不可能从事古籍整理。到了清朝具备了所有的条件，所以才会产生相当辉煌的古籍整理成果。

我们再看古籍整理这门技艺，很显然它需要有很深的学术素养做积累，也就是说一个学科能够成立，它是有其哲学背景和哲学思想的。那么它的哲学思想从哪里来呢？清人进行了总结。除了刘向、刘歆父子的古籍整理思想外，还有《文史通义》所确立的原则，倘若没有这些哲学思想作为学理支撑的话，古籍整理不可能成为一个成熟的专业。所以我们说技能是一个体现，那其背后的支撑是什么？我们要有一种学理性的思考。

二 古籍整理的“多样化”

我们所说的古籍整理不仅仅是一种简单的标点。市面上很多便只是将专业混杂在一起，把标点简单化。那么清朝人没有标点是怎么整理的？很显然标点不是衡量古籍整理的一个尺度。如果把古籍整理简单理解成标点，那就说明对这个学科不了解。

我们把古籍整理当作一种注释就行了吗？在标点的基础上进行注释，这显然是一种学术上的推进。但在注释时我们就会发现一个涉及内典和外典，也即古典与今典的问题。通过《辞海》和《辞源》这一类的工具书，或者借助现代工具书查找这个词的词源意义，这个是可以做到的。可问题就在于这个词的典故所指的意象在某一诗文中所表现的内涵的具体所指到底是什么？这个难度就很大。第二个层次是这一诗文写的对象是什么？它的心境是什么？它所指的范围是什么？通通需要查考。在查考的过程中你会发现难度又增加了，又推进了一层，这就涉及作者的生平问题、交游，所以当我们从这种角度去看这些问题的时候，你会发现古籍整理是一个终端，是你所有工作链的终端。这个终端就体现在它到最后是一个符合现代人眼中的成熟规范的书，这个终端是以一部书的形态展现的。实际上它暗含了很多内容，比如说你要解决的这本书的版本、作者生平、交游、作品的诗文系年等问题，实际上论文选题也是从这些方面入手的。最后是后世的评价问题。当明白这些环节之后你就知道你所从事的工作处于什么地步了。

我们很多人在进行研究的时候往往没有古籍整理的概念，就不清楚所从事的环节，换句话说，不清楚自己为什么要写这个作品的年谱，不知道为什么要写这个作品的版本问题。实际上你所做的一切都是为了后面的工作做准备的。倘若没有前面的一系列的普查，就不会有后面的作品形态的产生。从这个角度来讲，我们做的这个工作是没有终端的。所谓没有终端在于它不会告诉你这个工作什么时候做完。因为随着你的人生阅历的增长、知识量的增加，你对这个作品的理解具有了无限意义的可能性和作品阐释的丰富性，这样你去解读作品的时候往往会有新的想法。所以我们以古籍整理为面目往往会呈现一个多样化的特征。即使同样一个人对这个作品的解读也因为阐释者的理解不一样而导致具有多义性和多样性。倘若没有这种多义性的面貌，后世就不会有那么多人注释陶渊明，从而使陶渊明形成了一种专门的学问。从理论上讲，陶渊明诗歌就那么几百首，数量是有限的，因为不可能在某个地方突然又发现陶渊明的几首佚诗。从它的产生起，陶渊明的作品的数量是恒定的，但是你会发现解释者是无限的。作品数量的恒定和解释者的无限就使陶渊明的作品在后世的累积过程中形成一种专门的“陶学”的阐释。每一代都在对陶渊明的作品进行阐释和整理，那从理论上讲，既然已经整理好了为什么还要再进行整理呢？很显然阐释者都在追寻与陶渊明本人的意图的重合性，都认为自己更接近陶渊明作品的原意。事实上，从理论意义上讲这是一个无限区间的可能性，你不可能认为你做的是封闭的阐释，因为陶渊明不可能跳出来说我这个作品的原意是什么。所以从这个角度来讲，我们所做的古籍整理的工作是没有终点的。同样道理，我们对杜甫诗歌作品的理解也是如此。为什么会形成千家注杜诗？注就是一个整理过程。杜诗的文本数量是恒定的。但是为什么那么多人对它不停地注呢？实际上古人在对这个作品进行整理的过程，就是不断塑造杜甫的过程。

三　古籍整理——一种学术史的塑造

所以从学术研究路径上讲，古籍整理塑造出来的不同面貌，第一个是作者本人的原貌，第二个是注释者对这个作品的原貌进行的改编，第三个是注释者的注释对这个作品的改编。从这个角度上讲，古籍整理就存在一个很严重的悖论问题，就是我们一方面讲要保存作品的原貌，而从理论上讲保存原貌的最好办法是拍照处理，为何还要进行整理呢？另一方面一旦进行整理就不再是原貌了。这就是一个很严重的悖论。恐怕阐释者本人就没有想清楚自己所说的原貌是什么。因为拍照、影印是最好的保持作品原貌的办法，所以古籍整理的悖论就在于整理即不是原貌。古籍整理所做的就是一种“改编”，这种改编是一种很重要的学术性质的改编，在不断的改编过程中使古籍得以重生。换句话说，后人正是在不断注解、阐释、整理的过程中使陶渊明、杜甫这一类人的诗歌价值发生了重大变化，审美风貌发生了重大改变。这个改变就是由注释者本人所进行的活动，只不过注释者本人并没有意识到他在进行这种改变。因为一旦进入整理的过程，就进入了学术史的塑造过程。所以说古籍整理是一种特殊的技艺就在于此。它的特殊在于与学术保持紧密的联系，而且学术水平的高低制约了古籍整理水平的高低。比如木匠的工作就是把木头雕琢好，做成一个器具，这里面不暗含很深的学术活动，他不需要知道木工史、材料发展史。但是我们如果做古籍整理，你要说它是一种一般技艺的话，很显然就是一个错误的理解，因为这种技艺需要对学术发展史的谙熟。

法国史学家布洛克①在其著作《历史学家的技艺》② 中讨论了成为一个历史学家需要具备什么因素。很多人说从技艺的角度来理解我们的古籍整理活动和文献学，很显然是错误的。布罗代尔③从大的历史观、大的历史格局和风貌去研究地中海的变迁，他实际上也是在进行历史文献的整理中过程中发现材料。另外，英国的历史学家吉本④也是在对历史文献的整理过程中来研究罗马史的，其史学名著《罗马帝国衰亡史》影响深远。从我自己的学术路径上看，我是在对袁桷集、王恽集、马祖常集和许有壬集的整理过程中，才发现了元代的历史风貌远远比我们想象的要复杂得多。

四 “强迫阅读”与学术“祛魅”

古籍整理中标点是初步阅读的一个过程，自己标点然后阅读和拿别

① 马克·布洛克（Mare Bloch，1886—1944），年鉴学派创始人之一，法国犹太裔史学大师。著有《法国农村史》《奇特的溃败》《封建社会》《历史学家的技艺》和《史学论文集》等书。20 世纪末法国出版的《历史科学辞典》称他为“本世纪两到三位最伟大的历史学家之一，或许，是他给予了历史科学的变革以最具决定意义的也最为持久的影响”。

② 《历史学家的技艺》：法国历史学家马克·布洛克著，这本书被誉为“年鉴派史学的宣言书”。年鉴学派，是对第二次世界大战后的整个西方学术界产生了巨大影响的一个学派，其观点是史学毕竟不同于自然科学，后者具有可重复性，而历史一旦流走便不再回头，时间、空间都无法再次交汇。由此观点出发，布洛赫提出了一种全新的史学观，这便是其写作《历史学家的技艺》一书的主要动因。布洛赫的新史学观，是一种“大历史观”，强调从长时段考察人类历史中的种种变迁及其原因。

③ 费尔南·布罗代尔（1902—1985），法国历史学家，年鉴学派的第二代代表人物。提出了著名的长时段理论。主要著作有《菲利普二世时期的地中海和地中海地区》《法国经济社会史》《十五至十八世纪的物质文明、经济和资本主义》及《资本主义论丛》。

④ 爱德华·吉本（Edward Gibbon，1737—1794），是近代英国杰出的历史学家，影响深远的史学名著《罗马帝国衰亡史》一书的作者，18 世纪欧洲启蒙时代史学的卓越代表。

人点过的标点去阅读是两个概念。标点的过程是一个学术“强迫阅读”的过程。这种学术“强迫阅读”使你在阅读过程中产生对文本的深层次理解，同时这种深层次理解又在不断地强化你的记忆。这种记忆过程又不断冲破你对文学史的了解，冲破文学史为你塑造的文学范式。实际上我们对学术的研究往往是被文学史塑造出来的，只不过我们每个人身处其中而不自知。每个人都说自己熟悉杜甫，对杜甫诗歌忧国忧民、爱国主义的诗歌特色有初步研究，实际上仔细想想就会发现你对杜甫的了解主要停留在文学史和中小学课本所告诉你的杜甫，而这个杜甫很显然是教材塑造出来的。倘若你通过经典的强制性阅读，这个阅读就是通过点标点，把杜诗点一遍的过程中，你会发现杜甫的形象和文学史中所塑造的形象根本不一样，杜甫的形象塑造的风格范式要复杂得多。所以古人在强调阅读时有一个词叫“校雠”，这个“校雠”就是强制阅读的一个很重要的活动。颜之推说过一句话叫“观天下书未遍，不得妄下雌黄”。雌黄就是点标点，观的过程就是强制阅读的过程，通过强制阅读你才对事物有一个判断，在这个判断过程中你要清理自己头脑中的“先见阅读”，“先见阅读”就是一种预先判断。这种预先判断假如是一种“前见”的话，那么这个“前见”的过程便来自文学史和教材对你进行的塑造。所以要想真正进行这种强制阅读的古籍整理的学术活动，还必须把自己的“先见阅读”和“前见”去掉，这个去掉的过程就是我们讲的学术活动的“祛魅”过程，如果完不成这个步骤就根本谈不上学术研究。因为你总认为自己已经进入到学术活动中，但是实际上你还处于离学术活动很远的地步；自己没进入学术的迷宫里面，可是又自以为已经到了学术的顶峰了。更不要说已经站在巨人的肩膀上，那是另外一回事了。

五　藏书与古籍整理的关系

为何说古籍整理与藏书有关呢？中国是有着悠久的阅读传统的国家，也是一个有悠久藏书史的国家，中国的藏书传统甚至可以写出很长的藏书史。但事实上很多人在研究藏书史的过程中始终就没有将其和古籍整理联系在一起。

为何中国历来那么多文人士子热爱藏书活动？这始终是人类自身的一种习性之谜，这个习性在于：一个人完全可以喜欢珠宝、房子或别的东西，但藏书这种爱好如何能够在中国有很深的传统？这个问题其实是很难讲清楚的。这可能与中国人历来的读书习惯相关，但这也无法解释之前的问题。动物在学习某种技能的时候不需要依靠长时间的阅读，而是靠着上一代的动物引导下一代的动物，是一种通过练习的直接性的获得。但人类在技能的获得过程中则需要漫长的积累，而这种积累又跟历代的藏书活动联系在一起，倘若没有这种藏书活动，就不会有技能的获取。

因此，可以在一定程度上得到这样的结论：第一，藏书本身就伴随着权力。这个权力在于：如某人获得了某种地位、身份，但藏书这种活动则伴随着很重要一个特点，那便是知识的垄断。这种知识的垄断在于，某人通过收藏的过程对知识进行了一次系统的研读。因为如果收藏书籍的量少的话，还不涉及图书的分类，而如果收藏的品种比较丰富的话，那就必然会涉及图书的分类。所以说，图书的分类实际上就是一种知识系统的重新打乱与再整理的过程。如果按照这种思路去研究，我们便会发现很多问题都和收藏有很深的关系。

随着历史的发展，书籍必然会越来越多，在这种过程中必然将会涉及愈加详细的分类，目录学自然而然就产生了。在收藏的过程中必然伴随着很多书籍随时代发展、刊刻人不同而发展出了不同的版本，这就自然而然产生了版本学的学问。所以从刘向、刘歆父子进行的版本学研究，一直到章学诚进行的版本研究，进而到版本学上的集大成之作即叶德辉的《书林清话》，从此书便能发现版本学的产生与书籍的收藏有着密切的关系，刘向、刘歆父子利用的便是当时的官府藏书，章学诚和叶德辉都是私家藏书。但无论是官方藏书还是私人收藏，都有助于版本学的产生。所以从藏书的角度来看待问题，就明白了版本学产生的很重要的一个原因。所以从这种角度来看，中国古典的很多知识（包括古籍整理的知识），在阅读的过程中，不能把其当作是静态的，实际上它是一种动态的过程。动态的过程表明偶然的某一次活动可能会促使一门新的学科或学术领域的出现。因为有了目录，有了版本，因此在藏书活动中，在对各书籍进行比照时就必然涉及另外一门学问，就是校勘学。实际上校勘学产生于经学，那么经学的收藏过程中需要很多专业知识的配合：文字、音韵、训诂等。从这个角度来讲，藏书的盛衰也决定着古籍整理质量的好坏。

所以，若某个朝代书籍能够大量印刷、传抄古籍，那必然也是古籍整理的一个高峰期。这便是为何到了清代能产生很多重要的典籍。特别是清代标志着古籍整理达到高峰的王氏父子的《读书杂志》《经义述闻》，在王氏父子的时代，地下出土文献很少，但王念孙、王引之已经根据其所收藏的不同版本的图书进行校勘，来进行古籍的“还原”。实际上，王氏父子的读书与今天所谓之读书大有不同，他们的读书实际上就是进行古籍整理的过程。因此，王氏父子时便已经出现了“四校法”的雏形，后来的陈垣只是加以完善而已，这些活动都和收藏图书的活动相关。所以，倘若没有收藏的前提条件，进行古籍整理工作会是一项很困难的事业。

六　孔子和朱熹的古籍整理活动

中国古代有几次很著名的古籍整理，推动了中国古代学术的发展。第一次就是孔子，我们在讲孔子的时候，往往忽视了其在古籍整理事业上的贡献，倘若没有孔子对《诗经》的编纂和对《易》《春秋》的整理，就不会有经学的发展，也不会有儒家思想的产生。因为从“儒”到“儒学”，其中一个很重要的因素就是文本的恒定，因为在从“儒”到“儒学”的发展过程中，必须要有一个很权威的文本提供支撑。虽然在孔子之前这些书就已经存在且研读者颇多，但能够进行古籍整理的只有孔子一人，实际上正是孔子为后世的古籍整理确立了规范和典范。当然，那个时候还不具备我们今天所谓的现代意义上的学术的概念，现代意义上的学术概念指的就是按照我们今天所确立的目录、版本等学科概念进行工作。但孔子已经有意识地通过他所进行的工作提供一种规范化的文本，一项典范化的工作流程。再加之其后世弟子对儒家的发扬光大，这就使儒家成为中国两千多年来的一个系统的学说。在这个过程中，也形成了孔子的系统的思想，如我们常说的中古论等观念即是对孔子时代的一种追溯，这也在后世学术发展过程中对中国古代的学术观念产生了重要的影响。所以我们在讲孔子或者儒家的时候都应该追溯至孔子所进行的古籍整理工作，倘若没有这一点，就不能称得上是以动态的视野、以发展的眼光去看学术的走向。所以说在从儒到儒学、从经到经学的发展过程中，复杂的古籍整理活动起着非常重要的作用。从这个角度来讲，如果没有孔子所进行的这项活动，就不可能有后世相关学术的成熟。换句话说，孔子通过古籍整理的活动使文献流布得以形成。

文献流布的进行从好的方面来看是提高了阅读的便捷性，为我们提供定本；但这种活动也使我们的阅读被限制在某一框架之内。所以反观《圣经》，在那些传道士对其进行解读的过程中，《圣经》也不是一次就形成的，而是从《旧约》《新约》逐步定型的，到詹姆士的时候才进行了《圣经》的定型化工作，这才完成了对《圣经》的古籍整理。而后世许多人就是根据《圣经》进行阐释的，所以伽达默尔①才对《圣经》的文献进行词源性的考察来追寻人的思想和意义是凭借什么得以存在的，东西方在这个交汇点上是一致的。孔子在做这项工作时并没有意识到它的价值，而我们在进行价值和意义评判时往往是根据现代学术规范进行的。其实价值和意义是预设的，不存在一个恒定的状态；同时它也是我们所赋予的一种概念。从理论上讲，某书经过孔子的加工、整理而成为我们今天看到的面貌，其实不需要我们去证明其价值，因为这个书能够成型放在这里本身就具有价值和意义。事实上我们又不断赋予其价值和意义，实际上是为了把孔子纳入我们现代意义上的学术规范当中来。

第二次就是朱熹。朱熹在进行很重要的思想阐释的时候都是通过古籍整理的工作进行的，所以朱熹首先不应该是一个理学家，而我们今天恰恰是以理学家身份去衡量他的，却往往忽视了他在古籍整理方面的贡献。朱熹一生最大的贡献就是进行了第二次系统的古籍整理工作。当然与朱熹同时代的陆九渊的地位非常之高，陆九渊的原创性是朱熹远远达不到的，从这个角度看，陆九渊是一位真正的哲学家，因为陆九渊提出的“六经注我，我注六经”的争论本身就具有哲学意义上的颠覆性，它使人摆脱了经典的桎梏。但是陆九渊并不是作为一位文献学家或古籍整理者的身份而出现的，他更符合现代意义上的哲学家的身份，王阳明也是如此。所以陆九渊思想上的创造性要大于朱熹，他进行的这种创造特别是在中国这样一种层层累积性的学术传统下是非常难的，陆九渊这类人在中国学术史上存在本身就是一个奇迹。

---

① 汉斯－格奥尔格·伽达默尔（德语：Hans-Georg Gadamer，1900—2002），德国哲学家。1960 年，他以 1960 年出版的著作《真理与方法》（*Wahrheit und Methode*）闻名于世。

朱熹就不一样，从学术贡献的角度来讲，朱熹则要高于陆九渊和王阳明。因为到朱熹时代，儒学经典应如何发展？虽然经过孔子系统整理，每个人阅读的经典具有了一致性，但是对注本而言，则又需要一个典范的、恒定的注本。到底一个儒生要读哪些书？这些问题在朱熹之前并没有一个明确的答案，几次三番科举制的修改也恰恰反映了这个问题。虽然原著是恒定的，但注本完全不同。王安石进行过注释工作，苏轼也进行过这项工作。朱熹在教学过程中，也进行了他自己的文献阐释工作，而且是有意识地系统清理。比如他喜欢《诗经》，于是便整理出了《诗集传》；① 他喜欢《楚辞》，于是便对《楚辞》进行了系统化的整理。而且《诗经》与科举制尚有关联，而《楚辞》则与科举并无任何关联，这完全是出于朱熹的个人偏好。所以为何喜欢藏书是无法讲明白的一个问题，假如说炫耀是其中的一个原因，那只能说是收藏家，而不能说是藏书家。准确来讲，藏的过程必然要伴随着阅读的过程。朱熹写《诗集传》《四书章句集注》的过程就是他进行古籍整理的再创造的过程，这个过程就是定本产生的过程。他独有的范式在于，既注重章句训诂，但又不限于章句训诂的泥潭，在章句训诂之外还要加上自身的理解，实际上朱熹开启了宋人的注经传统。如果仅仅及于此，朱熹也不可能成为一位伟大的学者，朱熹的伟大还在于：他直到晚年还在修订《四书章句集注》，这就是一项更加伟大的定本工作。四书在之前就已经分别存在了，但直到朱熹这里，才真正完成了其定本的过程。这在朱熹时代，是非常了不起的工作，我们从四书里面可以归纳出很多古籍整理的范式，它确立的原则、篇章序录、结构、每一篇如何注释、用的规范的术语等，都能在《四书章句集注》中找到范式。我们今天所进行的工作往往是言谈高义，往往运用很高深的术语、很宏大的叙事命题，但却往往不踏实地去分析朱熹究竟用了哪些古籍整理的方法去阐释字词，从而力图揭示孔子原意。实际上，如此繁多的工作，是由朱熹进行了系统化的规范。而且，从中能

---

① 《诗集传》，简称《集传》，共二十卷，为《诗经》的研究著作，南宋朱熹撰。《诗集传》以朱熹的《诗》学大纲统摄一切，诸如“淫诗”说、“思无邪”说、《风》《雅》正变说、《二南》说乃至体例的改革等，无不依大纲而行。这些完全改变了汉人以《诗》为美刺、为谏书的传统，将理学的涵泳道德、修身齐家，作为读《诗》的最终目的，在当时确有其现实意义。

发现，他在联系的过程中，既不妄评古人（他没有完全否认郑玄的工作），同时又进行了新的工作，在进行新工作的过程中，朱熹又能时刻把握一种度，这一点特别了不起。读书的目的在哪里？朱熹告诉后人是明理，而明理又是为了什么？章句训诂是桥梁，通过这座桥梁，朱熹进行了一个对经典的贯穿工作。后人在读《四书章句集注》时便会发现，它是一个巧妙而复杂的系统。所以从这个角度来讲，朱熹在做这项工作的时候，并没有想到自己所做的工作日后会成为科举教科书。如果他事先就能想到的话，他必定不会从事这项工作了。但他做的这项工作实在已经发生，而且对我国的学术发展起了很重要的作用。倘若没有他进行的典范工作，后来的科举制是什么样的面貌是无法想象的。无论后世承认与否，实际上都是沿着朱熹的路在走。无论是肯定或者否定朱熹，都无法回避这个问题。明末清初的黄宗羲、顾炎武、王夫之如此，孙奇逢亦是如此。到了民国初年的学者们那里，也是在否定朱熹的学术路径的过程中获得新的存在和观感，不论是胡适还是鲁迅。

七　藏书催生出古籍整理

中国古代有悠久的藏书传统，从以官方研究最后总结成书的《汉书·艺文志》《隋书·经籍志》《旧唐书·经籍志》《新唐书·艺文志》，到明代《永乐大典》的编纂，实际上都是以丰富的内府藏书为依托的。这种藏书系统催生了中国古籍整理事业的发展，这个传统从《汉书·艺文志》开始就已经明确了。因为从《汉书·艺文志》可以看出来不同的书有不同的版本、卷数，那么刘向、刘歆父子在整理时就需要将繁杂的内容进行整合，而这个整合的过程就是古籍整理的初步工作。

以《永乐大典》的撰修为标志，作为最大的一部类书，它编纂的原则实际上是对古籍整理打乱以后的重新分类，它与唐代的《群书类要》从某个程度上讲是一个类型的。从《永乐大典》的分法上来讲，它是立足于能否对教化、统治产生一定作用的方面来进行分类的。

到了清代的《四库全书总目》，很多人没有从藏书的角度来看待古籍整理，《四库全书总目》实际上是中国迄今为止最大规模的一次古籍整理，也是一次古典学术的整理。因为古籍整理才催生出中国一部很重要的目录，即《四库全书总目》。在我个人看来，《四库全书总目》的意义和重要性要大于任何一部目录书。因为我们个人编纂各种总目实际上都是有偏向的，一是由于财力，二是由于目力。以个人的经济实力不可能致力于全部的收藏，也不可能有这么大的眼力去读这么多的书。乾隆年间凭借政府的意志和力量撰修了人类历史上最大的一部丛书，并且这部丛书的最大意义在于它的全。从它的编纂和汇集的过程中催生出来一部很重要的学术著作，即《四库全书总目提要》。这个提要是我们研究中国古代学术史和思想史的一部很重要的著作，也是我们治学的重要门径，实际上我们今天所见的文学史、史学史和思想史，都能从它的经史子集的分类中找到研究的依据。余嘉锡的学问就是一辈子精研《四库全书总目提要》，才写出来了《目录学发微》和《古书通例》这样两部划时代的著作。如果我们从藏书的角度去看，就知道《总目提要》的意义所在。

当然我们说《四库全书》在进行整理的过程中进行了有意地删改和焚毁，这种现象在中国各朝各代是一个屡见不鲜的现象。事实上很多典籍不会因为你不收录就不流传。《四库全书》的意义在于它具有很强的官方约束性和制度性。任何一个统治者都有他的明确指向，我们应当以一个很客观的态度来看待这个问题。虽然很多学者到了清末民初以民族性的立场来看《四库全书》的撰修，但以我的角度看，最起码在我使用的过程来看，《四库全书》所收之书还是有很大的可行性、可信性。我们今天所使用的由《四库全书》转化成的电子资源，都是《四库全书》给我们提供的便利。它基于政府和民间的私藏而形成，也一步步形成一个严格意义上的学术史。今天来看，单独的《四库全书总目提要》就可以作为我们学术研究的范式。

在《四库全书》之前还有一部大型类书，即由铜活字印刷的《古今图书集成》。这部书所依据的材料都是我们常见的材料，比如说它的序、分类和编纂原则，实际上是在《永乐大典》确定的凡例的基础上进行的。很多人忽视它的学术意义和价值，实际上《古今图书集成》为我们提供了哪些用处呢？比如保存了对艺术类和图表研究的一类书，因为我们在研究中需要用到古代的图、图例，这时《古今图书集成》的价值就凸显出来了。这一类书编纂的一个特点是依据中国古代官府的藏书传统。

实际上中国的古代典籍，从《古今图书集成》到《四库全书总目》，都是依据官方藏书。古籍整理不存在没有经过原貌的改编。文字通过第二次传抄以后就会发生变化，只不过变化的程度不一样。所以说中国官方藏书、刻书的传统深刻地影响了中国的学术走向。而官方刻书的传统主要是以经学为主。中国的经学、儒家的典籍文献保留甚多，主要就是依靠官方的藏书、刻书传统才得以流传下来。

如果看私家藏书，宋代的四大目录中除了《崇文总目》是官方的之外，尤袤的《遂初堂书目》、陈振孙的《直斋书录解题》和晁公武的《郡斋读书志》均依靠私家藏书编纂。宋代的官方藏书目录与私家藏书目录相比，反而是私家藏书目录具有更强的学术性，就在于它们有叙录。叙录是非常严谨的古籍整理文献。我说过古人的思维范式和今人是不太一样的，比如我们今天是严格按照学术类型、学科分类而产生相应的学术成果，古人却没有我们现在的学术体制，完全是根据自己的藏书写成藏书目录。宋代的四大藏书目录能够流传下来实际上都是根据其私人收藏所见。

元代的袁桷，家中四代藏书，他也写了一个藏书的序，但是他没有对自己的藏书写这种藏书目录。所以我们如果看元代的典籍的话，很少能看到元代的私人藏书志。有一本在后世很著名的书，叫《四明谈助》[①]。《四明谈助》这本书记载了各种典籍丰富的发展情况，但实际上没有出现叙录这种严谨的藏书志。元代的藏书和刻书事业都非常发达，我们现在讲的宋元版刻、宋元刻书，实际上更多的是元代的刻书。元代的刻书相对而言还是比较容易见到的，特别是元代的官府刻书。比如说元代的马祖常的诗文集、王恽的《秋涧先生大全集》，都是通过官府出资来刊刻的。元代的藏书事业、刻书事业看似很发达，事实上在学术上没有催生出来什么成果。

明代的藏书事业与相应的古籍整理方面，主要体现在明代的藏书有了明确的意识，而且明代的藏书以及相应的目录著作都是集中于明代中晚期的江浙地区，除了我们熟悉的宁波范氏的天一阁外，[②] 还有福建徐氏

---

① 《四明谈助》，清徐兆昺著。

② 天一阁，位于浙江省宁波市海曙区，建于明朝中期，由当时退隐的明朝兵部右侍郎范钦主持建造，占地面积2.6万平方米，已有400多年的历史，是中国藏书文化的代表。范钦所收藏图书以方志、政书、科举录、诗文集为特色。天一阁是中国现存最早的私家藏书楼，也是亚洲现有最古老的图书馆和世界最早的三大家族图书馆之一。

红雨楼、[①] 钱谦益的绛云楼,[②] 这些人都是有明确的藏书。明人私人藏书有一个特点，有专门收集小说的，即收藏的书就是以小说为主的文献；也有像是天一阁集中于稀见的科举史料和地方志的收藏的。当时这种收藏不具备什么独特的研究价值，因为从学术的研究范畴讲，收藏仍然是集中于传统的经学这个人们所关注的学术热点，很少有集中于其他研究的。从私人藏书集中于这些我们不注意的此类文献中发掘，才催生出来像明代的《闲情偶记》《百川书志》和《石匮书》[③] 这样的典籍。现在我们来看，倘若没有私人家依据自己的兴趣收藏，就不会催生出这一系列的典籍。他们的这种收藏本身就是一种学术活动，这种学术活动和他们的整理密切相关。

到了清代，我们往往说清朝人的学术就是以乾嘉学术为代表，梁启超的《中国近三百年学术史》对清人的学术有系统的总结，清人的学术特点很大程度上和他们的藏书密切相关。清代的学术特点第一点是藏书家众多，很多清代的学者本身就是大藏书家，从毕沅到阮元、从黄宗羲到全祖望都有这个特点。清代的官员很多都是以藏书为风尚，这是其中的一个很重要的特点，并且这一类人不仅收藏而且刊刻。比如毕沅刊刻了许多经书，阮元也是。曾国藩在剿灭太平天国之后也专门成立书局刊刻经书，我们所熟悉的王船山的著作，就是曾国藩主持刊刻的。所以说清代的官员有一个很大的特点，就是他们醉心于学术。第二点是他们所进行的古籍整理和目录、版本可以相互联系成一个整体。清代的目录学著作精、深、广、博，我们从中华书局影印的《清人书目题跋丛刊》里

---

① 徐熥，明藏书家。字惟和，别字调侯，闽县（今福建福州）人。著名藏书家徐𤊹兄。学识渊博，不求闻达，致力于诗歌创作，其诗“俯仰古今，错综名理”。万历年间，与其弟徐𤊹在福州鳌峰坊建“红雨楼”“绿玉斋”“南损楼”以藏书、校勘图书为事。家不富却好周济，有“穷孟尝”之雅号。卒后入祀于乡贤祠。著有诗 10 卷、文 10 卷，结集为《幔亭集》，并辑明洪武至万历年间闽人诗作成《晋安风雅》，又撰有《陈金凤外传》。

② 绛云楼，是清代文人钱谦益、名妓柳如是夫妻的居所也是藏书楼。藏书丰富，名冠东南，几可比拟内府，编有《绛云楼书目》。顺治七年（1650）初冬之夜，绛云楼不慎酿成大火，藏书焚毁。

③ 《石匮书》，明末清初张岱撰，二百二十卷。有本纪、志、世家、列传。邵廷采将《石匮书》与谈迁《国榷》并称：“明季稗史虽多，而心思漏脱，体裁未备，不过偶记闻见，罕有全书。惟谈迁编年，张岱列传，两家俱有本末。”

面就可以看出来清人的收藏以及书录有很强的学术性，这也是迄今为止我们需要关注而没有关注或者说是关注不够的一个领域。像是皕宋楼、百宋一廛、敬业山房、传是楼、嘉业堂、海源阁、铁琴铜剑楼、文渊阁、文溯阁、文津阁、文澜阁、测海楼、古越藏书楼、五桂楼、抱经楼、八千卷楼等，奠定了日本藏书事业的基础的一部分书就是在清末的时候被卖到了日本，像是瞿镛和翁同龢的部分藏书后来到了美国，丰富了美国的图书馆藏书，清人藏书目录之精、之深、之广、之博充分展现了清代学者的功力，而且他们是真正地致力于藏书。他们不仅藏书，还刊刻整理，比如嘉业堂①的一个主要的贡献就是刊刻了很多典籍。清人复兴了中国的古典学术。清人研究先秦，刊刻了大量的先秦典籍，搜集了很多稀见的本子，而且都是毕其一生做了很多的工作。像是万斯同修明史，万斯同、万斯大兄弟为此做了很多工作，倘若没有这些人，那如今的古籍整理绝不会如此蓬勃。我经常在想清代的学术为什么这么发达，和它这种浓厚的学术氛围有很密切的关系。当时的书院教育很发达，官员尤其是学者型官员与学者与儒生经常互动，这种发达的教育与学术风气使清代的古籍整理成为一门非常成功的学问。所以清末的时候产生了一部很重要的版刻书的著作《书林清话》。

图书收藏是一种权力，暗含着知识垄断。中国是一个很推重知识的国家，中国推重知识不是一种技术性的知识，而是一种层层累积性的知识，这与中国的考试制度是密切相关的。比如说中国以经史之学为核心的考试制度，就决定了读书人必须以很深厚的图书积累为依据，必须致力于广博的读书，只有这样才能做出来典雅文章。这种典雅文章需要使用很多的典故，而且在使用过程中需要点铁成金。那么从这个传统上来看，就构成了中国很深厚的一种藏书传统，这种藏书传统带有很强的知识垄断性特点，这种知识垄断的特点决定了中国人读书收藏的特性。叶德辉的《书林清话》里说得很明白，他自己进行这种收藏和研究主要是

---

① 嘉业堂藏书楼：隔溪与小莲庄毗邻，系刘镛孙刘承干 1920 年所建，因清帝溥仪所赠“钦若嘉业”九龙金匾而得名。该楼规模宏大，藏书丰富，原书楼与园林合为一体，以收藏古籍闻名，是中国近代著名的私家藏书楼之一，系国家重点保护文物。1949 年后，原书楼主人将之捐赠给浙江图书馆，现为公共图书馆和旅游景点。

基于目录题跋、刻书源流几个原则来写的。实际上我们看《书林清话》这类书就会明白是先有丰富的藏书才会有目录学和版本学，才会有古籍整理。这个逻辑关系需要弄清。

在中国的藏书传统与古籍整理中体现出来一个学术传统，就是累积性的学术传统。这种累积性的传统有很大一部分的原因是因为兴趣，所以我们在做这些研究的时候要体会这种兴趣在哪里。当然藏书除了权力还与经济有关，但是兴趣也是很重要的一种支撑，比如说全祖望的经济条件并不好，但是他自己在研究的时候有收藏意识。这就在于清人的藏书传统与前人相比有一个重大的转变，即是向学术化转变，不再是单纯收藏或者将之作为一种炫富的手段，而是出现了学术化特点。学术化特点使清代的学术达到了顶峰，客观说到了现在我们与清人的学术传统还是有一定的距离的。因为清朝人经过宋元明之后的这种学术的灌溉、滋养出现了很多这样的大家。如艺风堂的缪荃孙，他中进士之后就是在各地编书、刻书、从事版本鉴定。还有比缪荃孙早一点的章学诚，都有这个特点。缪荃孙影响了张元济，方有了民国年间的涵芬楼[①]，张元济选海内的宋元精本才刊刻出来了《四部丛刊》。而且缪荃孙还帮助过张之洞写《书目答问》，很多人走向学术的路径、知道学术是什么都是读了《书目答问》才明白的。清人整理古籍，以集部来说，有着很强的读书传统，典籍的刊刻和读书之法有明确的说法叫“取其已成宗派者”。什么叫成宗派？从曾国藩到缪荃孙、叶德辉，都有明确的说法：“诗文集则取其已成宗派者，如汉魏六朝，初唐四杰、李杜韩柳元白温李皮陆，宋之欧梅苏黄朱陆陈叶范陆真魏，金之遗山，元之虞杨范揭，明之宋刘阳明归唐，或诗或文或理学，支分派别，门户高张，今但取其初祖二三家以概余子。”[②] 研究诗文集就要研究以上提到的大家。

---

① 涵芬楼是商务印书馆上海时期的藏书楼，它的创立可远溯到 1904 年。其时，戊戌维新人物、翰林出身的张元济主理商务印书馆的编务，在编辑工作中，苦于找不到好的善本，遂创设涵芬楼，取含善本书香、知识芬芳之意。1909 年，正式以涵芬楼命名。涵芬楼从收集善本古籍开始，继而中外图书兼收，凡遇国内各家藏书散出者，总是尽力搜罗；日本欧美各国每年出版的新书，亦尽量购置；到 1924 年，涵芬楼藏有 37000 卷善本书和珍贵抄本，其中包括十二卷濒于失传的《永乐大典》。

② 出自《四部丛刊例言》。

我们的文学史是层层累积的文学史，就是反复刊刻才形成这种文学史的叙述。因为古人讲得很明白，“古书非注不明”，宋人开始形成今人注今人诗的特点，而唐人尚未出现这种学术风貌。当然注都是有明确的选择的，如裴松之注《三国志》、李善注《文选》，这些都是古代以来研究整理的一个学术重点。祁承㸁[①]《澹生堂藏书约》[②] 里面专门说什么叫经史子集：“夫垂于古而不能续于今者，经也。繁于前代而不及于前代者，史也。日亡而日逸者，子也。日广而日益者，集也。”[③] 其中最多的就是集部，所以说古典文献古典文学研究的一个重点就是集部。我们这种研究必须从古籍整理入手，才能真正对研究对象有一个初步的概念。

第六节　古籍整理使将死的文字变为“活的”文献

文献要想变成一门专门的学术，就必须经过哲理化的思考。倘若哲学是研究活的问题，研究世界观的问题，那么文献是研究什么问题的呢？要想承认文献与古籍整理是一门专门的技术，就也要研究活的问题。这种活的问题，是我过去经常提的一个主张，叫“以今立古”。古人所面临的一些问题，我们今天的人也会遇到。这些问题只是在某个时期隐藏到了历史的深处，或者说某个时期它不成为一个社会共同关注的问题，但不关注并不代表它不存在。它在某个时期，又会成为值得我们关注的问题。所以，“活”就是我们立足于当下，立足于我们面临的困境，但这个困境是要从历

---

① 祁承㸁（1563—1628），代著名图书馆学家、目录学家、藏书家。字尔光，号夷度，又号旷翁，晚号密园老人。山阴（今浙江绍兴）人。乐于汲古，藏书极富。初建“旷园”于梅里，另建藏书楼名“澹生堂”，又辟“旷亭”于游息之所。他的藏书富甲江左。又喜抄书，多世人未见之本。版刻精湛，纸墨优良，版心有“澹生堂抄本”五字，为后世藏书家所重。撰《澹生堂藏书目》一书。今存有《澹生堂集》《澹生堂外集》《宋贤杂佩》《藏书训约》《牧津集》《两浙著述考》等。

② 《澹生堂藏书约》，祁承㸁图书馆学代表作，著录所藏图书9000余种，10万余卷。是其总结平生聚书、读书、购书经验的专集，分为读书训、聚书训、购书训、鉴训书。在购书训中，祁承㸁除崇尚郑樵求书八法之外，新增三法为辑佚法、别出法、序跋法。采用“互著”“别裁”之法，分别著录其书名、卷数、著者和出处于有关各类中。又在《庚申整书略例》中提出“因、益、互、通”的理论，阐明图书著录痛、互的关系。

③ 出自《澹生堂藏书约》（下）之“藏书训略”。

史典籍中找到它的源头。这种寻找的过程，就是一种学术的自我认知、自我提升、自我洞悉的过程。我们在古籍整理的处理中，应该特别强调“反思”，这种“反思”要求我们在处理这种学术工作时要不停地加以思考。元好问在《论诗绝句三十首》中说过：“眼处心声句自神，暗中摸索总非真。画图临出秦川景，亲到长安有几人?”暗中摸索也是一种实践，但是暗中摸索没有经过学术的检验、理论的洞察，没有受过严格的学术训练。这种暗中摸索就是元好问所说的“总非真”，你认为自己到达了真理的顶峰，实际上连真理的脚下都没有达到。很多人研究时所依据的是二手、三手甚至四手的材料，而没有亲自对材料进行考索，这就是上面所说的“亲到长安有几人”。“亲到长安”的过程就是对学术的脉络挖掘的过程。挖掘的过程就是查考、反思的过程，是自己通过写作检验古人所说真和假的过程。通过这种活的学问的检测，往往会发现很多我们没有注意到的问题。一般来说，我们看到古人的书写，要么是刻在石碑上的文字，要么是刻在纸页上的文字，其目的都是想传承久远。但是事实上我们在研究这些既有的文字的时候，往往会遮蔽很多没有看到的材料。

一　“活的”文献

柏拉图在《斐德罗篇》中评价他的导师苏格拉底。苏格拉底和孔子都有一个特点，就是“述而不作”，古人特别强调“述而不作”。柏拉图原话是这样说的：“文字可以使人变得更加聪慧，促进记忆，从而对才智和记忆都是一剂有效良药。但实际上，这份呈给自己的特殊礼物却异常危险，他用外在任意毫无生气的符号替代了鲜活的心灵经验以及真实的在场。他提供的只是智慧的假象，更会用回想败坏记忆而导致遗忘。这是一个很深刻的警醒。”我们中国古人有一种说法叫作“仓颉造字鬼神哭”，这和苏格拉底的感慨是一样的。为什么会这样讲？就在于它的文字是僵死的。按照苏格拉底的理解，只有通过灵魂或者智慧的这种活的语言，才能活生生地传达出真理。他为什么特别强调论辩术，因为他认为通过讨论才能更好地传达真理。亚里士多德则提出了著名的“心境说”。我们看西方的学术传统，包括康德、黑格尔、卢梭、索绪尔，他们都是崇尚以语言的在场为中心。以语言的在场为中心，就是对文字的记录抱着一种深深的依恋之情。因为文字一旦记录下来，就既可以是一种善的书写，也可以说是一种恶的书写。中国古代的文字记载，比如史籍，史籍的流传有赖于史官的记载。怎么评价史官呢?史官的这种道德、责任和义务是与圣人心灵相通的，因为你也可以进行所谓的恶的书写。所以我们在进行这种活的研究时，应该看重思考其背后所产生的文化意义，这可以让我们考虑到古人在书写的过程中是不是强调一种自我书写，或者说是一种很强的自我关联。德里达和罗兰·巴特强调的边缘书写，但是我们在进行古籍整理这种学术实践的活动过程中，考虑的不是如何初步解决问题，而是思考怎么样提出问题。这种研究的过程就是一种活的学问，我们在强迫自己读书的过程中，来寻找自己的安身立命之处。所以中国古代的“中庸”思想特别强调“志诚”，而“志诚”这个“诚”是强调日常生活实践中提炼出的自我反思的“诚”。

二 古籍整理要做到什么

孔子在自己的古籍整理活动中，特别推崇“仁”的作用。柏拉图的“理念世界”，黑格尔的“绝对精神”，都是思辨的一种产物。我们讲宗教家，比如佛教、道教给我们构筑的未知世界，都是通过信仰加以构造的。这与人格实际上是没有任何关系的，但是通过人格的自我觉醒来达到彼岸世界的寻求。孔子在自身的学术实践活动中，对“仁”的概念的把握实际上就是一种反省和自觉的过程，因为他自己说得很明白，叫“主忠信”①，“毋意，毋必，毋固，毋我”②。他第一次把“德”强调为一种实践活动，这种实践活动围绕着自己人格进行展开。从这个角度来讲，他赋予文献一种活的意义，经过他所从事的这些活动，文献就不再是一种僵死的文献。本来在孔子时代的典籍实际上是带有垄断性质的，是晋升富贵之阶，但是孔子通过自己的活动，从中提炼出“仁”的概念，并把“德”和“仁”结合起来，构筑了一个有意义的、有价值的文献系统。这种文献系统使人格世界不再成为一个空泛的概念，他通过读书这种路径给我们提出来了通过人格世界的修养的完成如何达到自我成圣的意义。

---

① 出自《论语·子罕第九》：“子曰：‘主忠信。无友不如己者。过则勿惮改。’”
② 出自《论语·子罕第九》：“子绝四：毋意，毋必，毋固，毋我。”

所以在从古到今的这种历史长河的过程中，我们人都是在时间的绵延和空间的延展中确定自己的价值和意义。用柏格森①的话说，“时间是不可分割的，是不断地绵延的”，在这个绵延的过程中，我们从自己从事的工作中寻找我们的安身立命之处。所以海德格尔②说“我在世界之中”。孟子的伟大之处在于他第一次发现了“我”的主体价值和意义，他说：“万物皆备于我矣。反身而诚，乐莫大焉。”③ 孔子和孟子所做的工作都是要求天下归仁，而“归仁”都是不断进行文献典籍的研讨。

三　文献典籍就是一种历史性书写

如果我们把文献典籍的整理与研究归纳为一种求善的过程，那么这个过程也是在追寻圣人的思想，而圣人所整理的文献在后世成为正统性的代表，所以文献典籍既承载了善，也承载着道。倘若没有圣人的思想在里面，那么你从事的典籍整理的意义就不存在了，这样也就不存在“德”的实践性。所以我们所进行的工作从逻辑理路上来讲，暗含了一种因果性的知识。我们所要做的在于：通过自身的学术努力去追求本源性的知识。这种本源性的知识就是我们所进行的所谓的文献典籍活学问的基础。实际上我们所做的这些文献典籍工作，最后都要追求一种形而上的存在，这种形而上的存在无论是用“仁”的概念、“道”的概念，抑或用“本源”这个概念也好，都是要有一个形而上的中心的。因为从文献典籍工作的意义上讲，我们在文本的研读过程中，是要否定或扬弃文字的模棱两可和多义解释的游戏的，可事实上我们在进行文本的处理时，

---

① 亨利·柏格森（Henri Bergson，1859—1941），法国哲学家。文笔优美，思想富于吸引力，曾获诺贝尔文学奖。从中学时代起便对哲学、心理学、生物学发生兴趣，尤喜文学。他反对科学上的机械论，心理学上的决定论与理想主义。他认为人的生命是意识之绵延或意识之流，是一个整体，不可分割成因果关系的小单位。他对道德与宗教的看法，亦主张超越僵化的形式与教条，走向主体的生命活力与普遍之爱。其写作风格独特，表达方式充满诗意。代表著作有《创造进化论》《直觉意识的研究》《物质与记忆》等。

② 马丁·海德格尔（Martin Heidegger，1889—1976），德国哲学家。20世纪存在主义哲学的创始人。海德格尔哲学对于现代存在主义心理学具有强烈的影响，特别是对宾斯万格心理学的影响尤深。他把海德格尔的世界之存在概念作为存在主义心理学的基本原则。他的存在主义思想对以后心理治疗的发展，亦产生了很大的启发作用。

③ 《孟子·尽心上》：“万物皆备于我矣。反身而诚，乐莫大焉；强恕而行，求仁莫近焉。”

需要不断地面对概念在文字表述上的模棱两可。那么从这个角度来讲，即使我们批评了这种书写，但是我们实际上还是必须借助这种文字书写来进行我们的工作。因为从文字产生起，我们就与作者产生了一种历史的联系，所以我们对作品的深入理解应该取决于我们对作品书写的可能性。我们进行的这种古籍整理工作、文献整理工作，实际上就是一种不在场的在场。我个人认为这种不在场在于，作者已经去世，所以不在场，但是我们的工作实际上就是一个复原。在这个过程里面，我们做的一个工作就是寻找然后打破这种历史的间隔。而打破这种历史的间隔，需要我们追求文字背后的隐秘的符号，假如我们把文字视为一种符号的话。卡西尔[①]说“世界是符号的世界”，但是我们一旦进入到这种工作中就必然暗含了时间和空间的问题，所以就符合了海德格尔所说的“世界是一个历史性的世界”，即使作者已经不在场，作者的肉体已经消失。我们如何从所从事的工作中找到这种经验和意义？中国的典籍在谈论“死”的时候，实际上“死”是无法进行经验传递的。但是我们通过阅读和研究这种典籍，无形中又复活了作者。这就出现一个历史的概念。有时我在思考，我们所从事的工作更像古代祭司的工作，它具有某种神圣性的书写。因此，思想是历史性的。

---

① 卡西尔（Ernst Cassirer，1874—1945），德国哲学家、文化哲学创始人。早年受业于新康德主义马堡学派首领柯亨。尽管常被看作继柯亨、那托普之后新康德主义的马堡学派主要代表人物，“马堡学派的集大成者”，但逻辑经验论的著名代表人物卡尔纳普后来曾经指出的，卡西尔的哲学观“不是正统的新康德主义，更多的是受到了近晚以来科学思想发展的影响”。卡西尔的理论后来被美国哲学家、美学家苏珊·朗格所发挥，从而形成了20世纪较有影响的一个美学流派——象征符号美学。

第 六 章

文献整理新视野：理论与方法（二）

第一节　媒介、符号和知识生产视野下的古籍整理

一　媒介与符号

从媒介、符号和知识生产的角度来看当下古籍整理。

媒介。纸的传播伴随着技术进步，也就是说每个时代面前，技术的进步可以带来一种时代性的变革，一种新的学术生产方式和文化生产方式变革。比如，纸的发明使学术的便捷性迅速发展，这就类似于我们现在使用的新的媒介技术，比如网络、微信、MSN，这种技术的变革使信息传播更加便捷。古代也是如此，最早的文献刻在竹简上，之后刻在石碑上、纸上，特别是印刷术的发明，极大改进了生产技术。印刷术其实给古籍整理带来一种重大变革，这种变革给诗歌的生产和文章的生产带来迅速的传播效应，使得受众面扩大，口碑式传播的扩大使诗文大量生产。中国诗文的生产越往后数量越多，这种数量背后暗含着媒介技术的运用，也就是纸张的运用。现在的许多材料都没有这种作用，为什么我们现在有这样的古籍整理包括这种学术的生产，是因为媒介。纸媒的发展带来了文化传播方式的改变，这种改变实际上暗含着一种学术思维方式的转变。

符号。当我们利用索绪尔[①]的能指与所指关系的理论，利用罗兰·巴特[②]讲叙述符号的能指与所指的扩大和应用的理论，利用皮埃尔·布尔迪厄[③]的场域理论的时候，实际上暗含着符号的运用。我们中国特殊的诗歌方式、文章方式——如意象的多元性、丰富性和意境的指代性——和西方不同。意境、意象在中国诗歌中作为一个普遍存在的范式，实际上是一种符号的生产，而纸媒的使用使符号便捷，使这种文化符号的指向扩大了。这种符号的扩大，带来诗歌固定化的特点。类型化在中国古代诗歌和文的生产过程中是许多人无法理解的一个问题，为什么会有这种类型化？比如一首诗歌，我们把它说成唐诗也好，宋诗、明诗、清诗也好，似乎没有什么不同。过去我们爱用一个术语——“接受史”，现在想想，“接受史”是不对的，因为这个概念遮蔽了中国学术雷同性的特点，而这种雷同性实际上是蕴含符号的指向性在内的。

二　何谓知识生产

知识生产。这种知识生产是什么呢？比如我们对《诗经》的讨论，对“十三经”引发的各种注释的争论，这种层层累积式的学问在于媒介符号，在于清人使这种学问发扬光大，实际上暗含了古籍整理严密的学科化。清人进行过各种争论，比如到底是保持原汁原味的古籍整理，还是进行规范化的古籍整理，一直争论不休。清代的各种争论一直持续到清末。清代训诂学为什么是这样层层累积性发展？实际上伴随着媒介和符号生产的指引，这种知识生产作为一种学风，作为一个大家普遍认同

---

① 索绪尔（1857—1913），瑞士语言学家，结构主义的创始人。著有《普通语言学教程》等。索绪尔的学生巴利和薛施蔼根据同学们的笔记整理成《普通语言学教程》一书。这是一部具有划时代意义的著作，提出了全新的语言理论、原则和概念，为语言的研究和语言学的发展奠定了科学的基础。1916 年在日内瓦出第一版，后来被翻译成多种语言，对语言学的发展产生了深远的影响，索绪尔因此被人们称为“现代语言学之父”。

② 罗兰·巴特（Roland Barthes，1915—1980），法国文学批评家、文学家、社会学家、哲学家和符号学家，当代法国思想界的先锋人物、著名文学理论家和评论家。著作二十余种，主要有《写作的零度》《神话》《符号学基础》《批评与真理》《S/Z》《文本的快乐》等，许多著作对于后现代主义思想发展有很大影响，包括结构主义、符号学、存在主义与后结构主义，这些著作影响了人们对文学和文化的看法，也可视为巴特对文学研究工程延伸而成的一套思想体系。

③ 皮埃尔·布尔迪厄（1930—2002），是当代法国最具国际性影响的思想大师之一，出版有《实践理论概要》与《实践的逻辑》等著作。

的工具，无论是戴震，还是方苞、姚鼐等研究义理之学的学者，他们都要进行知识生产，而这种知识生产主要表现在什么地反呢？表现在对古人的学问进行注释、训诂。由此才使音韵学、训诂学这些学科产生。为什么直到清代，这种学科才作为一种学科规范产生呢？这个就暗含了我们所说的知识生产范式的转变。比如，我们讲明代王阳明的心学是感受式的学问，讲宋代儒学、理学是体验式的学问，这种体验式的学问不需要严密的注释和论证，但清代这种学问类似于西方科学性的注释，暗含了一种思维方式的革命。中国人思维方式的革命带来了什么呢？带来了这个学科的基础变换。因为思维转变了，必须要有相应的学科转变，而这种学科的转变必须生产出注释性的东西。清人对《说文解字》这种汉代或规范的典籍的注释，如桂馥的"注"、段玉裁的"注"等，不同人的"注"表明不同的观点。为什么在清代《水经注》成为一门学问？就是不同的人一直有争论，一直争论到民国胡适，这种学问的争论实际上暗含了一种学术思想范式的转变和知识生产。这个时候，我们学术进行重大变革时必须暗含着一种学科的产生，如此古籍注释学就出现了，而且是规范的古籍注释学，即规范的古籍整理产生了。

清代以来的学术传统暗含了中国学问的累积性的生产。中国学术的原创性就体现在注释上，这种注释里有阐释性内容，而注释本身也是一种见解。中国学问的累积性体现在对字词的考释和字词的关联上，体现在词的注释的源和流的分辨上。比如项楚先生对词的考证，他把材料罗列出来已经暗含了学问的特点，而这种学问的特点暗含了中国人的思维理解，这就需要靠你自己进行背景性的阐释。另一个典型的例子是杜甫，杜甫的崇高地位正是靠着历来注释家对他的诗歌注释形成的。从这个角度讲，杜甫地位的形成就是一种知识生产，而且是古代的一种大规模的知识生产。注释家在编撰过程中进行知识传播，他的工具是媒介，媒介越便捷，活字印刷术发展速度越快，知识的传播也越快。当然，当时不可能形成现在所谓的电子媒介传播，但是古人的传播方式也不容忽视，因为它构成了中国学术生产一种方式。《诗经》《楚辞》的注释也是一个典型的知识生产例子。比如说《关雎》，汉代人理解的是咏后妃之德，这是伦理教化层面。现在我们把它理解为爱情诗，孙作云先生则认为它是古代抢婚制的遗留，实际上就是按照注释家的规范去理解的。

那么这种规范带来什么呢？带来了一种中国特色的学问，即对古籍的注释之学。这是最能体现中国学术特色的学问，实际上是一种原创性。这种原创性体现在对古人经典的理解上，它不需要展开的论述——类似于西方不停地追问人生，因为这种问题儒家已经规定了，儒家已经规定了人生不同的层次——最高层次立德，还有立功、立言几个层面，不需要我们再去思考。我们规范的是伦理层面，像西方的形而上的追问在中国是被注释家、学问家消解掉的。这就导致中国学问的一个特色：只能是对古人的原义进行发挥，这个方面无论是朱熹也好，清人也好，都是如此。清人做学问的时候，他钻研的所谓朴学，运用训诂学知识，运用近似于现代西方科学的严密的逻辑论证，论证出经的真和伪的问题，而真和伪的问题正好颠覆了这个学科。这种学科的意识正是体现在古籍整理问题上。梁启超讲清代学术总结的时候，并没有涉及这些问题，他亲历清末的特殊时期，故其总结的重心仍是梳理。

三　知识生产的背后

我过去一直在看福柯、巴特的书，还有伊尼斯的《帝国与传播》和《传播的偏向》。《传播的偏向》告诉我们传播在时空范围内的特点，但是它没有讲知识生产的特点。我想，知识生产正好是中国古代学术研究的一个视角。能把这些问题解释清楚对我的学术是一个重大的转变，这是颠覆性的。我对问题的看法都写在笔记中，比如宋辽金史修史背后的论争，元代修史的话语权，实际上争论的都是正统问题，即这个话应该由谁说，而且这也代表文士个人合法性的问题。论争实际上背后是话语权的问题，为什么文士能进行这样的争论，但在宋代、明代、清代都不会这样争论？因为军权对文化的控制权问题。元代军权力量很强大，但它对文化不控制，文化是自由的。元代统治者认识不到这个问题（文化）的重要性，它的合法性需要靠南北文士掌握的话语权来确定，这样才导致不停地争论。

以今立古，即古代的问题看不懂，我们就想想现在，设身处地，或许就消失了隔膜感。每个现代人面临的问题古人也会遇见，所以以今立古也暗含了一种方法论。比如朱子学的传播。朱熹研究有一个典型的误区，认为朱熹在宋代影响很大。实际上，朱熹在元代的时候地位很高，可在元代为什么会这样呢?实际上理学的发展和蒙古统治者的推崇密切相关,正是因为他们创立这么大的疆域,在全国遍地设立书院,使得朱熹狭隘的民族观一下子得到突破,突破之后融合了民族性的东西,朱熹的学问由个人叙述变成一股强大的意识形态。元代设立的科举分层,许多人说不公平,比如四等人制度。其实换个角度考虑,元代科举考试的分层设置,保证了文化的延续,也就是蒙古人、汉人、色目人的文化都得以延续。所以这背后是对权力的执行的问题。做研究一定要把问题想清楚,学会追问,问题想清楚能带来思考方式的变革。

而古代的问题想通了,现在的一些问题也能看到答案。比如说鲁迅的地位为什么争论这么大?其实背后是鲁迅真正的经典地位到底有没有确立的问题。现代学者一直争论鲁迅,因为研究鲁迅代表了一种话语权,如果鲁迅的地位消解掉,研究鲁迅的人就没有存在感了。

做古代研究有一个好处,我们做研究的对象已经是经典了,不管怎么样都消解不掉经典的存在。古代经典的形成是靠注释家,注释家分为:一是对个人的整体注释,二是编撰全集,三是选本。选本暗含文学批评观与传播偏向。唐诗创造的审美范式是靠选本,不同的唐诗选本有很多,从唐代就开始有了唐诗选本,但唐代刊刻书籍很难,是手抄的,唐代的选本没有流传,唐代的个人文集也没有流传,流传最早的是宋代的集子。唐代的传播是一种口碑式的传播。口碑式传播是面对面的传播,这种传播不容忽视,因为一旦进入纸媒技术充分发展的时代以后,后人在编撰杜诗的时候,肯定要看前人选了哪些杜诗,所以后世的杜诗选本越来越多。这是很有意思的一个现象,很值得研究,但这个研究要换个思维,不能用陈旧的方法论去生搬硬套。

古人整理刊刻一部书需要花费一生的时间,现在我们整理王恽集,花在整理上的时间有三年,交给出版社出版印刷只花了三个月。所以,技术在里面起着革命性的因素,技术改变了我们文化的生产方式和传播方式,它进行了知识生产的变革,这种变革首先带来思想的变革,传播范式的变革,受众群体的变革和我们学习特点的变革。这就是我们为什么讲这种生产领域下的思想在现代技术下是可以被生产出来的。思想的生产借鉴媒体的特点,也伴随着经典的产生,也就不断有新的经典产生。

第二节 层层累积性知识形态与古籍整理之间关系的解读

一 经学视角下文献的层层累积

文献典籍从产生起，就决定了文献的层层累积性。孔子完成他的学术路径转换便是通过对之前的典籍的整理以及使整理本的流传而进行的，如《春秋》《诗经》《周易》。这种典籍的流传具有保存前朝文献的功用，与此同时，也对文献传播的可能性提供了一种路径。这种路径在于：文献的存在本身是一种符号化的过程，后人了解前代只能通过前人所整理的文献材料进行，也即是说，思想的阐发是以文献材料为媒介而进行的。

问题在于单纯的文献材料是不会说话的，那么文献材料又是如何表达出其所隐藏的内容呢？孔子在去世以后，孔子的很多弟子甚至再传弟子都对孔子时代的材料进行过整理，流传的一些伪书如《孔子家语》① 这样的书，虽然被后世称为伪书，但在后世流传的过程中，伪书至少能提供给后来学者关于作伪人时代的一手材料。孔子神圣化的历程便伴随着极为重要的一点，即对孔子所整理的这些文献的神圣化，这就产生了中国特有的一种学问，即“经学”。由孔子整理的材料演变成了“经”，再到后来的“经学”。伴随着孔子地位的上升，他所整理的古籍也变成了经学。由经到经学，经学文献显然是其产生的一个因素，而文献中所隐藏的话语是由后世的阐释者完成的。所以，孔子地位的升降决定了经学文献的升降。

后世的很多人对大量经学文献的整理催生出了古籍整理的学问，这种古籍整理就构成了中国人特有的一种思想形态，这种思想形态就是通过古籍整理的层层累积、追加、认同，从而完成了中国人思想文化形态的塑造，这种思想文化的塑造是以大量的知识形态的东西展现出来的。

---

① 《孔子家语》，又名《孔氏家语》，简称《家语》。最早著录于《汉书·艺文志》，原书二十七卷，记录了孔子及孔门弟子思想言行，为孔子门人所撰，但早佚。今本共十卷四十四篇，为三国时魏国王肃收集纂撰，杂取秦汉各种书籍所记载的孔子遗文逸事，以及《论语》《左传》《小戴礼》《大戴礼》等书中记载的关于婚姻、丧葬、庙祧等制度中与郑玄所论不同处综合成篇，借孔子之名加以阐发，对于有关孔子和孔门弟子及古代儒家思想的研究具有重要价值。

在《王恽全集汇校》[①]《袁桷集校注》[②] 整理完成后，便告诉了人们两位作家的相关知识，这种知识就是一种知识形态。它是一种“静态化”的知识形态，这种“静态化”的知识形态是通过大量的术语、字词、章句的解释来形成的。而其背后的思想蕴含却往往并不是中国人所看重的地方，这就构成了中国人对经的一种认识，这种对经的认识是通过追求复古的面貌展现出来的，而非自我阐释。如对孔子思想面貌的追溯，而孔子本人也是对上古三代典籍的复古形态进行追溯，这种追溯过程本身就包含着圣人对己意的一种阐发。所以中国人才会形成典型的追古心态，追古的过程就必然通过对经典文献的整理展现出来。倘若背离了经典文献的整理，那么就不存在对追古过程的理论化。追古和慕古是理论上的一面旗帜，作为理论上的一面旗帜，若要落实，便是通过对经学文献的整理，这就构成了中国学术对经的累积过程，如：五经以及由郑玄、孔颖达到宋人、清人完成的十三经，从这其中便可发现，它构成了中国学术形态特有的一面，即通过古籍整理完成了对古人的“追古”，而“追古”的过程就是一种认同的过程，这种认同过程构成了国人一种特有的思想学术形态即“层层累积性”。这种层层累积性的形态构成了中国人思想认知的一个方面，如后世的“今不如古”思想。不论这种认识是一种客观性的东西，还是一种单纯的情绪化表达，实际上都暗含了一种存在，这种存在在于：我们通过古籍整理这种形态完成了对“古”的认识，这也就是我们所说的“复古”。通过“复古”便完成了中国人对思想形态的一种创造，这种创造是通过经学文献的层层累积性完成的。从中便可发现：中国的学术以古籍整理为核心展现出的便是一种累积性的形态，遵循的原则是由简到繁。这个过程的展开也是中国学术史的一种面向，这种学术史的面向也构成了国人思想认知的一种方式，而这种方式也是通过对文献材料的层层累积完成的。所以后世在进行任何一种学术活动的追溯时，都会追溯到一个核心，即儒家经典。而对儒家经典的认同、塑造必然是依靠古籍整理完成的。这就出现了一种现象——关于儒家经典的古籍整理就特别繁多，这种特别多就完成了这种学术形态的一种独立

---

① （元）王恽著，杨亮、钟彦飞点校：《王恽全集汇校》，中华书局2013年版。

② （元）袁桷著，杨亮校注：《袁桷集校注》，中华书局2012年版。

性。《韩非子》等法家著作后世整理补充很少，也因此在后世就很难形成一种繁杂的学术源流系统。但儒家就能构成非常繁杂的学术系统，这种繁杂的学术系统就构成中国学术系统中的“显学”。

门派的发展、源流是伴随着经学文献的整理产生的，这种经学文献的产生经过几个重要的时期，其中最重要的就是清代。清代完备的经学，包括屡次经学文献的整理，实际上就伴随着儒家地位的巩固。

二 宋代朱陆学术差异对文献整理与思想塑造的意义

儒家文献整理第二个非常重要的人物是朱熹，朱熹整理过《诗经》《楚辞》以及一部极为重要的《四书章句集注》。中国古代思想史上很重要的人物都是通过文献整理产生的，朱熹便对他所在时代的各种通行文献都进行过系统化的整理。而其中最为重要的便是《四书章句集注》，直到去世前的一刻，朱熹仍在对《四书章句集注》进行反复修订。而朱熹为何要不断修订这部书？因为四书并不是突然产生的，从二程的语录中便可看出，四书在很早之前就有，但是真正把它当作一种系统化的整理，把《大学》《论语》《孟子》《中庸》作为一个读书次第的规范化是由朱熹最先完成，而朱熹也把它作为自己教书的一个完整的定本。

陆九渊是与朱熹同时的一个天才型的哲学家，也是儒学的代表人物，眼光高且极具悟性，他提出“吾心即是宇宙”① 以及发起“我注六经，六经注我”② 的争论话题，加上他与朱熹的“鹅湖之会”③，从这一系列争论中便能看出，陆九渊的学术路径和朱熹有很大的区别。朱熹强调通过

---

① 出自《陆九渊全集·杂说》：“四方上下曰宇，往古来今曰宙。宇宙便是吾心，吾心即是宇宙。千万世之前，有圣人出焉，同此心同此理也。千万世之后，有圣人出焉，同此心同此理也。东南西北还有圣人出焉，同此心同此理也。”

② 出自陆九渊《语录》：“或问先生：何不著书？对曰：六经注我！我注六经！”

③ 是指南宋淳熙二年（1175）在信州（今江西上饶市）铅山县鹅湖镇鹅湖寺举行的一次著名的哲学辩论会。会议辩论的中心议题是“教人之法”。朱熹强调“格物致知”，认为格物就是穷尽事物之理，致知就是推致其知以至其极。陆氏兄弟则从“心即理”出发，认为格物就是体认本心。关于这一点，陆九渊门人朱亨道有一段较为详细的记载：“鹅湖讲道，诚当今盛事。伯恭盖虑朱、陆议论犹有异同，欲会归于一，而定所适从……论及教人，元晦之意，欲令人泛观博览而后归之约，二陆之意欲先发明人之本心，而后使之博览。”（《陆九渊集》卷三六《年谱》）所谓“教人”之法，也就是认识论。它是中国哲学史上一次堪称典范的学术讨论会，首开书院会讲之先河。

文献的积累，通过对文献一点一滴的阅读来明白、上升到“道”的层面，“道”的人格的完成是通过文献的整理来完成的。陆九渊认为是没有这个必要的，他强调的是自得自悟，这与禅宗的理论相当接近，这也就是为什么“心学”自产生起就和禅学相互纠缠而被人误解。从中可以看出，因为陆九渊没有这样一种系统化的文本，所以陆王心学在流传过程中就逐渐影响式微了。但朱熹在对四书反复修改的过程中便完成了理学的体系化，这实际上是对理学体系化的一种新的创造。假如汉唐儒家是通过章句、训诂、注释来完成的，那么朱熹作为儒家已经进行了置换。他的重点不在于对章句、字词的解释，而是变成了他所理解的对文本进行解释的一个路径，所以朱熹强调的是对章句的理解从己意出发，即从字词、章句的第一义转化为哲理意蕴的第二义，这种从第一义到第二义的转变完成了理学创造性的转换。

创造性的转换实际上使中国的学术形态发生了重要转换，对中国的古籍整理来讲，也产生了很重要的影响，这个影响在于：我们对古籍整理的注释，不仅仅立足于对字词、章句的训诂和解释。回头看汉唐注、疏的解释，如郑玄对字词、章句的解释，他是进行了一种典范的确立，这种典范化的解释是一种立足于“不逾矩”的解释，即不能够违背孔子原意的解释。朱熹的创造性转化在于，有很多意思的理解是靠其自身的体悟，但是又不违背原意。这就构成了中国宋代之后的一个很重要的学术传统，这种重要的学术传统在于：在古籍整理的注释中来体现圣人的原意。实际上中国学术传统的转变也是通过古籍整理来完成的，倘若没有朱熹的贡献，就不会有严格意义上的宋代之后的中国学术路径的转变。这种转变的意义在于：其一，它确立了中国人在宋代之后的思想形态的形成；其二，在阐释的方法和路径上为我们提供了规范化的创造；其三，朱熹所进行的这些活动在南宋是被视为伪学出现的（详参余英时《朱熹的历史世界》[①]）。但到了宋理宗时期，经过史弥远、真德秀、魏了翁的推崇，朱熹的学术迅速转变成了一种官学，由此而完成了一种私学向官学

---

① 《朱熹的历史世界》，余英时著。余英时，著名的历史学家，我国台湾“中央”研究院院士、美国哲学学会院士，曾师从钱穆先生、杨联升先生，著作等身。《朱熹的历史世界》是关于有宋一代文化史与政治史的综合研究，全书聚焦于以宋代新儒学为中心的文化发展和以改革为基本取向的政治动态；上篇通论宋代政治文化的构造与形态，下篇专论朱熹时代理学士大夫集团与权利世界的复杂关系。

的转变。由私学向官学转变是在南宋区域内流传的，这种流传伴随着南宋的灭亡，朱熹的学术经过赵复等人的传播，通过北方的太极书院[①]，经过很多服膺朱熹理学的金朝的汉族士大夫（他们在政治上获得了很高的地位，如姚枢[②]、许衡）对其进行的大量传播，使传播形式大大扩展，这使朱熹的学术取得了质的飞跃，这个质的飞跃就是元仁宗元祐元年以科举制为核心的形态转变。这次转变具有重要意义，因为《四书章句集注》就不再只是读书人以个人爱好去阅读的一部书籍，而变成了科举制阅读的一部书。这部作为科举制而阅读的书的意义在于：它所确立的思想和范式就变成了学子必须接受的一个范围。这实际上是权力和制度共同衍生的一个结果，这种衍生的结果使朱熹的学术成了每个读书人必须接受的思想形态。一次简单的古籍整理经过他的弟子及再传弟子的推广以及与权力的伴生关系，构成了一次国家意识形态的重大转变，到现在为止也是学者们进行研究的很重要的途径。而现在流行的趋势是将其与阐释学结合起来，由此而建立中国化的阐释学，这种中国化的阐释学就来自：一种是原始儒家即孔子对上古典籍所进行的阐释；另一种是汉唐注、疏的阐释学；另外一次真正意义的革命就是朱熹建立的宋代学术领域的阐释学，当然这次阐释学建立的路径实际上就是对古籍整理的不断定型。但这种定型其实也并没有完成，朱熹时代的古籍整理到元代的古籍整理是一种接受形态，实际上到了今天，又过了近千年，我们在看朱熹时代的书的时候，又需要进行一次重新整理，这就又是一种新的学术路径的转变与确立。倘若没有这种学术路径的确立，就不会有古籍整理的内在的衍生性和勃发性。这是朱熹古籍整理活动带给我们的一种启发。

---

① 太极书院，元太宗七年行中书省事杨惟中所建。时杨氏从皇子阔出出师伐宋，得名儒数十人，并搜集伊洛诸书八千余卷，聚之燕京，遂与姚枢建书院，并立周敦颐祠，以张载、程颢、程颐、杨时、游酢、朱嘉配争，刻《太极图》《通书》《西铭》于祠壁。延赵复为书院主讲，以王粹为之佐，有生徒百余人。自此，杨、姚及许衡、郝经、刘因等北方学者亦得习程朱之学。书院之学，旨在以伊洛道学为宗，“推本谨始”，故以“太极”名。此为蒙元建书院之始。元郝经有《太极书院记》。

② 姚枢（1203—1280），字公茂，号雪斋、敬斋。洛阳（今河南洛阳）人。金末元初政治家、理学家。至元十七年（1280），姚枢病逝，年七十八岁。累赠嘉猷程世旧学功臣、太师、开府仪同三司，追封鲁国公。谥号“文献”。

三　以《文选》为代表的文学性文献整理对国人思想形态的塑造

第二个例子即《文选》的编纂。就古籍的整理而言，萧统所进行的《文选》编纂的过程本身就极具意义。中国历朝历代都非常重视古籍的整理编纂，原因在于古代的典籍的获取不像今天一般方便。今天的真正现代意义上的古籍整理的形态特别重视研究信息技术，信息技术的发达使古籍整理的形态取得了很重要的飞跃，但在萧统的时代仍然是典型的钞本时代。钞本时代的一大特点是伴随着知识的神圣化进行的，因为只有通过钞本，才能获得知识，这种知识是必须通过师生的口耳相授，钞本的神圣化也推动了内蕴于其中的知识的神圣化。因为倘若要获得这些知识，学子们必须通过传抄，而传抄的这些书籍，普通人是很难见到的，如《古诗十九首》以及汉代的赋作，这些在今天都能很容易获取，但在萧统时代是很难获得的，倘若没有《文选》，那么相关作品便很容易遗失。

萧统所进行的《文选》的编纂也有其收录原则（详见《文选序》），而萧统所进行的编纂的意义则在于：被萧统选入《文选》的作品完成了古代作家作品的经典化过程，没有进入的作品便极有可能会失传。因此，古代选本的编纂便塑造了我们国人对辞赋的审美观，再经过唐代以《文选》为核心的科举考试，加之五臣注①，使《文选》的神圣化地位一步步完成。这种完成又对进入选本里面的作者的经典化产生了很重要的作用。实际上究竟是中国人的诗学审美塑造了《文选》，还是中国人的诗学审美是由《文选》的影响产生的？这里面暗含了一个很难讲清的共生问题，这种共生问题实际上就是由萧统对《文选》的古籍整理完成的。另外，古籍整理也制约了我们的审美认知。萧统的文献整理一方面保留了大量的文献材料，但另一方面，那些没有入选的作品在历史长河中很轻易便遗失了。因此，后人难免会追问：我们的文学史是现在这个样子的吗？后人同样会追问，我们现在文学史的编纂是从什么时候开始进行的呢？实际上从萧统时代我国的文学史编纂就已经开始了，因为它是中国第一部成熟的诗文总集。从这部总集的编纂中我们可以看到萧统个人的

① 《文选》除李善注本外，还有唐代开元时吕延济、刘良、张铣、吕向、李周翰合注本，世称“五臣注”。

审美，他所处的时代书籍全靠传抄，我们今天看到很容易得到的作品，在他那个时期并不容易得到，因为萧统凭借自身的特殊身份就已经决定了这部书不是简单的个人化行为，而带有浓厚的官方色彩。

后世的历朝历代在政局稳定之时都会进行大型的古籍整理活动，如明代《永乐大典》的编纂。《永乐大典》的古籍整理形式在今天看来是一种打乱式的古籍整理，但这种打乱是建立在另一种规范之上。全书依据《洪武正韵》的韵目，“用韵以统字，用字以系事”，这种整理方式实际上是为了统治者的查找方便。恰如前所说，我国的知识形态是一种累积性的知识形态，这种累积性的知识形态代表着我国古代科举考试考的便是累积性的知识，背得多即代表着学问深，这一点有异于西方的学术传统。西方学术传统更加讲究严谨的科学体系，是一种论辩式的学术传统。而我国的学术传统则是一种背诵性的学术传统，这种学术传统决定了我国古代规训性的思维形态，这种形态强调我们在古籍整理时不是秉持质疑的态度，而是强调传播作用、规训作用。

第七章

文献研究新视野：理论与方法（三）

第一节　文献、理论与文学史

一　理论是中国化的理论

我们所说的理论，实际上是一种中国化的理论，当中国化的理论借助西方的理论——比如阐释学——来阐释和分析的时候，它们就像是一把把手术刀。中国人的思维和西方的严格分科化的思维并不相同。近代以来，我们也按照严格的学科化进程纳入类似于西方的学科体系。实际上，中国对西方的学习，不只是在器识层面的学习，也包括在理论各方面向西方学习，而这种学习中有分科化的语境，叫“学科化”。但我们中国很多传统的学问是没办法按照学科来分的。这种理论实际上是按照手术刀般精准的特点来分析的。比如“六经皆史”，为什么我们说章学诚那么重要？因为他在第一次提出“六经皆史”这个问题的时候，背后就暗含了一个方法论意识。当他把神圣的经学当作史学去研究的时候，他就变成了以材料的眼光来看问题，而不是以一种信仰的眼光来看问题。当我们不是以一种信仰的眼光来看问题，而是以材料的眼光来看问题的时候，就会对材料进行质疑、分析、研究，进行综合、归纳，而这样做的后果，就是带来一种学科视野。实际上，这就是一种中国本土化的方法。当只单纯地使用一种方法去研究的时候，就很难归纳出来什么，也就是说，刻意地去追求方法是很难的。可以追求的方法就是没方法。所以我说的理论不是纯粹搬运西方的理论，若某一种理论适合你，你便去介入。如当用布尔迪厄的“场域”理论或者福柯的知识结构等来分析问题时，“场域”也只是一个词的概念，由场域问题则可以引出其背后的“权力”概念。

文献是整个中国社会科学的基本功。这种学科基本功是一个很重要的角度。中国的学生，包括西方的学者，绝大多数都是从文献上升到理论，比如福柯的所有学问就是在做文献中产生的，伽达默尔、海德格尔也是从文献入手的，胡塞尔更是典型。唯一例外的就是维特根斯坦，他是一种玄想式的、片段式的构建，他从语言学向哲学靠拢。

二　元典研读及“四书”的重要性

我也在反省自己的学术，人到四十岁以后是一种什么样的境界。孔子说：“四十而不惑”，怎么“不惑”？过去我的理解就是不惑于自己人生的选择方向，比如学问，马克斯·韦伯说“以学术为志业”，就是作为一个终生选择的问题。那么到今天我自己的体会就是：我到四十岁的时候，虽然我有功利心，而且功利心还很强，但是我感觉自己的功利心慢慢地被磨掉了很多，我有点体会出“学问”的味道了。特别是前一段我看了顾炎武、黄宗羲的集子，以及在研究孙奇逢的过程中，我终于看到了我们的认识和这个学科跟明清人差距还是很大。但是为什么我们反而认为自己做得好呢？是因为我们没看过古人的集子。我一直在反思，在我上研究生的时候，为何像《日知录》《困学纪闻》这样的作品老师从没有提起过？为什么他们很少进入当时老师们的知识视野？当我们以文学的眼光来看的时候，并没有这种书的分类。我们说顾炎武、黄宗羲、王夫之是明末清初思想方面的三大家，但真正读过三者全集的又有几人？当我真正去看这些人特别是顾炎武的集子的时候，看过之后我颇受打击。我就深入思考，我的学问路径在哪里？有没有问题？我读孙奇逢的集子后是钦佩；读顾炎武的集子就是仰之弥高；我读黄宗羲的集子，比如《明儒学案》这种类型的书，觉得我下过苦功之后也许能编纂出来，但是看看其对哲学问题的认识，就发现我与其的巨大差距了。所以，经典的研习需要终生的志业。所以，我们读古人集子的时候，要懂得研读真正的经典原著，在选择的时候一定要选中国经典源头的某一部分去读。比如我曾特别强调且到现在依然在强调的“四书”。“四书”非常重要，一定要将其认真读一读，从中可以知道我们中国人为什么变成今天这个样子。秦汉时期的中国人，唐代的中国人，宋元时期的中国人，明清的中国人，都在变，这是一个学术上的根本问题。

“四书”十分重要，《四库全书》单列出了“四书”学。现代人以现在的学术眼光来划分学科的时候，多认为这种分配不合理，然而其实是我们现代人不懂古人。难道现在我们的学科划分就合理吗？马克思主义属于哲学，但是你会发现在中国马克思主义是单列出来的，既然也属于哲学怎么会单列出来呢？因为它是个意识形态与指导思想的问题，指导思想是不能按照学科来划分的，“四书”也是一样，这样来看，这个划分问题就解决了。中国古人将经学中的“四书”单列，说得严密一点，中国人的思维，特别是元明清之后到 1949 年，中国人思维认识的核心就是“四书”。而“四书”是以朱熹的理学对问题的认识为核心的。当我们在对一个问题进行分析的时候，我们必须借助一个话题，或者说，我们在表达一种观念的时候，必须围绕一个文本进行阐发。而对文本阐发本身来说，必须有一个共同话题，倘若大家没有一个共同话题，就构不成一个话语场，也就没有讨论的空间。我们在研究中国古代思想变迁过程的时候，单独一个“四书”的影响就是在历朝历代不断变化着的。研究中国人思维变迁的轨迹，如果忽视经学背后的变迁，就很难看清楚中国人思想的变化进程。我们研究宋代以二程思想为核心、以朱熹思想为核心的时候，会发现“四书”并没有占到统治地位。如果我们上溯唐代，其思想核心是什么？五经是经学的核心，但是唐代的科举考试不光是考五经的，而是实行一种三教并行的政策，也考《老子》，也考《庄子》，还有诗赋。所以，从这个角度思考我们中国人思维的变迁，会发现多元化的思维形态，那么其多元化是在什么时候形成的呢？我们说唐代国力强盛，思维活跃，实际上就是一种多元面貌的体现。我们现在也讲多元，但真正的多元恐怕远远没有形成。真正的多元，应该是思想的多元，只有思想的多元，才能带来学术的多元。学术的多元，才能对社会的活力产生深刻影响。

我们读古人书，就像陈寅恪说的需要“理解之同情”。当看那些材料的时候，读者能把自己的感情、体验注入进去，将自身的人生体验和感悟，代入古人思维中去，这种过程就是研究。所以，当读港台的儒学著作的时候，就会发现他们是真信，行文带着强烈的思想感情。当你看古人的材料的时候，你就应该想象他是活着的，他在跟你对话。我自己在做学术的过程中体会很深，终于慢慢明白，读书是要贴近古人的。我也明白了朱熹的“体贴天理”。他为什么要用“体贴”？就是要找到自己的心和古人的心相通的一个支点，而这个支点需要不断在读书过程中来磨炼自己。如果没有这个磨炼的过程，就完不成思想内化的过程。先不要说自己是一个好的研究者，先学着做一个好的读书人。可见体贴有多么重要。如果不能将自己的人生体验感受注入著作里面，很难写出一篇好的、精彩的论文。

我整理王恽全集的时候，就迫切地想整理出来，是带有功利心的，一开始的时候带有功利心，但是后来慢慢发现就没有了，是真心想把它做出来。我感觉我是在跟古人对话，想把感受表达出来。古籍整理是一项技术活，但是若能把背后的思想变迁整理出来，就是一流的高手。就比如练功，初级者要求一招一式地练剑，但是到了高手就很平常，甚至连剑都没有了，剑在心中，心中有剑，人和剑是合一的。这就是我在做学术的过程中个人对学术的体悟，但是我们认识和体悟要以文本为中心，比如我们读书，不仅要以“四书”等典籍为中心，还要借助问题来切入，以这把“手术刀”不停地找方法。但是方法不是指西方理论的方法，你要找到真正符合语境的方法。如果是两个路径的事物，硬拉在一起是不行的。你一定要将文学史的东西抛弃，才会发现披尽黄沙始见金，而后会发现大学几年连见“金”的机会都没有。为什么？因为你没读元典。没有读元典，思想从哪里来？比如有些人说哲学家是不需要读书的，不读书能产生思想吗？思想能凭空产生吗？思想必须从对经典的阅读中产生。没有经典作为凭借，作为一个文本对话过程，不能激发你思想的产生，所以我们的思想都是在古人思想的基础上不断阐发而形成的枝叶，它的根就是古代的经典。我读这句话阐发自己的思想，另外的人读这句话又阐发另外一种思想，这样就构成了树的枝繁叶茂。在浩浩长河中，我们每个人的思想只不过是河中的一朵浪花而已。就像佛经上讲“水性不变”，虽然有大浪花、小浪花，但是水的性质没变，也就是本体没变，只是外面表现的形式变了，所以每个人要不停地找自身学术的支点和思想的核心所在，只有发现学术的支点和思想的核心所在，才能找到适合自身的学术路径。我还有一点体会就是，如果不能将自己的人生体验用学术语言、用人们熟悉的形式表达出来，那说明我们的思维仍然不是成熟的，这个程度需要不断地磨炼。

前段时间翻《王国维全集》，王国维对蒙古史做了很多的研究，我一看才发现自己真是一个鄙薄浅陋之人，真是应该反省自己。我们学文学的人一谈起王国维，就说他的《红楼梦》研究，就说《人间词话》，但真正看这个人，他为什么是大家？而且这样的大家很难超越，他做每一个领域都是以问题为核心，深入进去发现问题。他是真正的大师级人物。仰之弥高，钻之弥坚。他所做的每一个领域几乎都是这个学科的奠基问题。但是你看王国维的学术路径的时候，他不还是借助一个方法论的引进吗？他为什么能够做这么好？就是因为背后有一个现代学科意义上的方法论。让我来总结的话，就是以问题为核心。当以问题为核心时就带来一个特点：不盲从，不迷信。章学诚说“六经皆史”的时候，是带有一种质疑的色彩的，但是真正彻底完成这种学术转向的是王国维。天才都是凡人努力做出来的，靠的便是他对学术问题的敏锐的学科意识，也即问题意识。为什么有这样的问题？这个问题是如何产生的？要懂得追源和流的问题。当你作为一个学者的时候，一定要追寻学术的“源”在哪儿。举个自己的例子，我自己写的论文比如《元代扈从纪行诗的地理意象风貌及价值重估》，以及最早发表的一些文章，现在看来都不够成熟。为什么呢？因为我没有考证源和流的问题。但是我在写扈从纪行诗的时候是要说清楚源和流的问题，即谁最早写这首诗，他为什么写，然后发展到谁的问题。比如最早的刘秉忠等一大批金元文士集团的文人，他们怎样做？我们现在熟悉的元好问等都在这些地方待过。比较早期和后期的扈从诗，二者范围是不一样的，地理角度会扩大，这是流之一。流之二，南方人和北方人对大都描写的景象居然不同。流之三的纵向变迁，早期文人和晚期文人也不同。第四个问题就是回溯到源的问题，为什么当时会出现这种文学体式？为什么到后世，到明清反而没了？明代绝对不会出现这种文学体式。从这个角度来看，就会发现文学的独特性在哪里。当我们围绕源和流，以问题为核心的时候，都是在找出所有问题的独特性。独特性是唯一的。

《诗经》当中描述的地理意象，到唐代扩大了。《诗经》是以黄河中下游为中心，《楚辞》则是以长江中游和湘水为中心来展开的。但是到了元代的时候，地理意象就截然不同了，元代既有扈从诗，还有很多西域诗。比如丘处机竟然走到今天的乌兹别克斯坦那一带了，走了四五年。

这种人到了一定境界，他不一定自己去写，可以有弟子给他记下来。唐玄奘《大唐西域记》都是口述的，他并不一定是有意去保存文献，他可能只是需要这样一种经历，但这无意中给我们提供了一种视角。元代当官的这些文人，每年三四月从大都出发，一直北上，到了今天的锡林郭勒盟，八月的时候回来。每年都这样，对人生是一种什么样的影响。有时我坐飞机去开会，两个小时就到了，我还尚觉折腾。但是古代人，这个走的过程，需要很多的物质供给，需要带配套的设施，需要驿站交通。所以说，文学只是其中的一个细枝末节而已。这个具有世界性的眼光出现在元代，唐宋时则尚未形成。为什么呢？因为在元朝入职的人各民族都有，种属非常复杂，汉文也只是其中一方面。如虞集便会蒙古语，即当时所谓国语。还有，我们经常听说蒙元的“二元政治结构”，但是还要考虑到，当一个国家的性质机构像这样带有蒙古民族的游牧特色来回迁移时，这些机构是怎么运转的？该怎样发布诏书、命令？这还是应该有历史的纵深视野和对多种语言材料的驾驭才能了解清楚。

三　以问题为核心的学术研究

我考虑元明清时代的学术，发现一个问题，为什么在朝代更迭、易代之际的时候，在中国人的生活非常动荡不安、物质生活很难得到保障的时候，各种能够对人类历史，对中国思想史、文化史产生重大影响的大家都在这个时候产生？因为在这个时代，大一统政权对人的思维的控制被削弱了。伴随着削弱的过程，思想得到“解放”，这个“解放”得加上引号，其实本身不是解放，而是没有了这种一统思想的束缚，当没有一统思想束缚的时候，原创性的东西就出现了。

我们填表经常会遇到一个问题：有何创新之处？我突然发现，我自己写的文章没有创新。为什么？我写的文章是把古人的话引过来，引过来证明我的话。比如我写孙奇逢，只是一篇论文，但是绝对不是创新。为什么？因为这其实是孙奇逢已经说过了的，我只是将他的话归纳一下，用人家的话来证明。所以，从这个角度来看，论文的创新并不容易。再比如我们围绕一个问题进行阐发，但是原创性在哪儿？中国学术的原创性，我认为是经学，比如佛经、儒家经典、道家经典等。我们从儒学传统确立之后，后世所有的研究者在阐释自己思想的时候，都必须借助对于中国古圣先贤的经典文本的阐释过程来形成自己的思想，这是中国学术独特的特色，就像西方现代所有的东西都是柏拉图的注脚，我们中国的思想都是来自思想源头。比如我们现在讲民本主义、人文精神、对专制政权的批判，其实不都是来自孟子吗?《孟子》的文本就是那几句话，但是所有的东西都要围绕其进行阐发。再如我们如果不能围绕“仁”的思想阐发，就没有办法知道“致良知”是怎么形成的。所以，我们都是在对经典的注释理解的基础上进行阐释、研究，然后完成自己思想的塑造过程。对自己思想的塑造过程，就形成了自己的哲学认识和对文学史的认识。文学上的认识和体认，都是来自《诗经》和《楚辞》。如果从学术史的分科意义上来讲，都是来自《汉书・艺文志》对这个问题的认识，都离不开目录题跋等学科的认识和体知来形成思想的认识。考察《诗经》会发现后世对经典文本的阐释是如此的不同，因为我们都是借古人的话来阐释“古人的当代性”，也就是我所说的“以今立古”的意思。明清之际的三大思想家，黄宗羲的研究、顾炎武的研究实际上都是借助古人的研究来说明明朝为什么变成现在这个样子。他们也在追寻他们的历史源头，到了今天，我发现自己的学术也是在这样追寻。

从我个人的体会而言，人到四十岁的时候会发现，对学术道路的选择，就像马克斯・韦伯说的，并没有止境。有些东西不是通过努力可以得到的，虽然达不到，但是可以通向至善的境界，通向仁义的路途，也就是说“吾虽不能至，心向往之”。中国儒家文化里面，已经给我们规定好了，以《大学》的标准给我们规定了人是由凡到圣的。首先告诉我们的是“明明德”，“明明德”的过程就是我们通向仁义之途的路径。这个路径靠的是你不断内在的思想，不断纯粹化的过程，要不断地进行思维的磨炼，而思维的磨炼实际上是非常痛苦的过程。当一个人面对外界各种诱惑的时候，终于明白定性的重要。古人讲“知止而后有定”，如果一个人很贪心，没有满足感，那怎么才能有定性呢?我们中国的思维就是先秦先贤的典型注脚，《礼记》中有一篇文章叫《学记》，非常重要，因为教育是要能落到实处的。我们往往忽视传统，而忽视传统的原因是什么呢?就在于我们对自己的学术源头没有弄清楚。我们整天批判古人什么地方不对，是因为你根本没弄清楚古人说这些话的语境和意义。

典籍的传播史和古籍的整理史背后就是一个学术的思想变迁史。比如我们讲版本，那么这个版本为什么变成今天这个样子？为什么之前没有？你就要深入其中，不停地思考，这样才能发现背后的学术思想变迁的过程。研究生除了要完成基本典籍的阅读外，还一定要形成以问题为核心的意识，围绕这个问题进行深入思考和构建。这个意识需要你在跟着老师不断做课题的过程中，形成你对问题的认识。以问题为核心这句话容易说，但是做起来特别难。有些人做学问的路子是错的，而且一开始就错了，但有时候自己并不一定知道。《楞严经》上的话："譬如蒸沙做饭，终不得成。"

儒家讲学术传承，如果没有学术传承，很难找到学术的根本。所以，孟子说自己的老师是一百五十年前的孔子，说自己得孔子的心传。到韩愈也是这样讲，说自己得"道"是直接承继孔孟思想的核心。任何一个人在做自己学术的时候都要找自己的学术支点，当学术支点找不到的时候，学术一直停留在外围，很难上升到一个更高的层次。

四　文献学、文学史与学术史

当我们用文学史这个词的时候，其中一个很重要的字是"史"。现在常说"文史不分家"，我就在想，文史不分家应该怎么做？"文"和"史"是并列的吗？其实不是，我的理解，它是以史——这个史就包括以史学的眼观对材料的把握——为核心、为基准点去把握，然后从文学的材料里面来阐释。这就涉及文学观念的问题，也必然涉及文学和史学交叉的问题。文史交叉不是一个笼统的交叉，是不可分的。中国的学术研究，按经、史、子、集来划分，其中经是最重要的，史其次，然后是子。因为经史子都包含了一个国家社会制度的演变情况。曹丕《典论·论文》、陆机《文赋》强调的是情感。当我们以"集"为核心的时候，会带有很强的个人色彩。我们强调文学的演变规律的时候，以"集"为核心就重个人的体验。我们应该以学术史的眼光来看，进行史料的考辨、分析、研究，而不是凭借我们的经验和想象。要知道"文学"这个词描述的就是一种想象，或者个人化的东西，做这种研究就是要明白你的思维落脚点在哪里。所以文学史的研究就包括三个层面：

第一，客观层面，就是文学史事实的叙述。比如李白、杜甫的仕宦经历，苏轼的人生经历，再如“古文运动”发生在哪一年，这就是文学史的事实叙述。事实叙述就是一个基准点，在我们解读材料时是不会发生变化的。有一些弄不清的则会发生变化，这些就需要去研究。

第二，我们的事实叙述还要借助文本。比如苏轼的文集、元好问的文集、《中州集》《元风雅》这样的集子，黄宗羲、顾炎武的著作等，都是一种文本。以文本为核心的问题就是在研究作者的文本，要知道在这个时段发生过什么样的历史事实，要知道作者所处的社会环境和时代变迁问题，当这些都解决了，才能进入文本层次的问题。

第三，是由谁书写的，即书写历史问题。按照现代学科的认识，历史的书写不是长编，实际上是一个历史在特定环境下的重新叙述。从这个角度来说，我们可以用史学的方法来关注文学的问题。比如章学诚的“六经皆史”的观点，顾炎武以“经学即理学”回应明末清初理学的情况，以及顾后期提出“理学化的经学”的理论，这就是一个史学方法的问题。

我们要对古代文学里面的、古典文献里面的思想问题进行研究。文学与思想二者关系是非常复杂的。需要研究的第一个是文学家的思想问题，第二个是文本所展现出的思想问题。比如研究《西游记》里的佛教思想。《西游记》是一个文学文本，当我们以文学文本来阐释的时候，分析它背后的思想变迁，为什么那个时候佛教徒的地位比较高？以明代来讲是讽刺。从写作时间上看，《西游记》正好产生于明世宗嘉靖年间，反映了那时候皇帝的炼丹，这样就是一层研究。然后再思考它的术语，你就会发现，它暗含了作者的思想和一个时代的思想在内。

中国古代的思想其实很有自己的特点，尤其明清的时候很有特色。如果没有西方思想的输入，我们也有可能会形成自己的学科体系，在清代已经有这个苗头了。像钱大昕的《廿二史札记》《十驾斋养新录》、段玉裁的《说文解字注》、黄宗羲的《明儒学案》《宋元学案》，这些对思想史的构建已经很完备了。但是这是一个被疏漏的学术史，因为我们凸显了现代学科意义的重要性，可是在古人那里，它未必是重要的。为什么我们现在重视起来了呢？因为它符合我们今天学科的视野。孙奇逢为什么被忽略？其实在清代初年的时候，官方意识形态是程朱理学，所以他的弟子汤斌等都很推崇孙奇逢。可是到了清代中期的时候，学术转向了乾嘉朴学，乾嘉朴学以类似于西方的方法论来解剖先秦的典籍。于是清代出现了一批大规模的、全面的古籍整理，一点一点找材料。我们现在有古籍库，方便了许多，但是大家想过没有，古人在进行这些的时候是多么困难，像《周礼正义》做了几十年。我现在看古人的集子的时候，真的是感动啊！他们了不起。

举一个例子，乾嘉朴学背后的思想是怎么变迁的呢？在清代的时候，开始是程朱理学的官方意识形态，但是在清代并不适应，解决不了现实层面的许多问题，比如国家的制度问题、机构运转。程朱理学发展到清朝的时候是对明代王阳明心学的反驳，理学家认为明代的灭亡就是因为王阳明心学流于禅学化，空疏不读文献。清代就以程朱理学作为科举考试的标准，可是问题就出在这儿，运转一个国家是如此复杂，比如断案、治理黄河。我参与黄河文明中心点校文献，发现古人治理黄河体现“天理”，要“格物”，怎么“格”？需要很多技术层面的问题，形而下的问题，程朱理学的形而上解决不了这些问题，朴学就是从解决清朝的实际问题开始出现的。清代很多学者关注西北地区，关注西藏地区，关注外蒙地区，他们往往从民族史的问题来考证，考证它是怎么来的，所以会发现，清代朴学一个很重要的问题叫“舆地学”，是解决现实问题的，可是程朱理学是不能解决现实问题的，这又回归到经学的核心，往前代追溯根源，故认为宋儒对理学的解释是错的。汉学核心的思想观点就是，我要打倒你一个人，目的是表彰另外一个人，以树立我的学术传统，所以汉学家就说宋儒做的都是错的。读江藩的《汉学师承记》《宋学渊源记》，会发现二者是矛盾的。如此就逐渐形成与官方意识形态不同的一种潮流，而尤以江浙为核心。所以刻书盛行，文人来这个地方做官，如果不刻几部书，就不被当地的文士阶层所重视。所以官当得好还要有点学问，像阮元、毕沅皆是如此。

还有一点需要注意，宋代以来出土了大量的文物，主要是青铜器。宋代以来出土的青铜器，在宋代就出土了的，现在叫“熟坑器”，与之对应的就是“生坑器”，上面都有文字，他们将器物上的文字拓下来研究，才发现新的文字。同样，甲骨学的兴起不是一下子出现的，是一个逐渐的过程。段玉裁《说文解字注》没有用到甲骨，是因为没有出土。还有就是出现的碑帖，这也是清代一个集大成的学问——碑学。只有清代出现了《金石考古录》等大量的考古录，并且用碑文来佐证史书的记载，阮元的《揅经室集》就是用这种办法。古籍整理就慢慢汇集成流了，当然到了嘉靖以后，又是一个学术变迁。清代乾嘉之际、道咸之际学术一变，有清一代学术经历了由宋学转向汉学，汉学向朴学又向新学转变的过程。佛教在清代是不被重视的，到龚自珍才被重视，他大量借用佛教“华严”思想来阐发新的思想，还有谭嗣同的《仁学》，全都是借助佛教的思想，所以近代以来，佛教思想二次复兴。可见，一个学术问题的出现，一定不是凭空产生的，都是有一个源，在一个时代一旦有机会就会生根发芽，这个过程就是思想史一个很重要的过程。

文学文献的研究，目前有一个新的变化趋势：这几年开始回归对经学的重视。经学在中国古代具有独特地位的学术传统，到了1949年之后几乎被摒弃。从周予同的《经学通论》、皮锡瑞的《经学历史》，还有朱维铮的《中国经学史十讲》，能看到经学在中国古代是占有绝对的核心地位的，这也说明文学研究必须与经学相结合。我们现在很多人不写格律诗了，也不写文言的文章了，那我研究它的艺术特色有什么作用呢？实际意义在哪里呢？这时候就要寻找，要从经学的角度。经学现在走的路线，比如儒家经典与文学的关系进行阐释，里面就暗含了对学术史的梳理，暗含了作者群体的变化，暗含了学术史的评判，从这个角度来讲，比如两汉的经学与儒学，汉赋与中国经学，朱熹经学思想与文学变迁，北宋的经学与文学，清代的经学与文学，四书五经性理大全与元明的儒学传承，宋代的学术文化思潮与《诗经》研究，南宋的学派之争与文学嬗变，等等。你会发现文学是经学的一个附属，特别注意儒家思想史、文学变迁史之间的一种互动关系与影响的双向性关系，这其中包含有儒家观念的变迁。例如欧阳修对文道关系的重新阐释。

学人的知识结构是固化的、被塑造的。现如今，我们生活在一个学习、学术研究十分便利的时代。我们接受着系统的知识教育，享受着被历代先贤以及现代知识精英精挑细选出来的知识精华。一方面，这给我们的学业提供了便捷，我们不需要再在遴选知识上耗费大量时间；另一方面，我们的知识结构在无形之中已被固化，我们对许多问题是知其然而不知其所以然。这在一定程度上压缩了我们的学术视野，降低了我们的学术活力。

以杜诗为例，杜甫是我国首屈一指的伟大诗人，从初级到高级的教育环节中，杜甫的诗作屡屡被收入教材，一些名篇更是人尽皆知。然而，读过杨伦[①]的《杜诗镜铨》[②]之后我们就会发现，那些我们耳熟能详的名篇都会有不同的版本，许多诗句中存在大量的异文。但我们所熟知的教材中却很少提及这种情况。这些教材中的杜诗大多来自蘅塘退士的《唐诗三百首》，蘅塘退士从他个人的角度遴选出来了他所认为的杜诗最好诗作以及最佳版本。由于蘅塘退士卓绝的学识，他的《唐诗三百首》被广泛接受。一方面，这确实给我们快速了解杜诗精华提供了便利，但从另一方面讲，仅凭这些被塑造出来的知识，我们很难对杜诗的全貌有一个深刻的了解，更不会对杜诗研究的学术流变产生一个确切的认识。此种情况同样出现于古文领域，我们所掌握的古文大多选自清代的教科书《古文观止》，而这也是经过吴楚材、吴调侯从千年来的散文作品中遴选出来的他们眼中的精品。仅靠这些作品，我们很难一窥古文发展与演变的全貌。

从这一角度来讲，我们的知识结构确实是固化的，被人为塑造的。然而，正如培根的“四大假象”说[③]所指出的那样，大多数人还误以为自己所掌握的即是全部真理，如果想以这样一种思维去进行文献研究，只能是贻笑大方。

拓宽学术视野需要重视学术史的梳理。要想突破已被固化的知识体系，对具体的学术问题有一个源流性的、高层次的认识，就必须以学术史的眼光看待问题，重视学术史的梳理。以杜诗为例，要想知道杜诗为什么会是如今这个面貌，我们就有必要对历代杜诗的版本以及历代学者

---

① 杨伦（1747—1803）字西木（一作西禾），江苏阳湖人。生于乾隆十二年，卒于嘉庆八年，年五十七岁。博极群书，早传声誉。乾隆四十六年（1781）进士，官广西荔浦知县。晚岁，主讲江汉书院，门下多尊信之。伦诗得力于少陵，与孙星衍、洪亮吉、徐书受等唱酬最富。所著有《九柏山房集》《杜诗镜铨》二十卷，并传于世。

② 《杜诗镜铨》是杜甫诗注本，此书诠解杜甫诗，在诸多校注本中颇著特色，为阅读杜诗常用读本，作者为清代杨伦。

③ 四大假象说由英国哲学家培根提出。显然，人们之所以只能看到事物的假象，不仅仅是由于受错误观念的作用和影响，更主要的在于这种错误观念的产生是同认知主体的幻觉相关联的。培根把这些虚幻的成分分为四种，即“种族”“洞穴”“市场”“剧场”，并从而形成了这样四种假象，即“种族假象”“洞穴假象”“市场假象”“剧场假象”。

对杜诗作的注进行学术史的梳理。这样的工作会让我们对杜诗有一个概括的认识，对之后深入的研究绝对是有诸多便利。同样，作为封建社会极其重要的经典著作，以及明清时期科举的考试标准，《四书章句集注》塑造了一代又一代的文人品性，甚至对我们中国人的文化品格都有着潜移默化、深远持久的影响。对于这本书的重要性，大多数人都深谙于心。但其中多数是只知其然而不知其所以然。这就需要我们对这本书进行一个学术史的梳理，通过对《四书章句集注》历史版本以及此书地位变化、历代学者对其研究成果的整理，我们才能够对四书有一个源流性的认识。清代学者对学术史的梳理已经有了重视，这主要体现在他们对经学的概括性著作中，比如朱彝尊的《经义考》、皮锡瑞的《经学历史》《经学通论》，他们通过对经学史的梳理，对经学有了超出前代的更高层面的认识。

学术史一出，学术自明。在文献学研究中，学术史眼光显得极为重要，梳理学术史这一工作，有助于我们突破对学术问题狭隘、固化的认识，提升我们的学术视野，从而对某一学问能够穷源至委，竟其流别，以见其源流沿袭，从而对我们的深入研究裨益良多。

第二节　中国典籍与西方符号学

一　从如何研究说起

我们这次要从西方符号学的角度认识中国典籍。如果读到研究生而没有新的思维和理论方法去阐释的话，那么你的研究根本不可能再有什么改进。在现当代文学的研究中，西方大量的学术著作译介过来以后，现当代文学这个学科受到的冲击很大。如果没有更新研究思路与方法，研究很难带来学科的突破，或者说难有学术史意义。文学史是需要不断进行重写的，我们现在做的很多研究是属于作家定位研究，对作家定位研究实际上是一个不断地贴标签的过程。比如说我们认为杜甫是现实主义的，李白是浪漫主义的，但是浪漫主义和现实主义这两个词用到李白和杜甫身上是否合适？这就产生了诸多争议。实际上很多研究都需要重新做，这不仅仅是需要我们一代人重新做的问题。比如，从来没有人认为《二十四诗品》是伪作，国内两位学者陈尚君、汪涌豪进行考辨，认为《二十四诗品》是伪作，认为其不是晚唐人司空图写的，而是元代人写的。我们做古代文学研究的时候，特别要注意，要思考方法论的语境问题，到底这个方法论有没有问题。此外，也要不停地思考研究对象是否具有研究意义。

我们做研究的时候，选题有好多种，比如“偷懒性”的选题，像综述式的写法。论文都是写问题的，都不可能全面，全面的就不叫论文了。如果你把别人都没有考虑到的张三、李四、王五列了出来，这种研究不属于推进，这属于融会，是“思想的懒惰者”，你没有进行大量的原始著作的解读，是发现不了真正的问题的，真正的问题都会被遮蔽起来。

还有一种写法是什么呢？实际上就是一种深入式的研读，但这种研读的收获很慢。咱们文献学学科研究的收获是比较慢的。但它的好处在于属于树大根深型的，从我自己的研究就可以看出来，可能一年两年显示不出来，但是坚持下去，你就会发现，你做出的东西别人是难以超越的。所以我们要考虑清楚各种路径，要清楚你自己做的研究、思考方式的节点在整个学术史的位置。这样你就会清楚你的问题，沿着这个路径往上爬，这样你做出来的这种研究最起码能保证十年、二十年不过时。我当时做《袁桷年谱》的时候，没有人做过，那时候也没有出现以各种年谱作为学位论文题目的。我第一次做年谱之后，包括《袁桷集校注》整理出来，我发现写袁桷的硕士、博士论文就多了，这就是引领性的。比如说《王恽全集汇校》在 2013 年被整理出来，在这之后，研究王恽的硕士、博士论文逐渐多了起来。所以说我们在做研究的时候，一定要知道研究的点在哪里，要有敏锐性。

二 意义的规定：能指与所指

罗兰·巴特的《符号学原理》是符号学领域的经典，通过阅读它，我们会更新一些思考方式。文本的解读是有多种的，包括阐释性研究、还原性研究，以及用符号学原理解读等。而《符号学原理》便是用符号学解读文本的入门之书。

罗兰·巴特的理论实际上是对语言学理论的一种模仿，来自索绪尔的《普通语言学教程》。《符号学原理》用到了很多来自语言学的概念，如语言和言语、能指和所指、系统和组合、直指和涵指等（具体概念就不再详细说明了)，其中对我们影响最大的就是能指和所指。

能指和所指在文学研究到底有什么作用，能不能改变单纯的社会学的认识模式，是否拓展了古代文学和文献学的认识深度？我们讲校勘的对校法、本校法等方法论的时候，基本上是在进行能指意义的还原。罗兰·巴特认为符号是由能指和所指构成的，能指面构成了表达面，所指面构成了内容面。他认为每一个层面都包含两个层次，即形式和内质。巴特认为人类对一切物品的应用都是靠记号的。卡西尔在《人论》第二章的开篇就说“符号——人的本性之提示”，他认为只有人可以创造符号，人是会使用符号的动物，他在巴特的基础上进行了大量的阐释。当我们运用符号概念的时候，实际上拓展了我们的研究，我们的声音、文字、服装、事件等都可以从符号的角度来认识和切入。

所指，比如焦裕禄，当我们提及“焦裕禄”三个字时，能指层面就是指焦裕禄这个人，是一个优秀的共产党员，但是所指层面内涵就深了，代表共产党干部的一种精神。再如，我们学习雷锋，这里指的是“雷锋”的所指层面。另如，汶川地震，本是一件悲惨的事件，我们中国的舆论就将其导向为一种精神——“汶川不哭，中国加油”，我们用一种简单的话语凝聚成奋进式的符号。所以我们都是从所指层面来看符号的。从这个方面来讲，所指层面有两个理解角度：

第一个层面指符号所阐释的实实在在的事物，所指的客观世界；第二个层面则指事物内涵的深入及其概念的外延。

中国文化中所赋予的内涵，在所指层面不仅仅是客观世界，即所指的事物，而更关心使用者的心理表象的问题。比如说爱情，爱情本身呈现不出来，但当提及爱情，我们立刻会想到“甜蜜”，心理的愉悦感自然产生，这个就是内涵的意义。这个就是心理层面的问题，表面上看是能指、所指两个概念，但实际上放入文学中关心的是历史感的研究，也就是在场研究。

罗兰·巴特在进行能指、所指的阐述的时候，能指和所指的关系是任意性的，它们之间没有必然关系，却又是一种约定俗成的关系。我们要思考这种约定俗成的关系形成的原因，比如说杜甫被认为是现实主义的，当加上这种符号标签的时候，后来者就会下意识地遮蔽对杜甫的别的认识。同样的道理，我们津津乐道于陶渊明的田园诗的时候，鲁迅说他还有金刚怒目式的作品，实际上，陶渊明的作品在后世不断地被选、被关注的也的确只是田园诗作品，而其他的作品就被弱化了。这个弱化甚至剔除的过程实际上是一个慢慢约定俗成的过程。我们进行学术史的追溯的时候，必然会提起杜甫，继而就联想到现实主义，但事实上杜甫绮靡、清丽等风格的作品大量存在——我们在讲一个作家最典型的特点时往往会遮蔽其他的特点。我们在说这些内容的时候暗含了符号的社会化、历史化的特点，由此我们会发现表面上的约定俗成，实际上是社会化、历史化的过程。

在中国的语境下，提及能指和所指的任意性关系，还要考虑社会因素、文化因素、民族因素和地域因素的制约。约定俗成虽然是长时间积累的，实际上暗含了这种历史性的过程。比如，西装本身就是一个符号，能指层面自不待言，所指层面呢？它在新中国成立前（资本家）、新中国成立初（民资）、“文化大革命”（走资派）以及改革开放初期（老板）等不同时期所标示的身份不同，时代语境变了，一个普通事物（符号）被赋予的内涵也不同了，意指层面慢慢展示出来了。就像跳舞一样，20世纪80年代刚开放时，是不被理解的，现在认为是有助于健身的，现今的广场舞又是另一种符号，暗含了中国民族性的东西。中国人的运动情节在国外（健身房）有时是很难被理解的，我们沉淀下来的集体无意识表现在很多方面。比如晨练时的集体运动、唱歌，用这个怀旧的歌曲表达心声（如革命时代的心声）。生活在21世纪，虽然有很多语词、语境的社会性在不断地拓展变化，但我们思维层面不一定都有很大变化。文学里面的词也很典型，如《二十四诗品》里面的词像“雄浑”“冲淡”“高古”，它们已经影响了中国人的思维方式，变成我们约定俗成地进行文学批评与创作的一种范式的认知，这种范式的认知又决定了我们对诗风的理解，这种诗风的理解又影响了我们对作品的一种归类标签化的写作。实际上司空图无意中用了符号的这种标签式的分类，进而决定了中国文学作品的流向与格局。这种影响已经变成我们中国人思想中很重要的一部分。

《二十四诗品》中第十三个“精神”：“欲返不尽，相期与来。明漪绝底，奇花初胎。青春鹦鹉，杨柳楼台。碧山人来，清酒深杯。生气远出，不著死灰。妙造自然，伊谁与裁。”① 这些语言都是很难具象化的，没有具体的语境限制，这使得作品的生命力勃发，给后人巨大的阐释空间，更容易流传。再如《论语》《圣经》等都是如此。论述得愈是具象化，阐释的空间就愈小。康德的作品都是经过严格缜密的论述的，虽然也被人阐释，却必须遵循他的思路，进入他的思想的迷宫里面，其思想才会被不断地阐释。但是如果读老子的《道德经》的时候，我们的理解可能完全不同，所以说我们在读司空图的“精神”时会发现，与我们现在所讲的“精神”符号不同，是指“精”和“神”的内涵。

我们与古典既有相通的一面，也有不同的一面。按照我们现在符号的社会性、历史性的一面来讲，我们可能赋予它不同的一面会更多：虽然能指这个词是一样的，读音也一样，但是它的意义含义完全变了。这种作品的意义就在于我们对它的理解。

三　对比替换法

我们再看一个问题，在文学研究中，如何运用对比替换法进行研究。

对比替换法，实际上是对比检验法。罗兰·巴特的原话是：“对比替换检验法就是人为地在表达（能指）面上造成一种改变，以观察这种改变是否在内容（所指）面上引起了相应的改变。”② 他的目的是用两个能指的相互置换，看能否引起所指的相互置换。这种做法给我们提供了意指单元，这个研究意指单元的方法在考察文学里面组合关系的时候可以用到。

举个生活中的例子，很多产品都有明星代言广告，如宝马、奔驰等汽车、名表百达翡丽、劳力士。网球代表贵族运动，劳力士用国际网球巨星做广告的时候就暗含了社会阶层的区分。再如百达翡丽的广告，用一个女子的背影和儿童做代言，表示可以传世，这个表代表着传递一种财富。广告的意指层面很多，现在我们来做替换，用民间大众化的人做替代，如王宝强，那么这个表的所指层面就变了。所以对比替换法可以

---

① 李壮鹰、李春青编：《中华古文论释林》（隋唐五代卷），北京大学出版社 2011 年版，第 513 页。

② ［法］巴尔特：《符号学原理》，李幼蒸译，中国人民大学出版社 2008 年版，第 49 页。

检验意指层面的组合单元（很多社会现象都暗含这个组合单元）。

在文学上也是如此，以《二十四诗品》为例，把前面的内容倒过去，比如把“形容”和“悲慨”相互换，如果所表达的意思相类似，就是有问题的；如果替换后意思不同，这就说明它构成了一种风格分类。这就可以检验风格分类的严谨性。这很像索绪尔所说的组合与聚合关系，通过聚合的变化来改变组合的效果。

四 “含蓄意指”与象征性互动

下面再来看一个很重要的问题：“含蓄意指”。

“含蓄意指”，即对意义的建构和传播的不同方式。比如德国家用电器大部分是代表高层次的，中国的就很难找到高端的。这些通过对比检验就能发现。我们拿不出来代表中国符号的东西，只能拿出来具有传统意义的东西（如鲁班锁）。我们很难找到中国现代的可以给我们带来思想启发的东西，而将孔子作为民族符号来宣传。而韩国的各种电器、服饰、饮食等，都有其民族符号的代表。再如，用对比分析的方法可以看出我国高校在世界的排名，我们对某高校定位宣传时所消费的符号意义仍然还是几十年甚至一百年前的学者。换个角度来研究这种符号的时候，往往能突破我们的现有认识。

我们现在可做的空白点还很多，比如说现在为什么用“50 后”“60 后”“70 后”等概念为作品贴标签，如“80 后”创作生态研究，这里把预设的问题当作了结论，其合理性在哪里？每个年龄段的思想风格都是统一的吗？

我们现在处于思想的原创点和交织点上，需要重新建立学科。我在给专硕学生上课的时候，突然迸发奇想，我们要有一个语文的传播学和语文的符号学。语文的传播学从语文的计量学方向引入；对于语文的符号学，我们会追溯语文的概念，为什么会有语文，为什么会形成这种固定的叙述模式。

由符号的“含蓄意指”，会引发一个概念：象征性互动，即个人和群体之间的象征性互动。“symbol”包含“sym”（意为“标志”）与“bol”（意为“统一”）两个层次的意思。“symbol”在古希腊词源中最早是“标示”的意义，后面这个综合的“统一”（bol），是在时间维度和空间维度的综合上展开的。也就是说，“象征”这个词是具有共域性、共通性的。人类学家把人称作会画图的人，只有人能创造图形符号来进行象征性活动，来构建我们自己的社会和文化。我们中国的学术史一直都是在构建象征性符号和我们的学术话语。所以，一切符号都是以具体形象来表达抽象的意义，我们所有的各种系统（如学术系统）都是不断地符码化和象征化的过程，都是不断地完成这种编码和解码的过程。这不仅构成社会和文化发展的动力，而且构成了学科的发展动力。所以我们的文化研究，实际上指的是我们个体生命在现实世界中在承受各种文化的、历史的传统的情况下，个人和社会间不断解构和自我认知的过程，这种自我认知既有来自传统的又有来自现实的，这样才能构成我们对文化的理解。从这个角度来讲，诗歌等各种文化都暗含了生产与再生产的过程，这是通过符号的编码和解码实现的，由此完成了差异化的过程。我们自身在不断地呈现差异化，这也表现出文化随着外部世界的发展不断被差异化的过程。

我们对意义的寻求在文化的语境中不断地彰显出我们自身的生存能力和生存意志，而这是一个不断符号化的过程，一个不断进行自我象征的过程。运用符码进行编制的过程实际上是通过象征作为中介表现出来的，这样才能构成意义的研究。所以符号是我们进行意义的结构的表达、沟通、协调、理解的手段，我们对意义的寻求必须借助符号，否则无法表达出来。

实际上，罗兰·巴特的书是在告诉我们现实世界中从古至今的人都是且只能成为一种符号，一旦成为符号，其存在和运行方式就不再单纯依赖其意义的生产方式，而与我们的生活世界密切相关。所以罗兰·巴特认为，能指与所指不是完整的、固定的符号体系，而是每个所指的位置都有可能被其他所指取代。因为在能指的读者心目中会产生一系列的、各种的意指，所以“能指”这个概念在特定的社会网络中会不断自我膨胀、自我产生，任何一个古代或者现代的事物，一旦条件成熟就会构成新的事物，被赋予新的意义，构成新的“意指群”。因此，罗兰·巴特发现的能指系统是一个开放的、动态的系统。

我们表面上在进行学术研究，实际上，我们是在表达个人的生存经验，彰显个人的生存理念和生存价值，这就是我们所说的生活世界的现实基础。因此，我们只有构成意义之网，才能构成所谓的他者、自身、心灵等术语。这个决定了我们所有的研究都具有双重性：意义的双重性和文学的双重性。

我们进行符号的研究时，可以运用再生产理论来进行诗歌意义的再生产研究。对文学意义再生产的研究，实际上是对其意义结构的研究。如此，即使选做杜甫的研究、《诗经》的研究也不会过时。

五 “直接意指”和“含蓄意指”

罗兰·巴特认为，一切意指组合都包含表达层面和内容层面。一个完整的符号里面都要包含表达层面（E）和内容层面（C），二者之间有一个连接层面（R），如此构成了一个“直接意指组合”：E、R、C。

E、R、C 三者，从表面看只是赋予一个固定东西以意义。这种关系看似很简单，但社会现象、作品则往往相反，并没有那么简单。当我们看到第一个直接意指组合 E、R、C 时，每个 E 和 R 下面分别包含 E1、E2、E3、E4……和 R1、R2、R3、R4……即是由各个层级构成的。

每个层级构成的意指组合，就构成了一个“含蓄意指”组合，各个层级就构成了多层次的复合意指组合，那么意义就在衔接之处产生。举个例子，李宇春通过“超级女声”一夜成名，C 是一夜成名（内容层面），E 是李宇春，衔接之处就是来自四川的小女孩，当我们看到李宇春的时候马上就会联想到衔接之处，即草根阶层一夜成名。再往下赋予 E1、E2、E3，假如李宇春的成名暗含所有参加超女的明天，那么电视中的李宇春就构成了一个内涵：所有参加海选的女孩，R 的层面就组成了。这样就构成了意义组合的含蓄性。再如司空图《二十四诗品》中的“冲淡”“纤秾”，找出其内容层面、表达层面及二者的关联层面，我们会发现其内涵的“含蓄意指”层面会非常好，经典的艺术评价由此产生。

这个可以分析很多作品，“含蓄意指”必须放到历史的语境中来阐释，能指系统是自我膨胀的，比如我们为什么会形成“一代有一代之文学”的观念？什么时候开始形成的？元代的虞集最先提出“一代有一代之文学”的观念，他说前有唐诗、宋词，那么元朝能在后世流传将是元曲。每种文学艺术形式都有不同的能指系统，这种能指系统具有可变性、创造性和自我膨胀性，能让我们的文化绵延不绝地传承下去，所以说唐诗、宋词等都是能指符号。再如，“春晚”、《历史转折中的邓小平》、“邓丽君”等都是能指符号，每个时代符号是不同的。我初中时代比较流行的明星如《渴望》的主角刘慧芳、小虎队、琼瑶以及“四大天王”，现在流行的则是“中国好声音”，各种网红，等等。古典和现代的结合有助于理解为何会如此评价唐诗宋词，从这个现象中可以看出古人的心态，因为古人以诗歌为传达、交流感情的媒介（不像现在手机、电脑等各种电子媒介），是一种静态媒介，其符码编制过程的意义非常丰富，大家在写诗的过程中的交流形式是非常活跃的。后来通过印刷进行诗歌生产，不同的选本经过再编辑而流传，这就是古人的传播循环。所以只有在历史语境中赋予它特定的时代精神、历史内涵，才能传递诗歌的意义，构成所谓文化符号的能指系统。

由此，我们才会发现符号的含糊性就是“含蓄意指”。如果我们把它放在纵向与横断面的结合中研究时，“含蓄意指”有一个特定时代的文化系统参照，把这个参照定位好，我们的研究才可能更加精准。比如刘因，我们往往突出他隐逸的一面，而他的集子所呈现的却并非如此。我们只是突出了他的某一特质，进而扩大化、符号化，我们应该找出刘因的隐逸符号为什么被认同，这是与中国文化中纵向的一面相结合的。但是在横向的大的时代背景面前，比如说面对中国历史上从来没有遇到过的强敌，元代蒙古人跟金代女真人相比更强大，文人在这种情况下，其面临的境况在所读的圣贤书中都没讲过，他们该如何赋予其意义？这样就会发现好像这些人被“立起来”了，被赋予了生命的意义，而不仅仅是定位研究。

E、R、C 之下还有 E1、R1、C1，构成“含蓄意指”，但是仅这一个层次还不行，因为新的意义要被产生，必须得会进行意义的移植，这样所谓的意识形态的传播才会出现。表达面的能指可以有多个直接意指组合，即由多种符号的所指共同构成涵指项，所以后来慢慢变成一个单一的涵指项，暗含了无数个直接意指的组合体，这样才能构成“含蓄意指”。

一个城市，一个民族，一个国家在对外传播我们的文化的时候，都会借助符号的影响力来丰富自身内涵以塑造形象。如提及开封，我们会借助历史名人、名胜古迹、菊花等来传递我们内在的品质，提升竞争力，同时扩大影响。这实际上就是用“含蓄意指”、涵指项的多种层面的组合来打造竞争力。虽然开封是七朝古都，本身具有历史性，其中宋代高贵、典雅、平民化以及士大夫化的文化常被人提及，但《水浒传》所代表的宋代江湖社会文化呢？王学典认为中国社会有两种：一种是贵族社会，另一种是江湖社会。我们赋予开封名片，却又认为清明上河园是假古董，我们要恢复真迹，但这样做的意义在哪里？因为开封是借助清明上河园的符号设立名片的，本身就带有娱乐化、消费化、平民化、市民化的性质，只有研究者才较真，会带着考古性质来研究。作为一种消费符号，我们是要打造涵指项的。张择端确实看到过清明上河这个图景，《清明上河图》（R）也确实存在，它描述的是静态社会，是没办法复活的。从文献考证史、画学史上看这幅画是有意义的，如果借力传播，这幅画得以复活了。这样问题就出来了，从历史上看，是张择端画的《清明上河图》，但其呈现的到底是不是宋代开封城的实景？这是个问题，因为它不是严谨的地理学考证著作，而且也有可能只是心中的想象，这样它的历史原点就被模糊了。实际上开封就是借助（借力）这幅画（涵指项）复活了，同时开封也在这种涵指项中完成了借力传播。可是现在实际情况是很多历史学家借助这幅画考证开封的繁华，但是历史到底是不是这样，从学术研究上看是有问题的。这说明我们作为学者很难不受当下的潮流、风气的影响。

再如，在文学史上越是否定某一人物，他反而名气越大，关注、研究的人也越多。另如陈子昂千金购琴以聚百姓，而后摔琴引诸人（引发关注度），由此陈子昂的名字被人（贵族）所认知，其诗作同时也获得传播。元稹的知名度多是由《莺莺传》而来。学术史上陈寅恪所做的研究客观来讲在学术史上的意义绝对没有那么大，换句话说，是不能超越梁启超、康有为的，陈寅恪不是思想启蒙者，没有完成时代转折点的构建，而只是个严谨的学者，如做《隋唐五代政治史略论稿》的研究等也慢慢被淡忘了。但是被陆健东发现了，《陈寅恪的最后二十年》把陈寅恪进行编码、符码、解码的自我完成：一个史学家如何不畏强权、艰苦著述，即把陈寅恪放入中国“贫贱不能移，威武不能屈”的民族性格里面完成意义（符号）的建构，使得他在历史的尘埃中突然复活，引发陈寅恪热，研究制度史也成为热点，由此带来一系列学术史的重建，这就叫学术史的复活。相反地，到现在我们也没有完成对冯友兰意义的构建。一个历史上很不起眼的人物，如果放在特定社会性、历史性的背景下，就能够因为研究的发现而使其意义得以彰显。

我们在做研究的时候，选择一个人就会赋予它一个新的意义的涵指项。如孙奇逢研究，河南人知道他的重要性，却未使之获得学术史的主流地位，这给我们留下了很大的阐释空间。我们现在重新阐释的时候就是思想史重写的过程，如研究黄宗羲思想的原创性，为什么它会这么重要，因为他首次提及对君主专制质疑，我们阐释时能构成不同的研究。孙奇逢才是正统的原始儒家，黄宗羲是异端，与当时的主流思想不合拍，却与三百多年后的我们合拍了，由此其意义就被我们重大化了，当时有没有意义并不重要了。现又选择孙奇逢研究是因为其个人修养境界对我们民族的砥砺之效，我们并不是只需要破坏性的东西，民族性的东西也是需要继承的。在阅读古典作品的时候，我经常在质疑，以某个文体为例，我们读这个作品，做古典研究的时候选什么作为切入点，如何选人、选诗还有某个类的研究呢？比如某某人研究，必然涉及其生平、思想、创作、影响，但是仅仅这样研究是没有意义的。再如对唐诗研究是进行诗歌的阐释还是进行新的发现、新作品的编写呢？现在很多专业的静态的描述式的研究是没有意义的，即使我们考证出一个作家的作品如498首或者499首又有什么意义呢，一篇之差是不能影响其地位的。

我们不要做思想的“懒惰者”，一定要把研究放入语境中，抓住一个点来做。在思考中一定要选择某种话语方式，在运用这种话语方式阐释时，一定得包含意指项和涵指项，这样可能某个人就因为你的研究复活了，这样就是有意义的。我经常思考我自己做的研究，如果不是选择的某个人研究，那么现在是上升不到对一个整体领域的把握的，所以我们自己在考虑问题时，会发现学术研究是活的，因为你的研究赋予它新的意义。比如为什么选择诗歌作为研究对象呢？为什么不能选择《全唐文》《全宋文》呢？现当代研究中多以散文、小说作为研究对象，为什么不把各种报纸（如话语叙述）作为研究对象呢？政论体对文学的渗透影响怎么样？我选择“元代翰林国史院文士交游与元诗风尚”的研究项目，为什么没选文呢？古人的散文、碑记等都具有一定的稳定性，影响了我们思想的阐释的可能性。诗歌本身就有背景阐释的模糊性，其文体本身是自由的，很多碑文、墓志铭具有大量程式化的内容，里面表达的思想性的内容相对较少，反而是题跋更有利于阐发思想。

书隙过影之三：是否融入所谓的当时主流并不重要

272. 是否融入所谓的当时主流并不重要。孙奇逢、顾炎武、黄宗羲、王夫之都不是当时的主流，而其名与天地同寿、日月同光，那些一味趋时之人，奴性之人，早已与棺木同朽。故立志就怕随流俗而转，真豪杰是事后才发现是豪杰。

273. 君子与小人之分别，是《论语》中重点讲的，但后世对君子与小人之分别，总是书生之迂见，经不得考验。这主要是读书和世情结合，在世路上有所经历，有经书之指点，终不会错路。吕坤看得最透：“无事时埋藏着许多小人，多事时识破了许多君子。”

274. 一篇文章一定要考虑思想深度达到的有限性或者可能性。换句话说，即文章达到哲学深度的有限性，虽然写文学，实际表达的则不是文学。看一篇论文的成功与否，最重要的是大标题，大标题约占百分之三十，小标题约占百分之十，开头结语约占百分之十，文章内容约占百分之五十。纯考证文章不在乎写作艺术，就在于材料。

275. 孔子讲多识鸟兽草木之名，亦是教育中最重要的一种，中国人现在太过功利，忘了教育的原则。很多孩子没有情趣，不喜阅读，只与游戏机做伴，这都是功利教育之害也。

276. 我所在的研究室自高文先生起都是学有渊源，我最喜欢读他的《唐文选》，封面题字一看就是高先生的手笔，极有书卷气，我自己不学无术，又无静气，故所出的《袁桷集校注》《王恽全集汇校》实在不能与老先生相比，但也是在人事纷扰、相互倾轧之中做出的，亦出于愤激之作也，总算使学术好歹有个传承，斯文不至扫地矣。

277. 高文先生晚年有《汉碑集释》一书，此书是研治汉代书法和文史的必备参考，高文先生的心境我不知道，但读施蛰存《北山集古录》自序言：“鲁迅的早年生活，恐怕很岑寂。下班之后，便躲进他的老虎尾巴抄写古碑。‘五四’运动，才把他振作起来，走出老虎尾巴，去干文学革命。我在1985年以后，几乎有二十年，生活也岑寂得很，我就学习鲁迅，躲进我的老虎尾巴北山小楼里，抄写古碑。这是一个讽刺，因为鲁迅从古碑走向革命，而我是从革命走向古碑。”施蛰存先生晚年生活一定很寂寞，高先生大概不出此类。

278. 小米手机创始人雷军在《南方周末》2013 年 12 月 26 日那期有《为发烧友而生》的采访，有几句倒可作为我辈参考：“（1）做金山的时候很自信。我们相信聪明加勤奋天下无敌，相信明天更美好。现在我最大的感受是要顺势而为。大势是第一位的，台风来了，猪都会飞起来。你是否会飞不重要，重要的是有台风。（2）有理想是好事，但不要把理想挂在嘴边当口号，更重要的是实践。（3）很多问题是贪婪引起的，你只要做你能做得了的事情就行，要克制一些。（4）我们最先感觉到痛。觉得不顺势，你在逆风飞行，上上下下都很累。我觉得这是一个很要命的问题。（5）我觉得外部因素变了，内部不变，会越走越累。（6）沃尔玛最关注的是怎样做出让用户尖叫的产品。我们今天的业绩是做出来的结果，不是目的。是做着就做成这样了。我们做用户发烧友喜欢的东西，我们做的每件事情要能管得过来。”

279. 我最不喜明人文章，明人爱做大言欺世。明人文集中无学术气，故为文不厚重，乏真精神。虽明人为文极讲究艺术技巧，殊不知正是如此，说明明代八股文之危害矣。明人中最受推崇的李贽就是典型，无非是引用佛经之话，但又不真懂佛学，而研究者又高捧入云，实际上就思想意义来说，贡献不大。

280. 明代文风不振，与朱元璋杀高启，钳制天下文人之口有关。历代农民出身当皇帝的，杀起文人比任何人都狠毒，故以出身来定文学研究大谬。

281. 假期无事闲翻宋人词集以消磨岁月。词本非我的专长，所读不过大学《文学作品选》的水平。宋人词，周邦彦是男作女声，是怀春少妇词，如当今走红的反串演员李玉刚之辈。秦观是恋爱之妙龄少女所作歌儿。苏轼是真正的文人大家颇显词之本色，读来颇有清新劲健之气。辛词是真有丈夫气、英雄气，其词真是解愁之佳品。“肘后俄生柳。叹人生、不如意事，十常八九。”“儿辈功名都付与，长日惟消棋局。”“长剑倚天谁问。”“须信功名儿辈，谁识年来心事。”“渡江天马南来，几人真是经纶手？”“旧交贫贱，太半成新贵，冠盖门前几行李。”“江头未是风波恶，别有人间行路难。”“随缘道理应须会，过分功名莫强求。”“学窥圣处文章古，清到穷时风味苦。”“青山遮不住，毕竟东流去。”

282. 读藕益大师《寒笳集》教益颇多，确实是佛门龙象之语也。其言：“有出路见地，方有千古品格。有千古品格，方有超方学问。有超方学问，方有盖世文章。今文章学问不从立品格始，品格不从开见地始，是之楚而北辕也。呜呼，习俗移人，贤智不免。狃一时耳目，忘师旷劫姻缘，非以理夺情，以性违习，安能洞开见地，是文章事业一以贯之也哉?”明代大儒中只有王阳明有如此境界，其余有旷世之才者，逃入释家者最多。按藕益大师之言语，又如何做不出真学问？吾读此言是在二十三四岁，但都草草翻过，了无印象。又如其言读佛经一法，和朱熹教人读四书法又多有神合之处：“听法须观心，书写须解义。然解义正不必强加穿凿，亦不徒循章摘句，但至诚读诵，展卷如对活佛，收卷如在目前。”“学道不难伶俐，难于慎重。发心不难勇锐，难于坚久。涉世不难矫俗，难于自持。作事不难敏达，难于深思。研义不难领解，难于精确。”“世出世事，莫不成于慈忍，败于忿躁。”“学道与学好不同。学好只得世间虚名，学道贵得出世实益。”“学道之人，骨宜刚，气宜柔，志宜大，胆宜小，心宜虚，言宜实。”不知胡适是否看过此话，我辈不读书，不用心确实惭愧。又藕益大师在说修习次第，教育子弟言：“第一须念处行道，随文入观，触事会心，心观为主，看教为助。第二须专求己过，莫责人非。第三须作出生死学问，莫作趋时学问。第四须和光同尘，幸勿矜异。”佛门大师对世情看得真切，痛入骨髓，警醒世人，惜甚少有人知，有人闻听是也。

283. 陶渊明的诗文最难读懂，年轻时翻他的文集，根本读不进去。而经世事之后，再看陶诗，颇觉有味。此时才明白欧阳修、王安石、苏轼、元好问为何喜陶诗。“世路多端，皆为我异。”人生实难，死如之何?

284. 许昌天宝宫在石梁河南，有秦桧跪拜岳飞的拜亭，其联语颇有深意：“使尽无限计谋，为子为孙，临死去只落得一双空手，赴阴司始问子孙安在？用出多般巧诈，图名图利，到头来徒留下千载骂名，来地府方知名利皆空。”

285. 与某教授散步时，吾言：“文学史遗毒天下。”教授大为赞同。吾近年来录取研究生发现都是文学史背得滚瓜烂熟，但是连基本的作品都不懂，更遑论让学生读古籍了。

286. 欧阳修《送方希则序》:“良工晚成者器之大,后发先至者骥之良。”是言确非虚语。吴昌硕、齐白石都是五十而后画学才成熟,而成大师,故成名不早亦不见得非好事。

287. 我写论文材料太多,而无阐释,也就是堆砌材料,此是做文献的人通病。根本原因,就是对问题没有思考清楚。想不清楚自然下笔混乱无章法,如好画家作画,总是先看纸凝神构思多日,方才下笔。

288. 河南之辉光,得益于清末民国的李敏修,此老在徐世昌的支持下整理中州文献,使人得知河南有如此深厚之文化,可惜此后河南就一蹶不振,再无当年之气。此亦时代变换之故,虽说可用阴阳盛衰之理解释,但终非穷因。浙江有相当多的大型文献集成,江苏、陕西、福建等地亦有,可见河南人之蠢之目光短浅之心胸狭窄。吾生在河南,长在河南,工作在河南,对此有切肤之痛也。世间千里马常有,伯乐不常有。

289. 徐渭《墨葡萄》画上有诗:“半生落魄已成翁,独立书斋啸晚风。笔底明珠无处卖,闲抛闲掷野藤中。”最后之“野藤中”改为“诗书中”,即是我辈之写照矣。卧云楼中读书,闲静无人,暗夜无声,即与古人相通矣。

290. 做学问要学会见缝插针,有小草搬石头的韧劲。

291. 2014 年 3 月 22 日,为佟师庆贺从教四十年,又喜逢七十的大寿之年。佟师一生从汽车兵到校汽车队,又到唐诗研究室,从助教干起。从工人到博导,又无任何学历而又终成著名学者,此亦奇迹也。外间所不知的还有佟师在人生最该出成果的时候,突患食道癌恶疾,而今又和病魔抗争近十五年,亦是奇迹。此外,尚有他的金文大篆在国内亦是独步,而屑小之辈又怎知其书法艺术与真正的价值?天下究是势利小人居多,未成名时踩你、压你,成名后捧你、哄你,一个字最后都是“杀”你。吾最不愿张罗俗事,但事关佟师一生之总结,故此亦是应该之处。当导师一生,最后看到诸位弟子学有所成,此最是欣慰之处,人生亦算完满。以开封这种地方,在河大这类高校,能做到此点,亦属甚不易。师生之间,弟子之礼亦甚为重要,不如此,则学问不尊矣。

292. 人在机构之中,时间一久,沾染体制之习气而不觉。如某教授退休后,再来学校又有几人搭理?故吾多见一退休在家,便日甚落魄一日,此种人最不值得同情。多做好事,总至不差,惜今之人多不能体会此中深意。

293. 写小说最好的是汪曾祺；其小说最大特点是有味，有中国文人传统；其小说是现代陶渊明式的情怀，《鉴赏家》所写便是如此。汪氏小说，我早年读不出其妙，有一些生活阅历之后，方深觉其滋味。写散文最妙的是孙犁。其晚年所写读书记，去除火气，颇有明清文人之神韵也。功利心去除方做得真文章。

294. 世间亦有重情重义之人。《文史资料选辑》第四十四辑有清末民初大买办高星桥之记录。记录者为高之子高渤海，言其父星桥做洋奴之历史。然吾读之却见高是世间少有之重情然诺之人，可入《史记》之《游侠列传》或《忠义传》。高星桥是一个铁匠，几乎食不果腹，无以为生，认识德国贵族韩纳根之后，慢慢发家。第一次世界大战后德国战败，韩纳根将井陉矿物局的财产契约等交给高星桥。而数年后，韩回天津，高所交还完整无缺。韩晚年在中国郁郁不得志，并患食道癌绝症，高仍给韩十万两白银。韩死后，高仍念念不忘，在韩遗像前对其子讲："我一生所赚的钱，全仗韩大人的栽培提携；没有他，咱们家还是穷人。"（文史资料出版社 1980 年版，第 226 页）我父亲帮助过很多人，倒没见过如高星桥的。古人叹人风浇薄，实古今一也。

295. 因果报应之事，殊觉难解。佛教讲三世因果，儒门讲善恶报应。然三世之间看不见，摸不着，以现今之理解，殊为困难。纪晓岚之困惑，吾亦常遇到。作恶之人，享福万年；行善之人，备受苦楚，世间之事又怎能说清？

296. 青春易逝。新疆人民出版社有耿世民、魏萃一译，尤素甫·哈斯哈吉甫著《福乐智慧》，其末尾有《哀叹青春的逝去和老年的到来》："唉，青春呀，青春，我未能抓住你，让你逃去……你是生活的乐趣，生命的甘露，世上再无如青春这样美好的东西……我播种什么，就应收获什么，我收获什么，就给自己酿造什么。"我的青春都干什么了，虚度了光阴。

297. 隋树森译《中国文学概览》是日本青木正儿著，此译本是由隋 1936 年 9 月译成。前有序，未知是隋所写，还是青木正儿所写："文学是须要玩味，须要陶醉的；但是却不能做食而不知其味，以醉为满足的那种牛饮马食之徒。一定要养成虽在咸淡的轻重与其微妙的风味上也能敏感到的一种味觉。所谓味觉是什么呢？鉴赏力是也。鉴赏力何由养成？这须依据经验而批判吧。经验由读书而增进，批判由熟虑而正确。就是说，得到阅读而又思索这样平凡的结论。但是怎样阅读与怎样思索，却还是问题。”文字简洁，却说出了深刻的结论，实是有见地的话。

298. 林散之未曾一日废书，黄宾虹未曾一日废画。黄老读书、作画，八十余年，几无一日间断。八十八岁，在赴京途中，犹写生。八十九岁时，双目白内障，几全失明，仍画不止。其为盖叫天寿坟，题“学到老”三字，正是此老自身之精神也。

299. 梁启超见识超远。其《李鸿章传·绪论》云：“天下唯庸人无咎无誉。举天下人而恶之，斯可谓非常之奸雄矣乎？举天下人而誉之，斯可谓非常之豪杰矣乎？虽然，天下人云者，常人居其千百，而非常人不得其一。以常人而论常人，乌见其可。故誉满天下，未必不为乡愿；谤满天下，未必不为伟人。”（中华书局2012年版，第3页）又文末梁氏云：“要而论之，李鸿章有才气而无学识之人也，有阅历而无血性之人也。彼非无鞠躬尽瘁死而后已之心，然彼弥缝偷安以待死者也。彼于未死之前当责任而不辞，然未尝有立百年大计以遗后人之志。”（中华书局2012年版，第117页）环顾天下，曾文正寻不到，恐如半个李鸿章之类亦寻不得。清末民国亦是豪杰辈出之时代。美国人悉尼·胡克说得好：“假如我们给英雄下这样一个定义，英雄就是具有事变创造性并且能够重新决定历史进程的某些人，那么，紧跟着下一步的推论应该是：一个民主社会对于英雄人物必须永远加以提防。”（［美］悉尼·胡克：《历史中的英雄》，上海人民出版社2006年版，第157页）出英雄、豪杰多未必是国家之福。

300. 李幼蒸是中国符号学的创始人，1959年肄业于天津大学土建系，1978年进入中国社科院哲学所。其叙述自己对学问的体认时言：“离世沉潜的这19年，使我的性格和认知渐渐定型，从此再不会为外力所动和所诱。我就是以这样的心态重新进入社会和加入学术界的。同样地，我自然不会功利主义地投合当时环境的需要，选择可为学界和大众理解和赞赏的话题来作为自己的学术方向，而是首先把环境条件看作个人继续学习进修的机会。以后20年的自修只相当于一种准备，朝向未来攻读艰难理论所做的知识准备。‘学为己’是我毕生不变的原则，即首先满足个人‘问道’的自我精神需要。学术作品，只不过是此‘自学’过程的副产品而已。”（李幼蒸：《理论符号学导论》，中国人民大学出版社 2007 年版，第 851 页）

301. 做单位的领导，最重要的不是学问，而是胸襟、气度。一有此种情怀，一个单位便会有生气。此种领导最难得。

302. 听靳宇峰言郑慧生老先生去世，心中不胜痛悼，时在 2014 年 4 月 10 日，得此消息。慧生老是我所知的最有学问的老教授之一。我浮沉不定，历世多方，所见学人甚多，心中了了者少，盖都以学问做谋生之资，并没把学问当回事。慧生老以学问当作生命之一部分，其退休后又做《校勘杂志》，《先秦要籍介绍》《汉字结构解析》，时与孙顺霖先生一起请慧生老吃饭，见慧生老无齿，腿亦不良于行，但气色还好。后偶在校园中碰见，还能说几句闲话，今忽闻慧生老逝世之消息，又怎能不震惊。慧生老一辈子脾气耿介，最见不得没学问人偏充作有学问人大言不惭，一定面斥不已。故很多人对他又恨又怕，而慧生老仍坦然处之。可惜慧生老那一肚子学问。

303. 学术交流十分重要，但凡做学术研究，如果能有几个同道相互切磋，进步一定飞速，获益很多。地处偏僻，亦要寻办法出去几次，一可开阔眼界见见世面；二可了解学术动态，故交流十分必要。学问是自己做出来的不假，但做到一定程度，就有一个瓶颈期，想突破十分艰难，这时虽然看了很多书，但如果能和书的作者有一个面对面的交流，则收获一定很大，至少会有反向收获，如我不能这样写。对学术动态的把握，不是看一篇综述就可以解决的，重要的是那些已经在学术路上跋涉很久的人的一句点拨。有的人有误区，认为学术会是忙关系。有关系自然重要，学术圈亦有很多非学术因素，但认识高人的敲门砖还是靠自身学术质量，否则一切成空。一本学术会议论文集，哪怕是翻翻也很好。每个人都在做什么，水平如何，大致心里面就会了然有数，故参加学术会议，虽不必多，也不可无。多则分散精力，故吾见有些老先生从不出去，如果做校勘之学尚可，可如果牵涉思想性的东西，没有交锋，又怎知自己的水平。昔永嘉玄觉禅师开悟后，亦要跑到慧能禅师那里求得印证，故交流亦十分重要，而不可忽视之。

304. 饮食除了具有防止饥饿的功能外，尚具有别的功能。防止饥饿，生存下去是人与动物的共相，可以说是前提。但都吃饱肚子之后，具有什么意义？我乘火车，见车上上来三个六七十岁的妇女，那时已经是九点多，她们一安顿下来就是吃，不停地吃，我好奇问是否没吃饭，她们说已经吃过。那为什么还要吃？这时的吃就具有了娱乐功能，老太太不会玩手机，没有娱乐方式，吃就是一种娱乐方式，这点应是中国人适应世界的一种手段，去各地都是如此。吃增进感情交流，密切大家的联系。增进沟通自然十分重要，不然古诗中不会有这么多的记载，一如杜甫就对饮食十分的重视，这时的饮食是一种身份与地位的象征，饮食就成为一种符号化的消费，对饮食的追求让自己有了荣誉感，从饮食之中精神得到极大的满足。从吃中找到安全感觉，去除恐惧也是很重要的一种手段。饮食是我们观察世界的一个窗口，在博物馆，商周时代的青铜器都和饮食有关，当然现在是很珍贵的文物了。中国的礼乐文化都和吃相关，从吃开始，吃出了秩序，吃出了身份，吃出了阶级，一切一切的分野从吃就已经注定了。“含着金汤匙出生”和吃相关，那么我们这些草民恐怕是嘴里含着草出生的，这就是草民吧。饮食还有一种宗教的祭祀功能，这点古今中外概不例外，我们把我们认为最好的事物献给上天祭祀自己的祖先，这点习俗到现在仍在保留着，所以说研究别人不甚注意的饮食文化也是一种值得关注的思路。

305. 我平生最爱逛书店，此爱好至今仍然保留。到一地，利用空闲去书肆游览一番，也是心满意足。我最大的感觉是，值得购藏的好书近年翻印不少，但价格昂贵，收购不起，如大部头的中华书局的《二十四史》《全宋诗》《全唐诗》《全唐文》《船山全书》《曾国藩全集》《康有为全集》《吕祖谦全集》等，现今都已出版，平生节衣缩食，购藏于室，可惜年岁渐长，却都没有通读过。这些好在都是自己做研究的书，心疼也要购买，有些买来，但又觉得实在不甘，盖文中错误甚多，如《全元文》之类，此书通读不下三遍，几欲废书不观，但终有方便学人之处。教研室所编《全唐五代诗》早已交稿多年，奈人事纷争，一直未出，恐出齐亦难取代清人《全唐诗》，中华书局所出此书，一印再印，已相沿成习，虽后出转精，但取代颇难。吾因喜子部杂书，于笔记掌故购藏颇多，也最喜阅读，读此书最长见识，颇利谈资，惜我记忆力不好随看随忘，此种书可扩大眼界，1949 年后各地所出的《文史资料》最有收藏价值，每每于睡觉之时翻阅，写小说，研究清末民初之史最有价值，比那些注水高头讲章强万倍，像《日知录》《十驾斋养新录》《海日楼札丛》都是字字珠玑。即如《吕思勉读史札记》也是不可多见的精华之作，邓之诚《骨董琐记》一书，虽都是常见史料，但翻翻亦颇助长学识，学养也就是靠翻这些闲书养成。当今学人，更是大机器之零件，和工人、农民没有区分。没有趣味，就不是学者而是工人，把精华吃进去，拉出来，再重新揉进去。今人和民国学人相比缺的不仅仅是精、深的问题，还有学养与情怀，既如杨树达这样的训诂大家也有《积微居丛说》这样的日记体文，现在的学者恐怕很难有这样的情怀，更不用说有文字留下。后世留下的往往是前人不经意留下的文字，笔记等皆可传世，反而高头讲章留不下来，亦值得深思。我借在北京开项目之机，由钟彦飞陪着去朝阳公园的北京书库转转，整体感觉好书不多，都是常见之书，倒是天津人民美术出版社出的很多画册，是我的心爱之物，可惜因不能刷卡且所带现金不多，我俩一本书未买，心中不觉怅怅，梦中亦不能去。北京的一年四季春季最美，朝阳公园芳草连天，花团锦簇空气清新，多有即将新婚之人照相，也颇有情趣，亦算是为我购书添一趣味，想着不能白来，和彦飞到北京白云观购得《祝由十三科》《人伦大统赋》等书，这两天开会总算是有书可读了。张作斌《逛书店》诗：“平生最爱逛书摊，犹似鱼儿游水间。斗室之中鉴百代，一席之地阅周天。家藏万卷仍嫌少，日读百篇味愈甘。美酒佳肴皆可弃，唯求留下买书钱。”诗虽鄙俗，但实是吾读书买书之写照也。

306. 有功利心是对的，但不可太烈。如果一个人资质平常，而对自己的期望又甚高，这对个体也不是什么好事。虽然写了几篇文章，但又没有真正的传世之作，岂不可惜？故读书还要有个为己为人之分，不必太过于计较短长，“从来硬弩弦先断，每见刚刀口易伤”，如果分不清这点也是人生的悲剧。我如果不写下这点文字，将来哪会有人想起这些曾经活着的名字？生活残酷，岁月无情，如果看不透，亦属读书过眼，而未往心里去也。

307. 讨论现代意义上的国家民族概念的时候，与古代发生了割裂，包括讨论的一些问题和古代没有很深的关系，那么中国古代是如何由天下观转变为现代意义上的主权国家的平等概念，这是怎么形成的？我个人认为是从清代开始。第二个是现代意义上中国的形成，最起码从疆域和民族上的形成是从元代建立的，那么对这个问题的认识呢，我感觉目前学界没有系统的研究，如何从这个角度上升到对这个概念的认识，是个难度很大的问题。

308. 单纯从学科视野来看，学文学的人，本身对文学有了解，但是如果真正去弄这种突破文学概念的，你就会发现文学只在其中起到一个很浅的作用，甚至没有作用，几乎没有意义。原因在于解决不了复杂的问题，所以在我看来单纯文学只有自娱作用。

309. 生活就是一场没有赢家的悲剧，寂寞而生，孤独而死，每个人的世界都是孤独的世界。

310. 学术和做人要有闯劲。现在人老是讲科研条件不好，这不好那不好，没有闯劲，即使到了北京，到了名校，也未必能有好的条件，未必能做出东西。王夫之的著作是在衡阳的山窝子里形成的，黄宗羲也是在极其艰苦的环境中写出惊世骇俗的著作的。

311. 真的鉴定专家是文物贩子。这些人既是造假高手又是市场的搅乱者。可是问一下，他们造假为什么连专家都看不出来？可见如果没有好学的刻苦精神，又怎么能造好假？这些人都不是体制内的人物，没有头衔，但他们都有着敏锐的市场意识，能不让人感到震惊吗？我曾经在上海博物馆见到一个人，看文物字画专注非一般人能比，和他聊深入了他说自己做这一行已经久矣，说起字画的鉴别来，其专业程度让我目瞪口呆，而且非常擅长讲故事，这种人的本事又怎么能是体制内养得出来的？他说他最大的爱好就是去逛博物馆，一去一天，反复琢磨，这种好学精神又怎不令人佩服？都知道张大千画好，可张大千也是从仿石涛的画入手才成了大家，张所仿之画有很多已经超越了石涛，而更让人真假难辨。一个人所在的环境固然重要，但不是最重要的，那个前提就是好学深思，细心揣摩，刻苦努力，虽是老套，但能做到这点也不至于饿着了。

312. 钱伟长之子钱元凯在 1958 年考了华北考区总分第二名，报考清华未被录取，而且因出身问题没有任何一所高校录取。无奈在石景山钢铁厂当工人，而不废学习，1968 年自制照相机等摄影器材，从而调到北京照相机厂，后来成为总工程师。其父对钱元凯说：“上学的机会是受人控制的，但读书与实践才是获取知识的主要课堂，在这个学校中学习的权利只掌握在你自己的手中，是任何人剥夺不了的。让学习成为一种生活的习惯，这比任何名牌大学的校徽重要得多！”诚哉斯言，我父亲正需读书时节奶奶病重要人照顾，爷爷做右派劳动改造去了，故不能上学，从未进过学堂，仍是靠自学学会认字，看懂了建筑绘图，故能从一般工人中脱颖而出，故读书可使人不俗，终是贫寒子弟改变命运之良方也。

313. 历史是由权势者书写的，弱势的群体不仅身体上受到煎熬，就是在心灵上也没有片刻的安宁，死后仍是做奴仆。被圈养的知识分子何尝有过兼济天下的情怀。历史就是权力者的书写工具。

314. 真儒多长寿。世言皆知书画家长寿，须知儒门气象亦是长寿之方也。儒教创始人孔子、孟子、荀子皆长寿之人。朱熹亦是近古稀之年，元代吴澄亦达到八十五岁。明季三大儒顾、王、黄皆长寿。而他们都没有独树一帜的北方大儒孙奇逢长寿，孙达九十二岁之高龄，其九十二岁时仍作许多文字，不停著述，教化弟子不辍。其心性平和，物我一体，真是圣人境界也。真儒是从心上做功夫，故其寿亦同楞严所讲：若心能转物，即同如来之意。儒者之寿与凡夫之寿岂能同日而语。

315. 为学生讲古籍整理研究时，悟得做学问的三个层次：第一个层面是文献层面，古籍的校勘、注释、考证等资料整理工作是在这个层面。第二个层面是思想层面。这些材料说的是什么意思？背后的因素是什么？相互之间的关系如何阐释？找出文本中的问题之后反复追问。伽达默尔说：历史充满了互相冲突的解释，这种互相冲突的解释实际上构成了传统的实质。冯友兰说要接着讲，接着讲就是要将读文献的感受与对生活的体验进行升华。这一层面水平高的进入到哲学境界，差一点的亦可有那么一个内在的理路。第三个层面是方法层面，这话看似好理解，实际上以我的观察会用研究方法的不多，大多停留在对西方的方法的跟风上。目前因为考虑到引用率假大空的文章大行其事，即使陈寅恪再世也发不出文章。不过找到自己的研究方法并能运用纯熟一定会有大进步。我自己做学问的体会是，本土的文史结合的方法运用好，对西方的理论内化还有一个陌生的过程。这三个层面是用一个好的方法能够将文献盘活，使思想立起来，这样文章就有价值了。

316. 请东门岳善因先生为吾研究生讲古籍版本。吾平生寡交游，闭户读书之时多，岳先生与我是忘年交。先生极富藏书，淡泊自然，是大隐隐于市的典型。一生藏书之丰富，为吾所仅见。这次上课专门将他所收藏的各种代表性的版本带来让我们寓目，记得有明版《帝鉴图说》，版式阔大，字体舒朗，图文相结合，看了甚是赏心悦目，此书为万历皇帝的学习用书，老师张居正自然极为下功夫，记得此书拍卖会就是十几万元，如今要二十万元左右。我摸摸书，笑言：我这会就是那《西游记》里面第十六回《观音院僧谋宝贝，黑风山怪窃袈裟》的活了二百七十岁的老僧，虽活了这么长，尚未亲手摸过明版书，摸摸也值了。众人皆笑。尚见有郑孝胥分藏故旧蓝色印的《海藏楼诗》，六色套印的《杜工部集》，明代刊印的《司马温公集》，据我所知，现今出版的司马光集部都未以此作参考校本。又先生将所藏述学版本，与现代出版之述学相比较，即指出其中错误甚多，故今人治学多不讲版本，讲版本者又多无力寓目也。吾整理旧籍深感此种学养之重要。读书不知鉴赏亦是一病。东门岳先生喜集古人诗句如："架上古书经眼熟，世间尘雾到心稀。"（明费宏）"入云苍隼健，尘浪白鸥闲。""朴学尊记注，清诗缘性情"（清汪喜孙）"寒檐月动江山色，静夜书开宇宙心""结屋未妨小，微文始用贪。"这些都可见东门之情趣。如其言：平常人用过的东西是废物，名人用过的东西是文物。妙言！又言读古人书未妨从交游录做起，有些人是永远的朋友，有些人是一阵子的朋友。感受人生的变故，心中划过的痕迹。这皆是过来人语也。又东门言我，应多为中原学术做贡献，安想做中原学派，一移中原朴塞之气。此种言语又怎能以隐者视之，可见东门亦是关心现实，故其言："男儿心中宽，安做万人豪。"

317. 年谱之作很多人以为是排比之功，搜罗文献之用。殊不知，此种见解全是外行之语，年谱之作最见学养，倘无读书之细、之勤是做不出年谱的，邓广铭《辛弃疾年谱》、丁文江《梁任公先生年谱长编》、章培恒《洪昇年谱》算是代表之作。倘能广泛搜寻文集，史书、方志、题跋、金石诸书亦可见学术之功，可惜目前我所见之学位论文全然达不到此点，故可见有年谱之形式易，但如做精、做深至为不易。现今之年谱做法，全然未懂前贤之法，又不知变化，故做起来怎能起到知人论世之作用？倘有闲时吾亦当重做元人年谱之编也，或许与学术多有益处。

318. 朱希祖 1919 年 12 月任北大史学系主任，推广史学史课程，致力于南明史研究，中华书局2012年出版有其孙整理之《朱希祖》日记三册，翻检一遍，获益不大。然其后附其女朱倩1917年10月25日至12月22日的这段日记实是让人感兴趣。朱倩民国七年（1918）逝世，死时才15岁，而这段日记是14岁所记。里面所读之书有《史记》，是其日课，几乎每天点读。又教其弟背诵《论语》《孝经》、读《洛阳伽蓝记》、谢灵运诗、《宋史》《离骚》《画史汇传》《颜氏家训》等书，而因其父为史学家，常命其抄其手稿，故颇得治学门径。其父所购仿元原刻本《资治通鉴》，其就有考证。记其父所购《古诗记》之来历颇确。朱倩不仅详细记录而且颇得史法，其父与其所谈之掌故、史识皆记下来。而其颇得诗法，于诗颇有心得。"家君以倩女流，不妨以美丽为宗，训倩'仿黄君之法，文以郦杨文法，诗以颜谢为宗'，自是以往，当尽力诵法四家矣。"（十一月七日记）因其致于《洛阳伽蓝记》，故于版本优劣极为熟稔。颇得清人治学之家法。而且于书法绘画也颇有造诣。现今14岁的人认得繁体已然不错，更别说读经典原文了。吾十四岁之时这些书名大都未听过，能读一套中国历史小故事丛书、《忏悔录》，也被同学目为读书广博，看到朱倩日记真真明白何为读书人家了。世家二字今日又怎生了解，大抵弹弹琴、跳跳舞、习习字就是才女了，看到这又怎生不惭愧？传统一旦被破坏全然就是暴发户心态了。朱倩亦是才高命薄之典型了。故朱倩早夭之后，其父痛改原来读书观念，任其子女自由发展了。

319. 物质上之苦好忍受，但精神之苦闷，无友可谈之郁闷最为闷煞人，故只能思接千载。马、班之流，汉卿、雪芹之类皆精神苦闷之人，苦闷愈大成就愈高，苦闷之情不得抒发故借作品言其悲愤之气。

320. 题画诗佳作甚少，盖擅画者，不擅作诗。作诗者不擅绘画，书法、绘画、诗歌俱佳者宋代苏轼、明代徐渭是也。常见者是不能做硬做，所谓文人不知深浅，倒是明代仇英值得欣赏，其画已是神品，但认为自己不擅作诗与书法，故只署名或签章了事也。

321. 情深不寿，慧极必伤，此文学作品之原创动力也。

322. 历史不能假设，但我们的研究都是假设。倘没有这些假设，历史有什么意思？假设衍生出了多少故事，构成了我们的写作素材。

323. 现今古董市场之"繁荣"，是靠行贿完成的。读清代笔记，凡官员进京办事，行贿都是通过琉璃厂古董店老板和白云观道士完成。老板和道士是掮客，好歹有古董字画作为凭借，比今人行贿不知道雅了多少。亦不知大宗师丘处机道长作何感想。

324. “文化大革命”中整人者，最后变成了被整者，谁也没逃掉。倒应了这是辩证法的逻辑。更符合《红楼梦》所说的“乱烘烘你方唱罢我登场，反认他乡是故乡。甚荒唐，到头来都是为他人作嫁衣裳！”

325. 陈寅恪先生《忆故居》：“渺渺钟声出远方，依依林影万鸦藏。一生负气成今日，四海无人对夕阳。破碎山河迎胜利，残余岁月送凄凉。松门松菊何年梦，且认他乡作故乡。”颔联最为知名，常见引用，但引用之意思总觉不合。陈氏大概为人生之选择与出处颇有难言之隐。凡是忧国忧民者，最为痛苦。而身为文人颇觉读书无用，不能济世，更是痛中之痛也。有思想者最为痛苦，故常觉不能喘息。

326. 杨凝式《韭花帖》精妙处全在一个闲字。无半点做作之气。

327. 人无癖则不可为友。哪怕是酒鬼、烟鬼都有一癖，倘无癖者不是大伪，便是大奸之人。至如倪瓒之洁癖，虽不近常理，但观倪瓒画作与诗作之清空、萧疏之气，倘无洁癖岂能做出来？今人都赞赏王世襄，过去认为他不学无术，如果按照传统认识，读书做官，即使不做官也应该有一个稳定的职业，哪能斗鸡走狗，玩鹰、玩鸽子、养蛐蛐都不是一个正经的出处，殊不知艺术家哪里能有个安分的？如果安分，《锦灰堆》怎能写出来，看世间满口王世襄，但又有几人懂得艺术家的？

328. 元代四大家中，只有倪瓒诗、书、画可称三绝，与赵孟頫可并称。按说元代文人地位不高，但元代百年书画成就远过明清，与宋并称，亦奇事也。读《清閟阁集》深爱其诗与曲，有上瘾之癖，不觉深沉其中，不能自拔，读其诗更增疏散之气，可以疗疾，但影响在人欲社会中之生存，故戒之。真性情、真文人又怎会无知音？《林下遣兴》：“眼见藤梢已过墙，手拈书卷复堆床。闲临水槛亲鱼鸟，欲出柴门畏虎狼。冠制不嫌龟壳小，衣裾新剪鹤翎长。从来任拙唯疏懒，一月秋阴不下堂。”此种只有过来人方知。年过五旬之倪瓒散财，泛舟游于太湖周边二十年，岂非奇人？其诗、曲绝无道学气。《双调·折桂令·拟张鸣善》：“草茫茫秦汉陵阙，世代兴亡，却便似月影圆缺。山人家堆案图书，当窗松桂，满地薇蕨。侯门深何须刺谒，白云自可怡悦。到如今世事难说。天地间不见一个英雄，不见一个豪杰。”《越调·小桃红》：“陆庄风景又萧条，堪叹还堪笑。世事茫茫更谁料，访渔樵。后庭玉树当时调，可怜商女，不知亡国，吹向紫鸾箫。一江秋水淡寒烟，水影明如练。眼底离愁数行雁，雪晴天。绿苹红蓼参差见，吴歌荡桨，一声哀怨，惊起白鸥眠。五湖烟水未归身，天地双篷鬓。白酒新篘会邻近，主酬宾。百年世事兴亡运，青山数家，渔舟一叶，聊且避风尘。”《黄钟·人月圆》：“伤心莫问前朝事，重上越王台。鹧鸪啼处，东风草绿，残照花开。怅然孤啸，青山故国，乔木苍苔。当时明月，依依素影，何处飞来？惊回一枕当年梦，渔唱起南津。画屏云嶂，池塘春草，无限销魂。旧家应在，梧桐覆井，杨柳藏门。闲身空老，孤篷听雨，灯火江村。”感慨遥深，胜过千言万语之叙说，中国文字之精妙，看曲即可明白。

329. 学者研究，有两病要不得：第一，最容易趋时，趋时就是迎合世俗。第二，妄下结论，最容易根据所读一部书，全然否定古人。这种习气，近代以来愈演愈烈，新名词越来越多，但全不读书，辜负了历史。

330. 王阳明惯会教子弟，其言：“学问也要点化，但不如自家解化者，自一了百当，不然，亦点化许多不得。”① 学问点化亦须在学生有所悟之时，稍加引导，那种引导往往是文字背后学生没体贴到的精微之处。此时，必有涣然冰释之感。

331. 明朝覆亡之罪全在崇祯皇帝，政酷民贫之局已成，尚刚愎自用，全然不知大势所在，故其越治越乱，越治反贼越多，其小肚鸡肠、格局甚小，怎能担当大任，虽说万历皇帝怠政，然其精明之处，又有几人晓得。故崇祯勤政却使神州陆沉，全在其瞎勤政之过。观清末之太平军之乱，全赖曾国藩收拾，而其背后是咸丰与慈禧之信任，否则亦难免袁崇焕之下场。学者论史，看似繁复，其实都是隔靴搔痒，未点出历史之关键之处。

332. 汤斌言：“学者有自立之志，当拔出流俗，不可泛泛与世浮沉。破除流俗，是学者第一关键。透出便是豪杰。”② 世间之人，大多混吃等死，有几人悟得？悟得此理，开出向上一路，仍是衣食等常见事，但境界已大不相同，所谓老僧见山是山的迂回往复之路，正是人生境界之寻找也。

---

① 《传习录注疏》，上海古籍出版社 2012 年版，第 246 页。

② 《汤斌集》，中州古籍出版社 2003 年版，第 7—8 页。

333. 小地方的，自诩为文人的人颇爱出书，常将自己与名人的照片放在一起，里面记着名人为他们题词，通篇都是这样，意欲借名人而不朽。这些祸及梨枣的文字影响人的心情，从另一个角度来说，也是很好的研究史料，从民俗、民族心理、文化变迁、人类学角度研究人，也是一个大的课题。清人的很多文集也会被当时人当作垃圾，过数百年，却成了研究的重要史料，姑妄观之，姑妄观之。

334. 中国文化、中国学术说到底都与政治密切相关。特别是与政治制度的演变不可分割。表面是学术史，实际上是政治形势变迁在其中起作用。

335. 《王阳明年谱》无事时喜读，盖养己之涵养也。言阳明先生三十六岁，在越。大太监刘瑾一直未放过。“先生至钱塘，瑾遣人随侦。度不免，乃托言投江以脱。因附商船游舟山，偶遇飓风大作，一日夜至闽界。至一寺，有异人，尝识于铁柱宫。与论出处，且将远遁。其人曰：‘汝有亲在，万一瑾怒逮尔父，诬以北走胡，南走粤，何以应之？’因为蓍，得明夷，遂巨决策返。先生题诗壁间曰：‘险夷原不滞胸中，何异浮云过太空？夜静海涛三万里，月明飞锡下天风。’因取间道，由武夷而归。十二月返钱塘，赴龙场驿。”此诗已有禅宗开悟之迹象，虽气魄雄大，然仍未达彻悟之境。至一路逃过刘瑾追杀，历尽艰辛到达贵州龙场驿，时年王阳明虚岁三十七，此地环境之恶劣，言语之不通，几乎到绝境：“龙场在贵州西北万山丛棘中，蛇虫魍魉，蛊毒瘴疠，与居夷人语言不通，可通语者，皆中土亡命。时瑾憾未已，自计得失荣辱皆能超脱，惟生死一念尚觉未化，乃为石墩，自誓曰：‘吾惟俟命而已！’日夜端居沉默，以求静一，久之，胸中洒洒。因念：‘圣人处此，更有何道？’忽中夜大悟格物致知之旨，寤寐中若有人语之者，不觉呼跃，从者皆惊。始知圣人之道，吾性自足，向之求理于事物者误也。乃以默记《五经》之言证之，莫不吻合。”格物致知之学至此确立，与释迦牟尼睹明星悟道了无差别，至此儒学别开一路，焕发生机。然其悟入之处，吾心中仍未释然。

336. 学者成名有早晚，大可不必为之喋喋。刘师培《经学教科书》成书于1905年、刘21岁之时，但其36岁就病逝。故其成名作在其一生中相当于中年。皮锡瑞《经学历史》，出版于他49岁之时，皮氏59岁即去世，故其书亦算是其晚年所作。今二书仍是经学入门之必读书，故以年龄来划分著述之成熟与否不可取。过去老先生教育子弟，文章不可轻作，晚年后再写，今始觉大谬。如黄侃之流，斗酒狎妓，言50岁后著书，50岁之后即去世，何来著书，大概是欺世之言。皮锡瑞境界比刘师培不知高几许，其以经学作为救国之器，期待唤醒世人，光绪二十九年癸卯（1903）受聘于湖南师范馆，讲授经学、伦理学。参加南学会，鼓吹变法维新，由皮锡瑞主讲学术，黄遵宪主讲政教，谭嗣同主讲天文，邹代钧主讲舆地，戊戌政变后，被革去举人，交地方官管束，1901年，湖南巡抚俞廉三奏请开复其举人称号，仍严加看管。五十岁时自寿联一副："阅世五十年，所欠一死；著书百万字，不值半文。"光绪三十四年（1908），卒于家中。故其治经学而不迂腐，大不类某些唧唧于经学某个词的考释以为是重大发明，而得享天年之人。真爱国者，往往郁郁而终。

337. 翻检中国古代典籍，特别是学术笔记中常用定数来解释一切现象，如唐末黄巢起义、明末李自成起义、清末洪秀全之太平天国，定数之介绍往往和劫数不分，几乎成为中国人解释历史、铺排历史故事的一种预设。我想定数思想和中国人的因果报应思想密切相关。

338. 读赵孟頫文集时，发现元代最为后世关注的人是他，那么这一现象是如何形成的？"所有的思想靠符号。"我们说思想是对符号的操纵，构成符号的过程是靠符号自身、被表现的物体（Represrentamen）和阐释的意义（Interpretant）形成的。赵孟頫的形象构成了一种符号，他的符号化的过程在不同的时代能赋予他不同的意义，同时能在当下找到回应。赵孟頫没随着时间的推移而被遗忘，有着多重的原因。

赵孟頫的身份特殊性使他具有了特殊的消费价值。他的南宋皇室身份、出仕元朝、姿容秀丽的外貌等特点，使他在元代成为备受争议的对象。这种争议的本身可能给赵孟頫带来很多痛苦，但也为赵孟頫带来了巨大的知名度，"传播和传播媒介都有偏向"。无论是在口头传播、书面传播中都有偏向，都隐含了各种意图。在很多南人那里赵孟頫是有才而无行的；在蒙古人那里，赵孟頫是可供展示的才子；在很多求仕的南人中，赵孟頫是他们的"偶像"，可以帮助他们得到一官半职。可以说，赵孟頫是元代最有故事的一个人，后世对赵孟頫的各种故事的衍生、流变，使赵孟頫在存在"争议"的同时，也成为一个备受关注的公众人物。这一点，实际上偏离了赵孟頫作为单纯的文人或是艺术家的身份。可以说元代的很多文人和艺术家都没有赵孟頫的这种知名度，这应该是很重要的一个原因。

就赵孟頫的文学才能来说，他的文坛地位在当时与北方的姚燧，甚至阎复等人不能相比。但随着时间的流逝，姚燧文集的散佚，这些当时文坛大家都被后世逐渐“遗忘”，甚至在文学史也不怎么提及。当时的地位重要，不见得后世的地位重要。如果从这点来看，单纯的讲还原历史原貌，有意义吗？而赵孟頫不同。我认为这和他多方面的艺术才能有关。元人都认为他是诗、书、画三绝，在元代和后世的文坛中，能找到一个各方面都突出的人物并不多见，多方面的艺术才能在赵孟頫身上得到了完美体现。这点只有唐代的王维、宋代的苏轼、黄庭坚等人可以相比，这正是赵孟頫的价值所在。

赵孟頫留下的众多书画作品，及各种托名的仿作，蕴含市场价值巨大，不断受到“关注”，这使赵孟頫获得了很高的知名度，不仅元代的任何一个文人难以望其项背，就是在中国文学史和艺术史上，也具有旁人难以相比的地位。赵孟頫不仅顺利度过了文学史上的“遗忘”，其作品不仅传世，而且到今天成为一个文化消费符号，这个过程倒是十分值得研究的。因为元代的作家中，很难找到一个诗、书、画这么全面的人才，同时，又具有了大量的书画作品传世。很多作家和艺术家虽然当时名气很大，但后世流传的作品太少，也妨碍他进入到公众的视野中，最后仅仅是被研究者关注才免遭“遗忘”。湖州市曾举办“归去来兮——赵孟頫书画珍品回家展特集”，展览了赵孟頫书画作品 39 幅，而且这也仅仅是他流传后世的作品的一小部分，恐怕到现在想真正弄清楚赵孟頫的作品数量，也是一件难度比较大的事情，明清时期很多托名他的作品，也流传下来。能引起研究者的关注，得到大众的喜爱的赵孟頫，对其作品的研究至今仍然十分活跃。这样来看，赵孟頫既是一个历史人物，又是一个现实人物，我们通过各种媒介，通过对赵孟頫的作品的欣赏重新确认了赵孟頫的价值，也产生了图腾式的崇拜幻觉，使之成为“制造”的一种自发的信仰。

339. 历史人物的研究，无论文学史、哲学史、思想史等领域习惯于“扁形人物”形象，习惯于从文献资料的记载中构建出一个统一的人物形象。赵孟頫从元代开始就是市场的宠儿，这决定了赵孟頫不仅能顺利避免被遗忘，而且随着时间的推移他显得越来越重要。比如赵孟頫留下数量众多的书画作品，就说明了他在元代书画市场的重要性，比如《千字文》都留下的不止一种，这些使他获得了上层和底层的一致喜爱。这种喜爱使赵孟頫的价值不断显现，他的作品是每个时代收藏的精品，可以说赵孟頫创造了市场，市场也使他保持了旺盛的活力，就不可能被遗忘。这一过程，使他在古代成为一种流行符号，代表了一种格调；在现代，他代表了一种传统，一种品位。这种品位使他有了各种被阐释的可能性。他创造的画风和理论对元代和后世产生了巨大的影响，这种影响目前仍在持续。从这一角度来说，他开创了真正的文人画的传统，因为他凭借着众多的作品影响了大众的审美。虽然有很多类似的画家，但是作品太少，无疑妨碍了大众的审美趣味的形成，仅仅凭借文字，而远没有书法、绘画直观，具有视觉的冲击力。所以说，如果说赵孟頫凭借其广泛流传的作品取胜，一点也不夸张。和赵孟頫同时的姚燧、元明善、王恽、虞集、袁桷在文坛也是名声显赫，但他们都是凭借诗文取胜，所以他们的影响一直局限在文学史的范围之中，至于一般人就很难知晓了，但赵孟頫不同，按照今天的标准，他具有持续的、永远的跨学科的影响力。

340. 古代社会研究的一个核心是礼仪制度，其余的文学、思想都是附着在礼仪制度之上才能生存。

341. 推源溯流批评方法是中国文学批评中的一种重要方法，张伯伟在《中国古代文学批评方法研究》中有专门章节论述，“推源溯流”的批评方法与中国传统上儒家重视学术上的师承渊源有极大关系。

班固《汉书·儒林传》为丁宽、孟喜、京房等二十七人立传，对汉代学术源流做了很好的概括。自佛教东传后，这种注重师承、讲究学术渊源的传统并未减弱，反而增强，特别是在禅宗出现之后，一大批记录禅宗门派、师承渊源的著作如《景德传灯录》《五灯会元》之类著作注重本门本派家法的传授，极力保持自己特色的特点，对儒家注重师承这一传统起到了一定影响，这对明清时的“学案”也产生了一定影响。《明儒学案》《宋元学案》等都对前朝和当时的儒学人物的师承、学术渊源做了详细的总结。如《明儒学案·师说》对明代方孝孺、曹月川、陈白沙等人的概括可以看出其学术特点及师承。四库馆臣多为当时硕学大儒，极重师法渊源。他们在《总目》中常用“家学渊源，殆有所自”，“盖其学问既有根柢”，“尤具有渊源”，“具有本原”，“典型”，“典则”等词语，表现出对师承渊源的重视，自然也是对推源溯流法的运用。

不过很多人在论述推源溯流法的学术背景时，多从章学诚之“六经皆史”，“辨章学术，考镜源流”来讨论《总目提要》的推源溯流的批评方法，有些不妥。章学诚并未参与修《四库全书》，他虽为进士出身，但仕途并不显达，多以幕僚身份奔走于权贵之间，处在社会中下层。至近代经胡适等人发扬，章氏之学说才为人所熟知，显然《总目提要》的“推源溯流”和章学诚的“辨章学术，考镜源流”构不成直接的关系。

342. 过去喜读《世说新语》，具体原因大概是人物出彩，宋元时的中国人和魏晋时的中国人大不相同，但还能找到一两个出彩人物。到了明清就很难发现了，民国时代没了清朝束缚，大概自由了一阵，再后来，大概看《世说新语》都成神话了。《世说新语·伤逝》中记载：王子猷、子敬俱病笃，而子敬先亡……语时了不悲。便自索舆来奔丧，都不哭。子敬素好琴，使径入坐灵床上，取子敬琴弹，弦既不调，掷地云：“子敬，子敬，人琴俱亡！”因恸良久。月余亦卒。正是真性情的流露才会使王子猷对王献之之死痛心不已，其情抒发是何等悲凉、伤感，但又极具个性，以自己弹琴的方式表达对王献之的哀悼。又伤逝篇还载王戎丧儿一事，王悲不自胜，简曰：“孩抱中物，何至于此！”王曰：“圣人忘情，最下不及情。情之所钟，正在我辈。”对爱子的夭亡，使王戎悲不胜悲，但又无可奈何，才会说出感情最专注正是指我们这类人的真切而又令人伤感的话。这些话又极有个性特点。即使身为皇帝亦不免受到风气的影响，表现出鲜明的个性：简文崩，孝武年十余岁，立至暝不临。左右启：“依常应临。”帝曰：“哀至则哭，何常之有？”感伤之极，自然会哭，又何必按时间的规定。鲜明的个性，正是感情蕴发的基础。对人生的无可奈何的伤感浸透了每个人的灵魂，连桓温这样的人也不能避免。《世说新语·言语》记载桓温经金城，见前为琅琊时种柳，皆已十围，慨然曰：“木犹如此，人何以堪！”攀枝执条，泫然流泪。桓温这样的大将一生南征北战，都会有这样的感受，那么王子猷、王戎这样抒发真情也就不奇怪了。理解魏晋南朝人的这一背景，可加深为何中国会出现哀伤赋这一独特文体的了解。

343. 早在1644年英国诗人弥尔顿在英国议会阐发了出版自由的观点："如果不特别小心的话，误杀好人和误尽好书就会同样容易。杀人只是杀死一个理性的动物，破坏一个上帝的像；而禁止好书则是扼杀了理性本身，破坏了瞳仁中的上帝形象。许多人的生命可能只是土地的一个负担；但一本好书则等于把杰出人物的宝贵心血熏制珍藏了起来，目的是为了未来的生命……因此我们就必须万分小心，看看自己对于公正人物富于生命力的事务是不是进行了什么迫害；看看自己是怎样把人们保存在书籍中的生命糟蹋了。"

344. 卫辉耿玉儒老先生与我相交甚善，老先生每以读书为事，尤熟于乡邦文献。其搜集有卫辉遗民碑，拓片赠送于我。卫辉遗民碑很多内容不清楚，但从中可以看出从山西泽州迁居之情况：

卫辉府汲县

山西泽州建兴乡大阳都为迁民事系汲县西城南社双兰屯居住

里长郭全　下人户一百一十户

甲首朱五　□大　陈秀　郭大　王九　赵一　侯张□　吕九　吕八　吕十一　□祥

甲首李□　陈俊　陈麟　赵诚　牛海　陈五　陈清

朱亨　赵一　黄二　李一

甲首□□　□□　□□　裴　十　张祥　裴小十

刘三　侯□　刘四　郭□诚　赵七

甲首裴小二　刘五　□文　裴十八　□□　赵二　李保

李二　李三　李十六　李六

甲首李八　李一□　李□　李七　张□　赵□　段□

段□□　□□川　段□□　□□

甲首赵□□　都□仓　都□　都三　都五　□亨　□十三

□□　□二　□十一

甲首何大　□十二　鱼大　鱼十九　□□　□三　□□

都□　都□　都伯□　都□

甲首都忠　都□□　庐十三　李□　李□　王大　□□

王七　张十八　□□　史二

甲首□□　李九　李小二　李□□　魏和　魏□　段□□

王□□　李亘　李十三　李散之

甲首李□　李□　李十九　李十五　李岩　李十一

□□　□□　史十二　□十七　关十四

维大明洪武二十四年仲秋月日碑记

石匠　王恭

1988 年 10 月山西人民出版社出版的《洪洞古大槐树志》一书记载："河南省卫辉府汲县，洪武二十四年仲秋《移民碑》记载了迁民长郭全之名为屯名，将‘双兰南社’，改名为‘双兰里郭全屯’。"耿老先生告诉我：卫辉的郭全屯、李劳庄、李亨屯、焦浩屯、杨大屯、马连庄、宋庄、北段庄、倪湾、闫屯等 116 村是明初山西移民所建。民国二十二年（1933）李敏修主修的《汲县李氏族谱》记载，其祖李盛，明洪武二年（1369）自山西泽州凤台县�头村迁汲，子孙繁衍，已成望族。《汲县申氏族谱》说其始祖于洪武四年（1371）由山西洪洞县迁居河南延津县，万历二十七年（1599），一支迁汲县孙杏村乡王奎屯村，清初另一支迁汲县太公泉乡黄山村，至今已传至 17 世。汲县官庄、七里铺、潞州屯、孟庄、薛屯、安都、大双、小屯、大谷驼、城关等地都有分支。汲县上乐村徐氏、狮豹头王氏、宋村魏氏家谱和马胡同闫氏墓碑，也都记载其始祖为明初山西迁民。山西迁民使汲县人口猛增，自明洪武二十四年（1391）至成化十八年（1482）九十余年，汲县人口增长五倍多。我们杨氏一族，世代居于县城之煤山街，是否也是从山西南迁来不得而知。

345. 卫辉之李敏修为中原文化之大佬，号闇斋，清朝进士，刑部主事，谘议局议员，资政院议员。民国成立，首任河南教育司司长。其对中原文化之保存功劳甚大。民国三年（1914），袁世凯设立清史馆和中州文献征辑处，前东三省总督赵尔巽被任为清史馆馆长。李敏修为清史馆协修，兼任中州文献征辑处处长和总编辑。后来得到卫辉人徐世昌的支持，李敏修与袁世凯、徐世昌渊源颇深。耿玉儒老先生写有《中州文献征辑处考述》详叙此事，不过老先生此文很少有人见到，其中有考证中州文献的参与人员情况：

蒋恢吾，名藩，号蓼庵居士，河南杞县人，举人。著有《河阴金石考跋》《隋唐金石考跋》《笃雅堂文集》《梧荫楼诗文集》《杞县金石考》《河南金石目》《四书求心录》等。

陈嘉桓，字肇卿，河南禹县人，拔贡。主纂《禹县志》三十卷。

刘海涵，字怡宣，河南信阳人，岁贡。著有《中州历代帝王陵墓考》《宋故宫考略》《龙潭清话》《信阳艺文录》等。

张嘉谋，字中孚，号梅溪，河南南阳人，举人。主纂《南阳县志》十二卷，校注《南阳府志》十二卷。

王槐三，名琴林，号角三居士，河南密县人，举人。

井俊起，字伟生，一字伟苏，河南商丘人，举人。著有《燕豫吟》《雪苑戆叟忆往》等。

田荔轩，字春同，河南禹县人，举人。

胡汝霖，字石青，河南通许人，北京大学学毕业，曾任东北大学、北京建国大学教授、河南大学讲座教授。著有《三十八国游记》《人类主义初草》等。

孙海波，字涵溥，河南潢川人。北京师范大学研究院毕业，曾任北平研究院名誉编辑、东北大学教授。著有《甲骨文编》十四卷、《古文声系》二卷、《浚县古器图录》二卷、《甲骨文录》等。

王幼侨，河南安阳人，北京专门工业学校毕业。曾任河南省议会议员。著有《河南方舆人文志略》《新郑古器发现记》，主纂《续安阳县志》十六卷。

张畏如，北京中国大学毕业，河南汲县人，卫辉市一中高级教师。

李馥，字怡山，举人，河南汲县人。

许钧，字子猷，河南开封人，著有《河南古石刻志》《北魏齐造像》《六朝造像考证》《汉晋墓志考证》，主纂《开封县志》十一卷。

张森祯，字邃青，河南太康人，国立北京师范大学毕业，曾任河南大学文学院历史系教授，著有《中州文化史讲义》《中国历史讲义》。

王泽攽，字仲刘，河南汲县人，留学日本回国，曾任北京《大自由报》主编。

其他如杨凌阁、徐士衡、席相圃、徐正雅、王绍虞等，共二十多位。中州文献征辑处设在北京骡马市嵩阳别业，除李敏修外，工作人员有陈嘉桓、席相圃、刘海涵、徐正雅、张忠甫、苏光甫等人。负责河南区域的文献征辑。分处设于河南省城开封，择定学院门教育总会前学院衙门西偏院。除郭海封（名景岱，项城人）外，有王炎青（名卓午，宜阳人)、井俊起、王慧润(字翰孙,罗山人)、张嘉谋等人。负责与京城中州文献征辑处上通下达和河南各市、县分点的联系、沟通。分点除洛阳、安阳外,尚有商丘、南阳、信阳、汲县、辉县、禹县、巩县等地。河南从省城到各县当局,非常重视,更有热心者,亲自过问和参与。京城总处的经费开支,由清盐运使、总统府民国资政、袁世凯的表兄张馨庵(张镇芳)负责;而河南省城及各县市则由河南督军、省长批准办公费用,从财政厅教育经费中开支。征辑工作从点到面、从京城到省城、从省城到各县顺利展开。

其中,张艮如老先生,1949 年之后一直在卫辉市一中工作,先是上课,但因其沉默寡言,学生不喜其上课,后来在卫辉市一中图书馆工作,其在图书馆工作到 80 多岁才退休,图书馆的书在“文化大革命”中没有受到大的损失,全赖老先生保存。我在卫辉一中工作时,对此事所知甚详。孙海波先生,为甲骨文研究大家,后来在河南大学历史系工作,“文化大革命”时期被批斗郁郁而终,其手稿散落不复见,至今其全集亦没有整理出来,甚为可惜。

346. 李敏修《中州文献汇编总序》言中原文化与学术,今将其序全文移录,以明先贤之心迹也:“中国文明,吾豫为最古。羲皇建都,夏后会盟,殷人五迁,不出中土。周室因殷,宅洛阳,定王会。宣尼辙迹周历宋卫楚蔡之交,逮周末而道德名法百家并出,学术烂然矣。两汉初建,贾生起于洛,颍川、汝南,文章气节,蓊郁云行。五胡之乱,朴学法书,自成北方风气。孝文南渡,不啻沉霾中一隙之明焉。有唐韩愈氏以文字起八代之衰,北宋二程子讲绝学、阐六经之绪类,皆风靡全国,衣被千年。辽金继起,中原陆沉,江汉北来,夏峰南下,以启两代之人文。清帝入关,小康百余载,雪苑六子则北地、信阳之继起也。汤、张儒学则新吾、东明之嗣音也。新安吕氏、襄城刘氏以忠孝起其家;商丘陈氏、固始吴氏以风节文学延其绪。获嘉贺氏之治《春秋》,述程氏之旨也;光山胡氏之衍《周易》,广邵氏之学也。安阳许酉山以事天为宗,河内夏用九严治生之论。武虚谷研经学而广求金石,蒋子潇能文章而兼究经史。中叶后倭、李以赞襄密勿,继迹汤、张。二泉沿超化传薪,上承苏麓,河朔则李文园、王少白先后讲学安昌以扩张夏先生之绪。汝州李绿园意求通俗,演为说部,开近世平民文学之先声;固始吴瀹斋作《植物矿物名实图考》，合符泰西科学之先例。三百年间，豫之东南，类受新吾影响，出以儒术饬吏治，处以笃行式乡里，浅者或终守不彻底之儒学以自囿。豫西学者接近西川、云浦，祖述夏峰为多，硁硁之儒往往抱近儒语录已称学者，论者每谓新吾近伊尹之任，一生严厉自修，立言垂训，或兴起人心有余，造就人材，不足夏峰兼容并蓄，平易近人。流风所被，私淑之士亦往往尼山，所谓不践迹不入于室者，故有清一代，言考据则不能抗迹于顾、戴、秦、王，言词章亦不求义法于方、姚、曾、恽。介介焉自葆朴僿以不失其本真，然修短乘除之数，或亦研究国学者所不能容略也。时灿民国建元宦学倦游，晤东海徐公旧京，见属中州文献之役，招集旧侣，假寓北平嵩阳别业，嗣移寓卫辉经正书舍，历时八九年，先人物后艺文，本末之序也。夏峰作《中州人物考》，湖南黄曙轩谋续之，杨子芳、许士衡先后从事，而许书较详，就所作采辑稿增益所未完成《先哲传》三十六卷。《河南通志》始修于顺治十八年，续修于乾隆三十二年，艺文一志，仅成诗文，历代著述，竟付阙如，兹就征辑所得有清一代，份郡详列书目，或采序跋以存大意，成《艺文录》四十二卷。清道光间鄢陵苏君源生辑《中州文征》五十四卷，历咸、同、光、宣，又数十年矣，窃援其体例，《续文征》二十八卷。宝丰杨君淮辑《中州诗钞》三十二卷，方隅所限，详略未尽，适宜删其冗滥，增所未备，成《中州诗征》三十卷，凡所采葺，或未必尽经立传，别为小传以冠其首，期以存人而已，疏漏知所不免，一代文献已略见其概矣。后之学者，居今以稽古，因流以溯源，或不无涓埃之补助焉。呜呼！太昊画卦，中国哲学之先河也；神农尝药，华夏物质之源始也。《汤诰》溯性于降衷，《说命》启心以兴学，实为华族人道学术所自起。周公宅中定治，开万世之太平；卜夏河西传教，垂五经之大业。黄老商韩之张弛于政治、隐现于学说者历数千年。许叔重探文化之源泉，韩昌黎极词章之明备。河洛追踪洙泗，秦汉以下，实开一新纪元焉。其余玄奘发挥大乘之教义，希夷传授先天之绝学，其释道放光明者，功或不在儒生下也。故观金溪、永康之互异其宗而疑伊洛有未发之秘，读泰西近儒重译所发明而知周官多未阐之旨。富有之业，日新之德，非未来者之责而谁责哉？吾所以抚坠绪之茫茫，益不胜望古遥集之思也。”此文凡是中原学人皆应该认真通读一过，以见先贤之情怀。李敏修如果没有这种深沉之责任感，怎能将此文献搜集完备。我身处此地，深感人微言轻，无力继之，倘李敏修有知，见其所搜集文献在图书馆任由虫噬，不知作何感想。可见继承先贤是精神，不关乎学历，而责任感最为重要。近代以来，中原一地，不学无术、党同伐异、以吹嘘为能事之辈甚多，见识超拔之辈迄今未见，故如讲学术，胸怀、格局甚为重要，见浙江、陕西一地都能发扬本地之文化，惜乎我辈无此能力，只有默默垂泪，中原学术黯灭，学者见识，尚不如东门之岳先生也。

347. 章诒和在《我所悲兮在远道》一文中记述其父章伯钧在反右以后“书桌上总摆放着吴伟业的《梅村集》，每天翻阅”。又说：“文革抄家后，父亲偷偷保存了两册民国二十四年上海大达刊印社的《吴梅村诗集笺注》，每日诵读。复社名士吴梅村生于明清交际，顺治入仕，因处境尴尬，很快挂官归隐。三年清官，一生责难自咎。他那个圈子里的人物都风流云散，也不能再成其为一股独立的政治力量了，可谓‘阅历兴亡，暮年萧瑟’。父亲与之相隔数百年，但晚年激楚苍凉的心境却很相似。‘猩猩啼兮杜鹃叫，落日青枫山鬼啸。篁竹深岩不见天，我所悲兮在远道。’易代之际，世道多艰，追念留连，悒恨无已。”章伯钧到了晚年遭遇政治变故，深为自己早年之政治行径后悔，此时方真正读懂了吴伟业。吴伟业降清任职，为一生大节有亏而后悔。比较而言，董其昌、钱谦益、王铎这些人也不见得有丝毫后悔之处，同是文人表现倒是不同。吴伟业比起孙奇逢、傅山、顾炎武、王夫之、黄宗羲当然差距不知几许。诗人终是诗人，文学气质浓厚、意志薄弱，而理学家和史学家在道德境界上还是要高很多，这些人质实，不会为眼前利益所迷惑，故从历史评价方可看出人物之高低。

348. 张光直告诫学者如何争取学术一流地位，大致而言他归纳为三点，第一是跳出中国圈子，彻底了解各个学科主流中的关键问题，核心问题。第二是你的研究是否对全人类有所贡献。第三是对世界主流学术语言英语的掌握。[①] 这些恐怕是中国几代人才能完成的，英语精通的人未必懂得学科问题，而能从大局中认识这些问题，恐怕中国学者很少有这种认识，很多学者都是精深有余，但是发现不了问题，仍是停留在初级

---

① 《考古人类学随笔》，生活·读书·新知三联书店2013年版，第81页。

的文献罗列水平，这恐怕还和我们的受教育方式和中国的传统学术方式有密切关系。

349. 我读《孟子》甚晚。一是当时没有这种家庭和社会环境，二是没有培养出读古书的感性认识。我的体会是《论语》《孟子》这一类的代表民族核心精神的书还是早点接触为好。很多人谈论《孟子》，关注的仍是《孟子》一书的论辩艺术，以及所谓的仁政思想等模糊而又朦胧的粗浅见解，实在引不起我的兴趣。我读《孟子》对孟子的人格有深切的认识，我到现在仍然认为中国儒家里面最有气格的是孟子，孟子给我们创造了一个儒士为人的学习路径和模仿对象。我最喜欢《孟子》里面的两句：我善养吾浩然之气。（《公孙丑章句下》）第二句是，君子深造之以道，欲其自得之也。自得之，则居之安；居之安，则资之深；资之深，则取之左右逢其源。故君子欲其自得之也。（《离娄章句下》）这可以作为为人与为学的座右铭，一辈子能做到一点点“自得”也不算是枉过一生。

350. 做学问之路径见很多人写自己的经验，但是我看写得最好的是出版于民国二十三年《顾氏医径读本》中的《编辑意旨》：“学问皆由精思博览而来。然基础之学，要以多诵、熟读为始。多诵，不在乎涉猎浮夸，而在乎精专，一致朝夕。不辄数载，行之不独，熟能生巧，并且神参化境。余故谓，熟读尤胜于多诵也。”此语深得学问之旨也。又《千金方衍义》卷一《绪论·论大医习业第一》：“凡欲为大医，必须谙《素问》《甲乙》《黄帝针经》、明堂流注、十二经脉、三部九候、五脏六腑、表里孔穴、本草药对，张仲景、王叔和、阮河南、范东阳、张苗、靳邵等诸部经方，又须妙解阴阳禄命，诸家相法，及灼龟五兆、《周易》六壬，并须精熟，如此乃得为大医。若不尔者，如无目夜游，动致颠殒。次须熟读此方，寻思妙理，留意钻研，始可与言于医道者矣。又须涉猎群书，何者？若不读五经，不知有仁义之道。不读三史，不知有古今之事。不读诸子，睹事则不能默而识之。不读《内经》，则不知有慈悲喜舍之德。不读《庄》《老》，不能任真体运，则吉凶拘忌，触涂而生。至于五行休王，七耀天文，并须探赜。若能具而学之，则于医道无所滞碍，尽善尽美矣。”我在20世纪80年代上小学，教学大纲强调的是理解，选的课文都是和政治背景密切相关，这些篇目现在来看，几乎都是垃圾，随着时代变迁，早已忘却。根本没有让学生多读、多背经典，后来从事研究、教育，发现自己和过去的大师的真正差距不仅仅在于思想的进境，更在于基本经典的背诵。基本经典背诵少，故不可能形成思想。因为思想不是凭空产生的，所以我们的想法在形成文字，查找源头的时候，就发现基本经典的重要性了。现在的学者做研究，为什么原创性不够，就在于基本经典不熟悉，研究古今中外皆是如此。

351. 每读儒家注疏，苦其繁多，莫衷一是。读《史记》卷一三〇《太史公自序》："夫儒者以六艺为法。六艺经传以千万数，累世不能通其学，当年不能究其礼，故曰'博而寡要，劳而少功'。若夫列君臣父子之礼，序夫妇长幼之别，虽百家弗能易也。"我所遇见的问题，千年前的司马迁已经遇到了。读儒家书不明白三纲五常的秩序之理，自然不懂儒家之书。

352. 读理学书看似好懂，实则要有生活阅历，而不被生活所束缚方能有点滋味，最好能参照佛教之《大乘起信论》《大佛顶首楞严经》之类，比参看一般佛教语录要体悟深些。虽然二程、朱熹、王阳明等人言自己与禅门不同，但其实都与禅门有甚深关系。

353. 读书要身临其境，尚友古人，由此而生发出更多的问题，也就是体验。一个好的老师不仅仅是学问深，更重要的是眼界开阔。开阔的眼界不仅带来大的格局，同时也带来大的气势。这样才能有闯劲，才能谈学术继承。在学术上，在材料的把握上，师生是平等的，无年龄大小之分。

354. 为人胸襟广大，能容人方能用人，能用人则能成就大业。王夫之说曹操能用人，诸葛亮不能用人，"故能用人者，可以无敌于天下"。（《读通鉴论》卷一〇）古之成大业者，刘邦、李世民、赵匡胤、忽必烈、朱元璋都是擅长用人之辈，这些人皆不是读书人之人。从古至今，真读书人能用人而成大业者只有曾国藩一人，故单纯言读书可以扩人心胸，纯是胡言。

第八章

古典文献中的思想史与学术史

第一节　古典文献与思想史视野

一　文献与思想

基础性的书籍需要常看。如《汉书·艺文志》《书林清话》《文史通义》《目录学发微》《四库全书提要辨证》《校雠通义》《中国目录学史》这种古籍整理的书，看这种书时要带有一种距离的眼光。看这些书的目的是了解本学科研究的范围，也就是常识的训练。常识训练的目的是让你对自己的学科有个大致的了解。这种书虽然很好，但不能当成一个重点，如果单纯地以此做研究，发展的空间有限，因为学科突破点是有限的。这个看法也并不一定准确，因为每个学生研究的兴趣不一样，有的学生就是喜欢做版本研究，这也需要专门人才。但我觉得要是能再进一层，研究版本背后的思想会更有意义。如果能把版本背后的学术流变以及学术思想做出来，这个研究就会更有意义。

中国是一个藏书大国，从古至今有很多藏书家，但大多数只是为了藏，不是为了研究。传统中国没有严格意义上的图书馆，只有私人藏书楼。比如宁波范氏的天一阁，藏书有很多，但是主人宁可让书被偷走，也不让别人看。以今天的视角来讲，这样的藏书活动学术意义就不大。古人记录藏书目录以显示自己的藏书之多，表明自己的财力，也是一种身份和地位的象征。清代很多有钱的商人为什么要刻书？因为在当时刻书是为了显示风雅。从传播学角度考虑，如果不进入流通领域，藏书再多也是死的，它的意义就不大。如果以清代的刻书版刻与图书流通为研究就有价值和意义了。

张之洞有一本专门的目录学著作《书目答问》。民国学者陈垣在谈及读书经验时说："十三岁发现张之洞的《书目答问》，书中列举很多书名，下面注着这书有多少卷，是谁所作，什么刻本好。我一看，觉得这是个门路，就渐渐学会按着目录买自己需要的书看。"从这些角度来看，书目、目录、版本都是服务于研究的工具性需要的。但是这些工具又是有一种思想蕴含在内的。古代儒家学术的分离就可以从《汉书·艺文志》中看出来。张之洞《輶轩语·语学》论读书宜有门径："泛滥无归，终身无得。得门而入，事半功倍。"每个学科都有它的家法，我认为文献专业的家法就是刚才说的版本和目录。

目录是记录刊刻或者抄录的文献，将目录有意地编排，分类处理，使得书籍流传有序，这实际上已经触及学术史的整理与研究了。如果将自己的学术思想贯穿其中，并以目录的形式呈现出来，这样的目录才是活的目录，一方面增加了目录学著作的可读性，另一方面将目录放置于思想与文献交叉的视野中，增加了学术研究的深度和广度。

二　明末清初的学术变迁

中国的学术有几次重要的转折。秦汉之际是确立时期，秦汉时期的学术为我们中国人树立了一种到现在也不能超越的典范。什么典范呢？我们所有的思想都借助于先秦、秦汉的典籍，也就是说我们所有的思想都是要围绕先秦的经典展开。西方也有这一现象，哲学家怀海德[①]曾说"全部西方哲学史不过是为柏拉图的思想做注脚"。在我们这个学术领域，不存在"新问题"，别人都研究过，别人研究过的为什么还要研究？学术在传承过程中是有变化的，每一代人考虑问题的思考方式是不一样的。那么，考虑问题、思考问题的方式不一样，就必然要借助先秦的经典，来阐释我们当下人的思想。唐宋时期的思想变革、宋元时期的思想变革，到明清时期的思想变革，再到清末、民国时期的思想变革，都是学者借

---

① 阿尔弗雷德·诺夫·怀海德（Alfred North Whitehead，1861—1947），英国数学家、哲学家和教育理论家。"过程哲学"的创始人。其与伯特兰·罗素（Bertrand Russell）合著的《数学原理》标志着人类逻辑思维的巨大进步，是永久性的伟大学术著作之一。同时也创立了20世纪最庞大的形而上学体系。

助古人的经典来完成自己的思想构建和学术转型。

明清之际是一个很重要的思想转型时期。赵园的《明清之际士大夫研究》是以人为中心来看的，但是我们以哲学史、文学史来看的话，明清之际的文人面临的问题与宋元时期文人面临的问题有相似之处，都是外族入侵而且成为统一中国的主人。从夷夏之辨的观点来看，元代文人和清代文人面临的问题是一样的，这些受传统的儒家教育的文士怎样来辅佐君主，使君主具有合法性的外衣，完成儒学范围的转变？这是一个有责任的士大夫必须注意的问题。所以在面对外族统治者时，元代的学者和清代的学者都经历过一个非常痛苦的转变。在元代，汉族士大夫还没有那么严酷的生存问题，衣冠、生活方式没有太大的变化。但到了清代的时候，官方则有了包括“留头不留发”在内的强制规定。清代初期的士大夫是按照汉代的传统的衣冠方式来埋葬的，因为在汉族士大夫眼里，“髡发”的习俗是绝对无法接受的。我们所谓的单纯的文学研究是解决不了这样问题的，必须在一个大的历史视野之下去思考这些问题，不然，这个文学研究是没有意义的。单纯做版本研究，做得再好也只是一个静态的描述性研究。

我们文献的研究要放在一个大的时代背景和思潮背景之下，这样的话才能够有意义。单纯的版本研究只能解决非常有限的学术问题。我们可以将之与作者的诗文考述结合起来，如此一来就会发现，越大的作家版本越复杂，像杜甫的集子，版本便非常多。版本多反映了一个什么样的问题？古代和现代不一样，这个版刻是非常难的，要有很强的经济基础才能去刊刻。刊刻越多，诗人的影响就越大。换句话说，刊刻的过程也是诗人的影响进行传播的过程。通过在主流意识形态影响下的刊刻，这种诗人的审美被广大的读书群体接受，接受过来以后，又被主流意识认同。这是一种相互促进的作用，这个相互促进的过程使诗人的影响更大了。所以，后世所说杜甫的形象和杜甫的忠君爱国思想都有一个演变过程，这个演变过程实际上就是伴随着刊刻传播的过程进行的。元代的集子就很具典型性。

元代诗人集子被刊刻最多的是谁呢？虞集。虞集能进入文学史和清人的刊刻有关。元好问的集子呢？元好问的集子刻得最多的时期也是清代。做这种研究的话，你要查一下这个集子在历代的目录里面有哪些收录，一定要找一下最早的收录者。比如说，你要做“史源学”研究，就要做一些“史源学”的训练。在提出一句话的时候，你要查到这句话的出处，然后是传播过程中的变化。特别是一首诗，我们要注意各种选本的问题，如果想让自己的研究呈现出不同的格局和气象，就非如此不可。

需要特别强调的一点是，学术研究一定要有“史”的眼光，也就是要明确学术的源和流的问题。“史”的眼光是要有一个纵向的、发展的眼光，比如某部集子的版本流传到哪戛然而止，或者到哪里突然兴盛了，文学史为什么会演变成今天这个样子，等等，这些问题都是有来由的。顾炎武在《日知录》中说过：“古人不为人立传”，“志状不可妄作”。史书、传记资料怎么写的问题，志和序怎么做的问题，《日知录》里面都有。古人写史是有家法的，我们查一下这个源流会发现正史中的记载、碑传和家传的记载截然不同。顾炎武提出过这种话，章学诚也提过类似的话，我们需要留意他们是怎样叙述这种家法的。我们要做的工作就是进行比较，比较之后就会发现，正史中的记载和碑传中的记载差别非常大。这也是学术研究的一种方法。如果把《元朝名臣事略》和《元史》对照之后，再找最早的碑状和墓志铭就会发现在史料的选取和记载上存在很多问题。所以，我们在引用材料的时候，不能单纯地以“二十四史”的文献作为研究的论据，还需要查阅更多的第一手文献来丰富我们的论证。

王国维的材料选取和使用的方法就值得我们学习，但想要超越王国维很难，他做得“精”“深”，而且“全”。从这个角度上讲，现代学者很难达到，因为现在是专家之学，我们可能对某一小段懂，越过这一小段，就很难讲。看王国维的书，就会发现差距太大了，读《耶律文正公年谱》，尤其能体会到他眼光的独到，他的细密。王国维做学问是在细密上下功夫。现在的研究生培养有一个问题，比如，我做这一段的，我只给你讲这一段；或者我们偏重文学，只讲文学的演变。可是大家仔细想过没有，文学受制于什么？它受制于史学、受制于制度、受制于思潮、受制于哲学。所以说，知识面的拓展决定了文学研究的厚度与深度。

明清之际，许多士大夫面临一个生存境遇的问题。其中我们讲明末清初的思想三大家：孙奇逢、李颙、黄宗羲。孙奇逢、李颙和黄宗羲实际上是王阳明学派的传人，是阳明后学。这三个人，还有王夫之和顾炎武，这在明末清初的时候都参加过抗清斗争，都有实际的抗清斗争的经验，非常注重学问的经世致用。

三　孙奇逢与李颙

明末清初这几个学者都有侠义的特点，孙奇逢说读书要冲破三观：财富观、子女观、侠气观。明末清初的这几个大儒明代有一个很大的变化，他们发现世事不可转移，于是就开始尝试在自己的学术上转变。虽然孙奇逢的学术也讲王阳明的知行合一思想，但他表现的仍然是儒学的传统，表现的是朱学、陆学和王阳明心学这几种学派调和下的一种产物。这种调和的产物要讲究学术的“深造自得”，强调“反求诸己”。他说诸儒学问皆有“深造自得”之处，将学术的关注点再一次转向内在的人格修养层面。北方的学术到了明末清初的时候有了一个转向。

从经世致用的角度来讲，孙奇逢要解决时代巨变的现实问题，这是关乎生死存亡的大问题。通过什么样的方式解决，每个人境遇不同，所提方法也不尽相同，孙奇逢讲“深造自得”，不能空谈心性，从而达到“知行合一”。“致良知”到“知行合一”是王阳明晚年提出的系统思想。孙奇逢发展了这一学说，他这个学问的路子，用我们今天的话讲就是“朴实”，在明末清初甚至到现在，对河南的学风也是有影响的，人们说到中原学风就是“朴实”。他的弟子一个是汤斌，汤斌官做得很大，但是非常廉洁，品性也比较好，是传统士大夫的典型，很显然是受这种学风的影响。

另一个是李颙，又名李二曲，陕西周至人。从明末清初的学术来讲，李颙刚开始走的也是王阳明后学的路子。但是，他后来自己提出了一个观点。李颙有一本书《四书反身录》，他当时在学术上提出了一个观点“悔过自新说”，他晚年走的路子是从王阳明的学问向“朴学”这个角度上转。因为向“朴学”上转，他表现出了许多经世致用的特点。李颙晚年的学问转向很值得认真探索，到现在他仍是一个被忽视的人物。

四　黄宗羲与顾炎武

黄宗羲是阳明学派的传人。阳明心学开始向史学转、由儒学向史学转变的主要标志性人物就是黄宗羲。他自己写了很多史学著作，如果现在看黄宗羲这种史学著作的话，就会发现它们都有很强的目的性，比如《思旧录》写的都是明朝晚期的、品德高尚的、入清不仕的、抗清去世的人，其中第一人就是刘宗周①。刘宗周抗清失败之后自尽，对他的学生影响很大。所以《思旧录》的第一个人就是刘宗周。《明儒学案》里面全部表彰的就是王阳明的学派。他这种学术，有很强的表彰王阳明心学的特点。

黄宗羲在《明儒学案序》中说："盈天地间皆心也，人与天地万物为一体。"穷天体万物之理都在吾心之中，就是从陆王心学来的。而且他的凡例说得也很清楚。王阳明的心学在《明儒学案》里面被表彰了一遍，实际上是给明代理学史的一个总结。

黄宗羲作为明末清初的人，他的总结就是他的当代史。那么，他评价明朝的学术："尝谓有明文章事功，皆不及前代，独于理学，前代之所不及也。"这个前代指的什么呢，包括元代。他认为明朝的文章、疆域都和元代没法比，所以"有明文章事功，皆不及前代"。但他说："独于理学，前代之所不及也。"理学指的就是王阳明的心学。而且他说："学问之道，以个人自用得著者为真。"所以从这个角度讲，他的《明儒学案》是对整个明代学术史的把握。

以今天的眼光来看，读古人的学案不如读古人的集子。可是，我们要知道，一个学案都是有固定的写作模式，前面是作者生平，然后就把这个人代表的语录给收录进来，后面加上他的弟子形成的这一派，梁启超的《中国近三百年学术史》也是这样来的。《明儒学案》是一个断代史的学案，黄宗羲进行了有明一代的学术总结，他转向了史学。这种史学的转向是非常重要的。他认为我们要通过"史"，达到司马迁所说的"究天人之际，通古今之变"。我们要找到历史的规律，通古今之变，弄清历史的古今之变的规律。当时明朝灭亡，黄宗羲就思考，满人这么落后，而我们有先进的文化，为什么会灭亡？所以说，元朝人面临的问题，明

---

① 刘宗周（1578—1645），字起东，别号念台，汉族，明朝绍兴府山阴（今浙江绍兴）人，因讲学于山阴蕺山，学者称蕺山先生。刘宗周是明代最后一位儒学大师，也是宋明理学的殿军。刘宗周著作甚多，内容复杂而晦涩，他开创的蕺山学派，在中国思想史特别是儒学史上影响巨大。清初大儒黄宗羲、陈确、张履祥等都是这一学派的传人。刘宗周的思想学说还具有承先启后的作用。当代新儒家学者牟宗三甚至认为，刘宗周绝食而死后，中华民族的命脉和中华文化的命脉都发生了危机，这一危机延续至今。

朝人都经历了。我们在读古书的时候，在读这些集子的时候，要设身处地为古人想一想，他面临的社会环境有多么残酷。

黄宗羲晚年思想的变化体现在《明夷待访录》里。读这部书的时候，会发现他的思想有一个很重要的转变。我讲这些，是要说明这些学术是怎么来的。实际上黄宗羲做的就是明代的古籍整理，他把这些书搜集起来，为了保存明代人的学术，他做了很多这样的工作。但他最有思想的东西是什么呢？就是他的《明夷待访录》。我们所熟悉的是他的“原君”“原臣”，他还说了“田制”，你会发现他的学问已经转到“经世致用”上来了。因为古代社会和现代社会不一样。他面临的问题就是田地问题、用人问题、君主的制度问题。所以他自己说，是从孟子的“一治一乱”的角度来写《明夷待访录》的。

顾炎武从理论上做了一个总结，在于他提出了“经学即理学”。全祖望在《亭林先生神道表》中对顾炎武思想进行了一个总结：“晚益笃志六经，谓古今安得别有所谓理学者，经学即理学也。”① 这个观点其实是顾炎武自己提出来的。《与施愚山书》中说：“理学之传，自是君家弓冶。然愚独以为理学之名，自宋人始有之。古之所谓理学，经学也。”② 这句话争议很大，实际上是顾炎武对理学的一个认识，表明顾炎武的学术转向，他的心学开始转向经世致用之学。这个转向始于黄宗羲，但他在理论总结上远没有顾炎武做得彻底。你会发现这几个大儒走的路径就不一样。《与施愚山书》这个话实际表明的是什么呢？这文章是写给施闰章的，施闰章是当时一个有名的诗人，顾炎武实际上是对宋明理学提出怀疑与批评。有清一代，汉学和宋学争论非常大，以宋儒创立的理学，叫“宋学”；清代走的是“汉学”的路子，就是回归汉唐诸儒以经训传注为主的学术。那么，顾炎武认为宋儒的学问走的是空疏的路子。

宋代以理学为核心的“宋学”实际上是对“汉唐”的汉学、经训之学的一种否定，一种全面否定。陆九渊为什么看不上朱熹的学问？“易简工夫终久大，支离事业竟浮沉。”就是说朱熹把儒家的孔孟原道给遮蔽

---

① （清）全祖望著，朱铸禹汇校集释：《全祖望集汇校集释》，上海古籍出版社2000年版，第226页。

② （清）顾炎武：《顾亭林诗文集》，中华书局1983年版，第58页。

了，这种传注、经训之学叫“支离事业竟浮沉”。朱熹虽然是宋学的代表人物，但实际上他做了很多注释的工作，如《四书章句集注》《仪礼通释》《资治通鉴纲目》《楚辞集注》。实际上朱熹并不是不重视注释的。所以陆九渊提出批评，在宋儒眼里，汉学被否定了。而在有宋一代，包括元代，走的也是注释经书的路子。所以，经学不会断绝。

到了明代，王阳明心学走的是和陆学类似的路子，“致良知”之学。所以明朝末期的学术风气被人批评为“游谈无根”“空谈性理”，顾炎武的话实际上是针对这种学风来说的，他说做理学不能忽视经学，讲理学不能光看王阳明的书，必须读六经，从儒家的原始经典入手，才能把真正的儒学给弄懂。在顾炎武眼里，单纯的弄这种所谓的“理学”是算不上学问的，真正的学问是从六经来的。顾炎武的学术转移，一个最根本的目的就是博通群经，从经学入手，所以他自己说了一句话：“国家之所以取生员而考之以经文、论、策、表、判者，欲其明六经之旨，通当世之务也。”[①] 这实际上表明了经世致用的核心。

顾炎武反思明朝灭亡的原因，所以总结学术应该“凡文之不关六经之旨，当世之务者，一切不为。”他写了一句话“博学于文，行己有耻”。他把这句话单独给列出来，就是说要懂得事情的来源、变化，知道事情的古今之变，他说士大夫无耻是为国耻。他当时对士大夫的批评是非常严厉的，主要是针对明朝末期的士大夫，就是这个原因。他说，要是不知耻的话，没办法做学问。“愚以为读九经自考文始，考文自知音始。”这是顾炎武对后人不通古音而改经就韵，从而导致对古代经典误读的批评。为了通经明道，顾炎武在其学术研究中非常重视音韵学研究。他认为经学即理学，所以在学术风气的转换过程中，要开展经学史研究，因此他总结了许多方法论，写了许多音韵学的著作，他想知道先秦，包括汉唐，前人是怎么读这些音的，他认为经书的改变是因为后人不懂音韵。他的学术的最重要的一点是“保天下者，匹夫之贱，与有责焉耳矣”[②]，他一直想“救亡图存”，挽救明朝。他说儒者之学，经天纬地，后人把世功和问道分成两边，这是不对的，它们应该是合而为一的，要是没有世

---

① （清）顾炎武：《顾亭林诗文集》，中华书局 1983 年版，第 21 页。

② （清）顾炎武著，黄汝成集释：《日知录集释》，上海古籍出版社 2006 年版，第 755 页。

功之学，这个道是怎么显现的。所以顾炎武干脆就批评理学的性灵之学。这种转变对有清一代影响很大，这种影响就在于如何治国是要回归到经学上来，这是经世致用的思想。所以说明清之际，虽然全祖望、万斯同、万斯大、章学诚、钱大昕不是黄、顾的弟子，但是他们确实这样做了，是一直走的这个路子。

道光年间，唐鉴专门写了一个《清学案小识》。他通过科学性的、实事求是的研究，认为这个是假的、那个是假的，把理学的、经学的合法性弄没了。到清朝末年，到龚自珍的时候，儒学无以为继，又开始向佛教学习，将佛学移植到儒学，从而让儒学得到发展，最后影响了谭嗣同。谭嗣同的人学思想整个就是拿佛教的理论来研究的。王夫之走的是另一个路子，做了很多佛教的工作，拿这个学问来改造儒学。这种学术转变确实是很重要的。最后儒家解体，清代的汉学学者是起着很大的作用的。你会发现程朱理学到了清代的时候难以为继，特别是到了清朝末期鸦片战争之后，随着近代科技的兴起，传统的性理之学解决不了现实问题，打仗不行，制度问题不行，西北边疆问题不行。曾国藩本来走的是儒家的性理之学，因为当时他在北京学的就是这一套，但他这个人有一个特点，他继承了湖南的朴实学风。他平时非常喜欢做“舆地之学”，研究他的学术路径的时候就会发现，他买了许多地理书、史书，他不是单纯地看儒家性理之学。所以到太平天国起来，他领兵打仗的时候，对这种东西便非常熟悉。所以曾国藩是传统社会的集大成者。如果单纯做文学的学问，是看不出来这种学术的变迁的。经、史、子、集当中，经是最重要的。比如顾炎武的集子只收他的诗文，他的地理书不收进去，古人收录集子的原则是有严格的限制的，对经的阐释就被收到经部了，《音学五书》被收到经部，地理书是收在史部的。所以，我在讲课的时候说，不要单纯做文学，要用手术刀解剖你的文学，明白学术的变迁和思想变化情况。这样才能落实到“用”。不然文学做出来就没有用。

第二节　时代变迁与学术走向

一　时代与学术的关系

每个时代都有一个时代的选择问题。时代一直处在不断变迁的过程中，时代的变迁过程并不会停止。我们以历史的眼光来看，为什么对易代之际、对历史的巨变时期感兴趣呢？就在于大的转折时期牵扯了政治、制度、文化、学术各个因素的剧烈交织。所以从古到今，时代的剧烈变迁时期往往就是学术的一个关注点，正如易经所说“生生之谓易”。从这个角度来讲，历史是不会停止的。但是后人研究它的过程，是从既有的文献去研究时代的转折，那么这实际上就暗含了一个今人的学术取向问题。所以每个时代的选择、每个时代的变化，从古到今就是关注的焦点，比如说我们的学术界特别关注的几个问题：春秋战国的学术变迁、唐宋变革、宋元变革、明清变革等。再比如，如果做近代学术研究的话，对清末到民国的关注点非常多，关注点多的原因，我个人觉得主要在于学术生长点多，学术生长点是做学术研究的时候必须从学理角度考虑问题。我们可以从朝代的衰亡切入，比如说唐代为什么会衰落？也可以从中央政权对地方控制的衰弱切入，比如说安史之乱的爆发来研究，一个看似偶然性事件的爆发，实际上包含了重要的制度和权力的关系问题。再者我们可以从学术史的角度来研究，比如说唐代以来的经学继承了汉代以来的学术传统，像孔颖达对注进行的疏解。我们知道唐代经学也很繁盛，唐代学术的繁盛不仅仅是它的经学，还包括它的佛学、道教的研究。我们也可以从这个角度进行研究。这是追溯历史长时段的一个过程，那么从这种研究来追寻唐代为什么衰落，从学术角度上还可以归纳为文士在其中起到的作用。如果从制度史和文化史来看，士大夫阶层一直是我们做学术研究不可忽视的一个重点，因为士大夫阶层的学术路径的转变、学术趣味的转变关乎中国的学术走向。

唐代的经学在宋代的时候转向了理学。从宏观上看唐宋的学术特征，会发现宋人的学术路径与唐人是明显不同的，明显不同就是因为学术路径的转变。如果说唐代继承了汉代以来的经学传统，那么到了宋代，宋人重新对经学进行了义理学阐释，而且义理学阐释是从二程开始的。程颢、程颐的学术传统其实并不是一开始就占主流的，二程的洛学、四川苏轼家族的蜀学、以王安石为中心的新学、以司马光为中心的学术实际上一直都是在伴随着党争不停地变化、升降消长。余英时在研究朱熹学术的时候是从“朱熹的历史世界”角度研究的，以政治制度沿革变迁的这个角度来观察在大的时段面前政治和学术对士大夫阶层的影响。我们知道朱熹集理学之大成，将理学体系化，但他在标榜了自己的学术传统时，认为得自二程。

陆九渊的心学影响同样非常广大，但是他的心学是从《孟子》来的，是从《孟子》的“我善养吾浩然之气”这点来强调个人的主观意志的创新性和独创性，而朱熹创立的学科化的过程实际上是确立了理学的一个集大成的标志。那么从朱熹的学术路径看，他完全是以文献的视野来看问题的，朱熹所做的这一切都是离不开中国传统学术路径的。什么是传统的学术路径呢？朱熹的一个方法是，对先秦、孔孟以来的儒家经典进行注解，在这种注释、解释中完成了他儒家思想的一个认知过程，从而在理学上完成了其思想的体系化。这种思想体系化的认知过程实际上是在他的《四书》学中创立的。对《诗经》的解释、对《楚辞》的解释一直到对义理的解释、对《孟子》的解释与跟弟子的切磋来解释，实际上完成的都是对经典文献的重新塑造过程。我们以后世的眼光来看宋代以来的学术，会发现理学并不是凭空产生的。

现在的学术界认为宋代的学术研究与唐代的是截然不同的，我个人认为这是不对的。其实唐代的学术是讲经学传统、讲注释的，但是这个注释它没有完成思想性的创新过程。看唐代学术仍然是遵循了汉代以来的师法传统，我们讲经学一定要注意师法，也就是重视传承。我们虽然讲唐代是中国学术的一个高峰，唐代的地域广大，这与它的学术辉煌是并行的。可是我们忽视了一点，它在学术中的创新过程没有表现在经学上，也就是儒学的创新过程不是由唐代完成的，我个人认为唐代的学术创新是表现在佛学上。从中国化的佛教禅宗的出现可以看出来，中国的学术传统实际上是由唐代人、由禅宗来完成的。

虽然韩愈以恢复儒学的传统与道统来自居，但是实际上包括到李翱的《复性书》中对性和情的论述，都是伴随着佛教的中国化过程、缜密化过程的。这些哲学性的术语唐代的儒学大师们是有所关注的，但实际上仍然没有完成学术系统化的过程。一个学科如果想要成熟，就必须伴随着学科的系统化与缜密化。首先要创造一套自己学科的话语形式，另外这种话语形式要能够自圆其说。一个学科的成熟就在于它有没有原创性的思想。我们今天来看的话，所谓的思想原创性就在于这种话语形式能不能被大家普遍认知，比如说西方的理论，我们为什么能够接受，就是因为它创造了一套严密的体系。比如康德的哲学、黑格尔的哲学都是完成体系化认知的一个过程，包括费正清在研究中国时提出了“应激性”的理论，包括内藤湖南的“近世中国的变革理论”。这些理论可能并不完善，甚至很多人对内藤湖南提出了批评，但再怎么批评，他都是最早提出来并发现话语认知方式就应该是这样的。比如说布尔迪厄“场域”理论的提出实际上都是从最早的一种学术视野观察上来切入的。

韩愈对佛教的批评，以今天的视角来看的话，他意气用事的成分多，学理层次的批评少，这也是中国后世儒学的一大特色。我们发现儒学之前很多学术争论大都陷入意气用事，而不是从学理层次上来讨论，因为儒学内部尊崇师法和师承家法，这是汉代以来确立学术的一个传统。实际上从《宋元学案》到《明儒学案》，再到《清儒学案》，仍然暗含了师承家法内容的传承，从内在的传承上来讲是对的，但也有可能会“遮蔽”学术化视野的认知。

二　学术路径的形成

以一种学科的严密化和缜密化来训练自己的学术化认知，这需要看有没有一种复杂的、系统的、成熟化的被大家所熟悉、认知的理论。如果这种理论化没有确立，那么就没办法完成学科化。因此，朱熹的学术传统实际上与汉唐以来的学术传统不是背离的，他仍然是继承了汉唐以来的学术传统，只不过我们以后世的眼光来看，会发现朱熹的学术传统是建立在对文献经典的阐释基础上。那么，他对经典的阐释是在对汉唐儒学的阐释过程之中完成的，在这之中完成了自我学科化的认知，后世的理学就是这样形成的，他集大成的意义就在于此。不过也不能忽视学术传统与源和流的问题，这是我觉得做学问要特别关注的一点。如果源和流的问题分不清，就会割裂二者的关系，会弄不清楚它在历史时段的变迁中的定位和评估。陆九渊和王阳明都是独创性的哲学家，他们不是哲学史家，而是哲学家。用今天的话讲，就是哲学家要非常重视思想的原创性、学科的体系性。陆、王都有很强的学术创新性，这个在中国古代学术传统里十分珍贵，但是朱熹的学术创新表现在对经典注疏的理解基础上。所以从后世眼光来看，朱熹可能更符合中国人的学术路径。

中国的学术路径从一开始都是以经学为核心的，是在对经典的阐释基础上完成的。换句话说，阐释学的书为什么能够在中国这么流行，是因为我们能从中找到中国古代的话语方式与现代话语方式的一种认知上的契合，所以能够在中国大行其事，其原因就在于我们是借助阐释学的方法来回归中国古代的学术传统的。所以如果从学术创新的角度来讲，陆九渊和王阳明可能是最具有创新性的。朱熹的创新是表现在对文献的阐释基础上的，所以到明清时候就发现陆王的学术传统与程朱的学术传统在路径上从一开始就出现了分离，这表现在学术旨趣上的分离。就是说这种哲学性的原创思想家在中国学术传统下，可能也要依托于古代经典，比如说像王阳明对《孟子》的理解。但是这种经典并不是他要阐释的核心，而是要借助经典来说自己的思想理解，这是中国古代学术路径的很重要的一个点。

如果看程朱的话，他们的思想是隐含在大量的注疏中的，如果想分析出朱熹的思想，要从大量的原始材料中一点点剥离。鹅湖之会中，陆九渊批评朱熹所有思想的原创性都被注疏掩盖了。实际上，以今天的话来讲就是说他的学术思想表现在大量的文献里面了。陆九渊从来没有说朱熹没有学问，而是说他的学问被思想给遮蔽了，所以说他们的争论一直延续到后世。那么我们说程朱理学占有统治地位对中国人影响很大，这实际上是由元代人完成的，具体来说是由元代北方的儒学家们、汉族文士许衡、姚枢等人完成的。

虽然我们强调说赵复理学北传，但是我个人认为，我们对赵复的意义可能是夸大了。我们以今天的眼光来看，赵复不是一个有原创性的思想家，因为赵复没有留下任何的对经典的注疏性的或者阐释性的资料，这就导致现在的学术研究有一个很大的问题，很难对赵复的学术做出评价。因而我们现有的评价只能借元人的评价来说，可是我们不要忽视了一点：元朝北方汉族文士对赵复进行推崇的时候，是在追寻他们自己的理学传统的合法性与正当性，我们在这点上不要被古人的学术话语所遮蔽。因为许衡和姚枢、姚燧这些人实际上是在不停地确立自己的合法性，即学术正当性，这背后暗含了一种对南方学术上的“谁来主导学术话语权”的问题。表面上是借程朱理学来阐释程朱理学的文本分析，实际上背后是一个话语的正当性问题。

我们讲汉代的经学传统，讲今文经学、古文经学，表面上是一个学术论争，实际上背后是一个权力地位的论争，它根本就不是一个单独的学术问题，而是背后牵扯十分复杂的政治问题。所以你会发现在汉代的时候，经学表现的从来不是单独的经学，王统问题、道统问题都不是一个单纯的问题，是一个合法性的问题。我觉得讲后世理学的时候都忽视了这一点。实际上许衡他们这些人推崇的程朱理学只是借赵复来推崇，推崇赵复是毫无疑问的，因为赵复是程朱理学的正宗传人。既然赵复是程朱理学的正宗传人，那么许衡这些人追寻他学习实际上是表示学术来源的合法性。一方面是为了北方文士的学术正当性，另一方面也是为了能在元代的学术场域中从地位上得到道统上的认同，就确立了程朱理学的合法地位和话语权，这也是为什么在元代的时候陆学不占有学术地位的原因。

吴澄在国子监任教之时，经历过多次宦海沉浮，几次纷争表面上看因为他是南方文士，实际上背后是什么呢？吴澄的学问很大，没有人说他的学问不好，可是对吴澄的学术地位的尊崇就暗含了陆学的抬头。这在北方儒士那里不能接受，因为在他们看来这就是“异端”，所以说这个学术纷争实际上暗含了什么呢？我觉得这不仅是一个学术的问题。所以我们看问题的时候，应该用一种学术视野的眼光来看，这样可能就不会被问题所遮蔽。再看得远一点会发现，有明一代的学术到明末清初的时候、到黄宗羲的时候，为什么要在《明儒学案》中专门标榜？这部书就是我们今天讲的儒学学术史，在开篇就标榜王阳明的学术、标榜刘宗周的学术，实际上是要标榜自己是王阳明心学的嫡传。虽然讲学术要公正、学术视野要客观，但是每一个学术公正、客观的背后都存在一个学术视野的眼光疏漏问题或者差异问题，这种差异问题导致了后世在研究学术问题的时候被文献材料牵着鼻子走了。我们在看这些东西的时候千万不要被文献牵着鼻子走，这样的后果就是你可能认为古人说的话都是对的，或者会认为某个问题在当时就本该如此，从而失去了质疑精神。

黄宗羲在标榜《明儒学案》的时候出现了大量理学学术史的著作，他的学术史标榜的是程朱理学。我们以今天的眼光来看，《明儒学案》的影响太大了，其他书都没有《明儒学案》流传广。说得远一点，一个学者如果想被后世广泛关注，那他就一定要有大量的文献学注疏性的书，这是我读书的一种体会。单纯进行学术性的阐释或者自我学术原创性的东西，在中国学术传统上一直就不是主流。

清代官方意识形态一直到康熙皇帝、乾隆皇帝仍然标榜着程朱理学，程朱理学仍然是学术的正统，是官方的合法意识形态，所以从这个角度来看，孙奇逢的地位是高的。因为我们不能以原创性的眼光来看孙奇逢的学术思想，他完全是继承了程朱理学并调和了王阳明、刘宗周的思想旨趣，他一辈子都是处于一个调和期，他是王阳明心学的余续。

历史的变迁过程一定是受时代的转移影响的。我们每个人不可能脱离时代风气，我个人认为这是不可能的。我们如果看程朱理学这种学术传统的话，它在清代学术地位高，这实际上是因为它仍然与官方的学术主流话语形式叙述是一致的。这种叙述一致的问题是我们学术研究的背后必须要看到的问题。所以我说过没有“单纯的学术”，“单纯的学术”应该是不存在的，它只存在于学者的幻想之中。

英国的一个史学家曾说过：“历史是没有意义的。”但是科林伍德他们这些人认为历史是有意义的，不然我们说历史既然是虚无的，为什么还要看书呢？其实我们为什么要寻求意义呢，是因为我们在文献的解读和阅读过程中能完成我们自己思想的认知，这种思想的认知过程和体会过程实际上就是自我意义的创生过程。因为如果我们人没有意义的话，那么就没法活下去。所以说“道”的路径是每个学者都必须遵循的一个意义的规范，因为“道”为我们指明了路径和今后努力的方向，而这个意义是你在读文献经典的时候自然而然萌生出来的。这个意义是与文献并行的，可能这个文献的写作者本身在写作过程中并不是必须追寻文献的意义，但是他写作出来以后，在后人对他的文献的解读和体认过程中完成了意义的追寻，这个意义的追寻是自我认知的一个过程。这个自我认知的过程就无形中构成了中国学术传统的一个脉络问题，这个脉络问题就是中国学术的传统问题。学术传统在中国的学术过程中就是这样完成的。所以说我们以这种眼光来看清代的学术的话，程朱理学仍然是官方的一种意识形态、具有合法性。

三 学术史的追寻

我们每个人只要对过去的时代变迁作总结就会发现，一个时代一旦发生大的变革，政治制度的变革可以在较短的时间内完成。像明清易代是通过武力完成的，像宋元的交替也是通过武力变革，武力可以迅速地完成政治制度的建立。但是应该看到政治制度的建立往往与学术制度的建立、文化制度的建立并不是同步的、并不是并行的，二者之间是不可能同步完成的，这种并非同步的完成就使得学者不断反思。比如说对前朝灭亡原因的反思，这种灭亡的原因必然是从政治层面上来追寻的，我们往往归纳原因为政治的腐败，我觉得这并不是一个唯一的原因。所以在追溯这些原因的时候往往到最后都变成了一种对学术史的追寻。这种对学术史的追寻可能到后代就变成了一种对前代的总结和反思。

所以，后代的学术对前代的学术都是在反思和总结之上完成的，因此梁启超说乾嘉朴学是对王阳明心学的一种反动，我觉得这句话是没有说清楚的。原因在于顾炎武、黄宗羲包括王夫之这些人实际上都是在对经典的一种追寻和阐释过程中完成了自我思想体系的建构，而他们后世的弟子在学问上都不及老师，这个是我们不能忽视的。比如王阳明的学问也是靠对儒家经典的体认完成的。可是他后世的弟子可能就不再看儒家经典了，他们看的是王阳明的语录，这个就是王阳明心学流于所谓空谈的一面，因为后学对这种理的体认不是真正由自己体认出来的。所以说清代的学术思潮的出现实际上是在对王阳明心学的批判基础上建立的，这种批判使当时清朝很多人开始拼命地对经学文献进行阐释和阅读，当然这种经学的阐释和阅读与当时清朝的文化政策也是并行不悖的。

清初的几大文字狱，像庄廷鑨案、吕留良案这样的大量对知识分子钳制的案件。实际上背后的因素在于学者的自我选择问题，这种自我选择基于对经学文献的认知。在对经学文献的解读过程中完成了清人对学术史的梳理与创造。而后世在评价这些问题的时候，忽视了中国学术的大的脉络时段问题。即使它最兴盛的时期，比如说像顾炎武、王夫之、戴震、王念孙、王引之、惠栋、胡渭这样大批的学者，他们对经典的解读与明朝思想范式就完全不一样了，特别强调对一手材料的运用。而这种运用中自然使用到了训诂学、音韵学的相关知识，所以我们看到清代这些学者大多是复合型而非单一型的。比如说阎若璩，包括一些领导者所提倡的，比如说阮元、毕沅，但有一个问题就出来了，因为当时提出的一个学术传统叫“无征不信”，那么无征不信的话必然对学术传统的道统问题有影响。为什么说当下我们一直强调要辩证地看待儒教？其实用儒学和儒教一词置换就表明了现在所谓的新儒学仍然是想把儒学变成新的意识形态。新的意识形态建立就必须要追寻它的道统问题，也就是它的合法性与正当性问题，所以我们不要被这个词的置换所迷惑，要看到它背后的合法性与正当性问题，这种背后的合法性与正当性问题是被词的置换所掩藏了。那么回过头来讲，乾嘉学者讲的这种“无征不信”的问题，从经典文献解读中来阐释孔孟的原义问题，就会发现宋儒的很多话是错的，结果在阐释上造成的一种客观性的效果是什么呢？儒学在被肢解的过程中它的道统问题被消解掉了。道统问题的消解必然会使合法性出现一种危机。这就是为什么到了民国时期孔孟儒学被大家认为都是可以批判的对象，实际上并不是单纯的由民国以来的学人完成的，这个完成的时段是非常长的，延续了二百多年。

吕留良案是冤案，由现有材料完全可以看出来，问题在于哪儿呢？吕留良当时在江浙一带学术影响非常大，认识吕留良案的突破口在明史的撰修，特别是对南明史的撰修，对南明史的撰修问题表面上是一个学术问题，实际上背后是一个政治问题。因为清朝统治者很忌讳对明史的撰修，我们知道史学的撰修在中国古代不是一个单纯的学术问题，往往暗含了统治者的合法性问题。你会发现吕留良案之后，康熙、雍正年间可以修明史，官方提倡就是合法。为什么吕留良撰修明史就算非法呢？就是因为这毕竟涉及对前朝人物的评价、政治倾向问题，必然涉及清朝统治的合法性问题，所以说这个问题表面上看是一个学术问题，实际上背后隐藏了一个很强的政治斗争问题。换句话说，清朝统治者通过这个案件可以打击江浙一带的士大夫阶层。

我们应该考虑一个问题，像黄宗羲、王夫之、顾炎武，在今天看都是很重要的，但是他们当时在学术上的影响是不大的，他们在学术上根本没有占据主流地位，他们都是隐姓埋名的。像顾炎武，如果他不隐姓埋名，也不至于全国各地跑。像王夫之，他当时躲到了湖南的一个乡下地方，在学术领域上，别人都不知道有这个人，一直到了清朝后期曾国藩给推崇出来，世人才知道有这样的学者。可是吕留良不一样，他通过大量的讲学活动在当时的影响是非常大的，可是我们知道明末清初抗击满人的时候，江浙士人起了很重要的作用。像河南、西北都不是主要的，江浙地区才是主要的。当时的嘉定三屠等，实际上都是清朝对江浙的知识阶层特别是抗清人士进行的一种镇压。虽然清朝统治入关只花了四十多日便把北京城拿了下来，但是实际上征服整个中国花了很长的时间，是以台湾的收复为标志的，整个过程到清朝中期才完成。可见学术与政治二者并不见得是平行的。如果再深入的话，比如清朝推崇的学术，它的政治中心是在北方，但学术中心一直在江浙。因为这个概念影响太大，使好多人不敢研究所谓的当代，因为明代史学就是当代史学，使清朝容易衍生当代史学，所以都不敢从事这种学术研究了。

我们讲的校雠学、版本学、目录学，这种学术传统都是与形式的变迁有关系的，是时代选择了清代文人必须要从事的学术。这种学术使清朝人陷入了标榜的学术传统，那么这种学术传统有没有问题呢？问题当然很多。我们知道，一个有原创性的民族不能仅仅靠看古人的经典，看经典的目的是要从古人经典中找到当今存在的合法性或者思想资源，可是我们这种单独的考据性的问题是找不到思想资源的，所以这种思想资源完成不了学术的满足感。我们在做学术的时候要有满足感。清代章学诚完成了两部理论总结的书，一部是《文史通义》，另一部是《校雠通义》。这两部书以我们今天的眼光来看，就是探讨中国的历史哲学，在章学诚那里得到了系统的阐释。但在当时却少有人问津，直到民国，得到胡适等人推崇，才逐渐进入到普通大众的学术视野之中。即便如此，人们只关注到《文史通义》，对这部书评价得多、看得多，但是对《校雠通义》却看得少。章学诚在《校雠通义》一书中完成了目录学的理论化。章学诚的学术构建能力实际上是超出现代学术的。我们说文献学科、古代文学学科在学术上仍然没有成熟，是因为我们没有构筑自己的话语言说方式，能体现我们的话语言说方式的是文献学，文献学可能还保留了更多的中国古典的学术传统问题。

章学诚的历史贡献在于他第一次以史学家的眼光来看经学的问题，这是很了不起的。这就是一种理论的原创，以史学家的眼光来看经学的问题就是把经学的神圣性进行了消解，那么这种消解过程表面上看是进行一种经学的研究，实际上构筑了一个学科体系化的过程。傅斯年在《历史语言研究所工作之旨趣》一文中指出："历史学不是著史；著史多多少少带点古世中世的意味，且每取伦理家的手段，作文章家的本事。近代的历史学只是史料学，利用自然科学供给我们的一切工具，整理一切可逢着的史料。”[①] 相较之下，章学诚的“六经皆史”的观点更具有穿透性。这种穿透性太强了，就在于他第一次指明了应该以史学家的眼光来看经学、来看所有的史料、来看所有的文献材料，以这种眼光看文献材料的时候就必然会说章学诚更符合今天的学术视野和学术眼光。

我们要考虑一个问题，看一下章学诚的《文史通义》具体内容，就会发现，《文史通义》的第一篇就是《易教》，它分上、中、下，接下来是《书教》，分上、中、下；《诗教》，分上、下；《礼教》；《经解》，分上、中、下。其中《易教》《书教》《经解》的上中下都是来自对经学的史学化的一个严密的推论过程。这种严密的推论过程，以今天的眼光来看，我认为它的研究意义仍然没有被超越。我们知道“易”是中国古代认识世界的一个哲学方法论，但是章学诚偏偏用“六经皆史”这个哲学方法论，这个问题在开篇一提出来，就把方法论给提出来了，就是以史学家的眼光来看问题。所以说你会发现，他对诗教的研究、对诗经学的研究都是一种学术史的研究，比如对《诗经》的流传史和学术史的研究，我们以今天的眼光来看，它实际上是以什么为中心呢？以问题为中心进行切入，这一点要特别注意。以问题为中心的切入往往是我们特别容易忽视的一个问题。我们说文献的事实，文献的流传源流，清代学术最流行的是一种考据方法。以考据的方法来研究是我们强调的对文献的一种还原性的研究，为什么会这样用？阎若璩曾批评说：“余尝发愤叹息，前明三百年文章学问不能远追汉唐及宋元者，其故盖有三焉：一坏于洪武十七年甲子定制，以八股时文取士，其失也陋；再坏于李梦阳倡复古学而不原本六艺，其失也俗；三坏于王守仁讲致良知之学，而至以读书为禁，其失也虚。”[②]

第一坏——洪武十七年（1384）是很重要的一个变革：宋代的科举与元代的科举、明代的科举，考试内容完全不一样，所以说考试就是以时文来录取的，跟我们讲的古代的科举考试要从经学中来是完全不一样的。第二坏在于李梦阳提出的“文必秦汉，诗必盛唐”，这里面有很重要

---

① 傅斯年：《中国现代学术经典 · 傅斯年卷》，河北教育出版社 1996 年版，第 340 页。

② （清）阎若璩：《潜邱札记》卷二，上海古籍出版社影印文渊阁四库全书本，第 859 册，第 407 页。

的置换，当一个学术口号成为主要的理论依据的时候，你会发现，这里面缺乏了一个东西，“文”和“诗”，缺乏了“经”。经学被置换，集部之学变成了主流学问，这样的话就会发现明朝的学术特点和清人的学术为什么是不同的，这就忽视了所谓的六艺、忽视了经学，这样就导致了学术变得很“俗”。“俗”是什么呢？就是说学术没有根源、没有根底，也就是说没有家法。第三坏就在于王阳明讲的良知之学，因为王阳明是哲学家，强调读书的原创性不够，所以他说“其失也虚”。实际上阎若璩的批评是很对的，有很强的构建性，是从理论、学术主张、表现方面来评价的。

江藩的《国朝汉学师承记》里面在开篇评价的时候，直接就用阮元的“序”：

> 两汉经学所以当尊行者，为其去圣贤最近，而二氏之说尚未起也。老庄之说盛于两晋，然《道德》《庄》《列》本书具在，其义止于此而已，后人不能以己之文字饰而改之，是以晋以后鲜乐言之者。浮屠之书，语言文字非译不明，北朝渊博高明之学士，宋、齐聪颖特达之文人，以己之说傅会其意，以致后之学者绎之弥悦，改而必从，非释之乱儒，乃儒之乱释。魏收作释老志后，踪迹可见矣。吾固曰：两汉之学纯粹以精者，在二氏未起之前也。我朝儒学笃实，务为其难，务求其是，是以通儒硕学有束发研经，白首而不能究者，岂如朝立一旨，暮即成宗者哉！
>
> 甘泉江君子屏得师传于红豆惠氏，博闻强识，无所不通，心贯群经，折衷两汉。元幼与君同里同学，窃闻论说三十余年。有江君所纂《国朝汉学师承记》八卷，嘉庆二十三年（1818）元居广州节院时刻之，读此可知汉世儒林家法之承授，国朝学者经学之渊源，大义微言，不乖不绝，而二氏之说亦不攻自破矣。元又尝思国朝诸儒说经之书甚多，以及文集说部，皆有可采，窃欲析缕分条，加以翦截，引系于群经各章句之下。譬如休宁戴氏解《尚书》“光被四表”为“横被”，则系之《尧典》；宝应刘氏解《论语》“哀而不伤”即《诗》“惟以不永伤”之伤，则系之《论语八佾篇》而互见《周南》。如此勒成一书，名曰《大清经解》。徒以学力日荒，政事无暇，而能总此事，

审是非，定去取者，海内学友惟江君与顾君千里二三人。他年各家所著之书，或不尽传，奥义单辞，沦替可惜，若之何哉！

岁戊寅除夕，阮元序于桂林行馆。①

这个“序”评价了清朝的学术的流变与发展，为什么要说汉学，汉学的实质就是考据学。江藩用这种学术性的谱系式的做法就是为汉学家例论的做法来追寻学术的正当性与合法性，而且认为他们是直接继承了孔孟，目的不是批判孔孟，而是继承了孔孟的原义。所以到梁启超《清代学术概论》的时候把乾嘉考据学又划分成了三个阶段：顺治、康熙、雍正时期是启蒙期，乾隆、嘉庆时期是全盛期，道光、咸丰、同治、光绪时期是蜕变期。我说过学术路径的转折实际上不仅是一个问题出现了，其实明朝的时候，比如说王阳明心学流传的时候，当时人不是没有批评过明朝心学。杨慎就曾批评过：“近世学者，往往舍传注疏释，便读宋儒之议论，盖不知议论之学自传注疏释出，特更作正大高明之论尔。”我觉得这种批评也很有道理。

四 文献学存在的基础

张溥②是完全可以建立明代学术传统的，但是他 39 岁就去世了。张溥批评道：

经学之不明，讲说之害也。予心恻焉，意欲废讲说而专存经解……夫注传之学盛于汉，疏义之学盛于唐，南宋以后道学兴，注疏稍屈……成弘以来，学者尊尚《大全》……久而讲学滋烦，人便剽记，沦弃《大全》亦复不论。

经学之不明矣……且习一经而舍其四经，忘远图而守近意，亦云已矣。即一经之说多有未举，将若之何？予尝恻然于斯，求其变

① （清）江藩：《国朝汉学师承记》，中华书局 1983 年版，第 1 页。

② 张溥（1602—1641），字乾度，一字天如，号西铭，南直隶苏州府太仓州（今江苏太仓）人。张溥曾与郡中名士结为复社，评议时政。文学方面，推崇前后七子的理论，主张复古，又以“务为有用”相号召。一生著作宏丰，编述三千余卷，涉及文、史、经学各个学科，精通诗词，尤擅散文、时论。代表作《七录斋集》等。

之所始。圣贤之路绝而不通，皆由时文之道雍之也。乐于为时文者，禁其聪明之于便近，毕其生平之能以应有司，经文之效不显于世，则相与苟为利而已。①

他批评明朝的讲学风气，游谈无根，使得对经学造成了忽视，所以我们说清朝的乾嘉朴学的出现是有道理的。可是问题就出来了，章学诚对乾嘉朴学的考据学进行了批判，他批判的核心是什么呢？他第一次发现所有的学术研究虽然是在对前说进行注解和阐释，可是缺乏一个很重要的方面："问题意识"，这是以我们今天的眼光来看的。这个问题在于，如果想做一个文献理论研究的话，我们要特别强调一点，就是说本身我们讲的这个文献的研究是从文本出发来考据事实的。这种文献实际上都可以当作历史的一种痕迹，我们以文献为基础来研究过去，实际上这个过去都是当时的现在，所以如果单纯地注重考据而忽视了对文献当下意义的阐释，其学术价值就不够全面。但是不可否认，清代学者对文献的还原性的研究，把经典给解构了，实际上是无意中完成的一种解构，但是这种解构没有新建。这样我就认为做文献不能忽视"问题"，如果没有"问题"的话，就没有事实。我认为，进行所有研究一定是先考证文献材料，然后系统地研究它的版本，对版本非常看重。做版本研究之后开始做一个版本索引、汇编，这样做的目的，实际上以今天的眼光来看，清朝人，包括现在的学者，是想赋予文献学科化的地位。这样学科化地位就导致了一个问题，我们会发现纯粹性的史实越来越多，比如说元好问哪一年死的，元好问在哪一年当官，你会发现清代的这种学术著作非常多，比如说《职官考》。再比如说某首诗的作者是谁，这种考证非常多。这在清代甚至到现在，有时候也是被当作学术主流的。

纯粹的历史文献描述侧重于文献事实的呈现，缺失对文献问题的建构。所以从这个角度来讲，章学诚的意义要大得多，他是以问题为中心，在不停地进行目录学、校雠学的建构。传统的文献学方法，是将考证作为学术研究的一个逻辑起点。考证就是比较，比较的目的是要鉴别材料

---

① （明）张溥：《七录斋诗文合集·古文近稿》卷二《五经注疏大全合纂序》，续修四库全书影崇祯九年刻本。

的真伪，就是对文本的一个破解，所以要进行文献研究，考证是必需的。我们进行历史文献材料研究的时候，搜集、考证、阅读文献材料，努力地来衡量材料的权威性和真实性，其实这样做也没有错，文献材料的问题在于什么呢？文献材料不能以事实为起点，我认为不能以单纯的事实为起点，因为这些事实都是后世流传下来的事实。从没有问题就没有预设这个角度来讲的话，那就没有事实了。只不过有时候这个问题可能是隐含的，有时候是在读材料的过程中发现的，之后把它给论证出来，论证出来以后发现结论。所以大多数的研究仍然是从假设的角度来研究的。如果深入进行研究就会发现元代的盛世心态是从元代文士对盛世心态歌咏的两面性出发来看背后的问题，实际上也是一个假设性的研究。所以说做这个研究是一个事实，其实还是以问题为中心来揭示的。所以我认为不管我们怎样使用资料或者提出问题也好，我们用的这些材料一定要让人看出来这种文本的可靠性。因为文本的可靠性取决于历史建构、文献建构的可能性。

那么我们文献专业上的问题是什么呢？我刚讲过要以“问题”为中心。比如说我们看《文史通义》，它也是以“问题”为中心解决这些问题的，这是一个梳理性的问题，那么这种梳理性的问题就是文献上的一个大的脉络问题。比如说《文史通义·原学》的研究其实都是对学术史的一种回顾，包括章学诚提出的方法。《文史通义·博约》都是方法论的问题，最重要的包括《文史通义·朱陆》，这些问题的研究实际上都是以“问题”为核心展开的，但是问题就出来了，什么是“问题”？所以我们提出一个问题的时候、预设出一个文献问题的时候，我们往往会查找解决这个问题的史料和文献。所以我们真正进行研究时，在提出一个问题的时候，一定要在自己的内心里面想出来初步解决这个问题的方法，换句话说，没有文献就没有问题。所以就必须得会提问题，那么从文献问题提出这个角度来讲，只有占据更多的文献材料，才能从给定的证据中提出更多问题，如果没有这一点，就算想提问题也是提不出来的。所以你会发现《文史通义》的意义在于它给我们提出了所有的问题，而且这些问题都是很重要、很大、很关键的问题。

比如说经学从“易学”开始，提出了各种学术问题，这个问题里就提出了一个解决方法："独断之学与考索之功，则既闻命矣"[①]。就是说解决问题的时候必须要武断，历史的独断是对问题的一种解决，考索必须有对各种材料的体悟，索是要寻找答案，考是考证的事实，所以独断与考索之功就是章学诚的体悟，这是很了不起的。我们看的古代典籍有很多，但是对这个问题，典籍却没有告诉我们应该怎么说。我们用各种文献材料的时候，必须要以问题为核心。因而我还是比较赞同西方人说的"问题优先于资料"。像《六经》也好，各种古人的集子也好，都只是在某个特定时期对某个材料的特定解释，我认为如果想把文献问题真正解决了，这是不可能的。除非是解决生卒年的问题、官制的问题，我认为这不是问题，问题有真有假、有大有小，这个不属于问题，所以有一句话说："我们没办法穷尽所有资料的意义、所有历史的意义、所有材料的意义，但是我们可以用其他问题来重新考问你所见到的这些材料。"比如三个人都读过同一个材料，我们就可以用提问题的方法来解读这些材料，可能每个人得出的结论不一样。因为如果我们用问题眼光来看这些材料的话，等于让文献开口说话了，这就是我想讲的文献站起来了。这些文献会给你带来思想，这样才可能会提出来建构我们文献学的研究对象，我们建构文献的研究对象时，所提出的问题一定要触及问题的根本。问题不同就会有不同的解答和处理方法，围绕问题、围绕文献、围绕解读文献的方法，这三者是互为一体的，在学习的时候要注意这个点。所以我们只有不断地提出新问题，才会赋予文献材料新的活力、新的思想意义。

清代的碑学和帖学，是很多历史学家、文献学家实地考察，拓出来以后和现有的文献材料进行比勘的结果。因为中国一直有墓志铭的传统，我们每个人虽然是历史中的一部分，但是都想在历史中留下自己的影子、留下自己的痕迹，当然痕迹很难留下来，古人是靠文献材料，后来靠碑铭来名垂后世而不朽。我们知道名垂后世传之不朽是不可能的，但很多人还是有这种想法。比如说前一段时间新闻报道一对情侣去故宫游玩，在故宫的铜器上刻了"某某到此一游"，在那么坚硬的材质上硬是能刻下这几个字。但是这种做法是非常不可取的。古人可能是以写诗的形式、

① （清）章学诚著，叶瑛校注：《文史通义校注》，中华书局1985年版，第482页。

墓志铭的形式来存在，现在就变成了“某某到此一游”。这个“某某到此一游”内涵很深广，正反映了我们中国古代的学术传统没有变。再比如说你到佛塔，便会看到佛像被刻得一塌糊涂，尽管那些佛像很珍贵，佛像的脸上刻的都是“某某到此一游”，而不是以写诗的形式，可见伪文化对我们戕害到何种程度。什么戕害呢？因为只有“到此一游”四个字我们还认识。古人是要写诗、要言志、要抒情，现在我们连言志、抒情都不存在了，所以我们用碑铭的文献考证方法来拓展、来考证纸质的文献，这实际上就是王国维的“二重证据法”，这种“二重证据法”并不是他独有的发现，而是一直以来就有的，只不过是王国维第一次把它单独地标了出来，让人们第一次知道原来可以通过互证角度扩大文献材料的搜罗范围。所以从这个角度来讲，他与章学诚“六经皆史”是一致的。因为以六经为核心的所有文献材料都是史料，地下出土的文献材料也是一种史料，所以从这个角度来讲，背后仍然是以问题为中心。

我觉得只有问题出现，才是文献学科能得以存在的基础，因为我们的问题是没法穷尽的。比如我们经常讨论的“问题”是没法穷尽的，从这个角度来讲，我们所谓生活中的历史，各种材料只能不断地出现，我们只能不断地重新建构我们的历史，用我们见到的文献材料不断建构我们的文学。所以你会发现每个时代，不同的历史问题，在一个时段可能会被忘记，但在另一个时段又可能会被记起。但当它们重新被发掘出来的时候你会发现，很多问题你可能赋予了它新的寓意，那么这里面就出现了一个问题，我们说历史的书写、文献的书写，经常见到的那些材料是没有止境的，这就是说我们必须不断地重读、研读这些文献材料。其实《文史通义》用的这些东西都不是新东西，都是我们最常见的经学材料，有经学、有碑学各种最常见的学术。但常见的学术提出了一个新的问题，就是以“问题”为核心，才会找到一个新的材料不同的解读。实际上章学诚的《文史通义》就叫真正的文献学史。以这个角度去看《国朝汉学师承记》《宋元学案》这样的书，都是以人为中心的，根本不是以事件为中心的，这样以人为中心的话就会发现，对后世学科来讲，整理古典文献材料的时候很难。因为必须找到人与人之间的学术联系、网络联系。如果找不到网络联系的话，就没办法知道人在历史中的地位，所以中国古人的这个传统，不是确定人在历史地位中的作用、不是确定人在历史事件中的作用。所以从这个角度解决文献材料的话会发现提出的所有问题都是游移变化的，问题都不可能是确定的因素。这是对《文史通义》的理解，再回过头来看，包括章学诚构筑的文献的学术传统实际上无意中倒解决了一个问题，第一次让我们文献学的学术传统得以确立，我个人认为，这样它的学科性就确立了。章学诚在《文史通义》内篇二《博约下》中说：

> 后儒途径所由寄，则或于义理，或于制数，或于文辞，三者其大较矣。三者致其一，不能不缓其二，理势然也。知其所致为道之一端，而不以所缓之二为可忽，则于斯道不远矣。循与一偏，而谓天下莫能尚，则出奴入主，交相胜负，所谓物而不化者也。是以学必求其心得，业必贵于专精，类必要于扩充，道必抵于全量，性情喻于忧喜愤乐，理势达于穷变通久，博而不杂，约而不漏，庶几学术醇固，而于守先待后之道，如或将见之矣。①

上面讲的就是一种问题意识的归纳，从上面的这一段文字就可以看出来学术的一个变化。他这种对博和约的认识，以问题为核心，我们以今天的眼光来看，非常了不起。比如说章学诚《文史通义》内篇二《原学下》说道：

> 天下不能无风气，风气不能无循环，一阴一阳之道，见于气数者然也；所贵君子之学术，为能持世而救偏，一阴一阳之道，宜于调剂者然也。风气之开也，必有所以取，学问文辞与义理，所以不无偏重畸轻之故也，风气之成也，必有所以敝，人情趋时而好名，徇末而不知本也。是放开者虽不免于偏，必取其精者，为新气之迎；敝者纵名为正，必袭其伪者，为末流之托；此亦自然之势也。而世之言学者，不知持风气，而惟知徇风气，且谓非是不足邀誉焉，则亦弗思而已矣。②

---

① （清）章学诚著，叶瑛校注：《文史通义校注》，中华书局1985年版，第166页。

② （清）章学诚著，叶瑛校注：《文史通义校注》，中华书局1985年版，第154页。

我个人认为，我们对章学诚的认识并不足，他的思想到底出在哪里？实际上我觉得是很难说清的。为什么当时那么多学者没有完成，就只有章学诚完成了，这个也是很了不起的。所以以这个角度来讲这个材料的话，我们对文献的解释本身就是无止境的，不可能说有结论的唯一性。如果我们把一堆材料单纯地当作已有的一种事实，若认为在碑刻、文献里面获得的就是事实了，然后再按照自己所熟悉的方式进行加工，我觉得这是不对的。

第三节 研究的学术化转向与文献学之间的关系

一 由字词章句到检束身心的学术传统转向对古籍形态发展的影响

在讲古籍形态时，最典型的一本书就是《朱子语录》[①]。《朱子语录》并不是朱熹自己写的，而是当时他的弟子听课时记录下来的内容，朱熹并没有看到原文。我们在看这些材料的同时应该了解中国古籍这种特殊形态，孙奇逢的《四书近指》[②] 和《晚年批定四书近指》同样是他的讲课稿。我们要明白这种形态是怎么出现的，《四书近指》是孙奇逢早年的讲课稿，他讲的这些并不是一下子讲完的，他早年讲了一遍，到了晚年的时候又讲了一遍，所以他的学生又给他编成了《晚年批定四书近指》。《中州人物考》是怎么来的呢？那是孙奇逢待在河南时编纂的。同理，为什么孙奇逢要做《畿辅人物考》[③] 呢？因为他是河北人，他想表彰的是忠义之士。书中的材料在如今看来可能觉得没有什么稀奇，但其实我们要知道我们今天所能接触的材料对古人来说是非常难以看到的，尤其是明

---

① 《朱子语录》是以宋刻《晦庵先生朱文公语录》及明刻《晦庵先生朱文公语录》合编而成，《朱子语录》保存了朱熹讲学时的语言原貌，是了解和研究朱子思想和古白话的重要文献。

② 《四书近指》二十卷，孙奇逢著。成书于顺治末年，已知最早版本为康熙元年中州学署版，书名页刊有“礼部呈进孙钟元先生四书近指”。国家图书馆有藏。光绪时亦有重修本。

③ 《畿辅人物考》是记载明代畿辅地区人物事迹的著作。撰者为明清之际学者孙承泽。孙承泽，字耳北，一作耳伯，号北海，又号退谷。原籍山东益都，世隶上林苑（今北京大兴区）籍。明崇祯四年进士，官至刑科给事中。晚年闲居，专心著述，尤倾力于史籍编纂与书画赏鉴，有《春明梦余录》《天府广记》《元朝典故编年考》《庚子销夏记》等撰述数十种。

末清初那个时代战乱频多，材料很难得。特别是有一本书《理学宗传》[1]，在细读这本书之后我们会发现其中都是二十四史中的一些常见材料，并没有什么稀奇，但是孙奇逢当时搜集这本书的材料特别难。孙奇逢的《游谱》只有薄薄几页，它是怎么产生的呢？《游谱》是孙奇逢去河南游访的途中记录下来的，古人刊刻的时候也把它当作一本书。通过材料我们就可以学到很多东西，比如通过《夏峰先生集》我们就可以明白古人的文集是如何产生的。《夏峰先生集》和《日谱》有重合，因为《日谱》是孙奇逢的日记。它是什么样的日记呢？王阳明心学在万历年间以后有个特点，要求人们检束自己的身心，所谓“检束身心”就是每天反省自己有哪些过错，再把反省的内容记录下来，这就是《日谱》的形成过程，因此它是一部检束身心的作品。明代另有一本书《人谱》[2]，《人谱》和《日谱》都属于“醒过录”。

孙奇逢是理学家，“理学”和“经学”一个最大的区别就是经学是以知识学问形态产生的。所谓的知识形态指的是，注释古书时以章句、字词、训诂的严密考释为基础，而不涉及个人对人生的体会，这就是我们说的理学和经学的分野，也是两者之间很大的一个区别。到《日谱》和《人谱》这一类书出现时，其侧重点就不再是对字词章句的解释了，而变成对自己内在人生境界的提升和把握，这种提升和把握就构成了中国的另外一种学术形态。了解了这个我们再看《日谱》这类书和《夏峰先生集》，就会发现区别所在了，《夏峰先生集》是经过大量的删减以后形成的。

通过对孙奇逢文集的整理可以发现，孙奇逢所读的书都是常见书，并没有任何珍奇之处。以此，我们可以了解他的知识形态、知识结构，总结之后会发现孙奇逢的知识结构主要来源于《四书》，这也是为什么要一再强调《四书》重要的原因。明末吕留良批注过《四书讲义》，王夫之

---

① 《理学宗传》是孙奇逢的代表作，全书二十六卷，三易其稿。是一部我国较早的全面系统阐述儒家人物的学术思想史专著。从编写到成书历经30年，贯穿了孙奇逢一生的重要经历。该书将自汉至明末著名学者分为三类，“有主有辅，有内有外”。按人立传，摘其语录、著述，加以评述，充分展现了孙奇逢的理学思想，特别是对程朱理学和陆王心学所持的态度。是先于黄宗羲《明儒学案》的一部学术史著。

② 《人谱》一卷，明刘宗周撰。主于启迪初学，诱导学习者注重践行，而非空谈心性。姚江之学多言心，宗周惩其末流，故课之以实践。是书乃其主蕺山书院时所述以授生徒者也。《人谱》首列人极图说，次记过格，次改过说。

有《读四书大全说》①，再往前推，元代的许衡也有对《四书》的解释。元代时虽然已经将《四书》作为科举制的考题，但是当时的科举制还没有完全形成一种彻底的、严密的制度化标准。到了明代八股文成为科举制的定型形态，而《四书》是八股文的重要内容，于是《四书》逐渐转变为课程标准、命题范围。通过这种课程标准、命题范围的确立，《四书》的普及性更强，并成为人人都常见的书。那么这种常见的《四书》为什么到明清时得到很多学者的重视？当时很多学者都是从这些书开始进行研究的，比如戴震，他有一部很有名的书就叫《孟子字义疏证》②。

二　研究方法的提升——鉴赏型到研究型的转变

我们的研究不能单纯地以诗作为研究对象，单纯的诗的研究并不能呈现出一个人的学术水平。研究生与本科生的区别就在于本科生的学习是一种赏鉴型的评析，而不能说是研究，它更多的是一种个人感受，诸如对于“美”的体悟。到研究生时研究路径就变了，如果研究生学习期间还是仅仅立足于赏鉴，就无法进行学术推进。举个对陶渊明诗歌研究的例子，研究生阶段不应该再研究陶渊明的诗本身了，而应当立足于陶渊明诗歌的版本传抄过程，厘清版本源流，找到版本源头，要弄明白陶渊明诗歌传抄过程中最早的用字情况，比如说“悠然见南山”，这个“见”字最早是什么，因为仅一字之差就会对后面的鉴赏产生很大的影响。所以如果“见”不是陶渊明所用的原字的话，那么我们反而是因为错而生出一种诗歌的美，这种美是我们理解偏差的一种误解的美的审读，但是这未必符合陶渊明诗歌的原意。所以我们针对陶渊明的诗歌应该有一种基于大量的版本比较的研究，比如用手抄本来研究陶渊明诗歌的形态问题。

说到诗歌的版本问题，不得不提到杜甫，在唐代诗歌的版本问题中，杜甫诗歌的版本问题最复杂。因为杜甫的每一首诗，如果按照校勘学和

---

① 明遗民王夫之撰。十卷。成书于康熙四年。《四书大全》是明永乐年间由胡广等人奉敕编纂，它几乎包含了宋、元间程朱派理学家对《大学》《中庸》《论语》《孟子》解说的全部内容。王氏是书按照《四书大全》原来的篇章次序，以读书札记的形式，借用其中某些命题，来阐述自己的哲学思想观点，批判宋明理学。

② 《孟子字义疏证》是中国清代唯物主义哲学家戴震的著作。三卷。主要侧重批判程朱理学关于理、欲问题的观点。在中国近代反封建的斗争中，发生过巨大影响。

版本学的方向去研究，根本没法读。这就带来一个问题——在研究阶段我们应当如何去还原诗歌的真正意义？如何还原诗歌的真正面目，再从所还原的面目之中探寻其意义？所以说研究杜甫诗歌的时候，最难的不是对杜甫诗歌的赏鉴问题，而是对杜甫诗歌版本的追寻考察，因为通过对版本的追寻考察才能够还原版本的面目。无论是古代文学还是古典文献，都离不开版本、目录和校勘，一旦离开这个就无法求真。而求真从严格意义上来讲，既是一种技术，也是一种思想，是在技术的基础上进行的一种思想求真。但是如果只是为了版本而版本，那么意义就不存在了，就没办法求证出来我们真正应该解答的问题。那应该怎么样去关注版本呢？我们应该关注于它为什么会出现这种传抄而产生这种有意的误解，而解释清楚这种误解就需要理论阐释能力。所以关于杜甫的研究，研究的困难、真正的学术价值也往往就在于此。而且你会发现研究他的人物越多，存在的版本的复杂性就越高，这就是杜甫研究中的第一个重要问题，即版本的复杂性的问题。第二个重要问题是选本收录的诗歌的复杂性，一种是因为传抄的失误，传抄过程包括刊刻的失误；还有一种就是传抄者本身的有意的失误。这就是为什么中国的学术形态里面要把校勘学当作一门学问的原因。

校勘学产生于经学，不产生于诗集。经在流传的过程中，比如说被放到太学门前的熹平石经，是有着定本的作用的。真正的文献学的形成有赖于阮元所作的贡献，阮元通过十三经的校勘第一次给我们进行了校勘原则的规范和强化，确立了一种很强的定型化意识，这种定型化意识便是通过《十三经注疏》这种形态完成的。他告诉我们古籍形态的面貌是什么，而且更深层的意义还在于这是官方形态下产生的。为什么要进行这种规范意识呢？因为经学具有很强的约束性作用。《十三经注疏》本身是国家意识形态的显现，和科举制度有关，那么国家就必然要给士子提供一个定本。所以经学中的研究并不存在完全的自由，对其的阐释是“有限阐释”，“有限阐释”很重要的一点就是不能背离圣人的原意。倘若背离圣人原意，经典的解释就变成了谬误。所以戴震在解释自己思想的产生时，仍然要借助于《孟子》这部经典，明明戴震的思想是他在对性理、天道等哲学概念的思考中产生的，已经超出了孟子所规定和理解的范围。戴震在解释《孟子》的过程中加上了很多自己的新意，但是他的新意必须借助于《孟子》的原文来传达。因为倘若背离了《孟子》的原文，戴震的这种学说就很难流传下来。反观诗集，最自由的就是诗集的版本。我们读杜甫的诗集也好，读别的诗人的诗集也好，很多人都是以己意来揣度的。以己意揣度的过程就是阐释者在对文本进行校勘的过程中所产生的一种新的理解，这样诗集的校勘反而产生了自由。可是问题在于，如果单纯地从这种阐释的角度来看，也会导致脱离学术化指向的后果。所以我们讨论杜甫文集的时候应该明白，古人虽然有千家注杜诗，但是很难把它说成如“红学”[①] 般的“杜学”。

校勘的目的就在于求真和还原，因为一字之差往往带来作品旨意理解的不同，这一点在研究的过程中必须明白。另外古典文献学有一个很重要的问题，为什么很多文献学学生的研究止步不前，很重要的一个原因是背离了实践性原则。其实现在很多研究生没有实践操作的路径，在研究的过程中就没办法体会到古人背后的意思。比如我在整理孙奇逢作品时肯定不是只读了一遍他的全集，那么我在阐释孙奇逢的意思时便不可避免地会加上我个人的更深层次的理解。所以操作性很重要，而且操作性要特别强，很多人在研究的过程中进行不下去，就是因为背离了操作性原则。光靠讲是没有用的，空讲再多的目录、版本、校勘也远不如自己动手点校一部集子，通过点校过程自然而然获得这些知识与能力。

三 《夏峰先生集》与《日谱》比较对选定研究角度的启发

将《夏峰先生集》和《日谱》进行对比校勘，会发现很多问题，这样在做研究的时候便有深入的角度。

第一，作品的收录原则是什么，孙奇逢为什么要删除掉他认为不重要的东西，而这些东西其实我们在读的时候会觉得很重要。也就是说作

---

① 红学，即研究《红楼梦》的学问，横跨文学、哲学、史学、经济学、心理学、中医药学等多个学科。清代学者运用题咏、评点、索隐等传统方法研究《红楼梦》，被称为旧红学。五四运动前后，王国维、胡适、俞平伯等人引进西方现代学术范式研究《红楼梦》，红学作为一门严肃学问堂而皇之步入学术之林，被称为新红学，与甲骨学、敦煌学并称 20 世纪三大显学。红学纵向划分为旧红学、新红学、当代红学三个时期，横向划分为评论派、考证派、索隐派、创作派四大学派，各派又细化为若干分支，主要包括题咏、评点、鉴赏、百科、批评、曹学、版本学、本事学、脂学、探佚学等。

者在删除或增补时就产生了一种“学术偏向”，我们在进行学术研究的时候，也会不可避免地产生“学术偏向”。这种“学术偏向”就产生于作者增加和删除的过程中，其中往往能够体现出前人的学术视野与今人的学术视野之间的一种背离或偏差，这种背离和偏差也往往是学术的生长点。

第二，孙奇逢对经学的解释是以四书、以《易经》和《尚书》为核心的，他更多的是带有个人体验式的解释，很显然，这种解释形态和明末清初以经学的字词、章句、训诂为解释的那种回归的路径是不一致的。换句话说，孙奇逢应该是一个旧时代的终结者，就是说他身上表现出的是明代的学术风气。作为明末清初的三大儒之一，他身上表现出的是明代的讲学的学术风气，《四书近指》《理学宗传》这类书就已经表现出其中对明代学术风气的传承。这个传承就在于强调个人体验、个人理解，不强调以《说文解字》这种字词章句的考释为原则。同样处于明末清初的黄宗羲、顾炎武、王夫之三人，他们的学术路径已经发生了重大的改变。黄宗羲著有《宋元学案》[①]，《宋元学案》已经构筑了很严密的学术史，是一种很严密的学术史的写作。孙奇逢在学术著作中没有构筑这样的学术史，那么这究竟是他有意为之还是受学识所限呢？孙奇逢是以《理学宗传》里的这种圣人的标准来检束自己的，这类书和《宋元学案》的学术形态并不一样。《宋元学案》是一个学术史的学术形态，黄宗羲强调的是对宋元学术史的构筑，学术史的构筑强调严谨的原则，强调学术的“门户之见”。但《理学宗传》不一样，这部书并不存在很严格的编排体系，而是孙奇逢自身的所学随录，以此来体现自己内在修养境界的层次，这个层次检验的标准就是古代的圣人，就是二程、朱熹、王阳明这些不同时代的圣人。如果用一个词语来讲孙奇逢的学术路径就是“体贴着来”，它往往可能体现宋、元、明以来的学术传统，这一类学术传统是以朱熹、许衡、陆九渊这些人的讲学的形态出现的。所以他需要借助“四书”这样的文本，这个文本又是一个大家能够普遍接受的文本。我们

---

① 《宋元学案》是明清之际思想史著作。最早为黄宗羲整理。光绪五年（1879）张汝霖再次主导，翻刻于长沙，成通行的100卷《宋元学案》。是了解和研究宋元时代学术思想史的必读参考书，书中全面而详细地记述了当时的学派源流，介绍了各派的学说思想并略加论断，收录范围广，著作选录多，史料考证精，在一定程度上打破宗派门户之见，注意到各家宗旨。

从《理学宗传》的体例中可以看出很多东西，孙奇逢在自序中说："学以圣人为规，无论在上在下，一衷于理而已。"那么"理"是什么呢？"乾之原也，天之命也，人之性也"。孙奇逢在此序中谈及他编此书总共收录了 11 个人，其中宋代 7 人，明代 4 人，而且他说"坐卧其中出入三十年"，说明孙奇逢编这个书的目的很明确，就是为了检束自己的身心，以圣人的标准严格要求自己。除此之外，《宋元学案》这样的书同样特别重要，不看这样的书就无法明白中国的学术是如何产生的。

四　个人化写作与谱系之建构

古籍整理是一项专门的学问，但是它的专门性导致了很多人对此存在一个误区，那就是一知半解。现在我们整理古籍时断章取义，错误百出。我们在做古籍整理包括看这一类书时，要明白我们所研究的人物对象本身是否存在一个知识谱系。通过了解知识谱系，推溯其知识结构为什么形成了他对这个问题的认识及认识的范围，而一旦追寻到了人物的谱系，就标志着我们对这个学术研究有了可能性，这种可能性就是让我们明白人物背后因素的可能性。所以我们在进行学术研究的过程中，特别重要的一点就是追寻谱系。

（一）感受型学术传统

中国的学术很重要的一个特点就是随感而发，这是一种感受型的学术传统。比如文学理论方面很有名的一些作品，诸如《诗品》《毛诗序》《文心雕龙》《原诗》①，甚至包括李渔②的《闲情偶寄》③，这些书所表现

① 《原诗》为清代诗论家叶燮所著。被认为是继《文心雕龙》之后，我国文艺理论史上最具逻辑性和系统性的一部理论专著。在这部书中，叶燮将以往诗话单纯从"诗教""诗法"角度研究诗歌的模式提升到审美的层次，因而它既是一部诗学著作，又是一部美学著作。

② 李渔（1611—1680），初名仙侣，后改名渔，字谪凡，号笠翁。浙江兰溪人，生于南直隶雉皋（今江苏省如皋市）。明末清初文学家、戏剧家、戏剧理论家、美学家。一生著述丰富，著有《闲情偶寄》《笠翁十种曲》《十二楼》《笠翁一家言》等五百多万字。还批阅《三国志》，改定《金瓶梅》，倡编《芥子园画谱》等。

③ 清李渔撰，它共包括《词曲部》《演习部》《声容部》《居室部》《器玩部》《饮馔部》《种植部》《颐养部》八个部分，论述了戏曲、歌舞、服饰、修容、园林、建筑、花卉、器玩、颐养、饮食等艺术和生活中的各种现象，并阐发了自己的主张，内容极为丰富。《闲情偶寄》一书行文接近于当时的白话，简单易懂，幽默风趣。

出来的一个共同特点就是：并非严谨的学术史著作，而是感受型的学术传统。这种感受型的学术传统决定了中国的学术路径，这种学术路径不像西方的学术史著作，比如康德所写的三大批判①。纪晓岚和康德同年出生同年去世，纪晓岚一生的学术成果包括《四库全书总目》《阅微草堂笔记》，但是康德完成了三大批判。三大批判在哲学史上具有极其重要的意义，它的出现使哲学真正开始成为一门学问。在此之前哲学谁都能看，谁都能懂，谁都能发表意见，而当康德的三大批判出现以后，人们发现不仅看不懂，更不可能就此发表意见，由此哲学开始确立其学术范式。

我们中国古代的学术传统很少有这种学术史的构建，即便我们有四书，有孙奇逢关于四书的解释，但是始终没有四书学。我国古代没有四书学史的产生。目录学学术史的构建起源于余嘉锡。② 余嘉锡是清末受西方影响，在西学东渐之后才写了《目录学发微》③《古书通例》④ 这样的著作，但是真正的学术史的构建到目前为止也并不完善。正如我们对版本的研究仍没有超出叶德辉《书林清话》所构筑的范围，至今在版本方面也没有达到《书林清话》所塑造的学术范式。《书林清话》第一次给人们构筑了“我们为什么要重视版本”的体系，它回答了为什么要搜集版

---

① 康德有其自成一派的思想系统，并且有为数不少的著作，其中核心的三大著作被合称为“三大批判”，即《纯粹理性批判》《实践理性批判》和《判断力批判》，这三部作品有系统地分别阐述他的知识学、伦理学和美学思想。《纯粹理性批判》尤其得到学术界重视，标志着哲学研究的主要方向由本体论转向认识论，是西方哲学史上划时代的巨著，被视为近代哲学的开端。此外，康德在宗教哲学、法律哲学和历史哲学方面也有重要论著。

② 余嘉锡（1884—1955），字季豫，号狷庵。祖籍湖南常德，生于河南商丘。“中央”研究院院士，语言学家、目录学家、古文献学家。主治目录学。著作有《四库提要辨证》《目录学发微》《古书通例》《世说新语笺疏》《余嘉锡论学杂著》等。余嘉锡是中国近现代历史上著名的文献学与目录学家，他一生治学的主要方面就是继承乾嘉文献考据学的传统，以目录学为治学之钥，重视掌握目录以求博通群书。

③ 中国目录学理论著作。余嘉锡著。该书原是作者 1932—1948 年在北京各大学讲授目录学的讲义，流传颇广。1963 年由中华书局正式出版。书中系统阐述了目录学的意义、功用、源流以及目录体例和分类沿革。作者认为，中国古代目录学实际上起到了学术史的作用，其核心为章学诚提出的“辨章学术，考镜源流”，目录应能叙述学术源流，进行学术考辨，给初学者指引读书治学的门径。该书对中国传统目录学进行全面总结，继承刘向、郑樵、章学诚的目录学思想，形成自己的理论体系，对中国现代目录学研究产生了一定影响。

④ 余嘉锡著。该书从宏观角度研究古籍，对于汉魏以前的古书，经过探微索隐，详加考证，分析归纳以阐明古书的通例。全书分四卷：一为案著录，二为明体例，三为论编次，四为辨附益，由此指出了研究阅读古籍的门径。

本，研究版本的目的是什么，它能帮助我们解决什么样的问题，这是清人有意识的学术构建。古今相比，叶德辉对于书中所提到的版本都是亲眼见到的，而我们今天的研究很困难的一点就是无法直接接触一手材料。从叶德辉开始，版本形成一个专门之学。专门之学形成的一个标志就是学术史构筑的成功，专门之学形成之后才能形成所谓的谱系学。倘若没有叶德辉的《书林清话》，就不会有文献学这门学问的产生。如果没有余嘉锡的《目录学发微》，也不会有现代意义上的文献学。

那么我们通过讲这些内容强调的是，中国古代没有严格的学术史著作，但是它的学术史隐藏在目录之中。换句话说，就是古代的学术史著作不是以“学术史”来命名的，但是实际上严格意义的学术史已经出现。比如说《四库全书总目提要》，提要体本身就是严格的学术史，换句话说就是中国特殊形态的学术史。我们通过对目录学和版本学的梳理会发现，中国出现了累积的知识形态，这种累积的知识形态是通过强化经、史、子、集的分类，确立了儒家的学术谱系。我们中国古代有目录书，但是没有目录学；有版本，却也没有版本学。实际上，从严格意义上来讲，我们有文献专业，但是我们文献学仍然不成熟。就像古代文学专业，其研究的定义、对象、方法仍然不明晰。古代文学和文献学应该做一个真正的结合研究，古代文学若不与文献学结合起来，就是片面的、伪的古代文学，因为以文本赏鉴为主的研究算不上真正的学术意义的研究。正如康德三大批判中的复杂性，他第一次将大家都容易理解的东西进行了逻辑化的推演，而逻辑化的推演往往是我们现在的研究中需要非常重视的工作。

（二）谱系化的构建

学术谱系的建构需要清晰的逻辑化推演，完整地梳理和排比文献，将其中复杂的人物关系、师承关系、学术交流等问题，放置于一个发展的脉络之中。

第一，我们要看它原来产生的文化环境。我们必须把研究对象放在它的原生文化环境中去看，那样我们就会发现有很多新的东西产生。比如说我研究郝经时会把他放到金朝灭亡之际元朝初年的那个背景来看，会发现郝经那个年代所面临的问题的复杂性要比我们所面临的问题的复杂性更甚；比如说我们研究纪昀的时候，应该把纪昀放在他所处的学术生态里来看，这样会发现他根本的研究起点就是其官僚身份。本身他创作《阅微草堂笔记》具有很强的娱乐化心态，而《四库全书总目》本身是一种官方约束下产生的，《四库全书总目》前面乾隆皇帝的诏书其实就已经规定了纪昀在写作的过程中能够发挥自己原意的可能性是非常有限的。康德创作三大批判时完全是一种个人化写作，而《四库全书总目》不是一种个人化的写作。官方化写作展现出来的必然是一种官方话语形态，私人化写作时展现出来的是私人话语形态，官方话语形态和私人话语形态最显著的区别就是在言论表达上的自由度不一样。所以我们在看纪昀的描述时应该把这个问题弄清楚，况且《四库全书总目》署名也不是纪昀，在编纂时清代许多著名学者也参与其中，最后署名为永瑢，这就是其官方话语形态最直接的一个体现。后世的研究中很容易忽视这一点，这就是对作品原生环境的忽视。

将《阅微草堂笔记》与蒲松龄的《聊斋志异》进行比较，《聊斋志异》是一种个人化的话语形式，虽然纪昀《阅微草堂笔记》也是个人化的叙述，但是纪昀的个人化叙述带有很强的约束性，因为他的官员身份决定了其话语表达形态，所以蒲松龄在描写的时候所体现的个人化形态与纪昀的就有明显的不同。另外，学术生态也是很重要的一点。比如在唐宋研究中观察韩愈背后所具有的学术生态，韩愈为什么会有那么强的儒家形态道统意识？因为在韩愈那个时代儒家是衰微的。儒家的衰微与兴盛就在于它与官方的耦合程度，与官方的耦合程度越深，儒家便越兴盛。其实这也是中国古代学术形态的通用规律，即学术形态的兴盛程度往往与权力的结合深度成正比。当时儒家的衰微使韩愈特别强调自身的道统意识，而且他的道统意识越过了前几百年，直接继承追述了周公和孔子，从这种谱系上我们会发现，韩愈是在塑造自己的道统意识。如果背离他的文化环境来看，就很难理解《原道》[①]《原性》[②] 和《师说》这

① 《原道》是唐代文学家韩愈创作的一篇古文，是韩文复古崇儒、攘斥佛老的代表作。文中观点鲜明，有破有立，引证今古，从历史发展、社会生活等方面，层层剖析，驳斥佛老之非，论述儒学之是，归结到恢复古道、尊崇儒学的宗旨，是唐代古文的杰作。“原道”即探求道之本。韩愈认定道的本原是儒家的“仁义道德”，他以继承道统、恢复儒道为己任，排斥“佛老”，抨击藩镇割据，要求加强君主集权，以缓解日益加深的社会矛盾。

② 原性即是一个人的性情品味和品行品德，是中国唐代韩愈关于人性论的代表作，收入《韩昌黎集》杂著部。《原性》承认人可以有适当的情欲，反对佛教的灭情见性主张，在当时具有积极的意义。但他认为性“与生俱生”，上、下品都是“不移”，是先验论的观点。

些作品的意义。而如果在这个背景下来理解柳宗元的《答韦中立论师道书》[①]，你就会发现其中所强调的学术谱系很明显就是在彰显自己的地位。所以我们需要把研究对象放到这种谱系和文化语境中来认识这类问题，这样就要深刻得多。但是，有些作品的学术生态和谱系，在我们知道作者的情况下可以去讨论，但若部分作品我们不知道作者，那该如何去看待这些问题？

比如我们所熟悉的《金瓶梅》和《红楼梦》这两部书，虽然作者身份模糊，但是并不妨碍其相关文化学生态的研究，研究它所反映出来的世情和社会风尚的转变。比如孙奇逢所处的学术生态是明代的学术语境，但是和他同时代的黄宗羲就不一样了。黄宗羲、顾炎武、王夫之都是在严格意义上构筑学术史的，他们已经超越了个人的体验来写。他们在学术生态上已经不再是原来的体验式、感发式，而是已经转变成学术式，学术式学术生态使考据式出现，所以当考据式学术生态出现的时候就标志着一种新的话语形态的产生。新的话语形态的产生就开启了一种新的学术路径。比如黄宗羲在写《宋元学案》的时候对宋代的学术史进行了严格的分类，至今我们现在看《宋元学案》的时候还应该佩服他这种严谨的学术性。包括《日知录》[②] 这种书，它在学术性的构建上，虽然不是以学术史的面目出现的，只是顾炎武的读书札记，但是其中所表现出的那种精深，至今仍然能够给我们很大的启示。

第二个很重要的方法就是文本细读，所谓文本细读就是逐字逐句的原文推敲，通过推敲来了解其学术形态。推敲的核心内容就是我们要厘清它的知识谱系，所以我们在方法论上强调宏观与微观结合。就比如刚

---

① 《答韦中立论师道书》是柳宗元写给韦中立的一封书信，该文选自《河东先生集》。写于元和八年（813），是作者被贬永州期间给韦中立的一封回信。韦中立，潭州刺史韦彪之孙，元和十四年（819）进士。未中进士时，曾写信要求拜柳宗元为师，并不辞道远，从长安到永州去拜访求教。后来柳宗元不断地对他进行帮助。这封回信谈了两个问题，一个是论师道，另一个是论写作。它是柳宗元文学理论的代表作，在我国文学理论发展史上占有重要的地位。

② 《日知录》是明末清初著名学者、思想家顾炎武的代表作品。该书是一经年累月、积金琢玉撰成的大型学术札记，是顾炎武“稽古有得，随时札记，久而类次成书”的著作。以明道、救世为宗旨，囊括了作者全部学术、政治思想，遍布经世、警世内涵。顾氏把写这部书比作“采铜于山”。其对此书的价值很是自信，自言“平生之志与业皆在其中”。该书影响深远，确如潘耒在《日知录序》中评价，“先生非一世之人，此书非一世之书”。

才我们讲产生的文化语境是一种宏观，具体的微观需要它的文本语境来契合。德里达的贡献就在于将大家所熟知的东西重新推演，他所作的一切研究其实就是一个推演的过程。他将我们常见的东西推翻，再用其理论指导进行研究，对这些内容推演之后重新加以学术评判，他评判的过程就是一个严格的学术史的构建过程。所以所谓的经典化的过程一定存在一个漫长的演化过程，这个漫长的演化过程需要通过时间来完成，同时时间也是检验经典最重要的一个维度。那么时间怎样实现对经典的检验呢？我们今天很容易说它具有丰富性、创造性、可读性，但是实际上经典的演化过程是一个我们不断整理和阐释的过程，为什么我们一代又一代的人去整理它？比如孙奇逢的集子在清代的时候产生，实际上就是清人整理过的，我们今天去整理，后人再整理就是又一次演化整理的过程，不断的演化整理的过程最终确立了经典的产生。古籍整理的重要性就在于通过对古籍的整理，使古籍得以传播，得以推广，推广的过程就是一个让读者普遍阅读和接受的过程，而读者普遍阅读和接受的过程就是经典不断确立的过程。倘若这些人的作品不断进入各种选本里面，那么实际上就是在不断确立他的地位。比如哪部作品进入小学或者中学的语文课本里面，作者的意义就很重要，因为这在无形中就对当时学习的学生造成相应的影响，这就是经典产生的过程。所以从这个角度来讲，借助笔、纸这种形态的书法为什么能够反映艺术？因为这个更接近于作者的内心的感发。就像我们研究诗，诗为什么能够称为艺术？因为它最接近于人们内心理想的生活方式。换句话说，它所表达的情感和我们的情感最能发生共鸣。但是，经典作品所追求的不仅仅是共鸣，它带有更高的典范意识和约束意识，也就是说经典在塑造人的意识方面有重要作用。

第九章

古典文献中的政治史与文化史

第一节　宋元时期政治对文化的影响

经学与文学关系之复杂，可谓“非精不能明其理，非博不能至其得”。所谓“精”和“博”，即要进入专业领域，就必须读该领域的经典，比如研究唐代，只研究唐诗远远不够，还需要研究宋诗和元明清时期的诗方可。只做诗也不够，还要掌握文的知识，更需要有史学的观照，因为中国所有的学问都发端于经和史。这样清楚了诗歌的坐标系后，才能清晰地做研究。

一　宋代文学生态及其政治理想

（一）经学与文学

从总体上认识宋元之际的文学，词是绕不过去的重要文体，它是属于我们文化的一个重要部分。宋代文化深受理学的影响，加之在科举制等制度层面上的作用，催生了古文运动朝纵深方向展开。欧阳修成为宋代古文运动的核心人物，他继承韩愈，而韩愈又认为是得了道统的真传。如此便以欧阳修为时间节点，把先秦、唐代和宋代进行了贯穿，揭示了儒家的正统地位，也就是后世所谓的“道统”。道统的合法性是古文运动的内核，形成了相对完备的意识形态。至此，宋代古文运动所确立的审美范式和思想范式成为后世文学的参照体系，后代写诗大致不出唐宋两家，以致元明清及其后世的学者在创新性方面很难有突破。姚鼐的《古文辞类纂》把古文划分为十三类：“于是以所闻习者，编次论说为《古文辞类纂》。其类十三，曰：论辩类、序跋类、奏议类、书说类、赠序类、诏令类、传状类、碑志类、杂记类、箴铭类、颂赞类、辞赋类、哀祭类。一类内而为用不同者，别之为上下编云。”[①] 每一类的选取都很具代表性。这个划分是一个标志，确立了古文的分类体系，分类体系背后的合理内核就是道统所在。这十三类构成了古文的基本类别。古文运动所确立的文学审美样式不仅仅体现在文学上，更在思想上，通过这次规模空前的文学运动，让儒家思想成为统治的绝对正统地位。如果说在此之前，儒家思想还在思想及学术层面，那么在这之后，儒家思想则上升到国家的意识形态层面了。

（二）宋代士大夫的担当与自由

宋代没有像明清时期的绝对君主权力，君主的权力和臣子是共享的，因而宋代士大夫特别强调对知识的担当责任，正如张载在《张子语录》中说：“为往圣继绝学，为万世开太平。”[②] 儒学三统说实际上是规定了儒家过去、现在、未来承担的责任和义务。在古文创作领域，唐代韩愈的文风体现的是奇崛险怪，而到了宋代的欧阳修，则明显走的是平易路线。文风改革如果想确立一种被大众所模仿的对象，显然不能走险怪的路子。所谓“文章合为时而著，歌诗合为事而作”，就是这个道理。如杜甫的诗歌的特点是沉郁顿挫，这在唐代以外向型为主的审美风格中，是不被主流接受的，迟至宋代才逐渐被主流所接受。另外，宋代科举制度对人才的选拔、对知识系统的改造影响了有宋一代三百年的学风，到元明清也是如此。从制度方面的改革看，宋代虽然继承了唐代的科举制，却进行了大量的改革，比如唐代科举生源少，并且不糊名，而宋代实行糊名制。看似简单的一条规定，却带来了极大的改变。糊名制使得宋代录取的平民阶层扩大，让更多的贫寒子弟有了晋身之阶。河南出现了北宋五子，周敦颐、邵雍、张载、程颢、程颐，他们在中国思想史上乃至世界思想史上的影响很大。宋代的学术从由外在到内在世界的转变，明显不同于唐代的学术传统，士大夫在承担责任和义务的同时，更强调内在的道德需求和道德强化，这种需求和强化超过了中国历史上任何一个朝代。如

---

① （清）姚鼐：《古文辞类纂》，上海古籍出版社 1998 年版，第 1 页。

② （宋）张载：《张载集·附录·朱轼康熙五十八年本张子全书序》，中华书局 1978 年版，第 396 页。

周敦颐的《爱莲说》："予独爱莲之出淤泥而不染，濯清涟而不妖。"莲，出身于污泥，却因为自己内在心灵的升华，仍然是高洁志士。晋陶渊明的《桃花源记》："乃不知有汉，无论魏晋。"在乱世之中，人们想象一个理想的社会，想寻求一片没有秦汉、魏晋的物质和精神的净土。这是中国隐逸传统里一种很典型的内在的精神追求。而周敦颐的《爱莲说》是在强调主体力量的生发，去战胜恶劣的客观环境，而北宋道学的出现正好顺应了这种心理需求，强调内在精神的自我实现。范仲淹《岳阳楼记》："先天下之忧而忧，后天下之乐而乐。"作者没有去过岳阳楼，为什么会生出"先天下之忧而忧，后天下之乐而乐"的感慨，在文本细读过程中，就会发现道统思想资源对一个时代的发展是多么重要的。王勃《滕王阁序》："老当益壮，宁移白首之心？穷且益坚，不坠青云之志。"宋代士大夫重视的是责任义务担当，唐代士大夫重视的是做官建功立业，元代则又有新的变化。如果把宋元结合在一起看，这期间出了太多的理学名家，除了北宋五子外，还有朱熹、陆九渊等。朱熹对历代典籍文献的注释，特别是在《论语》的注释中系统地提出自己的思想，朱熹的意义在于他把理学制度化、体系化，变成我们必须接受的思想资源，并确立了三纲五常。这种制度化在元代进行了强化，元代将朱熹的《四书章句集注》确立为科举考试的必考内容，从而让四书进入到国家制度化的层面，所以叫"制度化的儒家"。清代的儒家以经学的儒家、汉学的儒家为表现，这种束缚是以儒家经典为阐释范围的。如陆九渊"吾心即宇宙"，把心的功能无限扩大。朱熹之后很难再有这种思想创新，因为从此进入了中国社会的超稳定结构。而科举制在这种稳定中起了很重要的作用。

（三）平民知识分子对政治的影响

宋代科举录取了大量平民出身的读书人，丰富了权力阶层的人员构成，从而影响了宋代的政治生态，这种影响到现在也可以看出痕迹。从宋代开始，大量平民参与政治改变了以前的贵族生态。唐代的精神生态是贵族的，唐代的吃喝玩是不厌其精、不厌其细的，从现在出土的那些精美唐代金银器、餐具就可以看出那个时代的气象，而到了宋代，士大夫成为独立的有意识的群体，他们影响了中国此后的政治、历史和文化进程。《宋史·忠义传》对此专门有标榜，余英时的《朱熹的历史世界》也专门对宋代的士大夫精神进行了揭示。宋代末期的诗风趋于萎靡，但是总体来说宋代士大夫主体精神是明确的，责任是明确的，担当精神也是明确的。所以宋代诗文的创作出现特殊成就和宋代士大夫有关。往往在某个朝代统治紧密的时期，士大夫是被压抑的，统治者需要士大夫参与政治，同时又对他们有所提防，因为君权和士权是相互制约的，士大夫权力过大，必定影响君权，因此历代对士大夫的权力都是限制、打压的，这种态势持续了几百年，但是士大夫的参政精神并没有消失，北宋末至南宋，通过太学交游的文士是很重要的群体。元代士大夫地位不高，但他们始终没有忘记自己的使命。到了明代中期，以王阳明为代表的心学出现，给士大夫精神又注入了新的活力，带来了新的思想资源。明代的东林党人在政治上的风云变幻，暂且搁置对他们的历史定位，在其中，士大夫们所展现出的主体意识始终没有改变。在这以后的明末清初出现黄宗羲、孙奇逢、李颙三大儒，尤其是黄宗羲在《宋元学案》中，可以看出明代士大夫始终贯穿的道统意识。如果说欧阳修强调的是在文的方面的道统意识，那么到了黄宗羲则是在学术史领域建构其道统体系。其他如孙奇逢强调的是道德内省意识，李颙言“悔过自新说”。孙奇逢作为王阳明后学的余续，对于“姚江之学”加以继承和发扬，他注重内在的道德修养，强调深造自得的功夫，才可以完成内在的超越，达到人格的完善，实现与孔孟圣人的精神意蕴的相通。孙奇逢的学术旨趣的转变，是对宋儒以来，强调深造自得，回归孔孟的儒学范式的延续和发展。王夫之、顾炎武则是进行对学术传统的梳理，如顾炎武的《天下郡国利病书》《肇域志》等书是他对地理沿革、典章名物制度的系统清理，而且书中所记的地方他大多亲自涉足，这种学术精神本身也是其学术体系中的重要部分。王夫之的学问在有清一代不被知晓，直到清末曾国藩标榜湖湘学术，才将其著作刊印行世，经过一百多年的沉淀才被后人发现，不得不说是一个奇迹。古人讲知行合一，一个是内在道德自省，不断磨炼自己；另一个是亲身经历，客观看待文化生态问题，唯有如此，学问才能有扎实的根基。

二　元代文学、学术与制度

（一）疆域与族群

元朝是中国历史上的第三次统一，在疆域规模上是空前的大一统。

元代文学具有独特性、复杂性，对中国历史进程有着深远的影响。如果拿汉文学为本位的视野去看待元代文学，很容易产生偏见。偏见在于我们很难突破自身的族群和儒家的知识系统来客观地看待元代文学。从唐朝灭亡到元朝建立，中间经历五代十国，还有宋辽金西夏的对峙，在中国历史上这是极为多变且复杂的历史阶段，使中国逐渐演变出界线清晰的南北分界，不管在政治上还是在学术上，南北既有对峙，也有交流与融合。元代的统一是中国历史上的一件大事，《元史》和《大元一统志》中有这样的记载："北逾阴山，西及流沙，东尽辽东，南越海表，汉唐极盛之际不及焉。"元朝的疆域超出了前朝人的视野，超出了前人所认知的地理范围，因此元代文人的集子最突出的特征就是国家的盛世情怀，这种盛世情怀就是元朝人基于疆域之广大的认识，这构成了元朝文人认识的时代背景。由于疆域广大，所辖区域族群众多，文化复杂。元代国族是蒙古族，所统治的有过去西夏的党项族，北部契丹的后裔，以及女真的后裔等，汉地与江南变成了元朝统治的一部分。元朝建国之后实行了特殊的四等人制度，在政治构架和用人上，以蒙古人为中心，掺杂了汉人、南人、色目人。

（二）政治体制及其他

在政治体制上，元朝是蒙古部制度掺杂汉地的制度，所以元代制度的复杂性远超过中国历代，也影响了之后的朝代。比如除了派各州的长官外，还派了由蒙古贵族兼任的达鲁花赤。蒙古初年没有科举制，因为用人是按出身来看的，也就是"根脚"，而科举制的象征意义大于实际意义。由于原本的统治体制只适合游牧民族，忽必烈通过金莲川幕府笼络了大量金朝区域的汉族文士。统一汉地后，元代统治者没有直接灭南宋，《元史·刘整传》："自古帝王，非四海一家，不为正统。圣朝有天下十七八，何置一隅不问，自弃正统邪？"[①] 汉族文士而且是南方汉族将领建议忽必烈要将南宋灭掉，所以蒙古族的人认识不到正统观念，这种正统观念是受汉族文士影响才形成的。忽必烈之后的元代历代君主和以后的君主不同的是他本身具有蒙古大汗和中原帝王的双重身份，这种身份决定了他对中原地区的统治采用了不一样的制度。正统问题是很重要的元代

① （明）宋濂等：《元史》卷一六一《刘整传》，中华书局1976年版，第3786页。

认知问题，因此元代文士开始认识辽、宋、金什么是正统。在元代文人的记录中，元代汉族人士希望把元代皇帝塑造成汉族传统心目中的圣主，但是元代皇帝是有双重身份的，他们本身就是蒙古大汗。而蒙古大汗是蒙古国四大汗国的大汗，而汉地只是他统治的一部分，所以他的双重身份，决定了双重的制度。这是元代的特殊之处——双重制度，两层架构。如《元史·高智耀传》："本朝旧俗与汉法异，今留汉地，建都邑城郭，仪文制度，遵用汉法，其故何如?"[①] 这就是本朝的习俗与汉的习俗不同的矛盾。后来的矛盾冲突也在于背后的原则，分到西部的中亚汗王，如窝阔台的子孙，以捍卫蒙古旧俗为号召，纠集西北诸王与元朝政府作战三十多年。但在统治的时候，元朝始终没有摒弃他们蒙古至上的族群观念，无论做什么事都保留蒙古人的地位和特权。同时也是分权制，即各遵本族之旧俗。因此元朝的特殊性在于多元文化、多元宗教。另外，元代没有实行过文字狱，因为统治者并不重视文字工作。

（三）文人游历与行省划分

元代文士游历的风气兴盛到可以和唐代比拟的地步，这和它的疆域特点、族群特点、文化复杂是有关系的。总的来说，其多元政策和二元政策采用“同中有异、异中有同”的方针。元代中央集权，地方行省制度，并为今天所继承，除了腹里地区（今河北、山东、山西及河南、内蒙古部分地区）属于中央的中书省管辖，大部分行省划分都被保留下来。元代的行省是特别大的，其在地方上全国划分为 11 个行省（明代划分为 13 个），北部有陕西行省、甘肃行省、辽阳行省，东部有岭北行省（今大兴安岭以西及外蒙、西伯利亚等地）和征东行省（今朝鲜），南部有江浙行省、江西行省、湖广行省（湖南、广西、广东）、江西行省，西部有四川行省。行省下有路、府、州、县。另外，对蒙古贵族保留了原有制度，在草原地区设置兀鲁思，即宗王的分封制度，蒙古贵族在汉地享有权力，如赋税权力，而汉族属于奴属，称投下（即王公贵族的封民），投下制度就使宗王与朝廷分享了权利。高丽虽然属于征东行省，但是它由高丽王室统治。西北地区畏吾尔族是由大都护府管理。吐蕃地区专门设置宣政院，宣政院由萨迦法王（非格鲁派，格鲁派是明代兴起的）管理，萨迦

---

① （明）宋濂等：《元史》卷一六一《高智耀传》，中华书局 1976 年版，第 3073 页。

派教主本身就是皇帝的帝师，元代八思巴（萨迦帝师的侄儿）曾与忽必烈相见，既是帝师又是宣政院的最高长官，政教合一。云南大理行省，大理国虽然被灭，段氏投降，但是这个地区的管理者还是段氏。湖广地区少数民族多，称土司，如以前的丽江由土司木氏管理。这种制度为以后提供借鉴，比如现在哈密伊吾县县长仍由回王后裔担任。地方军事制度方面，多族复合大军，分属不同军种，设立镇戍制度，镇戍制度在各地有镇守作用，蒙古族部队叫蒙古军，别的民族叫探马赤军，汉族军队被派南方，守卫最南边。朝廷的近卫部队是宿卫军。疆域之大、族群之复杂、文化之复杂，导致元代公文多语并用，主要用蒙古文、汉文、波斯文。蒙古文是国语，朝廷奏章都要用蒙古文。因此元代文人大多会用蒙古语，朝廷给各地颁发的诏书都是蒙古文和汉文的。

（四）南北学术融合

宋、金、西夏对峙的朝代，南北地方由于地域原因，交流很少，表现出很强的区域特色，最典型的是程朱理学，虽然程朱理学发轫于北方，但是完善于南方的朱熹、陆九渊等人。这导致程朱理学在南方广泛流布，北方流传较少。杂剧、散曲是在以前金朝统治的地区兴起的，起初并没有影响到南方。南北双方的诗文风格、文化欣赏、艺术品位、社会流行的审美风尚都不同，南北统一之后，由于交通方便，南方的书籍文物很多都被运到了北方，这些书都被收藏到秘书监，成为国家收藏的文物。北方官员宦游南方时搜集了大量的南方文物，然后在北方建立专门的藏书楼，很多蒙古族的贵族也是如此。在学术上的影响为理学北传和戏曲南流，这成为元代文化最重要的特色。金朝的儒学承袭了北宋的学风，流行三苏之学，三苏虽然是四川的，但是其文化肇端于河南。元朝统一以后南方儒士开始大量北传书籍、文化，最有名的是赵复，元太宗七年（1235），赵复要投水自杀，被姚枢所救，姚枢劝赵复整理传播典籍。于是赵复先教授了姚枢、姚燧、许衡等人，又在大都太极书院传播理学。后来许衡担任国子监祭酒，完全按照南宋的学制要求来规定当时的学风，使元代的理学为之一变。元代延祐元年（1314）复兴科举制，用的制度就是朱熹的《贡举私议》。

第二节　文化史上的南北问题

现在所谓“中国”是一个地域广阔的概念，以黄河、长江为中心，包含了东北、西北，北到内蒙古，西南到西藏、云南的广大地区，从民族成分来讲，是五十六个民族。笼统地说“中国人”这个概念时，我们的头脑第一反应往往是汉族人，说汉语的就是汉族人，其实中国人还包含蒙古族、藏族等。南北的概念是一个很重要的问题，我们第一个要解决的是地域的南北问题，第二个是文化的南北问题，第三个是学术的南北问题，第四个是从南北来看中国文化的融合或转型问题。

一　地域的南北问题

从历史的进程来看，中国历史地域的大趋势历来是北方统治南方，以黄河流域为中心的政治集团对以长江流域为中心的南方一直保持着强大的地缘优势。中国地域上的南北问题是一个相对游离的概念，如以内蒙古人为中心的视野来看，内蒙古以南的地方都是南方。我们常说江南地区就是长江中下游地区，所以南方、北方的问题是一个变化、游移的概念，这个概念是随着地理空间的转变而变化的。以黄河流域为中心的北方是随着五胡入华开始的，大量的汉民往南方迁徙，这个过程使原本蛮荒的南方区域得到文化、经济发展。从这个角度来讲，南方的区域是大量的汉族人南迁之后才得到发展的。就北方来讲，中国的早期都城都是沿着黄河中下游发展的，如汉代的长安属于黄河流域，在渭水旁边；东汉时期的洛阳，在洛水旁边，仍然是在黄河流域；开封是依凭着黄河发展起来的。因此中国古代的都城文明都是以黄河为中心来发展的。南方的都城是以长江为中心发展的，如南北朝时期的建康，它依据的是长江的天险。从大的方面来讲，中国南北方的问题一直存在于北方政权南下，然后建立一统王朝的过程。秦始皇时期是以咸阳为基地、向东挺进的过程，这反映中国历史是由西向东、由北向南迁移的过程。在五胡入主中原的时候，北方民族南下，之后侵占了原来汉族人的地方，迫使原来的北方汉族南迁，北方民族建立起以汉族为榜样的一套政治体系，这就造成了南北分裂问题，这个问题持续了二百多年。北方王朝更迭以北魏、东魏、西魏等活动在黄河流域的王朝为主，北方王朝和南方划江而治，南方政治以建康为中心，宋、齐、梁、陈递相承继，最后都被隋文帝杨坚夺取了政权，形成了南北统一。北方的地缘优势始终对南方造成军事、政治上的压力，到了唐帝国，唐朝继承了隋代的政治地理空间，建成了大一统王朝。唐代的二百多年是中国地域上的文化融合时期，政治中心仍在西北，经济中心、文化中心在西北的时候和长安重合，后期转移，唐代国库收入，也多来自江浙地区，这就说明经济中心开始转移，显示出中国文化独特的地方，即政治中心、文化中心和经济中心分离，这种分离确立为中国后来稳定的传统。到了唐末的军阀割据、五代十国，直到赵匡胤建立北宋、定都开封，仍然是以北方为政治中心的。其实政治中心逐渐由西往东过渡，如长安—洛阳—开封，这个转移是沿着黄河的，这种转移对中国历史进程来说是很重要的。转移之后，西部地区就不再作为中国文化的核心区域了。

二 文化的南北问题

如果说《诗经》中记载的《周南》《王风》反映的是周民族由西往东迁移的过程，那么到了宋代以后，西部就不再是文化中心地带了。隋唐时期的长安仍然是中国文化的核心区域，长安是陆上交通的重要节点。到了宋代是以开封为中心的。北宋亡于金朝，南宋亡于元朝。金朝定都先以北京为中心，后来定都以开封为中心，金朝因面临蒙古的压力，只能南移。由于和他国的军事争夺，宋人的忧患意识很强，宋人集子里没有唐人集子中的盛唐气象，因为它没有突破唐朝的地域范围，它和辽的关系是朝贡关系，和金代是屈辱的叔侄关系。《元史》记载元朝讨伐宋朝的文书中："庚申，问罪于宋，诏谕行中书省及蒙古、汉军万户千户军士曰：'爰自太祖皇帝以来，与宋使介交通。宪宗之世，朕以藩职奉命南伐，彼贾似道复遣宋京诣我，请罢兵息民。朕即位之后，追忆是言，命郝经等奉书往聘，盖为生灵计也。而乃执之，以致师出连年，死伤相藉，系累相属，皆彼宋自祸其民也。襄阳既降之后，冀宋悔祸，或起令图，而乃执迷，罔有悛心，所以问罪之师，有不能已者。'今遣汝等，水陆并进，布告遐迩，使咸知之。无辜之民，初无预焉，将士毋得妄加杀掠。有去逆效顺，别立奇功者，验等第迁赏。其或固拒不从及逆敌者，俘戮何疑。”[①] 元世祖忽必烈就是代表中华文化和历史上的正统观念来统一南方的，从这个角度来讲，南方的生存压力始终是中国历史进程中挥之不去的话题。《元史》中曾提到讨伐南宋的诏书，其中强调了南宋政权的非法性，所以这个时候南北问题是民族问题的焦点。元朝末期，南方农民起义始终是朝廷的心腹大患，因为元朝这么大的区域使用的是因地制宜、行省的方法来统治国家的，最后南方的农民起义使元朝回到蒙古故地。朱元璋出身于安徽的军功集团，由南京出兵讨伐北方，这在之前是没有的，但是明朝疆域始终没有超过元朝，而且有明一代二百多年也面临了和宋代一样的政治问题，面临蒙古的边境压力。到明成祖朱棣，为了解决边患问题，把国都定为北京，这和元朝定都北京不同，虽然朱棣迁都带有抗击北方的意味，但它始终没有解决蒙古的边患问题，这个问题最后一次冲突是明英宗时期的土木堡之变，差点造成明朝倾覆。明朝晚期蒙古边患解决了，但是又产生了东北满族的边患问题。因此明代二百多年始终存在强大的北方民族的军事压力问题，因此宋人和明人的文集都爱谈军事问题，就是反映了他们的生存压力。清代沿袭明代的制度，与元代一样，不存在边患问题。清人要解决的就是西北问题，想要把西北纳入王朝统治中。唐代的胡族是寄居在长安的，很多西域的胡人来长安生活。由于元代征服了西域，有大量的色目人来内地。到了清代又出现另外一种现象：大量的汉族人士西迁至新疆。因此南北问题上始终伴随着文化的北传、南移、西来、东进的问题，这是从大的地域上来讲的。

从地域来区分他们的写作，往往发现时代不同，主题也不同，关注的问题就是这个民族所面临的问题，正是因为地域上的南北问题是中国地域文化的核心问题。如果从大的地域政治来讲，始终以北方统一南方为主，文化上就存在另一种路线了。南北朝时期的民歌，如“敕勒川，阴山下”“风吹草低见牛羊”等，是以这种豪放、雄浑的气概来表现北方的民族精神的；南方的则是如“鱼戏莲叶东，鱼戏莲叶西”的民族风格，此时南北方文化没有相同状态，文化与地域的割裂是同步的。但是当地域统合后，文化的南北问题就必然成为焦点问题。大量的南方文士北上、西上使学风发生重要变化。颜之推的《颜氏家训》记载：“江南文制，欲

---

① （明）宋濂：《元史》，中华书局 1976 年版，第 155 页。

人弹射，知有病累，随即改之，陈王得之于丁廙也。山东风俗，不通击难。吾初入邺，遂尝以此忤人，至今为悔。汝曹必无轻议也。”[①] 这是南北文化没有融合的时期，当时颜之推批评了齐梁余风，这种情况一直延续到明末顾炎武。他在总结明代灭亡问题时意识到：经济繁荣、文化繁荣、地域广大的明王朝为什么被仅有十几万兵力的满族所灭？顾炎武在《日知录》总结了南北文化上的风气问题：“江南之士，轻薄奢淫，梁、陈诸帝之遗风也。河北之人，斗狠劫杀，安、史诸凶之余化也。”[②] 注意：这个河北不是今天的河北，是指今天的河南、河北一直到北方的幽州（即北京）。唐代河南等北方地区的节度使很难受朝廷的管束，因此导致文化风气不同。

三　学术的南北问题

刘师培曾经描述南北这种风气的不同，顾炎武归纳得更深刻，在《南北学者之病》中专门批评了南北学者的特点：“‘饱食终日，无所用心，难矣哉’，今日北方之学者是也。‘群居终日，言不及义，好行小慧，难矣哉’，今日南方之学者是也。”[③] 这是用《论语》中的话，说北方学者处于学术荒芜、凋零的情况，南方学术做的是巧，但是没有根植于更深的民族关怀。顾炎武还说：“南方士大夫，晚年多好学佛；北方士大夫，晚年多好学仙。”我们从这个评价能看出来，南北学风在明代时候差异还是很大的。这种差异在于南北的地域不同，文化语境和表达方式就不同。唐代南北方诗歌有很大差异，元代诗歌更加明显，南北方文士所作诗歌无论学术渊源、路径都有很大不同。另外，南方文士到北方以后，把南方学术的思维特点、风气带到了北方，虽然在地缘上讲北方以强大的军事压力征服南方，但在文化上始终存在着另外一种传播路径，那就是从主流上看是南方的学术风气征服北方，标志性事件便是理学的北传。

---

① （南北朝）颜之推著，夏家善、夏春田注释：《颜氏家训》，天津古籍出版社 1995 年版，第 109 页。

② （清）顾炎武著，黄汝成集释：《日知录集释》卷一三，上海古籍出版社 2006 年版，第 803 页。

③ （清）顾炎武著，黄汝成集释：《日知录集释》卷一三，上海古籍出版社 2006 年版，第 865 页。

元朝攻打襄阳时俘虏了宋代的儒士赵复，赵复是朱熹的再传弟子，但赵复一家几十口都被屠杀，赵复要投水自尽，被姚枢所救。姚枢将赵复带到辉县的苏门山，赵复就传播了朱熹的学术，后来又在北方燕京建太极书院。这里就隐含了一个路径，其建立太极书院后传播的朱熹学术为元祐元年国家实行科举制埋下了伏笔，科举以四书为程式，以四书为命题范围。朱熹的学术本身是在南宋区域内民间流传的，带有私学的性质，但到元代科举制实行，经过姚枢、姚燧等人大力推广之后，由南方的学术思想变成了国家的意识形态，必须尊崇。

从元朝人给宋人修史单列《道学传》，明人修元史的时候也把《儒学传》单列出来可以看出学术的南北分化问题。元朝何苦对南方文士不好呢？我们可以借此推测为什么明代以安徽、江浙地区为主的地主、士人对元朝政权持有如此态度。因为元朝积蓄了一百多年轻视南方的风气，实际上这也导致了元朝始终没有在区域内实行整合，始终没有解决好南北的用人问题。如果元朝在学术上建立了这种传统，那以后北方的学术很难再彰显。《宋儒学案》有关于士大夫一开始北方兴盛到南方兴盛的过程，《明儒学案》则几乎都是明代南方学士兴盛的过程，这是从学术背景上理解的。另外，有清一代以乾嘉学术为代表的考据之学作为清代的学术主流，其中建立者始终是南方学者占主流，北方学者在深度上远远不及戴震、惠栋等人。在整个清代二百七十多年学术发展脉络上，南方建立的学术风气始终占主流，所以大体而言，我们从学术上的南北问题可以看出来它与地域的南北问题大大不同，地域上始终是北胜于南，但是在学术传统上，始终存在南胜于北的现象。

四　从南北看中国文化的融合和转型

由学术上的南北问题可以引发中国的夷夏观念问题。我们要特别重视郝经在很多篇目中讲的元朝的合法性问题，他的思想核心是为蒙古统一中国确立了理论的合法依据。这个依据在于突破了族群的界限，不再以族群区分。中国的夷夏观念有一句话“非我族类，其心必异”，这种说法在郝经的文中就被大大突破，过去中原王朝实际上是以族群为核心建立的，如汉朝、宋朝、明朝的统治主体是汉族，但元朝的统治主体是蒙古族，清代的统治主体是满族。从中国的学术渊源思想上来看它与“非我族类，其心必异”是矛盾的，此时郝经在理论上完成了这种转化，即谁能够广泛用士，以“中国之道”进行政治建构与统治，谁就有合法性。这为后面元朝统治中国提供了理论基础。另外，元朝的统治者只要用汉法统治中原王朝，就得正统，这成了元朝一个很重要的理论基础。对史的争论始终存在一个问题，《元文类》就收录了两篇很有意思的《辩辽宋金正统》，其主题是辽宋金谁是正统的问题，很多学者对于这个有争论，但没有解决核心问题。正统只是表面，背后的问题是南北地域的问题。元代轻视、蔑视南宋文人，这个问题实际上是与当时忽必烈的金莲川幕府文士有关，因为他们大部分都是在蒙古入仕，他们就认为南宋偏安一隅，不能作为正统政权。所以我们从这些材料中看南北文士的修史问题，可以看出里面的复杂性。

科举制具有很重要的作用，特别是对国家的统治具有很重要的意义。因为科举制录取的程式、生源比例是与社会、国家的稳定有着密切的关系的。所以元代的科举制在录取原则上是分成色目人、蒙古人一榜，汉人、南人一榜，这种原则在录取的程序上倾向于北方，对南方文士要求更高。从《元史》中科举录取的比例及其他规定中可以发现南方人入仕是非常难的，所以袁桷说南北录取的比例不一样，使南方文士有个很重要的变化：元朝建立之后，很多宋代区域的文化世家已经不能维持，而元朝前几十年没有实行科举制，使大量文士立足于作诗。因此戴表元说“科举废，诗学兴”，但是诗学兴盛并不能解决南方文士的生活问题，因为能否入仕始终是衡量家族的标杆，元代又实行的是两榜制，南方文士入仕特别艰难，所以袁桷在《送朱君美序》中云：

> 许文正公定学制，悉取资朱文公。至仁宗皇帝，集群儒，定贡举法，五经皆本建安书。蔡氏为文公门人，而《春秋传》则正字胡公之从父文定公，师友授受，宗于一门，会于一郡。至若训蒙士，正史统，庋积笔录，悉师于文公，何其盛也！夷考地图，闽粤由秦汉始，通今九州之地非不广，而道德师表，不敢有异于文公者，由文正公独建大义，而圣天子有以成之也。今之为异者，则曰南士浅薄不足取，又曰其文学论议与中原大异。夫行事必本于经，考成均之法，惟文公是师，而南士独有背，何耶？余尝入议者之室，其服

食器用由南以来者，颇若惬所好，其无乃贵物而贱士与？识患于不弘，尝患于遇偏。自昔创业之君，合一海寰，必取遐陬荒域之士，以自近辅。①

另外，明代实行科举制的时候，从顾炎武《日知录》北卷中可知："今制科场分南卷、北卷、中卷，此调停之术，而非造就之方。夫北人自宋时即云京东、西、河北、河东、陕西五路举人，拙于文辞声律。况又更金、元之乱，文学一事不及南人久矣。今南人教小学，先令属对，犹是唐、宋以来相传旧法。北人全不为此，故求其习比偶、调平仄者，千室之邑，几无一二人，而八股之外一无所通者，比比也。愚幼时，《四书》本经俱读金经，后见庸师窳生欲速其成，多为删抹。而北方则有全不读者。欲令如前代之人，参伍诸家之注疏，而通其得失、固数百年不得一人，且不知《十三经注疏》为何物也！间有一二《五经》刻本，亦多脱文误字，而人亦不能辨。此古书善本绝不至于北方，而蔡虚斋、林次崖诸经学、训诂之儒，皆出于南方也。故今日北方有二患：一曰地荒、二曰人荒。非大有为之君作而新之，不免于'无田甫田，维莠骄骄'之叹也。汉成帝元延元年七月诏内，郡国举方正能直言极谏者各一人，北边二十二郡举勇猛知兵法者各一人。此古人因地取才，而不限以一科之法也。宋敏求尝建言：'河北、陕西、河东士子，性朴茂而辞藻不工，故登第者少。请令转运使择荐有行艺材武者，特官之。使人材参用，而士有可进之路。其亦汉人之意也欤？'"② 元朝的势力退到大漠之后，以南方为主体的人建立了政权，废除了原来这种偏向性的政策，科考就不按地域、族群划分，就按水平划分，最早录取的时候，北方文士没有录取一个，南方文士录取了很多，朱元璋调查原因，是北方的水平不高，这就引发了后来明代实行的"北卷、南卷、中卷"。

"北人拙于文辞"就意味着科举录取的时候必须按地域划分，这个制度实际上反映了文化中心、经济中心南移之后北方学术的衰落，因此顾

① （元）袁桷著，杨亮校注：《袁桷集校注》，中华书局 2012 年版，第 1218 页。

② （清）顾炎武著，黄汝成集释，栾保群、吕宗力校点：《日知录集释》，上海古籍出版社 2014 年版，第 388 页。

炎武说北方人在文辞上是逊于南方的。北方有两个问题解决不了，一个是地荒，另一个是人荒，地荒就是地大，出产率却低，人荒是人才少。我们可以看出明朝为了解决这种差异问题，在科举考试上仍然实行分区录取，这个制度也被清代继承了，清代也是按照每个省的人数来定录取名额的，就是为了照顾地区差异。如果照顾不到，整个国家的稳定就会有问题。这是学术上的南北问题。从大势所趋的人种上的南北问题看，随着少数民族入主中原，成为中原的统治者，虽然后来他们又失去了他们的统治地位，但是汉民族的杂居也成为中国的一个主流问题，这就是民族融合的趋势，这种趋势自南北朝之后便开始了，元代更是典型，这种族群的融合是历史发展的大势所趋。因此我们说地域上有南方、北方之分，但从人种上讲已经很难区分了，特别是交通条件便利之后使这种融合进一步加快，这是科举、人种上的融合。再一个就是经学上的变迁，皮锡瑞说“人分南北，学术无南北”实际上是暗含了学术路径的南北转向问题。诗文上也表现出南北分离的问题，南北诗文的路径取向也不同。再从国家的民族文化的大势上讲，自元代确立了政治中心在北方、经济中心在南方的这种分合趋势，成为元代之后政治史、经济史、文化史的转折，这种转折就成为长期稳定的存在。所以我们说元明清之后的国都都在北方，经济中心都立足于南方，这成为元明清之后的大势，也是文化形态发展的大势，也就是说经济中心、文化中心与政治中心的分离保证了中国能够长期稳定，在学术传统上的发展和人种上的融合就是靠这种二元分离制度确定的，倘若没有这种制度，中国是何种中国？这都值得深入思考与研究。

书隙过影之四：学术要有出世精神

355. 学术要有出世精神，而不是单纯的经世致用，非要让文学、历史、哲学产生经世作用，这是中国知识阶层之悲哀。学术就是学术，何必考虑经世致用？其产生本身就已经有了真正价值。

356. 年岁愈长则愈觉元典之重要。昔年读不懂《周易》，更不喜看《中庸》，今则手不释卷，书不离身，去内蒙古锡林郭勒开会，亦是看此书不离身。初习佛法，只喜欢《金刚经》，读不懂《大乘起信论》，今则喜读《大乘起信论》《楞严经》，愈读愈有味也。马齿渐长之故也。

357. 世间之人最终都为衣食而奔忙，衣食之背后也是利这一大关，盖为生活、为父母、为子女、为自身不得不如此而已，故读书亦应读出一个人情世故才算是明白，故孔子、释迦牟尼都有一颗悲悯之心看待世界。见身边人买股票、买基金、放高利贷给担保公司最后是血本无归，多年省吃俭用之钱化为乌有，离婚的、跳楼的见到许多，可怜亦有可恨之处，贪心太过，悖而入必悖而出，此种钱，在古人眼里是浮财，最容易消散。香港大资本家挣浮财最多的人，最后赶紧做慈善，因其财来路不正，故用做慈善来消其业障。见利而保持冷静之心，亦是自处之道也。

358. 我们的历史阐释，往往并不是历史阐释，而是自己的阐释，自己的阐释就形成了自己的历史观，所以单一的历史事件最后的解读大不相同。在此基础之上形成历史共识根本不可能。

359. 倘如没有精神性的生活，那么人的构成便不能称为人，无法证明动物不会反思，但是宗教性的活动恐怕只有人类才能具有，并不是所有的人都有宗教性的生活。

360. 后世的人很难理解古人的空间和生活状态，往往随意讥评。去内蒙古正蓝旗的元上都遗址时，我终于感受到了元人生活空间的广阔，每年元朝皇帝和身边的大臣在广袤的地域空间里，从南到北、从东到西任意地穿梭，可以感受到气候的巨大变化，江南的绮丽、细腻到塞北的疏阔、狂放，恐怕只有身临其境才能感受到几百年前中国人的生活方式。历史和文学的研究在实际的文物遗址面前总是很软弱无力和苍白的。

361. 学文献要有思想，单纯进行文献的研究属于静态的研究，不可能“复活”文献。

362. 历史事件都不是单纯发生的，都有一个缓慢的形成的因素。这种因素都能找到历史的关键节点。诸如明代之灭亡、五四运动都不是单纯的历史事件。后世对历史之解释使人感到其中的无力感与苍白感。

363. 读古人书应该以问题为中心进行切入，此是思考之关键处。

364. 去辉县开孙奇逢学术会，与中国社科院副研究员吕文利聊天，其言每天写作时间是早上三点到八点，要求自己必须写三千字，他说实在没有写作思路时候，抄古人书也要凑够三千字，其勤奋程度可以想见。但凡人至中年，琐碎事物渐渐增多，大块写作时间不具备，必须学会挤时间。过去我跟随金惠敏老师，每每见他深夜写作不止，在火车铺位上趴着还要写作三千字方休。杨镰老师在两个月内写成一部小说，其勤奋程度我辈远远不及，深感惭愧。今人往往读书多、思考多而深入写作少，此是一大病也。

365. 梁建功说我是好参谋，好的事务性人才，但不能做一个好的领导，此言实切中吾病。主要因为我做事太急切，没有儒家之雍容和煦之态也。

366. 散步之时，是我思维最过放松之时，很多论文的想法都是从散步中得来。学校生活最为简单，生活也是至简的状态，将人事关系放到至简的状态，每天思考自然会深入一个层次。每每见人做事不能有定心，总是纷纷扰扰在名利场中打滚，一接谈则令人感到满身烟火气、市井气、市侩气，比俗气还不如，这些人又怎能谈学问和人生的境界？故旋生旋死，佛祖比喻说这是蛆虫为厕所中生活而满足。

367. “二月杏花八月桂”，辉县百泉宾馆院内有两棵大桂花树，树葱葱郁郁，香气袭人，其香味让人沉醉不愿离去。河大校园内也有桂花树，但为何很少闻到香气。我在夜间散步之时，也闻到浓郁的桂花香气。校园人过于繁多，人气太重，故桂花香气被掩盖了，而此处背靠苏门山，山上树木繁多，人迹绝少，故香气四射让人有出尘之想。

368. 虽然老师都要求学生多读书，但我见很多老师所开之书单，往往不切实用，读书亦应有活泼之态也。我自己指导学生往往必须从朱熹《四书集注》入手，盖经典中蕴含的思想仍能给现代人以启发。现代人亦是从古人中进化而来，并非独立之存在，常见很多人没有读过古人之书而妄自菲薄古人，信口雌黄，这些人怎能奢谈读书之真味。故书单不可轻信，否则被人牵着鼻子走而不自知也。

369. 经典中可以找寻灵感。每年应该将《论语》《孟子》《金刚经》《楞严经》《道德经》《易经》读一遍，中国思想源头都不出此范围。西方思想源头就是《圣经》、柏拉图《谈话录》、康德三大批判、《历史的观念》。经典常翻常新。

370. 名利心最难戒除，一有名利心，则学术、感情不免带上功利心。自涉世之日起，我从未见到一个真正能戒除名利心的人。真正戒除则人生别开一路，逃脱生死之界限矣。真正戒除的才能称为圣人，才有资格谈圣人境界。

371. 浪生浪死，升转浮沉之间为外物束缚都是不明真心之故。此心别无他法，只能自己求来。

372. 中国没有士绅、没有士大夫，自然也不会有贵族精神，在中国讨论贵族精神是一个十足的伪命题。只有有文凭的知识人。研究古代中国应该区分这种文化变迁，否则所得结论可能是错的。

373. 历史感的生发是问题意识的源头。有了历史感，历史的遗迹、文献的遗存便有了生命。历史感的生发才是做学问的初步，如此，则笔端自然有了感情。

374. 邓晓芒翻译康德《纯粹理性批判》的《献词》下有一个小注："对于满足于思辨生活的人来说，在通常的各种愿望中，受到一位开明而有影响力的裁判官的赞赏是一种强有力的鼓舞，鼓励他去努力从事那些作用巨大的工作，哪怕这种工作由于其效果遥远而完全为常人所忽视。"权贵者每每为人所厌恶，但是谁又能离开，黄宗羲《明夷待访录》也是在终其一生寻找一位赏识自己的权贵者。王夫之活着的时候没有遇到，死后一百多年遇到了曾国藩。倘若生前等不到知音，便只能寄托到身后的百年了，所以一切研究肯定是常做常新的。

375. 功利的人只相信肉身生活，怎能理解内在的精神世界，更不要说不可预知的宗教世界了。

376. 你的研究必须关注当下，但是与当下也要保持一定距离，寻找历史的脉络，发现它的源头，知道它的演变规律，最后才能发现自己的价值。研究不能发现自身的价值，就不再是研究了，而纯粹变成一种知识游戏。

377. 研究的最终目的是认识自身。

378. 我们常常误解时代的自然为发现而来的真理。

379. 黄宗羲《孟子师说·题辞》："天下之最难知者，一人索之而弗获，千万人索之而无弗获矣。天下之最难致者，一时穷之而未尽，千百年穷之而无不尽矣。《四子》之义，平易近人，非难知难尽也。学其学者，讵止千万人千百年！而明月之珠，尚沉于大泽，既不能当身理会，求其着落，又不能屏去传注，独取遗经。精思其故，成说在前，此亦一述朱，彼亦一述朱，宜其学者之愈多而愈晦也。"章学诚《文史通义》给自己家人的《书信三》中说："每念古人开辟之境，虽不知殁身之后，历若干世而道始大行……而辈于斯，独无意乎?”看似黄宗羲与章学诚是在说大话，自信得过了头，但是历史最后证明了他们二人的正确，当时的学坛的中心人物早已经烟消云散，而黄宗羲、章学诚的思想却能流传下来，并发扬光大，从这个角度来说，历史似乎又带有公正的一面。

380. 王应麟《困学纪闻》《玉海》都不属于学术著作，可看作资料汇编，即杂纂之学，只有消遣价值，只可用于炫耀博学。顾炎武《日知录》、章学诚《文史通义》是中国古代不可多得的一流著作，盖其中有思想之故也。著述再多，而无思想之意蕴，皆是赘疣。

381. 人生多歧路，选择至关重要。而此种理解，是我历经挫折之后方悟入，故年少之时，立志为先，亦当明白人生之选择。人生事业之成功与失败、默默无闻与彪炳后世都是一个选择在内。此种选择与智商没有必然关系。

382. 为俗所累是一大病。

383. 宋人之学深，盖理学为其独创之哲学。元人之学浅，盖学术尚未建立，与其立国之格局大不相类，故其立国时间短促。明人之学野，盖学术转为阳明心学，故其学术与宋人相似。清人之学有学无术，学问深，但无思想，有清一代，可彪炳后世者仅仅有戴震、章学诚诸人，此为时代命运，还是历史命运，殊难理解。

384. 学术格局一立，不论长短，都能做出点学问，盖格局大，眼光自然高远。

385. 想想在那边吃草的那些牲口：它们不知道昨天或是今天的意义；它们吃草，再反刍，或走或停，从早到晚，日复一日，忙于它们那点小小的爱憎，和此刻的恩惠，既不感到忧郁，也不感到厌烦。人们在看到它们时，无不遗憾，因为即使是在他最得意的时候，他也对兽类的幸福感到嫉妒。他只是希望能像兽类一样毫无厌烦和痛苦地生活。但这全都是徒劳，因为他不会和兽类交换位置。他也许会问那动物：“为什么你只是看着我，而不同我谈谈你的幸福呢?”那动物想回答说：“因为我总是忘了我要说什么。”可它就连这句回答也忘了，因此就沉默不语，只留下人独自迷惑不已。这些来自尼采《历史的用途与滥用》，尼采用来讽刺历史研究中的犬儒学派，他说兽类的幸福，就如同犬儒学派的幸福一样。这种比喻决然不同于中国的对牛弹琴的隐喻。不过，我感觉倒是类似于我们很多的所谓芸芸众生，这些人就类似于吃草的牛，终其一生也未必懂得。尼采的语言总是感性的、酣畅淋漓的，与康德的缜密不同。

386. 读李敏修《中州文献汇编总序》。此序为关于中原文献与文化最为重要之一篇，李敏修与袁世凯、徐世昌渊源甚深，有乡党之谊，中原文献之纂修得二人之力甚多。李敏修推崇孙奇逢，而不提二程，中原文献之渊源二程才是真正肇起之人。赵复、孙奇逢创建不多，都是守家法的学者。中原一地学者，自近代以来有创建的几乎没有，而墨守成规、抱残守缺、党同伐异之人多。政治上还能有袁世凯、徐世昌等人。学术上真正能开宗立派的就冯友兰一人，也算是中原学术若隐若现，绵绵不绝之象征也。

387. 中国知识阶层缺乏形而上生活，所以和街上闲聊的大妈、大爷无本质区别。唯一的区别就是身份标识。大家谁也不比谁高尚，导致了社会缺乏担当，逐利成为信仰，成为权衡一切的标准，其可怕之处在于近似兽类而不自知。

388. 过来人语，不是过来人写不出洞察人性的话语。身后有余忘缩手，眼前无路想回头，这样的话恐怕历经巨变才能写得出，所以贾雨村说是翻过筋斗的人才能写出。

389. 我们遇见的所有问题古人都遇见过，而且见过的比我们多，感受要深刻得多。

390. 读史一是详考事迹，二是推求盛衰，三是政治之沿革，四是时势之轻重，五是风气之变迁。不是现在讲环境、风气，伏尔泰《风俗论》早就说过。

391. 游戏的本真是什么？游戏背后的规则是什么？权力。

392. 表面是面子、尊严，背后是权力。

393. 人生是一场猜谜游戏，只有在死的那一天才知道答案。

394. 中年之后是人生的散淡岁月。也许，岁月本身就是这样的结局，只不过自己不知道罢了。

395. 鲁迅有批判而无建设，其有思想而非思想家。

396. 最吸引人的是精神底蕴，倘没有精神，而只有技法，不能有任何吸引人之价值。书画创作更是如此，技法很好，但总没有生气，此则是少精神底蕴。

397. 台湾“中央”研究院陈鸿森先生言读史须知道大关节之处，否则读书全无用处。其评价傅斯年甚高，我说傅斯年著述不多，陈先生言，著书千万言，没有识见，亦是腐儒。

398. 陈鸿森先生言：做年谱不在字数多少，史有史的笔法。其学问从乾嘉中来。陈言其学问有三重来源，一是乾嘉，二是史语所，三是昭和史学训练。

399. 陈鸿森先生言，自己一生做学问，不做别人做过的，特别是不做概论性质的学问。

400. 做学问当有大格局、大胸襟、大眼光，做饾饤琐屑之学问看似专深，实际极为平常，故常被人看作无用之学问。

401. 史家之议论亦不必全信，历代君主有几人是读书人？汉高祖、宋太祖不必论，即如成吉思汗、努尔哈赤更是不读书之人。《三国演义》评论刘备：“那人不甚好读书；性宽和，寡言语，喜怒不形于色；素有大志，专好结交天下豪杰。”点出了刘备能成就大业的基本素质，其中就是不甚好读书，盖受古书中的愚忠愚孝的规训与束缚少。明太祖朱元璋算是出身最为寒微者，曾因家贫当过和尚，而最终成就大业。所谓读圣贤书之核心是忠与孝，故读书多，而思维所受之负面影响越深。故古时成就大业者，不见得是读书多之人。读书人却往往是知古不知今之辈，故朱元璋在《翰林承旨宋濂诰》中说：“而濂虽博通今古，惜乎临事无为，每事牵制弗决。”读书多不见得有处理政事的能力，在朱元璋眼中，这类读书人做翰林学士是最佳选择，宋濂是天下读书人的表率，自然做了承旨，建文帝用读书人打不过武夫兵痞朱棣，所谓建文帝如果不读书，不信用读书人或许能守住天下。故儒者亦是迂腐之人多，古今都可见。只不过历史是读书人所写，真真假假，以自己好恶来评判人物。方孝孺之文全是迂腐之论，大不可信。

402. 倘若做学问没有一点思想，那史料还有什么意义？故步自封、自以为是只能做学问的旁观者，不得其门而入。

403. 读书拿到了学位，并不见得有学问。距离真正的学问之路还很远。

404. 二十四史为什么重要？它保存着中国最完整的系统。上一次讲史传，归有光，都是从这来的。钦定《明史》，体例最精，确实如此。古人读书是有家法的。其实二十四史里面最值得研究的是元史，因为牵涉国家多，稍微一做就是世界学问。我做王恽，因为他的诗词都是最多。我现在有个体会，一定要做大家。

405. 讲一个历史人物、文学人物，我们往往把人物简单化。比如我们总是根据出身来判断一个人。比如杜甫，出身小地主家庭，世守信儒的家庭，就推出一个结论，他就一定忠君爱国了。好多论文都是这样。这些论文缺的就是逻辑思辨能力。为什么这么缺乏呢？很重要原因就是把问题简单化，最可怕的就是自己还认为是对的，别人质疑还不服气。最重要避免简单化的就是加强史学修养。没有史学修养，是不可能形成对问题的真正认识的。

406. 新思想从哪里来？只能从对传统的批判中来。

407. 我就是本雅明，没有用处，但是思想不死。殷海光这样的真学者太少。

408. 当了一辈子所谓的蠹虫，到死也不知道自己是蠹虫，还沾沾自喜自己的所谓权力身份，这些人是中国进步的真正阻力。

409. 计算成本时，一般不计算心理成本，这也不合理。经济学家都想发明一个公式、模型，能涵盖一切。这几乎是痴人妄想。我们做每一件事的心理成本不考虑进去，那是得不到真相的。

410. 不要盲目批评科举制。古代科举制度是我认为最合理的考试制度之一，最大限度照顾了城乡差异、地区差异、文化差异。

411. 一个人的宽容与他的专业无关。有的人满嘴仁义道德，可能却是一个心胸极为狭窄、报复心极强的人。

412. 每年节衣缩食购书，但有价值之书实在不多。盖功利之心使知识阶层没有真正著书之心，书都是注水猪肉。我极喜读说部笔记之书，但今人之书，没有一部有价值的说部之书，也就《一滴泪》《上学记》《往事并不如烟》而已。故现今之人大多非读书人，只是有文凭之知识阶层而已，没有真正情感，何谈学术？

413. 中国缺乏严格之概念。比如，从孔子开始，到底仁是什么？数千年争论不绝，没有一个学者能写出类似于罗尔斯《正义论》的著作，从根本上彻底地解决这个问题。中国缺乏这种真正意义上的作品，虽然我们有张载的说法，但是如何论证其合法性始终是一个问题。所以严格来讲，中国没有学术，也没有哲学，只有似是而非的论断。

414. 如果以时代的观点来检验著作，我们实在是没有可以值得自豪之处。

415. 只有将每个人的生活环境、质量等问题解决，才能真正谈所谓学术。不然都是伪学术。

416. 真正的政治家和哲学家是有普世关怀、普世价值，从而有担当精神，其考虑的问题早已不是一家一姓之安危。王夫之、顾炎武类似。

417. 不能被古人的记述所欺骗，其记述的背后往往会无意中透出很多有价值的信息。对信息的解读是习文史者一种基本功。

418. 大学问从经史中来，故李白、杜甫只是诗人，发发牢骚可以，但不能解决实际问题。故范仲淹、欧阳修比李白、杜甫价值大。

第十章

学术研究中的人物

第一节　人物解读的研究与还原

一　人物研究的初步

人物研究就是对作家个体以及相关作品的研究。文学史的叙事方法是按照作家的生平思想、作品内容、风格特征等进行分类介绍，但是这种评价方法不属于真正的学术研究，只能将其称为“概述”。究其原因，是因为缺乏问题意识。之所以会出现这种情况，是因为我们所受教育的教学材料都有概述这一普遍现象。

在对人物研究的过程中，首先，必然涉及主体生平考证问题：生卒年、籍贯、仕履、交游等。其次，需深入解读作家主体的思想。由古代诗话创造的“摘句论”批评范式，将其套用在当下的人物评价中已不合时宜，那么从文集入手，便是研究人物个体思想的方法。比如研究元代南方文士袁桷，须先做其年谱，然后，再认真解读袁桷的《清容居士集》。再如元代北方文士王恽，同样地，须先编撰年谱，之后，再深入具体地研读《秋涧先生大全集》。最后，从文集入手的关键点，在于为作家个体编写年谱。在年谱编撰的过程中，必然涉及作品、时间、人物考证等问题，其应对方法是继续加深对作家作品的研究层次。学者在对作品进行深层次的研究中往往会会涉及文学批评的领域。已知的是，古代的年谱编写者，很少涉及对谱主的批评，凭借的都是自我感知。

二　人物研究中的批评方式

（一）古代诗话中的摘句论批评现象概述

我们对人物进行评价的时候，需要对西方方法论进行合理的借鉴与运用。但在写作时，需避免为了方法而运用方法。此外，我们可以追溯古代的人物评价方式。古代诗话采用的批评范式与现代不同。从梁朝钟嵘《诗品》，历经唐宋到明诗话中所遵循的批评方式，大抵都是从一首或多首诗篇中选择一两句美妙绝伦的诗句，以此来代表创作主体的诗歌风格。按照我们现代的学术视野来看，古代的这种“摘句论”的诗歌批评范式便颇有独特性。何文焕《历代诗话·宋征士陶潜》：

> 其源出于应璩，又协左思风力。文体省净，殆无长语。笃意真古，辞兴婉惬。每观其文，想其人德。世叹其质直。至如“欢言醉春酒”、“日暮天无云”，风华清靡，岂直为田家语邪！古今隐逸诗人之宗也。①

文中的“欢言醉春酒”出自陶渊明的《读山海经》其一。“日暮天无云”出自《拟古》诗其七，钟嵘便是从陶渊明两篇诗歌中各摘取一句来进行品评，并做出“岂直为田家语邪”的感叹，将其与田家俗语之作鲜明地分开。可见，钟嵘对陶渊明诗歌风华清靡之高度赞扬。“每观其文，想其人德”，可知钟嵘既有品诗之意，又有品人之举。文末将陶渊明人品与诗作结合起来，赞其为隐逸诗人之宗。朝代更迭，唐代也是承接前代的诗话批评方式，如《历代诗话·全唐诗话·刘希夷》：

> 刘希夷，一名庭芝，汝州人。少有文华，好为宫体诗，词旨悲苦，不为时人所重。善弹琵琶，尝为《白头翁咏》云：“今年花落颜色改，明年花开复谁在?”既而自悔曰：“我此诗谶，与石崇《白首同所归》何异?”乃更作一联云：“年年岁岁花相似，岁岁年年人不同。”既而叹曰：“此句复仍似向谶矣，然死生由命，岂复由此。”即

① （南朝梁）钟嵘：《诗品》，载何文焕辑《历代诗话》，中华书局2011年版，第13页。

两存之。[①]

开篇介绍刘希夷本人，并对刘希夷诗文内容给出悲情之论。继而，从《代悲白头翁》中择取“今年花落颜色改，明年花开复谁在”一句来印证刘希夷词作所饱含的悲苦之情。此外，宋叶梦得《石林诗话》卷中记载：

> 杨大年、刘子仪皆喜唐彦谦诗，以其用事精巧，对偶亲切。黄鲁直诗体虽不类，然亦不以杨刘为过。如彦谦《题汉高庙》：“耳闻明主提三尺，眼见愚民盗一抔。”虽是专题，然语皆歇后。[②]

可以看出，叶梦得对唐彦谦诗作的对偶精巧的赞誉，并从《长陵》诗作中选取两句来举证，接着又得出彦谦的诗文内容，如同歇后语一般精练。与此同类，明顾元庆《夷白斋诗话》开篇记载：

> 元，释溥光，字元晖，俗姓李氏，特封昭文馆大学士、荣禄大夫，赐号立悟大师。有二绝句云：“蟭螟杀敌蚊眉上，蛮触交争蜗角中。何异诸观天下界，一微尘里斗英雄。”……诗亦奇拔，恨不多见。[③]

顾元庆赞扬释溥光诗作有奇峻挺拔之气，但此诗与白居易《禽虫十二章》内容相差不大，只是更换个别字。仅仅以一首诗作来概括诗人的诗歌风格，这也是摘句论潜在的问题，即以偏概全的评论偏见。

由此来看，一味遵循古人诗话中“摘句论”的方法，不能符合当下对历史人物的研究判断逻辑，也不能够提供一个周全的人物评价范式。当下做人物研究，当从文集入手，人物文集能够较全面地为研究者提供一手研读材料。当解读创作主体的文集时，会发现一种现象，文集中有

---

① （宋）尤袤：《全唐诗话》，载何文焕辑《历代诗话》，中华书局2011年版，第74页。

② （宋）叶梦得：《石林话语》，载何文焕辑《历代诗话》，中华书局2011年版，第416页。

③ （明）顾元庆：《夷白斋诗话》，载何文焕辑《历代诗话》，中华书局2011年版，第796页。

大量的墓志铭、碑志、赠序、书信等。比如，《朱文公校韩昌黎先生集》中卷二四至卷三五，共十一卷，有多达60篇墓志铭。现节选卷三四《故太学博士李君墓志铭》中的记载：

> 太学博士顿丘李于，余兄孙女婿也。年四十八，长庆三年正月五日卒，其月二十六日，穿其妻墓而合葬之，在某县某地。子三人，皆幼。
>
> 初，于以进士为鄂岳从事，遇方士柳泌，从受药法，服之，往往下血，比四年，病益急，乃死。其法以铅满一鼎，按中为空，实为水银，盖封四际，烧为丹砂云。①

可以看出，韩愈的侄孙婿李于的卒年以及中进士后，到任鄂岳做官，碰见柳泌，为求长生而服食水银死亡的史实。韩愈文集中这类为求长生而服食“仙药”的记载不少。再加之，从其写的众多墓志铭可以做出判断，韩愈文笔较好，人品甚高，因而找韩愈写墓志铭者众多。由此，可知韩愈在当时颇受重视，地位较高。从研究人物的角度看，可以得知，韩愈与李于的密切交往，为研究韩愈交游提供了资料。

从韩愈文集可以看出，卷一九至卷二一中有33篇赠序，现节选《送孟东野序》如下：

> 大凡物不得其平则鸣：草木之无声，风挠之鸣。水之无声，风荡之鸣。其跃也，或激之；其趋也，或梗之；其沸也，或炙之。金石之无声，或击之鸣。人之于言也亦然，有不得已者而后言。其歌也有思，其哭也有怀，凡出乎口而为声者，其皆有弗平者乎！乐也者，郁于中而泄于外者也，择其善鸣者而假之鸣。金、石、丝、竹、匏、土、革、木八者，物之善鸣者也。维天之于时也亦然，择其善鸣者而假之鸣。是故以鸟鸣春，以雷鸣夏，以虫鸣秋，以风鸣冬。四时之相推敚，其必有不得其平者乎？……唐之有天下，陈子昂、苏源明、元结、李白、杜甫、李观，皆以其所能鸣。其存而在下者，

① （唐）韩愈：《朱文公校韩昌黎先生集》卷三四，四部丛刊景元刊本。

> 孟郊东野始以其诗鸣。其高出魏晋，不懈而及于古，其他浸淫乎汉氏矣。从吾游者，李翱、张籍其尤也。三子者之鸣信善矣。抑不知天将和其声，而使鸣国家之盛邪，抑将穷饿其身，思愁其心肠，而使自鸣其不幸邪？三子者之命，则悬乎天矣。其在上也奚以喜，其在下也奚以悲！东野之役于江南也，有若不释然者，故吾道其于天者以解之。①

从此篇赠序，可以看出韩愈与孟郊之间的关系非同一般。此外，从《送王秀才序》《送孟秀才序》等序中，亦可得见其与赴科考试的秀才人士有交往。从作家的交游角度来看，创作主体文集中的墓志铭、赠序、书信往来，这些现象的广泛存在，为人物研究提供了有价值的史料，最直接的便是为研究人物交游提供了便利。

（二）建构当下人物批评范式：运用文集与史料相结合的方法

我们在研读主体文集的过程中，可以得见北方的胡祗遹《紫山大全集》中，对生活窘迫、入仕艰难、贪污腐败等社会现实问题表达较多，展现自己内心苦闷的文章可谓不少。现列举一篇如下：《紫山大全集》卷六《寄西岩诸公文甫士能文举仲宣》记载：

> 年来长路苦奔驰，却羡书窗静掩扉。坐守冷官如旅泊，出逢高盖炫轻肥。尘封南浦闲游履，苔满西溪旧钓矶。屈指几人麟阁像，春风好在故山薇。
>
> 宦情元薄似春冰，况复重经宠辱惊。敢自持才求好爵，谁能努力趁虚名？黄鸡空负秋成约，白发潜随夜雨生。寄语山灵休见笑，草堂无恙得归耕。②

在入仕进取的长路上，虽凭借自己的努力，取得一官半爵，却是无关痛痒的虚职，不足以伸展自己的才智抱负。再加之官场上人情交往中的冷淡薄情，自己又一天天的没有盼头地等下去，黑发慢慢地长成白发，自

---

① （唐）韩愈：《朱文公校韩昌黎先生集》卷三四，四部丛刊景元刊本。

② （元）胡祗遹：《紫山大全集》，清文渊阁四库全书补配清文津阁四库全书本。

己内心的愁苦难以得到缓解。唯有向山林寄语，以躬耕来排解自己内心的苦闷。

以此文集来进行解读，会感慨元代文士为官得不到重用、官场黑暗等结论。但是，同处元朝，在南方文士袁桷的《清容居士集》中很少发现涉及政治问题的作品。即便有所涉及，其表达方式也是非常含蓄，文集中大部分都是华丽的辞藻、雍容大气的诗文风格。由此，研究的切入点已经出现：同处一个时代，北方文士胡祗遹与南方文士袁桷，为什么会出现这种截然不同的反映？由此，我们就要去历史中找寻答案。也即，所有的研究都不能脱离“史”的背景。

三　史料、形象与身份

（一）“史料的时代价值”与“时代的史料价值”

何谓“史”？“史”为基本史料，分为官方史料和民间史料。比如做唐代作家作品研究的时候，必然要涉及官方文献《新唐书》《旧唐书》。还要涉及民间材料，如刘肃编《大唐新语》（又名《唐新语》《大唐世说新语》《唐世说新语》《大唐新话》）、王谠编《唐语林》等。如果我们视野更加广阔，就可以涉及《唐人轶事汇编》。从元代史料来看，《元史》是必看的官方材料。我们在进行研究的时候，必然要从基本材料入手，不然就会出现无束缚地、无限制地解释材料的错误现象。由此，我们评判有些学术论文没有价值，究其原因，就是对史料不熟悉。如欲想写《洛阳伽蓝记中所见北朝人物》一文，就应知道《洛阳伽蓝记》在《四库全书总目》中的记载，其是地理志，也即民间资料。如欲深入研究，必然要涉及与其有关的官方史料的记载。对于存在争议的人物，可以找出两类评价互为相反的材料，并追问为何会出现截然相反的现象。如若要考察孙奇逢的交游，我们便应该查看《清儒学案》中的人物排列。《清儒学案》中凡例明确，人物收录及其排序非常严格，孙奇逢是和汤斌交游为第一代的，嵇文甫则不能列入孙奇逢这一学派，因嵇文甫受马克思主义教育等西方思想影响。从中也可看出，不能单从其家世渊源来推测嵇文甫的交游。研究清代版图，要看《大清一统志》。研究书院，就要查相关地方的地方志，比如《嵩阳书院志》以及书院保留下来的墨卷、墨义（从影印材料、图书馆查）。研究中参看基本史料、深入解读史料是必然的环节，也是最关键的。

研究须切合人物所处的时代。可是时代已经过去，我们如何贴合人物呢？这就体现出了“史料的时代价值”与“时代的史料价值”。从陈寅恪的《隋唐制度渊源略论稿》可以得知，其将常见的材料加以归纳研究，正如陈寅恪在此书的绪论中提及：

> 夫隋唐两朝为吾国中古极盛之世，其文物制度流传广播，北逾大漠，南暨交趾，东至日本，西极中亚，而迄鲜通论其渊源流变之专书，则吾国史学之缺憾也。兹综合旧籍载及新出遣文之有关隋唐两朝制度者，分析其因子，推论其源流，成此一书，聊供初学之参考，匪敢言能补正前贤之阙失也。[①]

陈寅恪便是从普通史料中深入厘清权力升降与世俗变迁的关系。从陈寅恪的著述来看，在研究中对普通史料的深入解读是完全必要的。巴托尔德（研究以中亚史为主）在《蒙古入侵时期的突厥斯坦》一书中以波斯文献为中心，其书注释超过了正文的篇幅，表现出其对史料的熟知。在萧启庆先生的《内北国而外中国》书中，《“说大朝”：元朝建号前蒙古的汉文国号》[②] 对蒙古建立的汉文国号阐释繁细，可见萧启庆对蒙古文献的熟悉。从《大蒙古国的国子学：兼论蒙汉菁英涵化的滥觞与儒道释势力的消长》[③] 中其对蒙古文“aldashi”（中文意为案打奚，元代重要的法律名词）的解读，亦可看出萧启庆先生对蒙古文中法律词汇的熟悉程度。另如《忽必烈“潜邸”旧侣考》[④] 引言中对“潜邸”一词的解释就列举了《元史》《周易正义》《道园学古录》三则史料，内容甚为详细明了，对八个字的解释就用了将近300字，注释内容远远超过正文篇幅。由此得见，对史料掌握的熟悉程度，也在研究中起到至关重要的作用。熟练驾驭材料，才能达到对研究对象的理解与同情。

---

① 陈寅恪：《隋唐制度渊源略论稿》，载《唐代政治史述论稿》，生活·读书·新知三联书店2004年版，第3页。

② 萧启庆：《内北国而外中国：蒙元史研究》，中华书局2007年版，第72页。

③ 萧启庆：《内北国而外中国：蒙元史研究》，中华书局2007年版，第93页。

④ 萧启庆：《内北国而外中国：蒙元史研究》，中华书局2007年版，第113页。

（二）作家形象演变问题

比如读戴震的《戴震文集》，在考证的时候，也会掺杂一些自己的意识，不可能有一种客观的考证。人的生物属性是客观的，出生年月是客观的，作品属性是主观的，那么，我们所有对人的评价，必然涉及主观的判断。另外，从研究角度来讲，在儒家意识形态对个体的影响中，负面因素也必须考虑。我们往往以“气节”标榜人物，就是按照非黑即白的人物看法，按照文学史中的叙述模式来评价的。比如学者对杜甫的评价言语就是“沉郁顿挫、忠君爱国”，但是，“忠君爱国”的概念是唐末开始出现，宋人确定下来的。其实，我们从杜甫本身来讲，凭借他的诗文，是不足以判定其忠君爱国思想的。更何况，他的“忠君爱国”思想在过去的时代中，并没有获得机会。因此，我们的追问就会产生一个学术问题：作家形象演变之因。假如按照《历史哲学》来讲，研究人物要将之放在当时的时代与环境中，这是正确的思维。但是，当下对古代人物的研究是放在史料中找答案，那么便需特别注意，对研究对象进行研究是要在史料中进行的，还需切合史料，深入探究史料的深层意义。

（三）人物身份问题

1. 身份归属

在研究过程中，对人物身份的分析也是重要的环节。身份属性对人物研究来讲，可以给我们提供非常重要的信息。例如，袁桷属于南方文士，常感叹人生之艰难。究其原因，元朝是按照征服的先后次序对百姓进行政治识别，分为蒙古人、色目人、汉人、南人，袁桷则为南人。王恽是北方文士，其身份是汉人，究其家世，王恽的父亲王天铎以其精于律学而首选入仕，官至户部主事，属于金代的律科进士，那么王天铎交往的群体就是属于金朝区域的文士。此外，胡祗遹、许有壬①都属于这样一个群体。元朝这样的划分就决定了人物在权力、待遇、身份上是不一样的。确定身份归属是研究的第一步。比如研究杜甫的诗学风格，就要

① 许有壬（1286—1364），元代文学家。字可用，彰德汤阴（今属河南汤阴）人。自仁宗至顺帝，许有壬“历事七朝，垂五十年”，“遇国家大事，无不尽言”，“明辩力诤，不知有死生利害”。谥“文忠”，葬于安阳城西北武官之原、洹水之阳。许有壬“善笔札，工辞章”，其文章诗词，在元代堪称“巨手”。当时的著名文人欧阳玄（欧阳修之后）谓其文章“雄浑闳隽，涌如层澜，迫而求之，则渊靓深实”。

追问其跟中原的学术传统有没有关系？此外，李白的性格是否与四川的地域文化有关联？我们知道，李白的身份始终是模糊的，那么可以思考的是，其是不是刻意隐藏自己的身份？因为身份关联到族属、族群等庞大的系统。这都是值得重点关注的研究问题。

2. 族源问题

家族的独特影响，往往决定了人物对世界的认知方式。袁桷出身于宋代的士大夫家庭，曾祖父袁韶、祖父袁似道、父袁洪，其家族藏书丰富，钱财之多，富于一方。再加上其与赵孟頫有宗表之亲，从研究的角度来讲，这就为做袁桷的交游考提供了大量的信息。据此，我们可以划分袁桷的交游圈，除了其自身的政治交游外，还应考虑父系袁洪的交游与母系所牵涉的关系网等各种因素。此外，王恽之父王天铎属于中下层官员，从吏出身，故王恽文集以务实、质朴文风为主。许有壬、胡祗遹均是这类情况。袁桷《清容居士集》多表现华美典雅的诗文风格，从身份属性这一角度，便可看出这与其出身贵族有关。元代贯云石家族，属于色目人家族，享受权利和地位非常高，贯云石的祖父是元朝的功勋重臣，贯云石十多岁便可以位居高官，但对仕宦不是很热切，并将爵位让给自己的弟弟。所以，读其文集就会发现，其诗文比较清逸，没有官场气味。清代的纳兰性德为满族高层贵族身份，从其家庭出身来看是重臣明珠的儿子。另如曾国藩的诗文不以华美为特点，而是约束保守，时时刻刻要反思自己修身，并且经常阅读经典儒家典籍。王阳明的父亲王华是成化十七年（1481）状元，官至南京吏部尚书，王阳明认为，读书就要志在成为圣贤。由上述可见，家庭的出身是我们研究人物思想必须考虑的因素。还有师承渊源，例如袁桷，文学方面师承戴表元，历史方面师承胡三省，经学知识师承王应麟，我们从其老师的身份上来说，王应麟著有《玉海》，胡三省著有《资治通鉴音注》。此外，王恽认为元好问是其老师，元好问的词风是标榜苏轼，那么，王恽的词学理论就是以苏轼为正统。因此，研究人物如果不从师承渊源上分析，就很难准确定位。

第二节 思想研究与人物制作

一 人物思想的研究

研究人物思想，一般而言，首先，应从作者的文集入手。其次，研读后世对其的评价。再次，反思人物思想的当下价值，也即是否值得被赋予当下价值。最后，对人物思想进行阐释和提升，使作家作品具有时代命题的意义和价值，构成对其作品思想研究的价值。须注意的是在人物研究中主体与他人所具有的共同性质，比如苏轼同受儒、道、释三家影响。如果与苏轼同处于一个时代的人都有受到这种影响的话，那么我们对苏轼的受三家影响的研究就只是一种现象的表述，还不是更高层次的学术研究。

（一）研究人物，应该做到对其思想进行贯通

研究人物的诗歌思想，不建议只从主体诗歌中解读，要从文集中深入挖掘。同样，研究文集需要从诗歌中阐发思想，将两者互为补充，才能为贯通思想做好准备。尤其是在创作主体还留存着历史类的著作时，诗歌、文集、史料都为人物思想解读提供了有效的材料。普及教材中提供的研究主体材料是被处理过的，不是真正的原始材料，由此反思，抛弃教科书惯用的讲述人物的方式以及提供的材料是完全有必要的。再者，研究是研究人物的特殊性，要从其特殊性中找共性，从共性中找特殊性，互相套用。如《易经》是典型的中国式直接呈现式，是无辩证的思维方式，而我们在其直接或间接的影响下，是不容易接受西方现象学的论证方法及思维方式的，据此反思，中国的教育也难以脱离此类方式。

（二）需要厘清人物所处时代的学术与历史的变迁

学术是时代发展的产物。宋代形成了理学，清代形成以汉唐朴学为代表的考据学。因此，我们需要厘清人物所处时代的学术及历史变迁。人们需要明白历史的变迁、学术的变化、社会的风尚等方面。清末民初章太炎的《国故论衡》《驳康有为论革命书》、刘师培的《左盦集》、皮锡瑞的《经学历史》《经学通论》、梁启超的《近三百年学术史》等著述均是研究的佳作。在梳理学术发展中，唐代诗歌，就催生了后世对“唐诗学”的研究。到了宋代，宋人淳朴淡雅的理趣诗与唐人恢宏气势的范

式截然不同，由此，宋代产生了理学。由元转变到明清，便形成了考据学。学术演变中必然涉及具体人物的诗歌风格，须提及的是苏轼，后世学者按照诗词风格分类将其归为豪放派。值得思考的是，豪放一词是否真正贴合苏轼的诗文风格？由南宋俞文豹《吹剑续录》记载："柳永词只合十七八女郎，执红牙板，歌杨柳岸，晓风残月；东坡词须关西大汉，铜琵琶，铁绰板，唱大江东去。"平实壮观的说法才是真正符合苏轼的诗风。

（三）关注人物思想中的矛盾点、争论点

研究对象，如果选择能够构成话题的人物。比如，徐志摩、胡适、郁达夫更容易引起人们的关注。我们回看历代人物，如唐代的王维，在文学方面被称为诗佛，是山水田园派的集大成者，在历史的进程中，我们关心的是安史之乱时其被安禄山俘虏，而他是否投降过安禄山？王维的思想多变性便构成了我们的研究焦点。南宋赵孟頫，以其赵宋皇室的贵胄身份入仕元朝，对元朝尽忠；金代的元好问，也投降元朝。这种现象也是研究人物思想中的重心。尤其值得提及的是南宋文人方回，方回是主动投降了元朝，在元朝任职以后，又标榜南宋，这都是为当时之人所唾骂的。但是其所作的《瀛奎律髓》确立了诗学的典范意义，是诗学史上的重要著作。所以，按照这样的思维方式进行研究，人物的研究才可能更有丰富的意蕴。

二　人物思想的形成原因

创作主体所受外界的影响，发生了哪种方面的变化？因为何种因素，促使其具有何种形象？古代人的历史意识不是重复模式，是强调人物的一种突变，也就是从一个状态转变为另外一种状态。对人物研究需要注意的是：首先，做到视野开阔，并以同情的态度去研究人物以及体会其所处的时代。其次，忌讳用政治性、道德性的话语评价，应该从其观念与经历入手。最后，重复别人已有的研究，是不可取的。科林伍德在《历史的观念》中提道：

> 由摘录和拼凑各种不同的权威们的证词而建立的历史学，我就称之为剪刀加浆糊式的历史学。再说一遍，它实际上根本就不是历

> 史学。因为它并没有满足科学的必要条件；但是直到最近，它还是一种值得存在的历史学，而人民今天还在读着的，甚至人们还在写着的历史书，就都是属于这种类型的历史学。因此之故，不了解历史学的人，就会有点不耐烦地说：为什么你说不是历史学的这种东西，恰恰就是历史学本身，剪刀加浆糊，那就是历史学之其成为历史学的东西，而这正是历史学不是一门科学，这是人人都了解的一个事实。尽管专业的历史学家在夸大他们的职能时，有着各种毫无根据的自诩。①

其认为剪刀加糨糊式的制作，不足以成为学术研究，不能够以学术体系对其进行辨析。剪刀加糨糊式的制作，是不能够产生真正的学术作品的。

三　相关材料与研究范围

古人多是运用“摘句论”对人物作品进行截取式的评价，这会出现一种扩大、误用、变形的情况，不能够代表人物主体原有的思想原貌。比如，戴表元多是针对投身于科举之中无实学的人士的批评得出结论，文士受科举制度的束缚，必然创造不出来有价值的作品，产生不了当下的意义与价值，那么，科举的存在只会对文学的创作产生阻碍作用。因此，戴表元认为只有选择废除科举，诗学才会摆脱束缚得到解放，便如宋朝人从科举中解放出来，得以恢复诗学传统。因此，文学现象的变化要与其背后的社会环境联系起来。从研究者的角度来讲，古人的写作方法和路径，迫使我们读者只能停留在一种感悟上。我们看到的文本是一种担负现实交流任务的文本，而读者、研究者没有办法穿越这种感情形式，也深入不到作家作品背后进行研究。正如《知识分子的创造》一文中写道：

> 如果左拉没有成功地（并非刻意地）至少部分地改变狭义的认识和评价的原则，特别是在建立有意识的选择方面，很可能他也无法逃脱销售量的成功和大众化的嫌疑令他所处的声名狼藉的境地。他还将文人的独立和特殊尊严的境遇合法化，这种境遇建立在将他

① ［英］科林伍德：《历史的观念》，何兆武等译，北京大学出版社2010年版，第254页。

> 的特殊威望用于政治事业的基础上。他因此需要表现出一副新面孔，知识分子的面孔，为艺术家创造一种智识与政治密不可分的带有预言性的颠覆使命，这个使命适于显现一个美学的、伦理学的和政治的派别，这个派别与战斗的保护人，总之，与一切被他的对手们描述为具有庸俗或堕落的趣味效果的东西相宜。他推动文学场朝自主的方向发展到极限，试图将文学场内部表现出来的独立价值同样在政治场推行开来。这就是他之所以会在德雷福斯事件中取得成功的原因。他最终把一个按照智力场的典型划分原则提出的题带入了政治场，并且向整个社会空间推行这个特殊的却自称具有普遍性的世界的不成文法则按照一个智力场化出的原则，从而带入进政治场，并且向整个社会空间推行，自称具有普遍性的世界不成文法则，后世作家群体，凭借文学场的法则，进入政治场，从而就塑造一批知识分子。①

可见，文中知识分子的塑造与政治、社会、时代等诸多方面多有关联。所以，研究人物便要综合政治、制度等对人物所产生的多种影响因子。笔者做社科基金项目“元代翰林国史院与元诗风尚研究”时便是从制度与人物的关系入手而展开的研究。知识分子主体的思想，任何人都不能主宰，这就构成一个场的历史。一个人是不能忽视空间的基本法则的。我们对作家进行符号消费，如搜集杜甫的选本就是一种消费，我们在对其消费的过程中，在这种空间和实质消费意义的概念上，就构成了对人物的一种评价。我们在研究作家的时候，源头既是起点，也是终点。我们对人的评价，是在社会空间中进行的，是透过社会习俗、社会习惯等特定的约束形成的，所以我们在逻辑论证的过程中，所有的因果体系的逻辑论证，都是以经验为依据的。

四　人物的书写与重塑

对人物进行研究是对人物的塑造，这里面一定存在共时层面与历时

---

① ［法］布迪厄：《艺术的法则：文学场的生成和结构》，刘晖译，中央编译出版社 2001 年版，第 159 页。

层面。我们根据时代进行记忆，根据材料和痕迹进行回顾性的改写，这必然包含了对知识的再创造。比如，郝经就是被塑造出来的典型。《元史·郝经传》卷一五七记载：

> 经还之岁，汴中民射雁金明池得系帛书，诗云："霜落风高姿所如，归期回首是春初。上林天子援弓缴，穷海累臣有帛书。"后题曰："至元五年九月一日放雁，获者勿杀，国信大使郝经书于真州忠勇军营新馆。"其忠诚如此。①

当今时代来看，郝经的雁足传书本身就是没有现实背景，这必然存在编写者的主观想象。因此，我们对一个人物进行研究，应该认真反思史料中放大镜式的失真叙述的背后原因。对人物评价的时候，一定要追寻人物的前因后果，要学会发问促使人物活动的决定性因素是什么。人物不是一成不变的，时间一定不是单纯的直线运行的，我们要找到人物的正反两个方向。古人的评价，往往具有道德化的评价与道德性的倾诉。同样，几百年后，这个时代的"保送生""本硕连读""硕博连读""直博生"也会成为教育制度研究中的一环，由此，我们便会追问，除了参加"全国硕士研究生入学考试"外，求学的机会是否多种多样？同样地，我们来看元代，有凭借根脚出身而入仕者，亦有通过科举考试步入仕途的。后世研究者的想法是，因科举废除，知识分子没有出路，于是元代的知识分子便催生出了杂剧这样的作品。其实仔细想想，二者没有必然的因果关系。人物的思想是在时间与空间相互作用下产生出来的，所以这也就是人物的塑造过程。

---

① （明）宋濂等：《元史》，中华书局1976年版，第3709页。

第十一章

立足文献，阐释历史

第一节　从正统论到华夷之辨

一　正统论

元代历史的正统问题不是的一个简单的史学问题，而是与元朝的意识形态息息相关。只有在明白正统论后我们才能讲融合论，那么对正统论的认识便不能拘于一种简单的史学立场的考量。如此便是一种对问题的窄化。正统论实际上是儒家观念意识形态化的一种外在显象，但是按照中国古代的文化言说方式，正统论是不会简单地以一种“权力”的概念来揭示的。权力是一种互体性的概念，福柯的《知识考古学》与《规训与惩罚》讲的是知识和权力的问题，讲的是知识如何转变为权力和权力如何垄断知识的问题，但这是现代社会下的讨论。正统观念的争论实际上是对儒家意识形态合法性的争论，这种针对合法性的争论是其表现出的一种外化形态，这种外化形态是具有很强的功效性和实在性的。如果正统论无法解决就会带来名不正、言不顺的问题；名不正、言不顺，就意味着统治难以持久。若我们以意识形态的概念来认识正统论的话，就可以把这个问题分解为：认识—认同—自我形象的认定。自我形象的认定仍然是古人的一种想象，这种想象把个体与王朝命运紧密联系在一起，通过礼仪的话语形式勾结起来，这样就变成了儒家形态的具象化的问题。

元人讲“可亡人之国，不可亡人之史”，所以说修史是一个重要的事情。但修史首先要解决的就是正统问题，因为只有正统问题解决了，王朝才具有了统治的身份合法识别，当统治的身份合法识别完成之后，儒家的文士在进行立论言说的时候就有了“政策依据和法律参考”，这是古人维护统治的一个必然方式，典型例子如五德说认为宋是火德，金是水德。欧阳修正统论的意义在于他第一次突破了唯正的话语形式，衡量合法统治王朝的标准变为了“能不能一统、有没有合法统治依据”。欧阳修的置换实际上突破了天命观，这种新的观念解决了五代十国以来王朝更迭纷繁带来的问题，为北宋王朝建立了立论基础。但欧阳修的正统论逐渐不再适合宋朝的发展，因为他是以中原王朝的大一统自居的，而北宋和南宋三百年则始终面临着外患问题。到了作为偏安政权的南宋，该怎样来符合正统论呢？所以朱熹要解决这个问题。于是朱熹作《通鉴纲目》，重新评定正统论的标准，在其中加入了浓厚的道德信念和解释。朱熹在《资治通鉴纲目序例》中说：“凡正统之年岁下，大书；非正统者，两行分注。”[①] 这个就是国家意识形态具体应用到微观史学的一种范例。朱熹继承了春秋时古人的正统观念，帝蜀寇魏，“凡大书有正例，有变例。正例如始终兴废、灾祥沿革，及号令、征伐、杀生、除拜之大者。变例如不在此例，而善可为法，恶可为戒者，皆特书之也”。宋代在学者眼中是一个文化高峰，用陈寅恪的话来说就是“宋代开启了一个新的文化范式”，正统论便是文化范式中一个很重要的概念，因为它第一次从史学意识上解决了“如何评价正统”的问题。

元朝不是汉人建立的，而是蒙古人建立的，从这个角度上来讲，汉地是被征服的。从《春秋》以来的史书中难以找到与元朝问题相对应的情况，因为按照严格意义来讲，元朝的统治是先有的蒙古国再有的元朝，也即是先有了蒙古政权，才有了通过逐渐采用汉人的方法建立起来的汉人统治秩序。当南宋被征服以后，忽必烈采取“四等人”制度，原南宋人变为了第四等人。在国家修史的时候，正统之争对蒙古皇帝来讲未必是个很重要的问题，但对汉人来说则不同，此时体现出了元初南北地域的隔阂，北方汉人认为南方人是低等人，所以自然不能以南方为正统。所以修史时正统问题一直拖延不决，这背后一个最主要的矛盾就是由谁主导修史的话语权。修端在金朝灭亡后不久提出修史，他认为金朝是正统，南宋不是，将南宋修为《南史》即可，而且这个观点得到了后来王

---

① （宋）朱熹：《资治通鉴纲目序例》卷首上《朱子序例》，四库全书本。

恽的继承。王恽写东西有一个很重要的特点：他会记录所有跟他有来往的人物，而且王恽的集子是其儿子整理的，并无散佚，可是通篇文字都不曾见他和南人交往的记载。且王恽曾为闽海道提刑按察使，他在南方当那么长时间的官，却与南人没有什么交往，这不是很奇怪的事吗？王恽虽然与赵孟頫这些投降的南人在一个朝廷里当官，但他的立场与南人的立场并不一样。南人在朝廷里面并无话语权。所以在修史的时候，袁桷讲修史的各种条例，表面上是一个修史问题，实际上是在背后争夺朝堂里的话语权。

此事以修史为发端，忽必烈在位初时就开始争论，直到最后也未解决。一直到元顺帝时，以丞相脱脱为主，修史的人员变了，参与者中张起岩是北方人，欧阳玄是南人，揭傒斯是南人，他们用《道学传》进行了一个谱系传承，将其归于虞集、揭傒斯门下，追溯之后他们变成了正统，于是欧阳玄修辽、宋、金史时不再争论，三家并行，皆是正统。所以每到一个朝代的更替，正统论往往首先被当作一个很重要的问题。到明朝的时候，方孝孺也讲正统，实际上他的正统有一个暗含原则。原因在于方孝孺经历了靖难之役，靖难之役是明代政治史上的一件大事。之前，朱元璋建立的政权实际上是以南方政权为核心的，但是到朱棣的时候发生了巨大的转变，他直接把国都定在了北方，政权的中心发生了根本性的变化。有清一代，正统论又成为一个重要问题。明朝是汉族人建立的，到了满族建立的清朝，正统论不能再以民族来划分，这种划分方式被以国家、天下为标准的划分所取代。

二 华夷之辨

宋元明清的文人始终都面临一个很重要的问题，即华夷之辨的问题。在华夷之辨这个概念的基础上，我们才能讨论民族融合的问题。每当我们讲到华夷之辨，以“华夷”的概念来讨论问题的时候，往往会说“春秋以来”。春秋时期的人面临的华夷问题与郝经面临的华夷问题是两个概念，所以郝经和许衡对华夷的概念进行了一个置换。春秋时期以来的华夷之辨是以民族立场，言语风俗之异同来作夷夏区分，但是郝经和许衡面临的问题则是不一样的。他们所考虑的问题是作为统治者的蒙古人该怎么办？这个很重要。郝经开始提出这样一个观点：“今日能用士，能行中国之道，则为中国之主”，可惜郝经的理论主张还没有实施，就因出使南宋而被贾似道扣留了十六年。这时候一个很重要的人物出现了，就是许衡。如果说郝经是第一次提出了理论主张，那么实施层面则是由许衡完成的。许衡从教育入手，成立国子学，教育蒙古贵族子弟，他把思想传承到第二代蒙古人身上，培养出了很多汉化的人物，甚至包括太子真金。其实历史转了个弯，如果太子真金死得晚一点的话，可能元朝就不会走到那个最终的政治格局。所以如果看许衡的文集，会发现其文采一般，然而许衡之目的是教育蒙古的贵族子弟，因此不可能用艰涩的理论，只能用通俗的话语。许衡进行夷夏之辨很重要的一个转变便是“以夏变夷”。为什么元朝南人对许衡评价那么高，因为如果没有许衡的话，元朝的文士不知道地位该有多低下。刘因用《老子》来讽刺许衡，刘因的民族立场、气节要高得多，但政治贡献远不如许衡，这是客观评价。因为刘因作为一个气节之士，其实并不能解决实际问题。以这种角度来观察夷夏之辨，就会发现到了朝代末期或朝代建立的时候，夷夏之辨就被文人拿出来当作一个重要命题。所以，夷夏之辨与正统论交织在一起构成了一个历史的复杂趋势，读中国文人集子就往往会发现里面隐含了强烈的立场，这个立场就出现在争论中，而这背后的一个核心就是身份的合法性问题。身份的合法性是每个人都要考虑的问题，在对此进行讨论的时候，就牵扯了下一个概念——融合问题。

三　融合问题

“融合”现在是一个热度很高的词。我们会讲文化融合、民族融合等，可是实际上并不彻底。比如外国文学翻译到中国，我们将其称为中西文化融合，叫西学东渐、东学西渐，其实这远远不够。白寿彝的《中国通史》中谈到中华民族的两次大融合，第一次是秦汉统一，第二次则由元朝人进行。然而，既然是民族的大融合，但为什么没有解决朝代的更迭问题呢？元朝的确曾建立一个大一统王朝，但实际上元朝这个称号不到 90 年，很多问题并未得到根本性的解决。融合的视野之前多是静态的观念描述，融合有什么表征呢？当我们以问题为中心进行研究时，“融合”这个话题就显得特别重要了。

“融合”是一个动词，而且是持续性的动词。融合的时候第一涉及演变的问题，比如说蒙古族采用了汉族的科举制，但是也保留了自己的风俗，从这个角度来讲，并不能说是蒙汉融合。这个词其实难以解决实际问题，表面上“融合”是进行语言学习，从语言习俗到文化观念，深层次上讲，这还是一个身份的问题。“融合”本身蕴含着一个“谁融合谁”的概念，即“谁融”“谁合”，表面上看是一个融合问题，却遮蔽了一个概念——谁是主体？谁在主动推导发挥作用？第二是制度问题，即采用什么样的制度作为立国基础的问题，从文学上讲，便是融合了文学制度。其实文学制度对我们的影响要远远大于文学本身，正如读书的人往往都是通过这种制度上学，但制度本身其实是一个国家意识形态的显现。第三是意识形态的问题。我们说夷夏观念，讲正统论，这种观念背后实际上就是意识形态问题。而意识形态则会导致社会资源分配问题，元朝便始终没有解决好它统治内部的社会资源分配问题。元朝的融合没成功的一个很重要的原因就是社会资源分配没有解决好，而非简单的经济基础问题。就如我们现在也面临着社会资源分配问题，只不过并非经济问题，而是变成了如何上学、如何工作。元朝在经济上采取的是压榨政策，《草木子》的作者说“内北国外中国”，就是以北方为核心，压榨南方税收以提高对北方的经济输入，但经济压榨的背后，实际上是对人的忽视。以今天的视野来看，民族融合问题如果解决不好，很容易出社会问题，而这背后就是一个社会资源分配问题。资源是有限的，但是元朝始终没有解决好怎样占据这些资源、如何以合法公正的途径分配这些资源的问题。元朝汉法的核心前提是保证蒙古人的利益，元朝始终没解决好正统问题的根源就是因为没有解决好意识形态的问题。儒家意识形态始终不是元朝真正的立国基础，元朝始终是以蒙古的统治为核心的，表面上是以儒家文化作为立国基础，但始终没有彻底完成儒家意识形态的学理化，没有完成向政治化的转化，而这个转化是很重要的，一旦没有完成，统治的合法性就始终是一个问题。

很多人研究元朝文人的诗文创作是对盛世文学的歌咏，这个就需要我们用文学话语去研究，当我们通过表面的文学作品进行描述时，这只是研究的初步。当你发现古人大量用某类词的时候，那么看这些词就需要思考背后的问题：为什么这些词出现的频率如此之高？当我们以这种研究视野重新换一个角度观察一个时代的文学叙述时，即使是老的问题也往往会有新的结论。这些都离不开的一个前提条件是文本的细读，但文本的细读必须依托于你的问题。就如我们在融合论、夷夏观念和正统论的概念中去讨论元代面临的南北融合问题，一切都迎刃而解了。

古人的文集其实很难读懂，必须自我还原到当时的场景中去读古人的集子，这样你就知道他当时为什么说那些话。古人叙述往往是和我们现在说话一样的，所以我们一定要考虑古人没有说什么，然后再去追溯他为什么没说。如果我们硬要用固定的方法论去套，就会发现一个问题：理论与文献材料的二难。即你硬套的理论在文本解读的时候很难说通，所以我们必须从文本的角度，如文献材料、文本思想，去分析问题，如此，文学的研究便会更深、更广。学古代文学的人经常有一个问题，一旦叙述的时候就是忧国忧民，诗人不得志，这些全部是伪问题叙述。比如在叙述元曲里的文士的时候，就说表现的是元代文士不得志，那么元代文士不得志，明清文士就得志了吗？从屈原以来就是这个传统，那么这不都是伪问题吗？所以我们在进行这种研究的时候必须从文本分析细读的角度去看问题。比如我说的夷夏观念、正统论这个角度就是一个大的问题视野，这个方法论完全是中国的方法论，无法用西方的方法论，因为西方的方法论解决不了这个问题。我们用“权力观念”这个词，但这个跟福柯的权力不一样，福柯的权力是基于民主立场的，中国古代也是有民主的，但没有西方民主的那个概念，宋代的士大夫与君主共天下就是一种民主。

好多人研究坐姿，大臣在君主旁边坐，围一圈开始讨论，结果到元代的时候大臣是跪的，到了明代的时候如果士大夫不从，就要接受棍罚，到了清代的时候就更典型了。清朝末期融合论开始产生作用，当时最初的口号是“驱除鞑虏，恢复中华”，这明显就是不承认满族是自己民族的一部分，“中华”是代表谁呢？后来就改作“五族共和”，这是一个很大的概念，并且很容易被外国人揪出毛病。当时蒙古本可以不独立的，它的独立与汉族人有很大关系。做学术要有大的关怀、格局，这样做学术研究才有气魄，才能建立重要的问题，才能有重大发现。

融合这个具体的实现方式是什么样的？教育是最好的方式。看问题不能以民族视角，现在 21 世纪最大的问题就是以民族视角看问题，实际上民族视角有其很大的局限性，不能单纯地以民族视角看待一切问题。

儒家从来不以民族来分析问题，一提民族就暗含了血缘的纷争。欧洲始终没有建立一个大一统王朝，就因为有很多民族的理论，我们中国从秦开始就是大一统，统一就是主流，分裂不是主流，虽然南北朝一百多年，但欧阳修的正统论就说建立大一统王朝，能不能统治好中原是很重要的一个标准，而不是以民族身份识别的。

第二节　天地秩序的崩裂与重建：元代及现代中国的相关问题

一　问题的提出

中国古代制度的演进和文化的演变都呈现一种其来有自的过程，而非一个突起的或者断裂的历史。当我们以历史的断裂或者断裂的历史作为视角来看这些问题的时候，并不能取得一种可靠的结论。所以对于一个朝代相关问题的争论并不单是文学学科所能把握的。

现在很多人讲中国文学本位立场，那到底什么是中国文学本位立场？很多研究现代文学的人把文学样式的兴起源头直接追溯到西方，那么他显然是不知道中国自身的思想资源的。当单纯以理论套用去研究问题时，任何一个理论都是苍白的，是不能解决现实问题的。思想的资源和传统一旦不可找寻、不能追踪，那么我们将不会知道为什么这片土地上会有如此的演变，这样我们在实际研究中就会遇到瓶颈。正如上文所言针对中国现代性的研究，其实重点不应是“有没有现代性”的问题，而应是“现代性的普世度”，即到底有多少现代性因素的问题。在我看来，中国的制度从古到今并未真正发生改变，中国的文化语境也很稳定，现代媒介技术虽然在我们的时代已经基本得到普及，但是我们并不能将它视为制度与文化层面的实质的改变。尽管它既可以传播所谓的现代西方文明，也可以传播我们传统的或者根深蒂固的文明形态，这也同时表明这种现代技术工具是任何人都可以使用的，这个时候我们就会发现这样的问题：其所代表或者带来的思想的“先进”到底在哪儿？这是一个值得追溯的问题。但有时很多问题未必要找到现成的答案，也就是说当以问题为中心进行论文写作的时候，并非一定存在所谓的终极答案，其实更多的时候只表明我们对这个问题思考到了这个阶段——我们依靠现有的知识视野而得到了目前的初步的解决路径，但是再深入思考就会发现远不能把问题真正说清楚。比如元代的扈从纪行诗，我当时是在文学史的视野下去认识问题的，认为自己在文学史的视野下第一次厘清了很多相关概念，然而实际上将这种思考深入追溯的话就会发现问题：为什么元代存在“扈从纪行诗”？为什么明清没有这样的形态？所谓的文学史地位其实是我们强加给它的，而文学史本身又是我们构筑出来的，文学史是可以不断被修正的。古人是没有文学史的，从这个角度来讲文学史就是一种意识形态，把它看作意识形态能解决很多问题，比如我们因此就会发现为什么总以阶级、思想、作家生平作为文学研究的内部划分，因为文学史是被我们写成这个样子的。文学史本来不是我们现在所认知的状态，而是从第一代写作开始到后世的演进都是按照这种框架来叙述的，那么是不是这种框架就一定能限制我们不按照别的文学史叙述形态来描绘了呢？文学史也是史，是文学的历史，不存在客观的历史，也没有客观的不变的历史，历史是我们写出来的。换言之，历史是根据既有的文献材料不断解读、不断阐释的过程，这也就决定了经典是需要被不断阐释的，是需要被赋予意义的，不同人对文学史或者说对历史的理解甚至是对一个现象或者事件的理解都会不同，不同的人的评价存在偏差是很正常的现象，如果不存在偏差的话，那么就说明这个事件是静态的，始终没有进入现代人或者当代人研究的视野，这个事件、事实或者“史”就是没有意义的，它只有进入写作的过程中才会存在真正的意义，进入到研究者的视野中得到不断的阐释才有意义，这就是为什么西方的《圣经》可以产生阐释学，我们中国可以产生独特的经学，我们以二十四史为核心能产生中国独特的史学。

经学和文学是分离的，能产生独特的阐释是因为每一个研究者能从古代的典籍中找寻到当下的回应，如果不能从古代经典中找到回应，古人的作品不能进入当下的视野就不能够“复活”，也就没有在场感，就不存在研究价值。所以，表面上看我们研究古代的经学、史学，实际上是借古人来言说我们自己的叙事。从内心深处来讲，我们也在寻根，在追寻我们的民族特性，这样的研究才能使我们从中找到自身的价值与意义，因为所有的材料如果不能进入研究视野的话是不会“复活”的，不会“复活”就不能和我们的思想发生关联，这种研究就只能是一种静态型的研究，比如说很多人做校勘和版本的研究，这种研究的最大意义可能就是其所谓的廓清真相。从现在的研究来看是不存在真正的古籍整理的,而清人学术中所谓的“求真”是不存在的,因为只要将一个集子加上现代标点、校勘与注释,它就已经是你自己的本子而并非古人原来的本子了,就像笔者做的《王恽全集汇校》一样,其实它就已经成为笔者自己的本子,如果存在疏漏别人再整理时就是别人的本子了。那么从这个意义上讲,《诗经》和《易经》的真实原意是很难被探究的,我们只能结合实际材料佐证、研究以找到当下的回应。

从我们目前的学术思想和视野来看,单纯的版本、目录和校勘研究的意义就在于思想价值,也就是我们要考虑为什么会收这个集子,这个集子为什么会形成,校勘的目的虽说并不能做到真正的“求真”,但起码要做到追溯可靠的文本,其意义就在于为我们提供了一个可靠的阐释空间。如果单纯对于一个人,如对古代、现代作家作品评价做研究,笔者认为只是一种初级的从生平、时代角度所作的思考,这个作家的确生活在这个时代,但是这个时代究竟对这个作家有多大的影响则是可疑的。比如某篇论文研究一位明末清初的女性作家,把当时的王阳明心学作为该作家的创作生成的原因之一,这里面就有明显的现代叙述模式,实际上王阳明的心学究竟对当时个体产生多大影响是值得怀疑的。作家和作品的关系一方面受人性解放的个体化叙述影响,另一方面我们又认为是受时代的影响,而这些都是有问题的。既然作家自身心灵世界的叙述或者个人情感的表达是不能脱离时代的,就如同我们经常用丹纳的种族、环境、时代三因素影响理论来研究个体一样,这些外部研究是不可否认的,但是其影响的程度究竟多少是难以估量的。文学研究和历史研究是一个主观性研究,比如说司马迁创作《史记》,这是一个客观事实,但其背后的因素却是主观的,将两者混为一谈就会使该作品的客观性与真实性受到质疑,我们是借助这个作品来言说自己的思想还是作家本身的思想呢?或者是作家背后的时代呢?如果这些问题不考虑清楚的话,我们既没有新角度的构建又没有新材料的发现,也没有找到当下的回应,那么所做的研究在大的学术研究角度上来看是没有意义的。所以我们做研究的时候,理论和方法都应该是适度的,真正的解读是要依靠文本和研究者的人生经验的。人文社科研究本身就是人生经验的一个积累过程,外化的事件一旦构成个体的人生经验就会形成真正的“熟能生巧”,然而我们依然未必能上升至事件本身的规律，所以说康德只有一个，章学诚只有一个，大多数的事件和经验是无法上升到规律层次的，我们的很多想法和构思并不能上升到哲学层次，很多人有丰富的人生经验但也不能实现这样的高度，这大概与“天分”相关。西方的“诗”经常被认为是天赐的，是不需要有人生经验的，而我国古代律诗往往是需要人生经验的，因为中国的诗人生活在中国深厚的历史土壤中，如果没有人生经验是无法写出那种对人事复杂历程充满哲学感受的作品的，如《红楼梦》中的“身后有余忘缩手，眼前无路想回头”，这十四个汉字谁都不难认识，但这样的叙述包含了多重人生经验，政治的失意和感情的失意间杂其中，不同的人生经验组合成这样的字句，我们可以把它视为小说的主旨之一，也可以看作对事件的总结。所有的艺术品都是作家个体的经验表达与总结，对一个作家研究的多少并不能代表研究程度的深浅，比如说诗歌经常被作为唐代文学研究的选题，这是因为相较于唐代的散文而言诗歌特殊的文体决定其断句上的绝对性、规律性以及多义性，而文的多义性很难形成，且其长短不一的句式增加了断句的难度，因此现在所出的诗集比文集多。但是，唐文并不逊色于唐诗，唐宋文是我们古代最发达的文体样式之一，明清以后其实很少有新的突破。

另外我们一旦谈及明清文学，戏曲、小说这种仅是民间主流的文体就会涌入脑海，实际上诗文仍占据主流，这往往也是文学史叙述造成的，因此在选题时不能仅将研究视线放诸文学史的叙述的框架之内。研究元代文学就要注意到这样一个重要转向：20 世纪 50 年代至 80 年代，元代文学研究的重心在元曲、元杂剧，像关汉卿等人就是被看作人民艺术家的代表，遵从这样的研究方法就会发现当时社会的黑暗面，只是这种仅以戏曲为核心所得到的“社会黑暗”的结论的可靠度是应当受到质疑的。90 年代以后元代文学研究重心开始转向诗文领域，甚至有人认为元代诗文超越宋代，虽然我们认为这种转向是文学研究所必需的、所要真正关注的，但也要意识到这样的论调显然是背离基本事实的。再如 90 年代以前对宋诗的评价整体是不高的，但其关于苏轼、黄庭坚代表宋诗的最高水平的论断是合理的，而且南宋的诗歌水平确实不高，这大概与其国力、格局有关联。我们做研究的时候发现，一个时代大的转型期往往是作家真正解放的时期，往往会迸发出大量优秀作品，如先秦、唐宋之际、明清之际等易代之际都是有力的证明，这与中国古代个体作家往往受到特殊的国情、政治制度的限制有关。但是即使是陆九渊、朱熹与王阳明等人的思想也只是借助于对中国传统儒家经典的解读而生发的，并没有实现原创的转型。我们现在有西方思想的输入，虽然不能确定其究竟对我们个体有多大程度的影响，但我们现在依然没有完成转型是显然的，这种思想形态转变的实现必然是漫长的，我们现在不可能像古代那样以制度或法律的形式规定学子入仕必须钻研四书五经，通过参加科举考试的方式来实现思想的转变。王国维、章太炎这类学者拥有深厚的传统经学根基，他们接受西方思想意识，其方法论意识虽然并不明确，但已有了现代意义上的分科意识，王念孙、王引之很早就提出了校勘学方法，但遗憾的是仅仅是附录到其著作之后，并未形成专书，后陈垣系统总结成书为《校勘学释例》，这就影响了其方法论意识的传播。再如《廿二史札记》并没有现代意义上的史学通论或者历史演变规律的认识，只是通过散见的札记将自己的思想意识贯穿。再者，我们以现代学术视野来看，章学诚《文史通义》主张“六经皆史”，如果将这个观念置换的话就会存在这样一个重大意义——将经学视为史料，这就具有了史学中心的意识，经学的神圣地位就消解了，其文本就能够进行阐释了，这个时候对文本的研究就没有神圣性的东西了，这就实现了现代性视野的转变。从这个角度看，中国学术进入现代视野就始自章学诚。只是现在我们做研究时，不能将六经视为史料了，一切经学、文学其实都是思想，这样进行的研究必然会以问题为中心，这时就又一次完成思想在现代意义上的转换，才能有意识地摒除学科界限，因为在对宏观的、核心的问题进行思考的时候学科的界限往往会成为羁绊，并不能提供解决问题的答案，学科的交织与缝隙之中往往存在新的立论点、新的阐释角度。

此外，还有一个很重要的问题：清末民初，科举制瓦解以后，制度上的束缚随之瓦解，所谓的“科举废，诗学兴”是有其渊源的。然而传统经学是提供不了现代思想资源的，“三千年未有之变局”使中国不得不融入世界的变局，就如同现代网络时代的到来一样，这种变局是无法拒绝的，在大量数字媒体涌现以后，知识与数据的便捷查询已经实现，我们传统意义上的学科研究生长点在哪里，这是亟须意识到的问题。而我们现在讲西方，利用的是翻译而来的材料，是中国人眼中的西方，而西方的学术传统自柏拉图以来丝毫没有断裂，我们不能仅依靠翻译、流传、引进而来的西方著作作为认识的依据。我们认为的西方的一些思想所具有的重要性有时只是我们认为重要，如阐释学之所以在中国如此发达，更多的是因为中国的经学传统所给予的回应。马克思主义学说在中国的回应亦是如此。中国学说讲究世系传承且有很强的革命传统，《尚书》中对君主与天命、君主职责都有相应的规定，且道家的“天命观”也都有赋予这种传统。因此，现代西方学术视野在我国的繁荣是有很深的渊源的。另外，大学与我们现代学术思想演变也有很大关联，现代大学构筑了新的文化交流场域，思想中心也随之转变，这就标识着传统意义上的知识分子的消失和现代意义上的知识分子的出现，与之对应的传统意义上的士大夫阶层就没有了。因此，知识分子眼中的中国与西方、民众眼中的中国与西方，二者是截然不同的，这就是我们开篇所说的历史的断裂与断裂的历史，这个断裂在民众中间、知识分子中间都存在，如不接触网络仅接受电视宣传的人士所接受到的信息便是一种有意识的筛选与过滤，这样往往会形成偏见。研究古代社会也应如此，其复杂交织普遍存在，后世评价历史往往习惯于先入为主，历史的起源模式、制度的演变规律往往是被我们写成现在的样子的。我们国家的历史编纂有这样一个习惯，就是史书一旦编成，作为材料来源的实录就消失了，现在我们仅存有宋代、明代、清代实录等。

二　天命问题

从《尚书》《淮南子》《吕氏春秋》《说苑》等对“君道”和“天命”的理解，以及由此引发的对天地秩序的变化的思考来看，中国古代的天地秩序是以方野与星辰的明确划分来实现的，如顾颉刚在《文史》上发表一篇文章，认为我们古代的这种等级秩序是按照血缘亲疏关系来规定在天地中的位置。位置决定了合法性，这种合法性既是中国人的宇宙观，也是中国人的思想观，更是中国人的秩序观，带有很强的等级差异的人化色彩，这种人化色彩构成了我们中国历代统治基础的重要合法依据，这种合法依据的建立都是依据中原王朝内部朝代更迭发生的，即使五胡乱华时西晋南迁为东晋，但是东晋的存在使得古人依然能够以古代的天文观来解释其合法性，北宋南迁原因也是如此，这些概念都有一定的适应范围，而且这种适应范围即是政治斗争的工具，所以这是中国古人常见的天地观念，并由此衍生出五行中金、木、水、火、土的相互替代，这在宋代很是流行。但是，元代的建立是另外一种概念。

元王朝的建立本身有别于我国古代任何一个王朝，所以不能按照古人已有的天地秩序观来解释元王朝的兴起，所谓的二元对立政治格局只是从制度层面解释了元所采用的统治体系，当时知识分子所掌握的知识并不能解释元这样的大一统王朝的制度，一是元朝疆域远远超出时人想象，二是无法深层次解读元两都制这种“草原部落文明”与汉文明两种制度的交织形式。如果说南宋王朝的政治中心在南方的江浙，那么元王朝建立，就是政治中心向北转移的表现，而且是更进一步的向北，这样的转移也已经超出了时人天地秩序的分野了，这时就需要一个新的知识框架出现。元王朝这样的建立方式主要是其起源于大漠，本身无汉文化背景，不需要考虑这种天地秩序的建构问题，且这种所谓的秩序对作为征服者的蒙古人而言是无所谓的，他们依靠军事征服和随之而来的财产征服取得利益，如对西北和南方等的征服都是伴随有大量劫掠而非汉民族攻城等方式来实现的，之后蒙古人意识到以土地征服为核心能够带来更大的利益时，便由汉族人士承担起了这样一种体系的重新搭建的重任。如勒内·格鲁塞《草原帝国》、拉施特《史集》和志费尼《世界征服者史》都有相关论述，《世界征服者史》中也载哈里发视财如命，蒙古人攻打巴格达时都不肯用自己的财宝犒赏自己战士，当时蒙古在征服大食，攻陷了巴格达，蒙古皇子旭烈兀俘虏了哈里发，并将其妻妾、子女捆绑，金银财宝堆积在哈里发面前，问道你如此吝啬，结果妻子财产全都是俘虏，你的做法又有何意义呢？之后将哈里发装入牛皮袋子用马踏为肉泥扔到河中，并以车轮高度为限，屠杀除工匠以外的所有成年男人。后来经过耶律楚材等人的努力，窝阔台改变了征服方式，但是当时其统治中心仍在漠北，元世祖的时候才往南移，所以元王朝彻底扭转了汉人的天命观、天地秩序和时空观，其意义在于这已经不再是一个传统意义上的中原王朝的内部问题了，而是一个超出汉人想象的以蒙古族为主体的大一统王朝，这个时候汉人知识分子所拥有的传统经学构筑的天地观该如何变化？

《南村辍耕录》卷二二载元仁宗延祐年间派遣潘昂霄和阔阔出探寻黄河源之事：

> 延祐乙卯春，圣天子以四海万国之广，轸念庶民艰虞罔控告也，分使诣外郡诸道，布扬德心，戚休兴替之，清涔扬激之。畿甸密迩，独不得均其泽。越五月，诏前翰林学士承旨臣阔阔出、翰林侍读臣昂霄奉使宣抚京畿西道。臣昂霄承命，惊悸罔措，唯务罄竭忠赤尽民瘼后已。阔公一日语昂霄："余尝从余兄荣禄公都实抵西国，穷河源。耳之，不觉瞿然以骇，有是乎哉？请毕其语。"公曰："世祖皇帝至元十七年，岁在庚辰，钦承圣谕：'黄河之入中国，夏后氏导之。知自积石矣，汉唐所不能悉其源。今为吾地，朕欲极其源之所出，营一城，俾番贾互市，规置航传，凡物贡水行达京师，古无有也，朕为之，以永后来无穷利益。盖难其人。'"①

像"四海万国之广"这样的说法在元代以前是绝不可能出现的，另外从诸如"外郡""西国"等词也能发现其寻找范围肯定不局限于九州，且像汉、唐这样的所谓的大一统王朝都"不能知其源"，这在当时是相当大的事件。黄河的源头不在前代王朝的统治范围之内，而且也不需要寻找其源，就元王朝这样做法的目的而言，其政治意义、文化意义远大于实际意义，这里的探寻河源是关于天地秩序在现实层面的一个很重要的体现。再比如郭守敬确立南北极地点也是此类秩序重建的体现。此外，元代笔记《乐郊私语》记载了一篇很重要的记载天地观变化的文章《刘伯温论南龙》：

> 括苍刘伯温多才艺，能诗文，尤善形家言。尝以儒学提举得相见于钱塘。后十年余，刘已解官，复见于海盐之横山，把臂道故，至于信宿。谓余曰："中国地脉俱从昆仑来，北龙、中龙，人皆知之，唯南龙一支，从峨嵋并江而东，竟不知其结局处。顷从通州泛海至此，乃知海盐诸山，是南龙尽处。"②

---

① （元）陶宗仪：《南村辍耕录》，李梦生校点，上海古籍出版社 2012 年版，第 240 页。

② （元）姚桐寿：《乐郊私语》，上海古籍出版社影印文渊阁《四库全书》本，第 1040 册，第 397 页。

另外其《天裂篇》也有“此盖国家有心腹肾肠之人，归向宽大容蓄之象也”等说法。只有元代大一统王朝建立以后才会存在这样的论述以及普遍的认知。对天地秩序的重新规划以后，才出现下面的命题：天命观与祭祀。

元之前以董仲舒《春秋繁露》为代表的传统士大夫的天命观，是以自然的天、人格化的天或者意志的上天这几种观点来规定君主的责任与义务，即君主在天地中的位置，董仲舒实际上是把《尚书》中规定的“天命”加以扩大、细化并使之理论化，真正完成了儒家天命观的制度化。在此之前的秦始皇虽然完成了地理的封禅，但并没有确立其合法性的理论构建。《礼记》《说苑》中也有相关的记述，其区别在于《礼记》是制度化的，《春秋繁露》是学理化的，而《说苑》是以故事形态描述天道和君主责任的，这些都是传统的所谓合法形态的理论框架。但是如何使不谙汉语与汉文化的元代统治者遵从汉民族的传统天地秩序观，将元的统治纳入传统的“天地观”中使其统治合法化并以此来讲究其君主责任呢？《长春真人西游记》里面有很多这方面的记载，如元统治者将丘处机视为他们所认为的“天”的使者，“天”的代言人：“上劳之曰：‘他国征聘皆不应，今远踰万里而来，朕甚嘉焉。’对曰：‘山野奉诏而赴者，天也。’上悦，赐坐食。次问：‘真人远来，有何长生之药以资朕乎？’师曰：‘有卫生之道而无长生之药。’上嘉其诚实，设二帐于御幄之东以居焉。”丘处机在这里将自己的到来归结为“天”，这无疑与在位者的心理需求相对应，道教是求长生之道的，这与成吉思汗的需求是一致的，但这里却与丘处机本身的宗教性目的不相关，其主要目的在于护卫其宗教本身与援救百姓，因此当问及长生之药时丘处机直言否定，这样反而取得了成吉思汗的信任，这从一个侧面也可以看出成吉思汗对于其所求之事是有一定的认知的。

三　祭祀问题

梳理元代的国家祭祀，可以发现蒙古人与汉人关于“天”的概念是如何交织的，二者虽然都有所谓的“天”，其实质概念不相同但表现形式又是相同的，这也可以说是道教得以存在的重要依据。《元朝秘史》载铁木真曾被篾儿乞人袭击，逃入不儿罕山（今肯特山），脱险之后对此山

“每晨必祭，每天必祷”：“帖木真未知篾儿乞是实回去，是潜伏着，使别古台孛、斡儿出、者篾三人自后察探。去了三宿，见篾儿乞远了，帖木真才下山来，椎胸告天说：‘因豁阿臣老母，如黄鼠狼般能听，银鼠般能见的上头，我得以躲得过，我的小性命被不儿罕山遮救了，这山久后时常祭祀，我的子子孙孙，也一般祭祀。’说讫，向日将系腰挂在项上，将帽子挂在手上，椎胸跪了九跪，将马奶子洒奠了。”此后，蒙古族祭天、祭山、祭敖包都要“酹奶酒以祭”，“让天灾刘、山神与火神，口尝祭品，保佑大草原，让世代承袭苍天的福荫!”就这样将不儿罕山神圣化了，此后此山成为其祭天之所。除此之外，《元史》《元典章》中也都记载有大量祭祀活动。如《元典章》：“至大四年（1311）七月二十五日钦奉皇帝圣旨：‘诸王驸马每根底、四薛怯，官人每根底、各枝儿里头目每根底、万户千户百户每根底、军官每根底、军人每根底、众百姓每根底。宣谕的圣旨众官人每商量者奏有：“日月山、熨斗山周围有的晃火摊每、兀里羊罕脱脱怜每、脱脱的收聚米的伯牙兀每……”’”蒙古统治者接受汉文化的“天”概念，实际上也可以看作一种误解，但正是这种误解使得两种文化概念的“天”得以交织混杂，也可以说汉族士大夫是有意借助这样的误解来实现其重建天地秩序的愿望。

元代祭祀在忽必烈制度化建设以后，汉法制度被嫁接其中，当时有一个很大的争论：郊祀的时候如何祭天。对古人而言祭天方式的选择是很重大的事情，当时很多人参与争论，如袁桷、王恽等写了一系列这方面的文章，后被收录到了《元代奏议集录》里面，其所用到的材料均来自《礼记》等古代的祭祀方式。虽然这些提议对无汉文化背景和本身没有太多仪式讲究的元统治者而言不一定理解，但后来大多数提议都被采纳了，这就标志着元统治者接纳汉族的正统观、以祭天的形式来表明其在汉地统治的合法性。虞集也曾言宋朝灭亡天意不可违，从此以后天家不来，而后元代采用东路祭祀：祭祀泰安、莱州（遥祭南海）、益州、辽阳、河南府（祭南岳）、中岳山、汲水、济渎庙、北镇山等；西线祭祀：保定路祭北岳，滑州祭西岳，平阳路祭后土，霍州祭中条山，登州祭北海。对比唐代祭祀泰山来看，其所祭祀之地截然不同。《山居新语后序》记载祭祀出现以后“国家承平日久，制度、文物、礼乐之盛，无不著在大典，布之成书，其底治于累朝实比隆于三代。”① 显然，元代的祭祀已制度化。

此外，还有一个问题，元代的几个宗教，如太一道在忽必烈时期由民间宗教变成上层宗教，其六丁、六甲之神与蒙古族本身的祭祀契合，主要原因就与元代的祭天信仰有关。“天命观”在征宋时有很多相关记载，如元世祖征宋的檄文：“世皇《下江南檄》，枚举贾似道无君之罪，宋国臣民其不诚服者与。其文曰：‘宅中图大，天开一统之期；自北而南，雷动六师之众。先谓吊民而伐罪，盖将用夏而变夷；欲制江浙以削平极，汝海隅而混一……’”这与历代君主的征伐是一致的，从文人所作的檄文中可以看出文人是按照正统的论调来为元出征寻求根据的。元代儒士在“天命观”建构中起了相当的作用，如郝经通过各种言说方式提出了“能行中国之道，则中国之主也”的观念，这完全是对蒙古君主合法性的证明。如果以汉人的立场来看郝经，就会遮蔽他的作用，不明白他这种理论观的意义在哪儿。郝经的理论主张首先为很多汉族文士入仕元朝提供了合法依据和理论基础，这也为士人群体在大变局面前如何生存提供了依据。许衡通过教化作用来完成儒学的实践层面，具体表现为通过国子监汉化的形式来完成蒙古贵族的教育。这里涉及元代北方儒士的两大贡献：1313 年，元仁宗下诏恢复科举，自此科举制完成了汉法的系统化；另外一个是确立祭祀典仪，此后成为天地秩序制度化的保证。从这个角度讲，他们完成了汉文化的传续与继承，为科举制的重新设置提供了可能。而南方文士在诗文创作方面的贡献与影响从时代功绩上讲是不足以超过北方文士的贡献的。

四　修史问题

修史论争的正统性问题背后也表现出合法性因素。元代的正统观始终被提及，这与其族群相关联，元人试图以修前朝史来彰显王朝正统观与合法性，并借助修史将南北文士，包括蒙古人、色目人等聚集起来。元代一直有关于修辽、金、宋史的争论，这种争论一直延续到元末的杨

① （元）杨瑀：《山居新语》，李梦生校点，上海古籍出版社 2012 年版，第 37 页。

维桢①。如王恽、修端、袁桷不断地向皇帝提议修前朝史，修史是涉及元朝意识形态和合法性的问题，应该如何继承前代的政治资源，这里还涉及南北文人的历史话语权之争，也就是主导权、合法性之争。欧阳玄是南人，他在主导修史时就借助大量《道学传》中的一类人来彰显南方文士的地位。也就是说争论的结局实质上是一个南北杂糅的结果。

元代初期强势君主忽必烈开创国家，提倡修史但并未提上日程，但到元仁宗时期，起初占据主导的北方文士逐渐凋零，如苏天爵《滋溪文稿》很强调汉族的儒学传统与正统地位。我们应该从这些文献中看到他们为什么要彰显正统，如袁桷交往的都是南方文士，而王恽交往的均为北方文士。再如王恽与赵孟頫同朝为官多年，依照王恽事无巨细的记录习惯竟不见二人私下有任何文字往来，而辉县玉虚观里面的《玉虚观碑》由王恽撰文、赵孟頫书丹，这表明南北方史学正统观争论问题不仅是所代表的地域问题之争，而且始终是制度、文化、族群层面交织的问题，这也是元代正统观难以确立的重要原因。

元代的建立是古代中国面临的一次前所未有之变局，一个大一统王朝的建立在族群、制度、文化等层面所面临的问题的复杂程度远远超出当时中国人的想象，所谓的民族融合问题虽然是主流，但其涉及的问题很复杂，其中“天地秩序”“天命与祭祀”以及“正统观”等诸多问题只是其所面临诸多问题的几个方面，这几个方面实际上是一个相互勾连的整体。这些问题的重要性在于所要解决的是元代地域统一之后的重建问题。元王朝不是类似于汉唐那样的中原王朝，它面临更多新的问题，并成为现代意义上的中国，这些问题中争论最多的是民族问题。蒙思明《元代的阶级制度》中以民族的视角将元代视为阶级比较复杂的时代，认为元代是阶级斗争时代的样本。另外，元杂剧如《窦娥冤》这样的作品也表明了对元代社会黑暗的认识。这些都使我们看到元代社会的复杂，但也遮蔽了对大一统元朝的其他层面的认识，我们不能单纯从杂剧中描

① 杨维桢（1296—1370），字廉夫，号铁崖、铁笛道人，又号铁心道人、铁冠道人、铁龙道人、梅花道人等，晚年自号老铁、抱遗老人、东维子。绍兴路诸暨州（今浙江省诸暨市）人。元末明初著名诗人、文学家、书画家和戏曲家。杨维祯的诗史称“铁崖体”，极为历代文人所推崇。书法以行草最工，有“大将班师，三军奏凯，破斧缺牖，例载而归”之势。

绘的社会黑暗来定位整个元代社会，元代国内的族群是其统治者不得不面临的问题，我们要思考其境域之广、族群之复杂是否就是单一的民族问题，“民族”的概念本来就是一个舶来品，用现代意义上的西方民族观念的逻辑来分析元代的民族问题是否合适？当一个国家外患增强的时候其民族问题就会上升为国家层面的首要问题，典型例子如鸦片战争以后面临内忧外患的中国，其民族问题是第一位的，这时是可以套用萨义德的民族观的。章太炎《訄书》的核心问题就是从学理角度排满，这是其民族意识觉醒的体现，这种觉醒表现为“炎黄子孙”的民族身份的认同，到日本侵华时升至极点，而元代、明代乃至清中期以前并没有“炎黄”这样的称谓与意识。关于元代有几部著名著作，如陈垣《元西域人华化考》是用文化的观点彰显民族自信心、自尊心，蒙思明《元代的阶级制度》是从阶级斗争的角度来思考元代社会，从这些论著中可以看出后世著作对元代社会的认识始终在摇摆游移。而我们从研究中看到的是当一个民族受到外来文明干扰的时候是如何进行调适的，一种文化自我调适能力的强弱往往就能代表，这种文明延续力的强弱。我国古代是以天下观为主导的，古人讲“亡国亡天下”，却没有亡族亡群之说，元代是我国民族融合真正实现的时期，这种融合是在民族问题相互交织与摇摆中形成的，因此只有放在民族与文化的视野与背景下，元代社会的问题才能有一个相对完整的答案。另外，元代统治者关于“正统”与“天”的认识并非与汉族的概念相一致，且其中相关概念的翻译也存在疑问，而汉族知识分子也正是通过利用这样的概念模糊二者的界限，并以此实现“天命观”的融合。

我们所讨论的这个问题实际上从先秦以来就是有延续的，李鸿章之所以说中国“三千年未有之变局”，是因为中国的传统经典、知识体系在当时都没有办法真正得到解释，需要重新构建。放宽历史的视界，到现在我们依然没有完成，我们现在面临的制度与格局的演变在古代也存在同样的境遇，所以我们在读古书的时候要“读进去”，要能够设身处地思考古人的境遇与问题。

第十二章

古典文献与经学视野

第一节　经学视野下的中国古代文学文献

一　经学的现代社会处境

清末以后，随着科举制度的废除，经学瓦解，其在学术研究领域势单力薄。从 1949 年到 21 世纪初，经学研究并不处于学术研究的中心，其原因与如今的学科分类有很大的关系。经学在古代是单独成科，按照经史子集的四部分类法“经”单列出来，可按照现代学科的分类，经学无法完全归属于任何学科，既可把它归入哲学，又可归入史学或者文学。学科归类不明确，导致经学研究对象的不明确。如《易》，可把它归入现代研究学科中的哲学，《诗经》归结为文学，《春秋》归结为史学。经学在瓦解化的过程中又重新进行了学科的归属。到了 21 世纪初，随着国学热和传统文化的复兴，而且伴随着社会思想和各种学术的涌现，我们要求回归传统。虽然外来学术大量输入，各种方法被运用在研究各种民族问题中，但发现终需要回归到中国最传统的学术，这为经学的复兴提供了契机。各高校设置国学研究院、研究所，其背后的因素都是传统文化的复兴。传统文化的复兴引起对经学的重新思考和重视。

二　经学的学术史观照

经学是文学研究的基础，明白经学的来源，有助于对现在的集部进行更好的研究。现在的古典文献学以及其他汉语言专业的研究均是对集部的研究，且传统学术大多也是对经史子集的集部研究。例如唐诗研究、宋元明清文学研究，都是集部研究中的一个分支。

集部是按照经史子集的系列划分来的，按照这个系列划分来单独评价一首诗，是无法确定诗的价值和意义的，比如元好问的《论诗绝句三十首》其一：“汉谣魏什久纷纭，正体无人与细论。谁是诗中疏凿手，暂教泾渭各清浑。”其四：“一语天然万古新，豪华落尽见真淳。南窗白日羲皇上，未害渊明是晋人。”强调诗的正伪之辨。杜甫的《戏为六绝句》：“庾信文章老更成，凌云健笔意纵横。今人嗤点流传赋，不觉前贤畏后生。”“王杨卢骆当时体，轻薄为文哂未休。尔曹身与名俱灭，不废江河万古流。”“纵使卢王操翰墨，劣于汉魏近风骚。龙文虎脊皆君驭，历块过都见尔曹。”“才力应难夸数公，凡今谁是出群雄。或看翡翠兰苕上，未掣鲸鱼碧海中。”“不薄今人爱古人，清词丽句必为邻。窃攀屈宋宜方驾，恐与齐梁作后尘。”“未及前贤更勿疑，递相祖述复先谁。别裁伪体亲风雅，转益多师是汝师。”其强调以汉魏文学为正宗，强调正体和伪体之辨。正体和伪体之辨，就是在谈论经学是否是最主要的，至于为什么主题以汉魏文学的建安风力为主，是因为建安风力与当时学术传统有密切的关系，而这种学术传统又源自经学的素养。

中国古代有一本非常重要的文学理论著作叫《文心雕龙》，其开篇有《原道》篇、《征圣》篇、《宗经》篇，经就是经学，《原道》道在哪里，道在经里。《文心雕龙》本应讲诗文批评却开篇讲经，说明影响中国古人文学发展观念的是经学，这一点尤其值得引起重视，如不明白此点，就难以理解唐代陈子昂那篇有名的诗序《与东方左史虬修竹篇序》：“东方公足下：文章道弊五百年矣！汉魏风骨，晋宋莫传，然而文献有可征者。仆尝暇时观齐梁间诗，彩丽竞繁，而兴寄都绝，每以永叹。思古人常恐逶迤颓靡，风雅不作，以耿耿也。一昨于解三处见明公《咏孤桐篇》，骨气端翔，音情顿挫，光英朗练，有金石声。遂用洗心饰视，发挥幽郁。不图正始之音，复睹于兹，可使建安作者相视而笑。解君云：‘张茂先、何敬祖，东方生与其比肩。’仆亦以为知言也。故感叹雅制，作《修竹诗》一篇，当有知音以传示之。”其中讲到当时文学传统消失的主要原因就是经学的不振，其涉及的汉魏风骨是以经学为基础的。经的核心是回归到元典的阅读，它强调中国古人思想资源的来源，这种思想资源的来源确定了中国人对世界的认知方式和范围。确立学术传统，只有把文学放在经学的视野之下，去认识当下古典学术及其传统，才能更深入地认识诗歌的文本价值和它展现的学术张力。

当然，这种文本价值和学术张力需要有西方的学术视野和眼光，比如说用文本阅读解释的各种方法，如阐释的还原以及中国传统的文史结合的方法，这种方法背后的来源其实是建立在对中国传统经学文本的深刻理解基础之上的。把对中国传统经学文本的深刻理解基础放在现在视野之下看中国古代的文学理论著作：刘勰的《文心雕龙》、钟嵘的《诗品》以及明代胡应麟的《诗薮》、清代叶燮的《原诗》，会发现他们都强调中国诗歌批评中的经学传统，中国诗歌批评中的经学传统就构成中国人认识诗歌的一种范式，此范式在后人学习诗歌时产生了一种中国特有的学术方式——积累的还原。什么叫积累的还原，比如说诗经是原，汉魏诗由诗经产生，像汉代的诗歌《古诗十九首》，里边所表现的主题又被建安文学所继承，此种诗歌范式形成持续到唐代。唐代的批评范式是批评南朝的宫体诗，批评齐梁诗风的，它要求向源学习，源就是诗经及汉魏文学所确立的正统文学观，所以《文心雕龙》表现批评的范式就是激烈的还原。唐人确立经学学习的方式，宋人另辟蹊径，也强调向经学传统学习，但向经学学习的时候，黄庭坚在《答洪驹父书》中提出“点铁成金”说，“点铁成金”就是非读书无以为诗，其强调的书就是经学元典。如果没有经学元典形成的范式就不可能形成对不同诗学的认识。

之后的元人仍向唐人学习，因此元人的诗歌最类似于唐人，而且是以整个唐代诗学的面貌来学习。明代人也向唐代人学习诗歌。但明代人和元代人经学水平较为低下，其经学上的造诣不高，因此在诗学的学习上多学习唐代人的风貌、学唐代人的外在形式，明代人的诗尤为明显。明白这一点就明白了为何中国诗歌的文献著作中特别诗学理论著作开篇就用《原道》和《宗经》这种范式，这种范式是古人对诗歌评价的一种认知方法，此种认知方法背后暗含二者的分合关系。皮锡瑞在《经学历史》中言：“凡学不考其源流，莫能通古今之变。不别其得失，无以获从入之途。”做学术要考其源和流的关系。虽然章学诚在《文史通义》中讲到“辨章学术，考镜源流”，但是他把源和流孤立出来，他虽讲到经学，但把经学当史学来读的，没有把经学当成一种制度形态的工具来读。皮锡瑞所说的考其源流要通古今之变，这也是章学诚到皮锡瑞之间认识的更深一层。

三 经学的发展流变

汉代经学有今文古文之分，今文古文之分是以字义差别来划分，不同的字记载有所差别，所以古典文献学的校勘学、版本学、目录学都是从经学中来的，弄懂古籍的关键就是要明白此点。专门有一本《十三经考证》，对于十三经均是讲的文字的辨析，最早讲述的就是文字的区分。西方也有校勘学，西方的校勘学是从《圣经》中来，这是西方的经学。中国经学是从十三经来的，从十三经材料历史的分合中可以发现中国材料技术的特点是分合而繁杂，如石刻经学确立经学的一统，再到清人对文字、音韵、训诂的研究形成我们现代所谓的学科。汉代的今文是用隶书书写，因此熹平石经还有孔庙所记载的碑刻，都是今文经学。古文经学是用籀书书写，因此见到的石鼓文和《说文解字》所载古文就是籀书。汉代通行隶书，所以当世谓之今文，籀书在汉代不再通行，因此教学时专门培养五经博士掌握籀书。清代学者讲凡读书从文字始，这就形成中国古代的文学传统，凡是学经必须遵从汉学。

西汉经学讲的是微言大义，讲治国，谈古今之变。汉代实行察举制，它不像宋元明清实行科举制般繁复严密，读经不是为了做官而是为了明道、明理。因东汉经书中掺杂古文，所以出现了章句训诂，如汉代郑玄，以及赵岐《孟子章句》，对章句训诂解释较多，章句训诂就如现在的古籍注释，但古籍注释只是能略通文义，其背后的思想却是无法阐释出来的，宋代的儒学完成这种思想范式的转换，形成中国的特殊学问叫义理之学。义理之学是汉代经学学者和宋代经学学者的重要区分，但二者都是以经学为核心。因西汉的经学讲求的是微言大义，明章句训诂，强调研读一经，当时的学者研读多为《诗》《礼》《春秋》。汉学和宋学之分要区分出来汉学的核心在“精”。清人学术不求博，宋人的学术求广，如集大成的朱熹，大多数经书就有其注解，如《四书章句集注》《周易本义》《书经答问》《仪礼经传通解续》《朱子礼纂》《孝经刊误》《孝经存异》等。

古人经常讲通经致用，讲求践行，通经才能致用，致用是以经为核心。既然要通经致用就要明白经说的是什么。古人讲微言大义，如孔子作《周易》时，专门作《周易·系辞》，系辞大传是专门用理论来构造。汉代形成了一种特殊的世界认知方式，完成了经学的意识形态化，是由董仲舒的《春秋繁露》得以完成的。汉代号称经学的极盛时代，出现大量学者和学术专著。汉朝初年学儒之人不受重视，多用黄老之术治国，直到汉武帝用公孙弘当宰相，且把公孙弘封侯，才使天下向学之心兴起。皮锡瑞感叹经学也须与国家的取向有关，以此形成中国重要的世界认知方式，如我们看一本书，掌握一门学术，会发问是否有用，经学对中国形成一种深刻的认知方式，而政治对人产生了深刻影响。公孙弘封宰相使后人明白通经可入仕，凡公卿之位，未有不从经术进者。所以当时流行一句话叫："遗子黄金满籝，不如一经。"

宋元明清时代经学仍是进入仕途的途径，而且那个时候的经学存在一个很重要的特点叫"家学渊源"。所谓的家法，是指受过系统的学术训练。汉武帝确立以经学选官的政治传统，整个两汉均是以掌握经学的读书人当宰相，后来的科举制以四书五经为核心实际仍然是经学传统。中国是很典型的以经学为核心意识形态的国家，以经学的规训形成这种特殊的文化与世界认知方式，此种认知方式构成中国人特殊的学术传统。这种学术传统在清末学术瓦解之后仍若隐若现地掌握着中国的认知方式，此种方式是中国人思维隐秘之门。通经以致用，就是把经中圣人的理想、仁政、王道展现出来，形成中国人特有的有用无用的学术观点。如果没用，必然衰亡。而且有用没用背后靠的是官禄，即利，故形成了中国考什么学什么的传统，这种官禄的学术传统构成中国人一种特殊的认知方式。

西汉重师法传授，东汉重家法传授，重师法传授能够形成所谓的一家之言。在汉代一本书可形成不同的流派，如《诗经》《礼记》，分成不同的学术流派，所谓的师法传授就是对源和流的一种认识。家法会出现研究某一个经典为核心的学术传统，清代也是如此。如刘师培父子三代皆通《春秋》，刘师培学术之深厚皆从经学中来。如章太炎，其学术传统都是从经学中来的，他理解经学是从《说文解字》中来的。我们应以经学作为参照系，作为学科背景知识去理解中国古代学术问题，缺乏背景参照系将难以对学术有深刻的感悟与理解。

任何一门学术都需要创新，所谓创新需要具备几个方面：新材料、新发现、新思想。中国古代学术同样如此。但经学讲究师法和家法，讲究师法就需墨守成规，不能直抒己意，较难创新，构成中国代圣贤立言的传统。代圣贤立言就是皮锡瑞《经学历史》所说的"先儒口受其闻，后学心知其意，制度有一定而不可私造，义理衷一是而非能臆说”。代代相传，不敢改变原意，构成中国学术传统保守的倾向，形成中国学术传统从先秦中来的学术认知方式。概观学术的整体，每个朝代建立时，也有其具体变化，此变化指八王之乱后的十六国时期，十六国时期大量的外族进入中原建立政权，最后并入北魏，此时汉族精英或士大夫大量南迁，此南迁事件构成中国历史上一百多年的南北朝时期，在学术上形成中国历史上重要的“南学”和“北学”的分化。《北史》云：“南人约简，得其英华；北学深芜，穷其枝叶。”北方得其“师法”“家法”作章句训诂，讲究微言大义，不具体阐释。唐代初年在经学上是重南轻北，对南方学术非常重视。唐朝统治者带有胡族血统，此胡族血统起源于关中陇右世家，隋代统一之后，在长安入职的南方文士，政治上虽并无优势，但他们把南方学术带到北方，促进了中国学术的南北融合，元代也是如此。元代在政治地位上是蒙古族建立政权，元世祖忽必烈所依赖的汉族儒士多为北方人，如姚枢、姚隧、许衡。元代北学兴盛，苏天爵就是得北学之势，吴澄代表南学，他的学术在有元一代始终不占主流地位，明清之后南学的学术开始彰显，北学开始衰微，可见及学术的兴与废、流与变之关系，学术随着世道之变而变化。政治上南北统一并不代表学术上的统一，有时政治上的统一促进南方学术向北方的流传，同此理，南宋朱熹的学术被反对者定为伪学，到宋理宗又推崇朱熹的学术，但始终在南宋区域流传，且带有民间立场。元代统一之后，朱熹的书通过赵复流传到北方，通过姚枢、姚隧的推扬，朱熹的学术进一步流传，促进了元仁宗元祐年间以四书为主的科举考试，促进了元代经学的一统时代，暗含了学术的变迁。

中国统一之后经学不再有地域上的南学和北学之分，北学衰落，南学占了统治地位，南学和北学不是按照居住地址划分，是按照它所宗尚的学术风向。南学是求其简约，北学是章句训诂。唐代考试专考背诵，而不求其意，所谓的明经不被当时人所重视，而发挥经义的进士被人重视，王安石改动墨义的做法，即空对空的做法，明代以后，形成了八股文，八股后成为中国一直饱受诟病的传统。清人讲究疑经传统，在对经学的理解与注释过程中完成对经学的瓦解，主观上对经学的求真，造成客观上对经的瓦解，这种学术传统是从宋朝人开始的，因为宋朝人不相信汉唐诸儒所讲的诸书，对此多加考辨。如欧阳修《易童子问》中对经的质疑。宋人已经开启改经、删经的传统，这种传统构成宋朝学术的一个特点。宋朝朱熹、陆九渊便是在此特点下研读经典。经学从两汉开始发端，一千多年之后到了清朝开始兴盛，清朝的学术繁盛就是经学的繁盛，古典文献学就来源于经学。

四 经学的方法论基础

清朝的学术传统给我们塑造了现在的学术风格，如果没有清代研究经学的方法就不会产生校勘学、说文学、目录学、版本学。版本学是在目录和校勘的基础之上产生的。清代推崇实学，反对空疏之学，这与清代的汉学复兴有关，汉学复兴到清代达到极盛。清人有其背后传统，一方面用八股文参加科举考试，另一方面批评八股文之害。例如阎若璩《潜丘札记》《朱子尚书古文疑》，说清代三百年的文章学术不能追配唐宋及元者，八股诗文之害也。前明三百年文章学问不能远追汉唐及宋元。清人认为明代没有学术，元代的学术要比明人强，又详细分析三种原因，一是洪武十七年（1384），采取八股文的科举考试的政策，他说以八股文取士使学术大坏。二是李梦阳以追汉代学术为主，没有把经学放在本源，不源自六艺，使学术俗。三是王阳明的良知之学，认为启发良知，不需要读书，直追本源，实际上要以学术为主，王阳明是读书之变后提出的致良知，不读书使阳明学虚。

清代学术传统传承汉学有几个特点，一是传家法，比如惠栋，惠栋的祖孙三代传的是家法。另外包括段玉裁、江声、戴震等。陈寿祺，陈氏传的今文尚书、三家诗学，又传给他的儿子，都是渊源有自。如戴震的《原善》《孟子字义疏证》这类通过字义的辨析以发挥自己义理的开山之作，后世也遵从此学。他把小学研究作为经学研究的首要任务和入门之阶，他说："经之至者，道也；所以明道者，其词也；所以成词者，未有能外小学文字者也。由文字以通语言，由语言以通古圣贤之心志。"

二是守专门。如专门研究某个易。清代孔广森专门研究公羊春秋学。专门之学到清代复兴，能够坠其余绪，就是家法与师法的相互影响。专门之学就是精、纯，清代之后，出现一个专门学术传统叫辑佚。两汉的经学到三国时的魏晋就失传了，像郑玄的春秋则是到唐代以后失传的，所以要辑佚，把古代散佚的书重新辑录出来，清高宗交给四库馆臣的一项重要任务就是从《永乐大典》中钩沉佚书，这也促进了辑佚之学的发展。现如今整理古籍时先做年谱，再做辑佚，最后校勘、整理。清代的学者首先就是辑佚，做了大量的工作，如余萧客《古经解钩沉》、王谟辑《汉魏遗书钞》、孙堂辑《汉魏二十一家易经注》、赵在翰辑《七纬》、张澍辑《二酉堂丛书》、茆泮林辑《十种古逸书》、章宗源《玉函山房丛书》、黄辑《汉学堂丛书》、严可均辑《全上古三代秦汉三国六朝文》、姚觐元《咫进斋丛书》、孙星衍《马郑尚书注》等。

清代学者非常精通校勘之学，校勘之学最早的一段话来自颜之推的《颜氏家训》。其《书证篇》十七、《音辞篇》十八，多考证故实、校勘文字之言。如："《诗》云：'将其来施施。'《毛传》云：'施施，难进之意'郑《笺》云：'施施，舒行貌也。'《韩诗》亦重为'施施'。河北《毛诗》皆云'施施'，江南旧本悉单为'施'，俗遂是之，恐为少误。"颜之推教导子女就是家学，教导子女如何读书，其中就专门强调校勘之学。还有颜师古的《匡谬正俗》也极尽校勘之法。清代的校勘之学发展到极盛就是王念孙、王引之。其著有《读书杂志》多涉及校勘之学，如王念孙《读淮南子杂志书后》中所列举的六十二事条目。王念孙、王引之父子标榜了四种校勘方法：对校法、本校法、他校法，以及被他们完善的理校法。再如陈垣整理《元典章》，因《元典章》成于当时的小吏之手，歧出纷议，错误极多，陈垣专门把四种方法完善出来，后被胡适大力推崇。实际上，四校法仍原于王念孙、王引之父子提出的方法。梁启超曾说："校勘之学，为清儒所特擅，其得力处真能发蒙振落。他们注释工夫所以能加精密者，大半因为先求基础于校勘。"这是清代人的两种学术传统，一是辑佚，二是校勘。

三是重小学，因古人的语言文字与现代差别较大，汉代的儒者距先秦的距离不远，其继承孔子、孟子、荀子的余绪，孔子、孟子、荀子皆出自齐鲁之地，所以齐鲁之地的人对经学的解读都是继承于孔子、孟子、荀子，且时代相距不远，较好理解。到宋以后，时代遥远，如读《楚辞》就有难度，但朱熹是福建人，读音相近，较好理解。宋代经学的解释叫郢书燕说，错误很大，所以清人认为必须通小学，就是为了研读经学。如阮元的《论语论仁论》《孟子论仁论》《性命古训》《塔性说》《复兴辨》诸篇均是通过训诂的方法探寻儒学核心概念的古义。傅斯年曾经在

《性命古训辨证》一书的引语特加阐扬说："阮氏聚积《诗》《书》《论语》《孟子》中之论性、命字，以训诂学的方法定其字义，而后就其字义疏为理论，以张汉学家哲学之立场，以摇程、朱之权威。夫阮氏之结论多不能成立，然其方法则足为后人治思想史者所仪型。"

清代的经学学术，皮锡瑞认为有三个变化，清代初年有三大儒，以顾炎武、王夫之、黄宗羲为主，此时汉学才刚开始兴盛，像黄宗羲就是以宋学为根底，他们的核心学术来自宋学，所以当时他们不分门户，各取所长。到顺治、康熙年间，汉宋之学兼而采之，如王夫之。乾隆年间是一大变迁，此时学者大都转向研究许慎的《说文解字》和郑玄的学术，通过对其学术的整理，开辟出一种新的学术路径。当时研读宋学的人比较少，所以当时经学的研读和宋代的研读有差别。他们的研读讲究实证，不再谈义理，形成了专门之学。钱大昕曾阐释其理说："大约经学要在以经证经，以先秦、两汉之书证经。其训诂则参之《说文》《方言》《释名》，而宋元以后无稽之言，置之不道。反复推校，求其会通，故曰必通全经而后可通一经。"嘉庆和道光年间是学术的另一大变迁，通过在许郑之学的基础上对易经的理解来阐发周易的本意，对尚书的理解阐发伏生、欧阳、夏侯的意思。在诗经方面则特别遵从齐鲁韩三家，春秋特别遵从《公羊学》和《谷梁学》。以经释经的方法曾遭到翁方纲的批评，他说："夫谓以经训经，则所立不偏矣，信无弊矣。然而经有各见之时地，有各见之指归，若必以彼经所云即此经也，将执一而不能权两，安在其立于无偏乎？不平心虚衷以研审之，而但经语之定执，其与舍经从传者，厥弊均也。"这个学术传统影响了康有为，康有为的春秋讲的就是公羊学，公羊学是求变、求新，所以康有为的政治理想就是王霸之术。嘉庆、道光年间学术对经学推崇越来越高，以致当时学者不再讲究汉宋之别，只讲究今古文之别，自此埋下了经学衰落的伏笔。所以到清代科举废除，经学遭到当时人痛恨，甚至书被烧掉。四川的吴虞①到浙江的鲁迅都认为

① 吴虞（1872—1949），原名姬传、永宽，字又陵，亦署幼陵，号黎明老人，四川新繁（今成都市新都区）人。近代思想家，学者。早年留学日本，归国后任四川《醒群报》主笔，鼓吹新学。1910年任成都府立中学国文教员，不久到北京大学任教，并在《新青年》上发表《家族制度为专制主义之根据论》《说孝》等文，猛烈抨击旧礼教和儒家学说，在"五四"时期影响较大。胡适称他为"中国思想界的清道夫""四川只手打倒孔家店的老英雄"。

经学没用。

我们讲经学的历史以及对学术的促进作用，要明白经的意义，明白经学对中国的塑造作用，经学累积知识系统就是严密复杂的知识系统，是中国实事求是的核心，是中国古代的求真之学。如果说西方的学术传统发源于柏拉图的思想，那么中国所有的思想都是经学意义的思想。所有的研究都能在经学中找到影子。清末的吴虞、鲁迅等人批评经学也是在熟读经学之后批评的，如果不熟读经学便无足认识批评经学。这种知识系统演化出了中国的世界观、价值观、人生观，所以中国的核心论叫道德感染论，这种道德感染论和道德情操论就是经学素养的核心，读经是为了求真，求真是为了做人，做人的目的是达到圣人境界。中国的内圣之书就是张载讲的为万世开太平。一是以经学塑造为传统，这种传统构成我们的认知方式和做人方式。二是权力传统，权力传统我们可用福柯的权力论和皮埃尔·布尔迪厄的阶层论来解读，这种西方的观点认为，经学成为知识系统，这种知识系统是通过考试、通过国家的义理形成的，这种影响构成权力的一种塑造。古代的士大夫是通过经学得以进入仕途、通过权力塑造成的，这种塑造既是一种规则，又是一种规训，造成了中国人稳定的一种形态，构成了中国的一种学术传统，并给中国的学术发展带来了深远的影响。

第二节 从《经学历史》到目录学

一 从《经学历史》看学术变迁

从我自己读书的经验来讲，单纯的文学并不能解决所要研究的问题。在学术研究中，我认为眼界是最重要的。章学诚认为做学问要有才、学、识。具有做学问的潜力是“才”；拥有丰厚的阅读量是“学”；“识”也是重要的因素。“识”就是眼界要高、格局要大，有眼界才能有格局，没有眼界和格局就做不出学问，所以眼界和格局是做学问的一个很重要的因素。当读书真正读进去的时候，就能体会到其中的意义了。

从做学问的根基角度来讲，围绕经典的原著进行知识积累是很重要的。比如朱熹注的《四书》就是做学问的一个根基，儒、释、道三家的经典原著都要读一两部。西方的经典著作如柏拉图的《理想国》、亚里士多德的《形而上学》也要读一读。中西方学术差别很大。中国的学术著作是以经学为核心，文学只是附于经学的一部分。《经学历史》并不是经学的发展史，而是围绕制造共识的问题对经学进行认识。中国两千多年学术的核心就是经学，目录或者文学的研究必须和经学结合起来，经学能拓展你的学术研究空间。目录学之所以能称为“学”，就是因为背后有经学。

从诗歌的传统来讲，我们会发现《论语》里面多次引用《诗经》的内容。子贡曰：“贫而无谄，富而无骄。何如?”子曰：“可也。未若贫而乐，富而好礼者也。”子贡曰：“诗云：如切如磋，如琢如磨。其斯之谓与?”子曰：“赐也，始可与言诗已矣。告诸往而知来者。”“如切如磋，如琢如磨”见于《诗经》。关于《诗经》有很多争论，现在认为《诗经》有三百零五篇，过去说诗有三千多首经过孔子删定，但是我们找不到文献材料来证明。我们应该有一种学术态度，就是看书的时候要质疑任何一种文献，阅读文献的时候首先要考虑这个文献是不是有问题，特别是上古史的材料。这不仅仅是真伪问题，也包括它集中表现的方面。读《经学历史》你会发现，皮锡瑞带有一种很强的、为经学张目的目的。清朝末期就是李鸿章说的“三千年未有之大变局”，皮锡瑞这个时候创作《经学历史》，你可以想一下他写这本书时候的心态。

中国文化封闭性特别强，当引进西方文化的时候，中国的学术传统往往会找到中国古典的一个源头进行比附，对西学进行解释的时候，中国学者仍然秉持一种中学本位的立场，所以皮锡瑞用的词，翻译过来意思已经变了。也就是说，我们借鉴这些东西的时候缺乏一种共通的语境。

孔子讲做人的态度，子贡曰：“贫而无谄，富而无骄。何如?”子曰：“可也。未若贫而乐，富而好礼者也。”那么，他用的就是我们说的隐喻的诠释学方法。我们看子夏和孔子的对话。子夏问曰：“‘巧笑倩兮，美目盼兮，素以为绚兮。’何谓也?”子曰：“绘事后素。”曰：“礼后乎?”子曰：“起予者商也，始可与言诗已矣。”这里面所引诗的原诗已经失传了，也就是背景就没有了，只是子夏从其中参悟到的一个道理，这表现了中国特有的学术传统。中国的学术路径是没有背景的阐释，所以陆九渊就批评：“《论语》中多有无头柄的说法，如‘知及之，仁不能守之’之类，不知所及、所守者何事；如‘学而时习之’，不知时习者何事。”

要想读懂《论语》，就必须把它放在一个整体背景下。

“诗三百，一言以蔽之，曰思无邪”，思无邪出自鲁颂。孔子在归纳的时候赋予了《诗经》新的意义。周代采诗是为了“观风俗，知得失”，但是孔子对这些文献形式进行编定的时候赋予了诗歌新的意义。我们知道孔子一生讲求“礼”。不只《诗经》，包括《书》《易》《春秋》都是这样。比如《春秋》确实带有史的性质，但是《春秋》背后讲的是对礼的秩序的一种破坏。孔子所做的文献整理的工作是为了表现礼的秩序性，当我们读《经学历史》的时候，就要考虑孔子的伟大的意义在哪里。儒家为什么能在两千多年的历史里影响这么大，仅仅是依靠所谓的学说吗？它的背后是经学文献。经学文献强调礼的秩序性，其核心是礼别尊卑。这个礼是涵盖社会一切方面的典章制度、生活规范。为什么孔子推崇夏商周三代？“周监于二代，郁郁乎文哉，吾从周”，他强调就是礼法文明的核心。孔子的独创性就在于将理想的礼转化为人伦日常生活，变成我们每个人都要遵循的一部分，以此塑造了中国人独特的人格的追求。

关于学术的源和流。不管你选哪一段做研究，你都要找学术发展演变的路径。孟子之道的根源是孔子；韩愈之道追寻的是孟子；二程所追寻的是孔孟。韩愈到二程再到朱熹都是这样继承与演变过来的。要明白中国古代文化中的道是什么，儒家学术讲的道是我们安身立命的根本，是所做事业的支点。儒家文化里面的支点不是一朝一夕，而是古今之变的道理，在学术上的表现就是皮锡瑞在《经学历史》讲的“凡学不考其源流，莫能通古今之变；不别其得失，无以获从入之途。古来国运有盛衰，经学亦有盛衰；国统有分合，经学亦有分合。历史具在，可明征也”。读古书的时候你一定要设身处地为作者想一想，当他面对“三千年未有之大变局”、经学不得不瓦解的局面，面对原有统治的核心形态破落衰解的时代，他又讲“其所由来者渐矣。故必以经为孔子作”，这要求我们首先承认一个核心——六经就是孔子所作。这个类似于圣经，西方人信仰圣经是不去肢解它的，西方阐释学是以信仰为核心、为前提。同样，儒家经典也是如此。道的所在就是六经，六经是不应该质疑的，而应该信仰与接受的。清人学术在转向朴学的时候无意中把儒学给肢解了。阎若璩写了《古文尚书疏证》，得出“尚书是假的”的结论。清代学术崇尚汉学，讲求“无证不信”，反复论证的结果是所有的材料都是靠得住的。

皮锡瑞有感于此才说出这些话。

经学和政治相关，东汉王肃伪造了《孔丛子》《孔子家语》。王肃造伪书是为政权服务的。王肃是古文经学派，当时古文经学派和今文经学派争论很大，王肃将古文经学和今文经学全部列为官学。“经学之盛，由于禄利，孟坚一语道破。在上者欲持一术以耸动天下，未有不导以禄利而翕然从之者。所以如此盛者，汉人无无师之学，训诂句读皆由口授；非若后世之书，音训备具，可视简而诵也。”为什么经学会兴盛，就是因为通一经可以入仕。皮锡瑞讲：“经学之盛，由于禄利，孟坚一语道破。”所以中国学术是“凡学有用则盛，无用则衰。存大体，玩经文，则有用；碎义逃难，便辞巧说，则无用，有用则为人崇尚，而学盛；无用则为人诟病，而学衰。甫及百年，而蔓衍支离，渐成无用之学，岂不惜哉！”皮锡瑞说：“前汉末出一刘歆，后汉末生一王肃，为经学之大蠹。”王肃的目的是为王莽当政正名，他可以从古文经学里找到谶纬的传统。唐代也是如此，武则天那么支持佛教，是因为伪经《大云经》里面有女主出世的事例。我们说“不依国主，则法事难立”，没有统治者提倡，宗教是很难在民间流传开的。

中国学术有一个特点：师法。没有师法传承，你是读不懂书的，这是学术的一个路径。所以皮锡瑞揭示说“郑学出而汉学衰，王肃出而郑学亦衰”，这就是经学的学术史和流变史。“不知汉学重在颛门；郑君杂糅今古，近人议其败坏家法；肃欲攻郑，正宜分别家法，各还其旧，而辨郑之非；则汉学复明，郑学自废矣。”这就是王肃学术的来源。郑玄说东，王肃就说西。清末的时候又出现了这样的人——章太炎。康有为说东，他一定说西。所以说历史是可以重复的。“汉人最重师法，师之所传，弟之所受，一字毋敢出入，背师说即不用。师法之严如此。”古文经学和今文经学有一个核心就是要守师法。“两汉经学有今古文之分。今古文所以分，其先由于文字之异。今文者，今所谓隶书，世所传熹平《石经》及孔庙等处汉碑是也。古文者，今所谓籀书，世所传岐阳石鼓及《说文》所载古文是也。隶书，汉世通行，故当时谓之今文；犹今人之于楷书，人人尽识者也。籀书，汉世已不通行，故当时谓之古文；犹今人之于篆、隶，不能人人尽识者也。凡文字必人人尽识，方可以教初学。”今古文经学最大的区别是什么呢？今文经学以孔子的六经为中心。古文经学以《尚书》《周官》等周代的书籍为中心。

中国学术还有地域之分。“学术随世运为转移，亦不尽随世运为转移。隋平陈而天下统一，南北之学亦归统一，此随世运为转移者也；天下统一，南并于北，而经学统一，北学反并于南，此不随世运为转移者也。经本朴学，非颛家莫能解，俗目见之，初无可悦。北人笃守汉学，本近质朴；而南人善谈名理，增饰华词，表里可观，雅俗共赏。故虽以亡国之余，足以转移一时风气，使北人舍旧而从之。”郑玄后来师从马融之后，马融说：“吾学东矣。”从中可以发现以前的学术有一种地域的内在联系。刘师培的《清儒得失论》就讲学术分南北。皮锡瑞也说学术是分南北的。东汉学术是以北方为中心的。地域学术也是很重要的。如果我们做一个清人学术地域分布图，就能够看出清代的学术变迁。

东汉郑玄生活在一个外戚宦官轮流执政的时代。所以他就隐居不仕，终身靠讲学为生，做了很多注解。郑玄学术的核心在于第一次推出了训诂的方法，训诂学就是在这个时候产生的。因为东汉末期相对于先秦来说词义已经发生变化，需要对字词进行注解。唐代的学术是以经学为核心的，科举考试要求一定要通一经，汉代的时候也是如此。“经学至汉武始昌明，而汉武时之经学为最纯正。”一般认为宋代的理学创自周敦颐，实际上理学真正创始于二程。二程的学术在哪里？二程是以字词章句为中心，由训诂来阐释道理。宋代的学术传统有一个转折，同样的经典但是表达方式是不一样的。二程、朱熹和陆九渊的学术路径都是阐释义理之学。皮锡瑞批评说：“论宋、元、明三朝之经学，元不及宋，明又不及元。”为什么？因为科举考试的内容是不一样的。元朝之前是要考策问的，是必须要读经书才能答题的。明代科举考试的内容变了，之前的考试内容还带有学术性的东西，但明代之后就是为了科举而科举了，明代人只用读四书，五经是不用读的。

经学在历史发展过程中是不断神圣化的，经学构成了一个中国特殊的学术化的场域，这种场域是以儒家为核心的。我们以经典的在场来证明自身的存在。经典本身不会说话，经典要通过我们的研究让它说话，这就是以经典的存在来证明人们自身的存在。我们通过自身的研究，让文献经典从静态变成动态的存在，在这个过程中，经典变成了人们自身地位和意识的张显。我们诠释经典的过程也是自身逻辑思维展开以及

“道”明朗化清晰化的过程。自从宋代理学出现之后，经学实际上已经发生改变了。汉唐的经学表现的是很紧密的经学学术，宋代以来的经学有了明确的学科意识，逐渐走向了明确的学术化立场。所以皮锡瑞说“经学自两汉后，越千余年，至国朝而复盛。两汉经学所以盛者，由其上能尊崇经学、稽古右文故也。国朝稽古右文，超轶前代。今鸿篇巨制，照耀寰区；颁行学官，开示蒙昧；发周、孔之蕴，持汉、宋之平。承晚明经学极衰之后，推崇实学，以矫空疏，宜乎汉学重兴，唐、宋莫逮”。

清代发生了学术转折。清朝的所有学者在做经学的时候无意中践行了一个原则，就是把经学当成史学来做。史学最重材料，涉及材料就要考虑真伪、考辨。我们以今天的学科方法分析古人的学术，很容易只研究古人某一方面的成就，比如只研究段玉裁的小学，只研究王鸣盛的经学。他们首先都是史学大家，其中最重要的学术成果就在元史方面。因为元朝是蒙古人建立的，他们是借元史来抒发自己的故国之思。我们以为段玉裁只有《说文解字注》，只通小学，实际是错误的。他实际上也研究舆地之学、史学。章太炎《訄书》里有一篇叫《哀清史》。古代有“亡人之国不可亡人之史”的传统。章太炎是以史的眼光来看的。

在传统社会中，经学作为一种意识形态，一直处于国家制度的核心地位。虽说清朝对经学不重视，但清代经学研究很有影响力。宋代以后的科举制的考察是以四书为核心的。清代的时候发生一个变化，清代的学者把经学作为史学，这实际上是把经学的地位给降低了，一个国家的核心意识形态没有了，特别是阎若璩《古文尚书疏证》对尚书的考证。所以清人提出了“六经皆史”的口号。

所以当我们读钱大昕、段玉裁、戴震作品的时候，不要只读字词句考证，还要探究作品背后的理。为什么我们从经学开始讲，为什么要明理？戴震说：“义理不存乎典章制度，势必流入于异端曲说而不自知矣。”戴震最后的学术转向民史学和舆地之学，这都是经学重要的学科转向。钱大昕在《弈喻》里面说：“今之学者，读古人书，多訾古人之失；与今人居，亦乐称人失。人固不能无失，然试易地以处，平心而度之，吾果无一失乎？吾能知人之失而不能见吾之失，吾能指人之小失而不能见吾之大失，吾求吾失且不暇，何暇论人哉！”

将《经学历史》和《经学教科书》[①] 对比，会发现皮锡瑞侧重学术的演变，到刘师培则侧重学术方法论。《经学教科书》的序例讲“治经学者，当参考古训，诚以古经非古训不明也”，就带有学术方法在内。刘师培比皮锡瑞更有深度。到清末民初，当“经学即史学”变成了一种潮流的时候，经学的瓦解是必然的。朝代更迭，中华民国建立以后，当西方学术成为一种潮流，经学消亡是必然的。傅斯年、章太炎、胡适认为所有这些东西都是史料，故提出一个口号：“上穷碧落下黄泉，动手动脚找东西”，所以把经学的信仰层面给丢失了，那么经学讲的仁、义、理、智、信也就被瓦解了。西美尔[②]《宗教社会学》：“人与人之间各种各样的关系中都包含着一种宗教因素。孝顺儿女与其父母之间的关系；忠心耿耿的爱国者与其祖国之间的关系或满腔热情的大同主义者与其人类之间的关系；产业工人与其成长过程中的阶级的关系或骄横的封建贵族与其等级之间的关系；下层人民与欺骗他们的统治者之间的关系，合格士兵与其队伍之间的关系等等。所有这些关系虽然内容五花八门，但如果我们从心理学角度仔细考察它们的形式，就会发现它们有着一种我们必须称之为宗教的共同基调。一切宗教性都包含着无私的奉献与执着的追求、屈从与反抗、感官的直接性与精神的抽象性等的某种独特混合；这样便形成了一定的情感张力，一种特别真诚和稳固的内在关系，一种面向更高秩序的主体立场，主体同时也把秩序当作是自身内的东西。”其实这个可以反映中国传统经学的核心，中国传统经学的核心就在于它的宗教性。它的宗教性就在于以仁、义、理、智、信作为信仰存在。正是有这种宗教性的东西，它才可以保证国家的稳固存在。

二　目录学与学术的演变

一般认为目录学是从余嘉锡《目录学发微》开始才作为一个学术研究主题的。事实并非如此，将目录学作为学术研究主题，从刘向、刘歆

---

① 刘师培（1884—1919）撰。书共二册，第一册讲经学源流，第二册专题讲述《易经》，偏于古文学派，初由国学保存会刊行，后收入《刘申叔先生遗书》中。

② 格奥尔格·西美尔（Georg Simmel，1858—1918，又译为齐美尔或齐默尔），德国社会学家、哲学家。主要著作有《货币哲学》和《社会学》。是形式社会学的开创者。

的《七略》就开始了。目录可以体现学术思想，但是中国古代没有单纯的学术史的著作。古代有刘勰的《文心雕龙》和司空图的《二十诗品》，还有很多史学的著作，但中国缺乏通论性的学术史著作。目录，特别是提要性的目录正好补充了这一点。目录性的学术著作非常好地展现了中国学科综合性的一面。这种学术是通过什么方法展现出来呢？就是章学诚说的“辨章学术，考镜源流”。“辨章学术，考镜源流”讲的就是源和流的问题，展现了中国学术思想的变迁情况和发展情况。从《汉书·艺文志》《隋书·经籍志》《四库全书总目提要》中会发现中国目录学的演变和中国学术史的发展是一致的。《经籍汇通》上说“凡经籍缘起皆至简也，而其卒归于至繁”，我们从经部书的注释就可以看出来，从书籍最早的形态到后世注释书籍的出现，你会发现注释越来越繁复。书籍太多和时间有限的冲突怎么解决，就需要看目录书。中国的目录是以提要的形式出来的，并以提要的形式进行判别。

另外，我们可以通过在籍书目的消长得出学术的演变脉络，不能把目录书仅仅作为目录书。《四库全书》的经部就是中国的哲学史，集部就是中国的文学批评史。如果看《四库全书总目提要》就能非常清楚地看出中国学术发展的源流。史部就是中国的思想史。史部总叙：“史之为道，撰述欲其简，考证则欲其详。莫简于《春秋》，莫详于《左传》。《鲁史》所录，具载一事之始末，圣人观其始末，得其是非，而后能定以一字之褒贬。此作史之资考证也。”《汉书·艺文志》中没有将史单独列为一类，为什么？哪些学术思想重要，哪些书就多，哪些书就会单独分类。史在汉代没有单独分科就说明当时还没有意识到史部的价值。史部在《隋书·经籍志》的时候才单独分为一大类。所以可以从《汉书·艺文志》到《隋书·经籍志》学术门类的划分情况看出学术的演变发展情况，其实就是中国学术思想史的演变情况。《四库总目提要》史部总叙就说“此作史之资考证也”。四部分类法中史部是一个大类。史部下又分了哪些小类？以《四库提要》为例，史部包括正史类、编年类、纪事本末类、杂史类、别史类、诏令奏议类、传记类、史钞类、载记类、时令类、地理类、职官类、政书类、目录类、史评类 15 个大类。

史部首先分正史，因为中国是一个重视历史的国度，所以《四库全书》史部中正史放在第一位。第二是编年类，中国是一个历史悠久的国度，就必然会出现编年史书。《孔子编年》《晏子春秋》被列为传记类。好多人认为《唐才子传》是文学类书籍，但它是史类书，所以读书不学分类是学不好的。地理类，讲历史离不开地理，所以四库全书说“古之地志载山川、风俗、物产而已”。古代地理书不是单单记地理名字的沿革的，而是记山川风俗的。中国最早的地理书是《禹贡》《山海经》。再者是职官类的书，如果读宋代书的时候会发现读不懂，这是因为宋代好多官职是虚衔，所以研究宋代要看一下宋代职官类的书籍。

《史记》是司马迁私人修纂的史书，必然带有褒贬。《史记》首先是文学书，因为它带有很强的情感色彩，带有个人的笔法。《汉书》是官修史书，所以它的笔法很平实，因为它是代表国家进行叙事。史书的编纂发展到后来个性的一面消失了，为什么？后来的史书是按照时间将材料整理在一起。《史记》是个人修史，个人修史不是体现国家意志，只不过这本书写得太好了，影响太大了，反而变成了正史，通过个人的努力挤到了国家意志的行列。所以不要小瞧文化人，一旦学术变成潮流的时候，它就是“时尚”。

《汉书·艺文志》《隋书·经籍志》和《四库全书总目》都是官修目录。明代书目的收录发生了一个变化，明代之前都是通代的目录，就是把前代的书都收进去，明代只收有明一代的文献。清人修明史采用明人黄虞稷的《千顷堂书目》。《千顷堂书目》只有书目没有提要，所以《明史·艺文志》只有书目没有提要，甚至部分内容是原封不动地抄录《千顷堂书目》。

目录这种形态的存在体现了一种权力。书目的存在只能是先有书，才有目录；先有目录，才有题跋。目录书背后一定是权贵之家，因为只有好的经济条件，才有可能收录到很多书籍，古代目录背后的传统是要刻印很多书，叶德辉《书林清话》中的许多版本就是藏书家进行刻印的。明代的时候书是一种礼品，叫书帕。所以说藏书家、许多书录的出现都与官僚阶层有关。清代目录表现出一种很强的地域色彩，这种地域分布也是和地域经济相关的，明清一代藏书家都集聚在江浙一带，地区经济条件好，文人就多，所以说目录的背后隐藏着文化权力。

西方很早就形成了服务于民间的图书馆，但中国古代并没有严格意义上的公共图书馆。官修的《永乐大典》《四库全书》一直是作为收藏而存在的，并没有被流通。中国古代没有现代意义上的图书馆，导致书籍只能在上层文人圈里流传，文化无法下移。另外，中国古代虽然有书院制度，但是没有严格意义上的现代大学。为什么目录这么重要？张之洞《书目答问》回答了这个问题：“读书不知要领，劳而无功；知某书宜读而不得精校精注本，事倍功半。”民国学者陈垣说：“十三岁发现张之洞的《书目答问》，书中列举很多书名，下面注着这书有多少卷，是谁所作，什么刻本好。我一看，觉得这是个门路，就渐渐学会按着目录买自己需要的书看。”

从目录的发展过程来看，中国书录的发展变化是逐渐由官修目录转向私学目录的一个演变过程。中国古典学术的终端表现形式是目录书，初端是藏书家的大量出现。古代的阅读形态和现在不一样。古代的阅读范围是以儒家经典为核心的，经部的著作很多，然后是史部书籍很多，子部是私家笔记最多，集部最多的是诗文，诗文是文学的正宗。

书隙过影之五：读书治学要有大格局

419. 读文史需要懂人情世故，人情之真伪变态，只有经历增多，才能读懂古人之描述。今人之论文都是似是而非之描述，完全将今人与古人割裂，谈何学问？

420. 类似于吴思的潜规则、血酬定律，王学泰的江湖社会的发现，令人耳目一新。中国从来没有过真正的儒家之理，儒家被解构的虚伪程度，使人感到厌烦。问题在于对儒家的解释权从来都不是单一的学术标准，而是权力标准。

421. 思考是愉悦的，愉悦的思考带来的是自身的翻天覆地的变化。不思考、不会思考不可能在原创的研究中有贡献。

422. 以今立古是学术的支点，支点不需要过多的语言去表达。

423. 中国没有真正的儒家信仰，数千年来莫不如此。

424. 天和地不会说话，但是它们的规律智者可以发现，所以老子说道，张载说立心。

425. 断裂始终是一个问题。不能用一个词来表达意义，这也是一种断裂。思想的痕迹产生的崖痕，历史的缝隙，文学的遮蔽，这是断裂吗？

426. 每天吹自己光辉历史的人和机构，一定遮蔽了真实的历史。官方史学的叙述的不可信就在于此。我们很多人研究古代历史和文化的时候只能从官方的记载来记述，反过来又论证了官方史学的合法性。历史的悲剧不仅仅是所谓的历史虚无主义，而是历史事实发现的困难与艰辛。

427. 研究刊物的结论是，所谓的学术离现实的生活和真实的处境越来越远，变成了花哨的辞藻与大人之间的游戏，游戏的真谛在于发表。

428. 爱好者和研究者的区别：诗词爱好者只能从感受的层面说诗写得好。研究者则会思考为什么好，好在何处，其中有逻辑化的论证，并且由此展开。这些思辨的内容包括材料辨析、观点提炼、逻辑论证，找到论证的基点。

429. 儒家知识系统里是读不出正义、民主的，但可以阐释，使儒家知识系统得到重生，获取现代价值。

430. 列宁说，要清除俄罗斯大地上的一切害人虫。可惜的是害人虫从来没有一个司法意义的解释，而是可大可小，伸缩自如，完全可以按照领导的解释决定一个人是否是害人虫，所以苏联的法律有极大的灵活性，此中真意，完全靠你自己领悟。

431. 文字有滴血的价值，就是真文字。读《史记》可以看出司马迁的忧愤，所以是平民之书。但是《资治通鉴》就完全缺乏这种思想性，从此之后，中国史学叙述再也没有这一类书了。

432. 学问贵在质疑，不能经常局限在自己的研究领域中。跳出材料来看材料，可能有新的发现。

433. 权力和市场结合，进入学术系统，就是所谓的标准化、项目化，这种格局使深入思考很难进行下去。高尚者，只能采取自我疏离的办法，进行自己的研究。

434. 远离之后才会有心的宁静，才会能发现学术的意味，才能接续孔孟心学传统，才能知道道统的意义与价值。

435. 人精力有限，生命短暂，回顾一生，能做好一件有价值的事情，也算是不枉过一生。每见很多人碌碌无为，而不知自己之生涯短暂。佛祖说，生命只在呼吸之间。文殊说，生命如少水鱼，斯有何乐？安顿好自己的内心实在是一件最为繁难的事情。

436. 人常说，奢侈容易败家，固然。然悭吝也不是值得庆贺之事。每每家庭之不和，夫妻之反目，都是因悭吝造成。

437.《中庸》说，要待人以诚，然世间之事，大到国家，小到个体，最为缺乏的是一个诚字。我们要求小孩子要诚实，但自己最为缺乏的就是一个诚字，故治国治家之道，离不开此诚字，诚便会量力而行，不会好大喜功，更不会压榨细民。儒家发现诚字，实际是与仁一贯相通之处，可惜世间不识。

438. 世间之事，也不见得有因果之理。我见很多人作恶多端而飞黄腾达，寿终正寝。虽是三世因果，但总不能看见，所以亦是细民安慰自己之慰藉而已。

439. 我早年读高中时，郭永勋老师藏书最多，郭老师事无巨细，照单全收。在桂林读书时，未见有藏书多的老师，力之师购书，都是为己所用，故研究性质的书多。东门岳善因老先生收线装书最多，颇多善本，盖其早年收藏。老先生现在仍每天上午去图书馆读《清人文集汇编》，计划三年读完。无功利心所以能读完。

440. 我辈不是读书，而是翻书。

441. 愚子难教。盖其不知反思，不知思考，不懂生活之艰辛，未知人情之险恶是也。

442. 开学术会，有些就是山头之会议，应酬颇无聊。

443. 吾乡卫辉一地因有姜太公祠、比干庙，而碑刻甚多，其中有《卢无忌碑》。原碑存河南汲县太公庙，后失，新乡平原博物院藏拓。下部漫漶严重，许多字已无法辨识。新乡一地文物，大部分都聚集在卫辉，所谓新乡史，实际上都是卫辉史也。

444. 孙犁晚年文字最为简静。大概晚年之后，无功利心，无发表需要，所以写文字没有烟火气，虽不深刻，但有滋味。大概属于陶渊明之流的人物。

445.《三国演义》开篇和收束的诗词最好，可见兴亡之感。中国社会并不稳定，兴亡之感是诗词中的一大主题。

446. “在现代社会里知识即是权力，因为在这种社会里生活的人要依他们的需要去做计划。从知识里得来的权力是我在上文中所称的时势权力；乡土社会是靠经验的，他们不必计划，因为时间过程中，自然替他们选择出一个足以依赖的传统的生活方案。个人依着欲望去活动就得了。”（《乡土中国》）权力的获得、地位的获取，或许费孝通认为是和知识的多少有关，实际上也不尽然。世袭社会中，血缘才是最最要紧的，知识可以通过金钱获得。

447. 陶渊明《形影神》是其人生体悟之总结："老少同一死，贤愚无复数。日醉或能忘，将非促龄具？立善常所欣，谁当为汝誉？甚念伤吾生，正宜委运去。纵浪大化中，不喜亦不惧。应尽便须尽，无复独多虑。"此时之陶渊明，哀喜俱忘，人生过到了没滋味的时候，便有了真正的滋味。生死、名利都皆参透，何来忧伤呢？身体和自然同为一体，这正是陶渊明的境界。

448. 张说《钱本草》："钱，味甘，大热，有毒。偏能驻颜采泽流润，善疗饥，解困厄之患立验。能利邦国、污贤达、畏清廉。贪者服之，以均平为良；如不均平，则冷热相激，令人霍乱。其药，采无时，采之非理则伤神。此既流行，能召神灵，通鬼气。如积而不散，则有水火盗贼之灾生；如散而不积，则有饥寒困厄之患至。一积一散谓之道，不以为珍谓之德，取与合宜谓之义，无求非分谓之礼，博施济众谓之仁，出不失期谓之信，入不妨己谓之智。以此七术精炼，方可久而服之，令人长寿。若服之非理，则弱志伤神，切须忌之。"钱财之作用，古人看得要比我们透彻得多。此文不是空泛之论。对于钱财积而不散、散而不积都不对，有散有积才是正道。

449. 文明发展的成熟不见得能战胜野蛮。过度的教化，累积的知识，使现代人和自然隔绝，在野蛮面前苍白无力。

450. 过于成熟的佛教、道教、儒家学说，使中国人很难有强壮的体魄，过于注重内省的世界。自给自足的学说具有很强的适应性，但很难有挑战外界的勇气。儒家核心区一直被外族入侵就是如此。

451. 曾国藩的学问核心是经世之学，所以他对《文献通考》极为熟悉，对典章制度了如指掌，人情世故洞彻入微，所以评价他的学问离不开这一点。很多人评价曾国藩说他是内圣之学，殊不知，内圣之学没办法检验，领兵作战单纯地用内圣之学能对付复杂的局面吗？这显然都是皮相之论。

452. 我从小学一直到博士，然后到高校直接工作，没有真正的社会经验，对人情之真伪并不洞彻，故下笔评论极为"大胆"，这"大胆"也是对世事的隔膜所致。

453. 鲁迅为文刻薄，但刻薄之中，好在还有个思想在。

454. 分科教育的最大后果是学了很多无用的知识，培养了一颗骄横无知的心。

455. 中国的学术发展，通过历来藏书家目录就可以发现，只有层层累积相互因袭的所谓经史之学，还有就是相互抄袭的诗词之学。至于国计民生的书，实在是少之又少。还有一些就是表现文人雅趣的书画之类的书。这种文化的格局中，要产生适应现代社会的思想、可应付复杂社会变化的人才很难。但是现在的教育并不是培养真正的科学精神，而是培养工具。所以没有传，也谈不上真正的承。这样下去文化自然逐渐荒芜。

456. 读书虽然多，但读的书都非经典，并不能称为读书人。读书多固然是好事，比如明清藏书家藏书都以收藏奇书为自豪，这些书大部分是和当局的政治态度有关。如果做史料来看，自然有价值。又比如敦煌文献、出土文献自然也算是奇书，对研究价值很大。但是如果没有广泛流传的经典文献作为支撑，又何来价值？所以常见而又比较重要的经典还是要反复诵读，这些才能对研究有重要价值。我们所受的教育很少有通读元典的机会。

457. 伦理社会，事死如生。故父母先祖的坟茔被掘，皆是奇耻大辱。即使二人政治立场再不相同，也不会做出掘墓挖尸的勾当。所以盗墓贼皆为人所不齿。同时也有中国传统的伦理孝道观念所在，更有因果报应这原则的大义在内。王士祯《池北偶谈》："明末，任丘人边大绶为米脂令，发贼李自成祖父墓，贼旋败衄，走死。"明末李自成农民军弄得官军疲于奔命，成为心腹大患，皇帝便于崇祯十五年（1642）正月初八密诏米脂县令边大绶掘其祖坟，破其风水。边大绶遂率人将李家祖坟悉数发掘，且开棺焚骨，抛洒荒野。"王氏《闻见录》载唐末巢寇犯阙，一道人诣安康守崔某，请斸黄巢谷金统水泉源，中得窟，窟中有黄腰人，举身自扑而死。道人曰：'吾为天下破贼讫。'未几巢灭，大驾还京。古今事相类乃如此。"李自成每攻掠一地，必将藩王祖墓掘毁，以示报复。破北京后，尚未毁陵，即兵败清军，始有明十三陵之幸存。

458. 思想有时候要激发的，我在与王少帅、朱兆斌、张一寒的讨论中形成了新的认识，确实思考并快乐着。中国学问的发展是在层层累积的过程中不断传承和发展的，这种累积强调的是记诵之学。后世乐道的朱熹、戴震的学问仍是以经的阐释为中心。西方的土壤是以数学、一神教、大工业为基础的现代文明，所以西方有现象学、传播学学科，会产生福柯这样奇特的思想家，会有监狱规训与惩罚的概念，在运用中这些具有所谓的普适性的价值。这就是我们为什么没有原创性的思想家，换句话说我们为什么没有创新的原因。世代传承的这种累积性的学问本身不需要创新，传承就是最重要的。创新不是古人所面临的问题，所以我们不具备创新的条件。比如某个藏书家侧重于藏书，藏书就是累积的过程。但是在我看来，受过现代学科教育的人不会认为那是一种研究。在古代书院制下，老师口耳相授，一代一代这样下来。

459. 我认为中国这种土壤里面根本产生不了所谓的现代西方文明。无论我们用手机还是用电脑等现代工具，我们的思维方式并没有因此而改变。即使有所谓的康德等人的全集，又有几个人认真读过他们的书。对学者来说只是出于研究的需要，并没有变成一种信仰或者说是学科体系，只是为了研究的方便或者是提供一种方法论认识，并不能在实际的思想上真正起到改变作用，这些问题才是触及核心的。不要看什么艺术技巧或描写特色的这些书，这些伪叙述会割裂你对整个小说细节的把握，忽视对文本的细读，更忽视中国的这种原创思想的产生。

460. 为什么说易代之际会出现原创性的东西？思想不受束缚。统治者没精力顾及这些人。后人就认为这些思想是原创的，因为他暂时背离了皇权专制儒家，与真正的原始儒家思想契合了。所以，研究儒家要分清楚是哪个儒家？儒家是分好多派的，有皇权儒家、奴才儒家等区分。现在一提就是儒家、儒学这些模糊的似是而非的概念。

461. 对于唐诗的研究，在我看来是要解决什么问题？它的意义在哪里？不是说你做出来了就是意义。就唐诗“繁荣”来说，说一堆外部的原因，并不能说明唐诗本身的问题。我做学术研究现在有一种质疑的习惯，所有的研究都要回归到原始的追问。今天讲的元代的几个问题都是很重要的，如易代之变、正统之论、民族融合等，在做研究的过程中如果解决不了这些问题，在面对清代、明代、民国这些时期的时候，你只会关注到细枝末节的东西，而不可能进行深入的研究。所以关注的问题要是大问题、核心问题。

462. 古人是不欺骗我们的，很多人在剽窃古人学问的同时，反过来会去骂古人。西方所有的研究都是柏拉图的注脚，这算是句公道话。包括黑格尔也是不能忽视的，人家建立的一套话语体系，你不得不去运用，你总不会再发明一套话语符号，写出《后美学》吧？清代的饾饤之学，都是有深厚的学养和根基的，清人受过经学的训练。现代人是从集部入手的，这样与原来四部之学中从经部入手正好本末倒置，貌似研究繁花似锦，其实是浮谈无根、有花无果。

463. 我现在所说的并不是要求有什么功名利禄，只是想在你们读书的过程留下“道”的传承，这就是所谓的“孔孟心法”。知道“道”之所在，自己能够做出大的学问，不要猥琐。还有就是读书要读元典，不要读二手货。我自己做学问是自己读有所得，是自己心有体悟，让自己有足够的定性而不至于人云亦云。我对各门学科并不排斥，不会明确学科界限。古今中外的学问，并不是简单的学科界限所能限制得了的，我们必须注意讨论，在不断地质疑问辨的过程中才会形成思考。

464. 中国社科院文学所杨镰教授，突然于2016年3月31日在新疆木垒县遭遇车祸去世。我与杨先生在2016年3月4日还在太原开会，参与他的全元笔记的项目。不想转瞬人天永隔，再也不能相见。记得这次去，还是有征兆，我说年龄大了以后还是要注意身体不要独自去了，他说坚持到七十岁。其实杨老师就是身体太好，太过自信。如果身体不好，恐怕不会有如此惨剧发生。公无渡河！命夫！人世间的事情很难预料，谁又能知道自己以后会怎么样呢，儒家之道最后讲的也是知天道，知命。事实上天道邈远但总能掌控每个人，我们个体多么弱小。世间的人很难预料自己的结局。知道天道，知命，也是孔子所说的天命观的内涵。

465. 在卖旧书者的家里，淘得《中国丛书综录》，此书我有一套，但是后来翻印，字体小，现在购得的是大开本，很是便于使用。现在的本科生几乎没听过此书，研究生也很少使用，都有古籍库，不屑于使用这种工具书，其实编制工具书是功德无量的事情，并不容易做。查找版本，此书仍不可替代。我自己常常让研究生读《四库全书总目提要》，也从不见学生认真读，主要是读这些书收效甚慢，实际上这些书才是真正做学问的引路人。中文系的老先生，一辈子做学问下了很大功夫，但是没在这些书上下功夫，当时写了很多书，但是过眼云烟，很快都消散了，如果不是旧书摊上偶然看见，谁还能想起曾经有这么一个人，也是可悲的事情。读书不知道门径，不知道家法，真的很难做到学问的长进。

466. 以我接触的学生而论，中文系的学生大多爱做凑热闹的学问，所以也做不出什么有成就的事情。我自己最早接触学问时耽误了多少黄金岁月啊，蹉跎岁月。看见有些老先生的东西，真是觉得可悲，一生都没有定心，做到死都不知道学问的家法和路数，真是可悲。可见不是每个人都有缘分做学问，能得到真正的真知，多么难。好多人都高看民国时期的教育，我看也不见得，这些老先生大多是民国时候上的高中，有些还是民国时上的大学，所谓混子什么时候都有，自然不必神化。

467. 做学问，我认为就应该以经学，就是清代的学术为核心。由清代的学术往上追，明代学术、元代学术、宋代学术，倒着来。选一个时期的人物，章太炎、刘师培，选一流人物。有一种研究是从先秦往下追，一直到近代，研究中国的文士、学术、思想的演变。还有一种倒过来，自民国往上追。往上追是我们找另一个原因，找我们中国变成现在这种学术状况的发展、思想演变，它一定是有规律可循的。实际上侧重点不一样，如果以清代学术为核心的话，我们是拿先秦的东西来佐证清朝的发展的。如果是以先秦的学术为核心，我们是用后世的来证明先秦学术的传播和演变的。这样的话重心是不一样的。那么我们选的时候一定要选一流的人物，选那种思想上杰出的、代表人类思想进步的。还有一种是人物创作多元的，单纯地研究文学性有些窄。文学性的东西好，但是单纯的文学研究只是研究它的艺术特色、创作内容，实际上研究到最后你还是研究它的思想。

468. “文学的易代与易代的文学”，什么叫文学的易代呢？文学的易代就是我们所说的文体的演变，就如王国维所说的那样。易代的文学，讲的是易代之际的文学创作，往往易代之际的文学会导致一种新的文体的产生。我现在还没有证据，只是想到真正大的易代变革时期。比如1911年到1949年，我们这个新的体制的建立，新的话语方式就变了，这个就是文体的易代，也就是文学的易代。那么从清末到民国初的时候，新思想的出现也应该是一种易代，这就是重大问题。

469. 近代有一些重要人物，比如说像王念孙、王引之王氏父子，还有阮元。阮元是一个被忽视的人物，他就很值得重视。再比如说河南的武亿，碑学很好，但是他的思想性不够。思想性不够会导致学术发展不够。我们关注章学诚这么多不是因为他的学术，而是因为他的思想。他的《文史通义》被当作文献理论、史学思想、校雠思想。对王氏父子也不能也只将其当作简单的小学学者来研究，他们和钱大昕等人都是以史学为核心，然后是经学。再比如说戴震，事实上戴震学术的发展已经代表了中国，实际上是“远近代”，这是我新发明的一个词。它不是真正意义上的近代，是“远近代”，因为他突破了中国传统的经史治学，开始走向这种繁复的推理论证之学。如果中国的学术不被外来的政权干涉、影响的话，我们现在会发展出独特的学术传统。实际上戴震、王念孙、王引之已经做这些工作了。一直到民国的马一浮，他是搞理学的，实际上所谓的新理学，梁漱溟讲新理学，都是借鉴了佛学。这是对传统的佛学和传统的儒家文化进行改造以后形成的。中国古代几次大的变革都是如此。比如说朱熹的学术，借鉴了很多道家和禅宗的东西，王阳明也是。

470. 我们通过对这些大的问题的研究，就会知道现在好多人讲建立中国的话语方式，从根本上讲是不可能的，我们没有必要刻意专门建立自己的话语，我们也回不到古代，用那个时期的话语方式。那么我们所谓的话语方式是该怎样吸收人类最先进的思想和理论来阐释我们所处的时代，包括以前的时代，找到其中的演变轨迹，这就是真正地做学术。这就是这几年我思考的内容。现在我们的误区有两种情况，一种是太拘泥于自己的研究领域，形成所谓的专家之学，并不是通人之学。这个专是他们只关注点。另一种是你这种学问是概论性质的，也不是通人之学。通人之学实际上是明白你自己所处的时代，也古人所处的时代，并且明白他们的学术背景与安身立命之处，这个才是通人之学，而不是简单地围绕自己的点做研究。这样的话，你就会明白你选择王念孙、王引之、戴震这些学术的一个特点。再者就是特别注意他们的学术地域的特点及相互关系，徽学、皖学（江浙学术）、内地的学术，实际上就是以北京学术为核心、以江浙学术为核心。实际上我认为清代学术就是中国学术的精华。如果你看王国维的书就会发现，他这种人物不是凭空就产生的。王国维人家玩的是最时髦的学问，就好比传播学、媒介是咱们现在最流行的学问。王国维高明之处就是将他还原到那个时代，他将文献研究发挥到极致，文献出身的他在帮助罗振玉整理文献目录、甲骨、金石的同时也用最新的方法进行研究。我给学生复印的王国维的《教育小言十则》就讲“学问还从古中来”，大家玩的学问就是从古中来。你本科这样做已经不错了，能够这样想，很努力也很认真。但是还不够，远远不够，还没达到老师的要求。你生活在什么时代，学术研究一定比古人强呀，按照伊尼斯的观点讲，我们受这种教育，现在信息知识虽然很多，但我们未必就看很多东西，现在的学术未必就此王国维时代发达，因为你所处的时代你并没有接触到、看到、学会最好的东西。做研究要做大。现在进步不错，但是还不够。做大学问，要为中原学术做贡献，不能老是说过去的东西，那有什么意思呢？

471. 做学问必须追溯问题的源头。读书固然重要，但首先要质疑。质疑的过程即是发问和思考形成的过程。找到词源及最早的文献出处，按时代先后顺序进行排比，即可清晰认识问题的脉络，从而提高认识问题的能力，不再盲从。马祖常的基督教信仰最初由陈垣先生在《元西域人华化考》一书当中提出，称其祖为也里可温氏，也里可温指基督教各派。因此为断定马祖常“本人或者先世信仰他教，而改奉儒教或服膺儒教者”。首先论述的是基督教。所引用材料如下：

（1）张星烺译注《马哥孛罗游记》举出三证：一证是《元史》中雍古部人传，每多基督教徒之名，祖常为雍古部人。二证是马祖常所作其曾祖月合乃神道碑，叙述家世人名，基督教徒名十有四。三证是月合乃祖名把造马野礼属，此名基督教聂思脱里派中尤多见之。

（2）杨维桢《西湖竹枝集·马祖常小传》：“马雍古祖常，字伯庸，浚仪可温氏。”

（3）黄溍《金华文集》卷四三《马氏世谱》，祖常有族祖名奥剌罕，杨子县达鲁花赤。据《至顺镇江志》卷十六所引材料推测出奥剌罕为也里可温，祖常当然为也里可温。

（4）《马氏世谱》，祖常又有从诸父名世德。据余阙《青阳集》卷三《合肥修城记》推断世德为也里可温，祖常当然为也里可温。

（5）元好问《遗山集》二十七《恒州刺史马君神道碑》记载其祖之传奇故事，颇具基督教意味，由此推断马祖常为基督教世家无疑。

从陈先生的逻辑来看，所引材料都指向一个目的，即马氏祖上是也里可温，也里可温是基督教，因而马祖常也是基督徒。但是从现存的元刻本《石田先生文集》来看，其中没有任何与基督教有关的文章资料。而且马祖常文集保存完整，没有散佚过。元朝没有推行限制宗教信仰的政策，信仰问题也没有必要刻意隐瞒。其祖皆行儒家仪礼，读儒书，说汉话，写汉文，在朝为官，到祖常已是第四代。可见，到祖常这一代，汉化程度已经相当之深刻了。

从《石田先生文集》看，马祖常始终是以一个儒家士人的身份出现在历史的记忆之中，幼年即学习四书，参加科举考试，多次撰文表彰孔子之学，并修孔庙祭奠孔子。文集之中没有任何一处透露其信仰基督教，俨然是彻底的儒家知识分子。如果仅凭其祖为也里可温即断定祖常亦信仰基督教，或者曾经信仰基督教，未免武断。

472. 1921年陈垣先生在北京大学一次研究所集会上说："现在中外学者谈汉学，不是说巴黎如何，就是说西京（日本京都）如何，没有提中国的。我们应当把汉学中心夺回中国，夺回北京。"可见陈先生是想继承清末以来的汉学，但是当时中国面临的实际问题是清末的学术不得不转型。更早的俞樾就曾哀叹中国学术无气了，在政治、经济、军事等方方面面衰落。陈先生写作《元西域人华化考》是在史学上挣回汉学地位的一次尝试。如，所有有关马祖常的身份认同，最早是由谁提出来的，陈垣？为什么提出？这必然涉及《元西域人华化考》《通鉴胡注表微》的写作背景。是不是有日本侵华之后民族意识高涨下表彰中国文化的因素。《元诗选》中提出"西北子弟"并没有区分色目人与华化。可以联系萨义德等人关于民族问题的理论。

473. 读书治学格局要大。格局大，境界始大。我早年治学，不懂治学之路径，全靠胡乱摸索，所居地处之偏，资料信息得来非常不易，此中所花费物质与精神之辛苦非亲历者不能知。如所作《袁桷集校注》，疏漏甚多。然当时一是年轻，二是想有方便学人之版本。最感念者是蒋寅先生之批评与建议，俟有机会再做补证。有人批评自然是好事，然如果不心存仁厚，则大可不必。特别可恨者，书未读，而跟风者，这都是蚍蜉之人，未得读书之旨。我读书数年，也不免有愤恨之心，这都是习气太深，读书人毛病未改之故。后读印光大师之《嘉言录》："被境所转，系操持力浅。则喜怒动于中，好恶形于面矣。操持者，即涵养之谓也。若正念重，则余一切皆轻矣。是以真修行人，于尘劳中炼磨。烦恼习气，必使渐渐消灭，方为实在功夫。”不觉心中豁然开朗，深感自己境界不大、格局不广。读书治学，昔李复波恩师、杨镰夫子之告诫言犹在耳，今都已归道山，每每想来不觉黯然。培基夫子、力之恩师之期望益使我明白读书治学之理。人境界大，则读书自有波澜，文字自然平易，才明白黄庭坚、孙奇逢之真味。

后　记

来鸿去雁十年间，余昔年在桂林从力之（刘汉忠）恩师、李复波恩师问学，夫子循循善诱，诚发于中，为人爽直出自天性。怎奈吾生性愚钝，性懒才疏，不惑之年方悟治学之道，深愧师恩。吾居汴梁，每向杨镰夫子、培基夫子问学，渐悟力田不如逢年、善仕不如遇合之理。自知无济世之才，遂以读书、讲课为业，笔耕砚田。城墙斑驳，日影西斜，寂寞孤鸿，长啸独吟。云在青天水在瓶，亦是独得修为之乐；传道授业解惑之境界，亦属人生有为之进境。不屈已之性情与好恶，亦算是人到中年之选择。喜读书、购书、藏书，为人生一乐。又喜购置法帖，家计渐消，亦不以为累也。

余近年始知吾乡大儒孙夏峰先生之学术渊源，深愧学无根底，若无根源也。每读朱子、阳明、夏峰诸书，身心俱安，不复他想。念已之所为，每与大儒所行暗合，以积善利他为乐事，乐观别人之所成，不敢为乡愿之行，亦可欣慰平生。吾平生遭际之苦辛，不在物质，而在精神也，难追往圣先贤，更不足为外人道。人生歧路，立定脚跟，行事切莫随俗转；滚滚红尘，坚毅浑厚，无违心事识旧游。

为二三辈授艺之暇，遂将历年学友辈所记余之授课稿，及平素读书所感，拉杂成篇，因据当时讲课之实录修改，故行文难免逻辑跳跃之处，但却是最真实的课堂记录，确为当时自己思考所得，虽然不免有浅显之处，这也是一种纪念。

杨　亮　书于汴梁寓舍

2015 年谷雨

2020 年 10 月 11 日于南屏容闳故居旁改定